Dietrich Meyer (Hrsg.)

Nikolaus Ludwig Graf von Zinzendorf

Er der Meister, wir die Brüder

Eine Auswahl seiner Reden, Briefe und Lieder

BRUNNEN
VERLAG GIESSEN · BASEL

Die THEOLOGISCHE VERLAGSGEMEINSCHAFT (TVG)
ist eine Arbeitsgemeinschaft der Verlage
Brunnen Gießen und R. Brockhaus Wuppertal.
Sie hat das Ziel, schriftgemäße theologische Arbeiten
zu veröffentlichen.

Geistliche Klassiker, Band 5

Die Deutsche Bibliothek – CIP-Einheitsaufnahme
Ein Titeldatensatz für diese Publikation ist bei
Der Deutschen Bibliothek erhältlich

Umschlaggestaltung: Ralf Simon
Herstellung: Hubert & Co., Göttingen
ISBN 3-7655-9605-1

Inhaltsverzeichnis

Zinzendorf als Theologe

Gedichte und Lieder

Nikolaus Ludwig von Zinzendorf (1700-1760)

Einführung

Wenn anlässlich des 300. Geburtstags von Nikolaus Ludwig von Zinzendorf (1700-1760) eine Auswahl aus seinen Schriften, Liedern und Entwürfen erscheint, so müssen die Gesichtspunkte der Auswahl kurz benannt werden. Wie unterscheidet sich dieser Band von der 1977 erschienenen Quellenauswahl unter dem Titel „Zinzendorf und die Herrnhuter Brüder" von Hans-Christoph Hahn und Hellmut Reichel? Der vorliegende Band ist entsprechend dem Anlass ganz auf Zinzendorf zugeschnitten und enthält keine Texte, die nicht von ihm stammten oder an denen er nicht mitgewirkt hätte. Es wurde also auf Lebensläufe von Mitarbeitern oder auf Ausschnitte aus dem Herrnhuter Diarium verzichtet. Der damalige Quellenband stellte bewusst die Brüdergemeine, ihre Entstehung, ihr liturgisches Leben und ihre Gestaltwerdung in sozialen Ordnungen, im Erziehungswerk, in Mission und Ökumene in den Mittelpunkt und gliederte dementsprechend. Der vorliegende Band möchte dagegen den Entwicklungsgang Zinzendorfs, seine Sicht der Entstehung Herrnhuts, seine in den erbaulichen Reden und Liedern fassbare Frömmigkeit und Gemeindeleitung sichtbar machen.

Im ersten Abschnitt werden zwei autobiographische Entwürfe, die bisher unveröffentlicht sind, abgedruckt. Sie haben wie so viele Schriften Zinzendorfs apologetischen Charakter, zeigen aber sehr deutlich, welche religiösen Ziele ihn von Jugend an in Bewegung setzen: die Anhänglichkeit an Christus, die religiöse Gemeinschaftsbildung, der missionarische Trieb. Von Anfang an hat Zinzendorf seine innersten Gedanken dem Lied oder Gedicht anvertraut, so dass schon hier auf einige, in seinem Leben akzentsetzende Dichtungen nicht verzichtet werden konnte. Aufgenommen wurde auch sein Testament von 1738, in dem er auf der Reise nach Westindien der Gemeine noch einmal das niederschreiben wollte, was er für ihr Fortbestehen für unverzichtbar hielt. Die 'Sichtungszeit', jene Zeit der religiösen Hochspannung in den Gemeinden der Wetterau, die sich vor allem in der Dichtung niederschlägt, hat von jeher ein besonderes Interesse auf sich gezogen. Sie kommt in diesem Abschnitt durch zwei typische Gedichte und einen

Prosatext zur Sprache, andere Texte aus derselben Zeit finden sich im dritten Abschnitt. Es ist generell darauf hinzuweisen, dass sich ein Thema in unterschiedlichen Texten wiederfinden kann, und darum sei besonders auf das Register hingewiesen, um die Querverbindungen zu entdecken.

Der zweite Abschnitt möchte die Entstehung der Herrnhuter Gemeine in der Sicht Zinzendorfs dokumentieren. Er bietet Auszüge aus seinem mitten in dem Ringen der Anfangszeit hingeworfenen Bericht über die Auswanderung der mährischen Brüder und die ihn selbst überwältigende Erweckung in der jungen Siedlung. Ein Auszug aus seinem späteren Plan, eine umfassende Geschichte Herrnhuts zu schreiben, sowie ein Brief an die dänische Prinzessin über die Erweckung unter den Schwestern in Herrnhut mit einer lebendigen Charakterisierung der leitenden Schwestern ergänzt die ersten eher chronikartigen Aufzeichnungen. Da Zinzendorf von Anfang an auf eine ökumenische Gemeinschaft in Herrnhut abzielte, werden in diesem Abschnitt auch sein ökumenisches Bekenntnis von Pennsylvanien und eine Beschreibung seiner Tropenidee abgedruckt.

In Abschnitt 3 kommen aus der großen Fülle seiner Ansprachen, die in dem „Jüngerhausdiarium" täglich mitgeschrieben und durch die Schreibstube für alle Gemeinden vervielfältigt wurden, einige charakteristische Themen zur Sprache, die das Profil seiner Frömmigkeit oder, falls man den Ausdruck bei einem Juristen und Grafen gebrauchen kann, seiner Theologie abstecken. Christi Schöpferamt, die Kreuzestheologie als das Spezifikum der Brüdergemeine, sein Schriftverständnis, aus dem sich die Losungen ergeben, der Losgebrauch in der Gemeine, die Seelsorge in den Chören, sein Missionsverständnis werden durch jeweils ein Beispiel angesprochen. Auf manches Thema wie die Trinitätslehre, sein Religionsverständnis oder seine Ekklesiologie musste verzichtet werden. Aber es wurde versucht, Beispiele aus unterschiedlichen Gattungen aufzunehmen: Gespräch, öffentliche Predigt, Gemeinhomilie, Choransprache, Thesenreihe, Gutachten. In seiner Schrift „Sonderbare Gespräche", die eine Anleitung für die Gesprächsführung der Herrnhuter Boten sein will, äußert er sich zu den kirchengeschichtlichen Strömungen und Konfessionen, auch dem Judentum seiner Zeit in einer leicht verständlichen Sprache. Es mag sich empfehlen, die Lektüre mit diesem Text zu beginnen.

Im vierten Abschnitt werden aus der großen Fülle der Lieder, die heute fast nur noch durch die Bearbeitungen von Christian Gregor bekannt und in die Gesangbücher eingegangen sind, einige der meist gesungenen in ihrer Urform abgedruckt, freilich angesichts ihrer Länge nicht immer vollständig. Es wurden bewusst Lieder aus unterschiedlichen Bereichen ausgewählt: das jugendliche Bekenntnislied, das Gelegenheitsgedicht, das Gemeindelied, die Lehrdichtung über ein Bekenntnis und spontan, aus dem Moment hingeworfene Reime. Zinzendorfs schöpferische dichterische Begabung zeigt sich, was für den Pietismus ungewöhnlich ist, auch auf dem Gebiet der Liturgie. Als Beispiel habe ich die Liturgie zum Ostermorgen ausgewählt, die bis heute Menschen aus anderen Kirchen anzieht und die eschatologische Bestimmtheit der Gemeine durch die unsichtbare Gegenwart Christi bis zu seinem sichtbaren Kommen verdeutlicht.

Die Darbietung der Texte erfolgt wortgetreu, aber in heutiger Rechtschreibung und Zeichensetzung, um die oft schwer verständliche Sprache Zinzendorfs lesbarer zu machen. Längere Sätze wurden in kürzere aufgelöst. Altertümliche Ausdruckweisen wie „vor ihn" statt „für ihn" oder „lieget" statt „liegt" wurden stillschweigend umgesetzt. Auf eine Erläuterung der Texte musste verzichtet werden, auch wenn einzelne Texte geradezu nach einer Erläuterung verlangen. Aber durch die kurzen Einleitungen zu jedem Text und gelegentliche Fußnoten, auch durch das Personenregister am Schluß hoffe ich, das Verständnis eines Textes erleichtert zu haben. Es kann und soll in keiner Weise der wissenschaftlichen Ausgabe Zinzendorfs vorgegriffen werden, die dann die nötigen Erläuterungen und Textvarianten enthalten wird. Immerhin wurden Bibelstellen und Liedzitate zum größeren Teil nachgewiesen. Da das Herrnhuter Gesangbuch von 1735 (abgekürzt: HG) im Verlag Olms nachgedruckt wurde, schien es mir sinnvoll, dieses Gesangbuch zu zitieren. Wenn ein Nachweis im „Evangelischen Gesangbuch" (abgekürzt: EG) möglich war, wurde natürlich darauf verwiesen. Fremdsprachliche, meist aus dem Lateinischen oder Französischen stammende

Begriffe werden in eckigen Klammern aufgelöst, um die Allgemeinverständlichkeit zu erhöhen. Bei häufiger verwandten Begriffen sollte das Glossar eingesehen werden, das sich auf eine Auswahl beschränkt. Eine lateinische Thesenreihe von 1741 wurde ins Deutsche übertragen, ohne die Urfassung mit abzudrucken. Wenn von den insgesamt 36 Texten (ohne die Lieder) ingesamt 12, also genau ein Drittel, zum ersten Mal aus dem umfangreichen Nachlass handschriftlichen Materials veröffentlicht werden, so soll der Anreiz zur Lektüre durch die Entdeckerfreude an Unbekanntem gegeben werden. Ein Jubiläum eröffnet die Chance, den Gefeierten selbst zu Worte kommen zu lassen und die Quellenbasis zu erweitern. Insofern möchte der Band dazu beitragen, Zinzendorf wieder zu lesen und seine Botschaft neu zu vernehmen.

Das Buch möchte in besonderer Weise dem an der Frömmigkeit Zinzendorfs Interessierten eine Hilfe bieten. Es ist gedacht als Textauswahl für Gemeindeseminare oder Arbeitsgruppen, die sich mit Zinzendorf beschäftigen und sein Verständnis von Glauben und Gemeine studieren wollen. Es empfiehlt sich, die Lektüre der Texte mit der Darstellung einer Biographie Zinzendorfs oder einer Monographie zu einem bestimmten Thema zu verbinden, um sich über den Hintergrund von einzelnen Aussagen vertieft zu informieren. Dazu möchte das Literaturverzeichnis verhelfen sowie die in der einleitenden Bemerkung gegebenen Hinweise. Um sich einen ersten Überblick über das Leben Zinzendorfs zu verschaffen, wurde hier wenigstens eine Zeittafel beigegeben.

Es könnte sein, dass ein Leser, von der Vielzahl der Texte irritiert, die Mitte von Zinzendorfs Frömmigkeit aus dem Auge verliert. Ich möchte daher diese Einführung schließen mit dem „Glaubensbekenntnis" der Brüdergemeine Neuwied, das sie bei ihrer Begründung 1751 auf Verlangen einreichen musste und von Wenzeslaus Neisser und Ludwig Weiss am 4. Februar unterschrieben wurde. Vielleicht erleichtert es den Einstieg und liefert eine Wünschelrute zum Verständnis der Aussagen, die damals in einem ganz bestimmten Grundkonsens formuliert wurden.

„Wir glauben, daß uns der dreieinige Gott durch unsern Herrn Jesum Christum geschaffen hat mit allen Kreaturen, uns Leib und Seel gegeben hat und noch erhält, und vor allem Übel behütet und bewahrt, und das alles aus lauter väterlicher Güte und Barmherzigkeit ohne alles unser Verdienst und Würdigkeit, für alles welches wir ihm zu danken und zu loben, damit zu dienen und gehorsam zu sein schuldig sind.

Wir wissen, daß man nicht aus eigener Vernunft und Kraft an Jesum Christum unsern Herrn glauben oder zu ihm kommen kann, sondern der heilige Geist hat uns durch das Evangelium, d.i. den Inhalt der ganzen heiligen Schrift zu ihm gerufen und uns zu dem großen Geheimnis der christlichen Religion erleuchtet, geheiligt und versiegelt, zu glauben, daß Jesus Christus, wahrhaftiger Gott von Gott und auch wahrhaftiger Mensch von Maria der Jungfrau in der Zeit geboren, unser Herr sei, der uns als verlorene und verdammte Menschen erlöst hat, erworben, gewonnen von aller Sünde, vom Tode und der Gewalt des Teufels, nicht mit Gold oder Silber, sondern mit seinem heiligen Blut und mit seinem unschuldigen Leiden und Sterben, auf daß wir sein eigen sein und in seinem Reich unter ihm leben und ihm dienen in ewiger Gerechtigkeit, Unschuld und Seligkeit.

Ob nun wohl gewiß und wahrhaftig ist, daß unser Herr Jesus Christus im Tode nicht bleibet, sondern auferstanden und über alle Himmel gefahren ist, sich zur Rechten seines himmlischen Vaters gesetzt hat, lebt und regiert in Ewigkeit, so ist doch die Verkündigung seines Todes und der Versöhnung der Welt mit ihm selber die Hauptmaterie aller christlichen Lehre, bis daß er wiederkommt, und bei der Grundlegung und Predigt des Evangeliums in der Welt ist nichts zu predigen, als daß unser Schöpfer unser Heiland ist, davon alle alten Kirchenhymnen, die noch gesungen werden, ein volles Zeugnis ablegen. Denn weil niemand zum Vater kommt denn durch Jesum, weil ferner niemand den Vater kennt denn nur der Sohn und welchem es der Sohn nach seinem eigenen Willen zu offenbaren beliebt, sondern auch per Testamentum erklärt hat, daß er seinen Vater zuerst bekannt gemacht („Ich habe deinen Namen den Menschen genannt, die du mir gegeben"), welchen Vortrag er bei seinen Auserwählten auch versprochen hat, selber fortzutreiben, daher die Predigt des heiligen Geistes nur auf den Glauben an Jesum geht, auch alle Apostel diesen Namen zum einigen Objekt ihres Dienstes haben, wie denn auch kein anderer Name gegeben ist, darinnen wir können selig werden, weil wer den Sohn hat, auch gewiß den Vater hat, wer hingegen ohne Christo ist, gar keinen Gott und kein Leben hat, sondern der Zorn Gottes bleibt über ihm. Daher endlich Johannes, als er die zwei Tafeln, die der Heiland seinen Jüngern loco Enchiridii [= an der Stelle einer Zusammenfassung] des ganzen Gesetzes und der Propheten hinterlassen hat: Du sollst Gott, deinen Herrn, lieben von ganzem Herzen und deinen Nächsten als dich selbst, in seiner Epistel erklärt, diesen kurzen Katechismus stellt: Das ist das Gebot des himmlischen Vaters, daß wir glauben an den Namen seines Sohnes Jesu Christi und lieben uns untereinander, wie er uns das Gebot gegeben hat.

So haben wir uns nur um die überschwengliche Erkenntnis Jesu Christi unsers Herrn und um die Liebe, die über alle Erkenntnis geht, zu bekümmern, und so wir sonst etwas halten sollten, so mag es Gott einem jeglichen offenbaren. Das ist das Bekenntnis, wozu alle Prediger bei uns obligiert sind."

Düsseldorf, den 13. November 1999 Dietrich Meyer

Zinzendorfs Leben

1700 26. Mai Nikolaus Ludwig von Zinzendorf in Dresden geboren
1710 16. August Besuch des Pädagogiums in Halle
1716 27. August Beginn des Jurastudiums in Wittenberg
1719 21. April Beginn der Kavaliersreise von Wittenberg über Düsseldorf nach Utrecht (26.5.–2.9.), über Brüssel und Cambrai nach Paris (27.9.–24.4.1720)
1721 22. Oktober Reise nach Dresden, wo er die Stelle eines Hof- und Justizrates in der Landesregierung annimmt
1722 19. Mai Huldigung als Standesherr von Berthelsdorf
17. Juni der erste Baum von Herrnhut wird gefällt
7. September Trauung mit Erdmuthe Dorothea von Reuß-Ebersdorf
1724 Grundsteinlegung eines Pädagogiums in Herrnhut
Ankunft der vier mährischen Kirchenmänner
1725 Zinzendorf gibt die Zeitschrift „Socrates" in Dresden heraus
1726 6. März Tod der Großmutter Henriette Katharina von Gersdorf
1727 Februar Beurlaubung vom sächsischen Staatsdienst
12. Mai Herrnhuter Statuten
15. Juni Umzug nach Herrnhut
13. August Abendmahlsfeier in Berthelsdorf als eigentliche Geburtstunde der Gemeinde Herrnhut
1728 3. Mai erste Losung in Herrnhut
1730 September Reise zu den philadelphischen Gemeinden Berleburg und Schwarzenau, auch zu den Inspirierten (Dr. Carl, Friedrich Rock) und zu Johann Konrad Dippel
1731 25. April Reise nach Kopenhagen über Halle und Wernigerode
1732 21. August Entsendung der ersten Missionare David Nitschmann und Leonhard Dober nach St. Thomas
1734 17. März Reise nach Stralsund (29.3.–29.4.) mit theologischer Prüfung
19. Dezember Eintritt in den geistlichen Stand in Tübingen
Vertiefte Erkenntnis des Todes Jesu

	Vertreibung August Gottlieb Spangenbergs aus Halle
1735	Zinzendorfs „Teutsche Gedichte" und das Herrnhuter Gesangbuch
1736	April Nachricht über seine Ausweisung aus Kursachsen
	Oktober Begegnung mit dem preußischen König Friedrich Wilhelm I.
1737	20. Mai Bischofsweihe Zinzendorfs durch D. E. Jablonski
1738	Januar - April Berliner Reden
	ab Mai neuer Aufenthaltsort Marienborn, Gründung des Herrnhaag
	24. Dezember in Texel/Holland: Abreise nach St. Thomas (Rückkehr am 20.4.1739 in Dover)
1741	22. Februar Reise von Marienborn nach Genf, Montmirail, Basel
	September Londoner Synode: Wahl Christi zum Generalältesten
	28. September Abreise nach Pennsylvanien
1742	Ökumenische Konferenzen
	Juli–November drei Indianerreisen
1743	6. Februar Rückkehr nach Dover
	8. August Reise über Schlesien nach Riga (mit Haft vom 23.12.–12.1. 1744 in der Zitadelle)
1747	1. Januar Übersiedlung von Marienborn nach Herrnhaag
1749	1. Januar bis 12. Juli 1750 Aufenthalt in England, meist London
1750	18. Februar Emigrationsedikt des Büdinger Grafen für die Gemeine auf dem Herrnhaag
1751	24. August bis 22. März 1755 Zinzendorf in London
1755	November Zinzendorf zieht nach Bethel (in sein „Schloss" in Berthelsdorf)
1756	19. Juni Tod von Erdmuthe Dorothea von Zinzendorf in Herrnhut
1757	27. Juni Verheiratung mit Anna Nitschmann in Berthelsdorf
1760	9. Mai Tod von Nikolaus Ludwig von Zinzendorf in Herrnhut
	21. Mai Tod von Anna Nitschmann

Glossar und Abkürzungen

admittieren = zulassen
Applikation = Anwendung
attachieren = sich verbinden mit, sich anlehnen an
attendieren = beachten
Connexion = Zusammenhang, enge Gemeinschaft
continuieren = fortfahren
destinieren = bestimmen
Deszendenz = Herkunft, Abstammung
determinieren = bestimmen
dezidieren = entscheiden
distinguieren = unterscheiden
divertieren = ablenken
estimieren = schätzen
EG = Evangelisches Gesangbuch
explizieren = erklären
exzellieren = glänzen
festin = Festschmaus
HG = Herrnhuter Gesangbuch von 1735
Hütte = Körper
imputieren = anrechnen, heranziehen
in genere = im allgemeinen
Indolenz = Gleichgültigkeit, Sorglosigkeit
inkommodieren = unbequem sein
involvieren = enthalten, mit sich bringen
ipso facto = mit der Tat selbst, unmittelbar
koaleszieren = verschmelzen, zusammenwachsen
Konnexion = Verbindung, Zusammenhang
Konnivenz = Nachsicht
Konsistenz = Beständigkeit, Haltbarkeit
kontradizieren = widersprechen
luxuriant = üppig, prächtig
menagieren = zustande bringen, bewerkstelligen, verwenden
NB = nota bene, wohl gemerkt

negligieren = vernachlässigen
penetrieren = durchdringen, durchschauen
Posseß = Besitz
poussieren = vorantreiben
Prärogative = Vorrecht
prästieren = leisten
prätendieren = behaupten, fordern, sich anmaßen
prokurieren = verschaffen
prostituieren = bloßstellen
pruritus = Jucken, Kitzel
redressieren = wiederherstellen, rückgängig machen
Religion = Konfession
Restitution = Wiederherstellung
Rodomontade = Großsprecherei
soutenieren = unterstützen
supplieren = ergänzen, ersetzen
Tendresse = Zärtlichkeit
UA = Unitätsarchiv Herrnhut
usf. = und so fort
ZBG = Zeitschrift für Brüdergeschichte 1907-1920
z.E. = zum Exempel, zum Beispiel

Literatur zu Zinzendorf

Eine Liste der Werke Zinzendorfs findet man in: *Bibliographisches Handbuch zur Zinzendorf-Forschung*, hg. v. Dietrich Meyer, Düsseldorf 1987.

Als Werkausgabe Zinzendorfs ist am vollständigsten der Reprint seiner Schriften:
Nikolaus Ludwig von Zinzendorf. Hauptschriften in sechs Bänden, hg. v. Erich Beyreuther und Gerhard Meyer, Hildesheim Bd. 1-6, 1962-63
Dies., Ergänzungsbände zu den Hauptschriften, Hildesheim Bd. 1-14, 1964-1998

Die in diesem Buch zitierten Werke Zinzendorfs werden jeweils am Ort angegeben. Als weiterführende Lektüre für den, der sich zu einzelnen Themen genauer informieren möchte, empfehle ich folgende Literatur über Zinzendorf:

Leiv Aalen, Die Theologie des jungen Zinzendorf, Berlin, Hamburg (1966)
Hartmut Beck, Brüder in vielen Völkern. 250 Jahre Mission der Brüdergemeine, Erlangen (1981)
Wilhelm Bettermann, Theologie und Sprache bei Zinzendorf, Gotha (1935)
Erich Beyreuther, Der junge Zinzendorf, Marburg (1957)
ders., Zinzendorf und die sich allhier beisammen finden, Marburg (1959),
ders., Zinzendorf und die Christenheit, Marburg (1961)
ders., Frömmigkeit und Theologie. Gesammelte Aufsätze zum Pietismus und zur Erweckungsbewegung, Hildesheim (1980)
ders., Studien zur Theologie Zinzendorfs. Gesammelte Aufsätze, Neukirchen-Vluyn (1962)
Helmut Bintz, N.L. von Zinzendorf. Texte zur Mission. Mit einer Einführung in die Missionstheologie Zinzendorfs, Hamburg (1979)
Kai Dose, Die Bedeutung der Schrift für Zinzendorfs Denken und Handeln, Theol. Diss., Bonn 1971 (Masch.)

Hans-Walter Erbe, Zinzendorf und der fromme hohe Adel seiner Zeit, Leipzig (1928)
ders., Herrnhaag. Eine religiöse Kommunität im 18. Jahrhundert, in: Unitas Fratrum 23/24 (1988), 224 S.
Hellmuth Erbe, Bethlehem, Pa. Eine kommunistische Herrnhuter Kolonie des 18. Jahrhunderts, Stuttgart (1929)
Arthur J. Freeman, An ecumenical Theology of the Heart. The Theology of Count Nicholas Ludwig von Zinzendorf, Bethlehem (1998)
Erika Geiger, Nikolaus Ludwig von Zinzendorf. Seine Lebensgeschichte, Holzgerlingen (1999)
Hans-Christoph Hahn und Hellmut Reichel, Zinzendorf und die Herrnhuter Brüder. Quellen zur Geschichte der Brüder-Unität von 1722 bis 1760, Hamburg (1977)
Wilhelm Jannasch, Erdmuthe Dorothea, Gräfin von Zinzendorf, geborene Gräfin Reuß zu Plauen. Ihr Leben als Beitrag zur Geschichte des Pietismus und der Brüdergemeine, in: ZBG 8 (1914)
Martin H. Jung, Frauen des Pietismus von Johanna Regina Bengel bis Erdmuthe Dorothea von Zinzendorf. Zehn Porträts, Gütersloh (1998)
Heinz Motel, Zinzendorf als ökumenischer Theologe, Herrnhut (1942)
Joseph Theodor Müller, Hymnologisches Handbuch zum Gesangbuch der Brüdergemeine, Herrnhut (1916), Reprint Hildesheim (1977)
ders., Zinzendorf als Erneuerer der alten Brüderkirche, Leipzig 1900, Reprint Hildesheim (1975)
Gerhard Reichel, Die Anfänge Herrnhuts. Ein Buch vom Werden der Brüdergemeine, Herrnhut (1922)
ders., August Gottlieb Spangenberg. Bischof der Brüderkirche, Tübingen (1906)
ders., Der „Senfkornorden" Zinzendorfs. Ein Beitrag zur Kenntnis seiner Jugendentwicklung und seines Charakters, Leipzig (1914)
Jörn Reichel, Dichtungstheorie und Sprache bei Zinzendorf. Der 12. Anhang zum Herrnhuter Gesangbuch, Bad Homburg (1969)
Hans Schneider, Nikolaus Ludwig von Zinzendorf, in: Gestalten der Kirchengeschichte 7, Stuttgart (1982), S. 347-372
Unitas Fratrum, Herrnhuter Studien/ Moravian Studies, hg. v. Mari P. van Buijtenen, Cornelis Dekker, Huib Leeuwenberg, Utrecht (1975)

Otto Uttendörfer, Alt-Herrnhut. Teil 1: Wirtschaftsgeschichte und Religionssoziologie Herrnhuts während seiner ersten zwanzig Jahre (1722-1742), Herrnhut (1925); Teil 2: Wirtschaftsgeist und Wirtschaftsorganisation Herrnhuts und der Brüdergemeine von 1743 bis zum Ende des Jahrhunderts, Herrnhut (1926)

ders., Das Erziehungswesen Zinzendorfs und der Brüdergemeine in seinen Anfängen, Berlin 1912 (MGP 51)

ders., Zinzendorf und die Jugend. Die Erziehungsgrundsätze Zinzendorfs und der Brüdergemeine, Berlin (1923)

ders., Zinzendorf und die Mystik, Berlin (1952)

John Rudolf Weinlick, Count Zinzendorf. The Story of His Life and Leadership in the Renewed Moravian Church, Nashville (1956)

Theodor Wettach, Kirche bei Zinzendorf, Wuppertal (1971)

Hanns-Joachim Wollstadt, Geordnetes Dienen in der christlichen Gemeinde. Dargestellt an den Lebensformen der Herrnhuter Brüdergemeine in ihren Anfängen, Göttingen (1966)

Peter Zimmerling, Nikolaus Ludwig Graf von Zinzendorf und die Herrnhuter Brüdergemeine. Geschichte, Spiritualität und Theologie, Holzgerlingen (1999)

ders., Gott in Gemeinschaft. Zinzendorfs Trinitätslehre, Gießen/ Basel (1991)

Erdmuthe Dorothea von Zinzendorf,
geb. Reuß-Ebersdorf (1700-1756)

Vollendung einer fünfjährig-fortgewährten Betrachtung Gottes

Zinzendorf sprach seine innersten Gedanken gern im Gedicht oder Lied aus. Gelegentlich weist uns eine Überschrift darauf hin, dass es sich um das Ergebnis einer ihn bewegenden Frage oder um eine bestimmte Erfahrung handelt. In dem vorliegenden Gedicht geht es ihm um die Frage der Erkennbarkeit Gottes. Zinzendorf hatte jahrelang mit Verstandeszweifeln zu kämpfen, die mit etwa acht Jahren einsetzten. Das Lied „O Ewigkeit, du Donnerwort“ stürzt ihn in tiefe Spekulationen über Gottes Wesen, und er muss erkennen, dass Gottes Größe dem suchenden Menschen verborgen bleibt. Das Gedicht zeigt uns, wie ihm in seiner Not geholfen wurde: Das kindliche Sichanklammern an Jesus, in dem die Abgründe eines unendlich großen Gottes zugedeckt sind, befreite ihn aus seinen Zweifeln und Anfechtungen. In Christus findet er den offenbaren Gott. Von dem vergeblichen Versuch einer philosophischen Gotteserkenntnis wendet er sich ab hin – zur heiligen Schrift, zur Offenbarung Gottes in Christus, zu dem geringen Kinde. Das Gedicht ist nach der Erstausgabe 1725, nach der Zweitauflage 1722 entstanden. Bis in die zwanziger Jahre rechnet er also die Phase seiner Anfechtungen durch den Verstand um das Dasein Gottes. 1721 findet er seine berufliche Aufgabe in Dresden. Wichtiger ist ihm die seit 1722 neu entstehende Siedlung in Herrnhut, die bald seine ganze Kraft als Gutsherr und Seelsorger fordert und ihm die Möglichkeit zur Bewährung seiner Hingabe an Christus gibt.

Abgedruckt nach: Teutsche Gedichte, Herrnhut 1735, Nr. 43. Einige Änderungen der 2. Aufl. von 1766 sind in den Fußnoten notiert.

* * *

Allgegenwart! Ich muß gestehn, du unaussprechlich tiefe Höhe
erfüllest, ohne dich zu sehn, doch alles, wo ich geh und stehe.
Die Spur von deinem Allmachtspfad, die ewiglich nicht auszugründen,
ist dennoch überall zu finden, soweit man Raum zu denken hat.

So kann es ja nicht anders sein, weil ich dich allerwegen merke;
so geb ich mich mit Ernst darein, die Größe deiner Macht und Stärke,
die blendend helle Majestät, vor der die finstern Tiefen weichen,
mit einem Liede zu erreichen, das über alle Lieder geht.

Allein du unbeschriebner Mann, wo fing ich meinen Lobsgedanken
den ersten Stein zu setzen an? Wohin versetzt ich ihre Schranken?
In welchem Lebensjahre wird erst mein Verstand so aufgekläret,
daß er hinauf- und niederfähret und sich nicht überall verirrt?

Es spreche, du verborgener Gott, ein Mensch, was eigentlich dein Wesen,
und werde nicht dabei zu Spott vor allen, die den Ausspruch lesen:
Er wird mit ausgesuchter Art die Sprache also führen müssen,
daß er und alle nichts mehr wissen, als was du längst geoffenbart.

Wie wagte sich die Zung[1] hinein in deine tiefen Eigenschaften,
die sonderlich und insgemein genau an deinem Wesen haften,
und zu des Namens Wunderhöhn, der sich zu nennen nicht beliebet,
sich auch nur zu erfahren gibet, wo Aug und Sinne stille stehn?

Wer führet mich zu deiner Quell? Unendlichkeit! Des Geists Erstaunen!
Wo find ich eine freie Stell, von deinen Wundern zu posaunen?
Ich warnte alle Kreatur vom Fürsten an der reinen Geister
bis zu der Weisen Obermeister vor deiner fürchterlichen Spur.

Ich lasse dich: du bist zu hoch, zu tief, o Gott, zu groß und lichte
für einen Geist im Lebensjoch, für ein umkörpertes Gesichte [2].
Wie kam das Schaffen dir in Sinn? Verfehlt ein Fürst der Kreaturen
zu dir, dem Schöpfer, Bahn und Spuren, wo will die andre Schöpfung hin?

---

1 der Sinn (2. Auflage).
2 für einen Geist im Leibesjoch, für ein umhülletes Gesichte (2. Aufl.).

Göttliche Antwort

Hör auf zu suchen, was so fern, hör auf zu forschen, was dich fliehet!
Du hast den ausgemachten Kern, sei nicht ums Außenwerk bemühet!
Verrücke nicht dein Seelenlicht bis zu dem Kreis der Ewigkeiten:
Du möchtest Finsternis erbeuten und fändest mich doch nirgends nicht.

Wieso? Du unverständigs Kind, willst du mich aus der Tiefe holen?
Wo meinest du, daß man mich findt? Suchst du mich bei den Himmelspolen? Suchst du mich in der Kreatur? Mein Wesen, das kein Auge schauet, hat sich ja einen Leib erbauet,
und du verfehlst doch meine Spur?[3]

Ihr Menschen, kommt herbei und seht
die zugedeckten Abgrundsschlünde,
die eingehüllte Majestät in Jesu, dem geringen Kinde!
Seht, obs der Mensch in Gnaden sei, seht, ob er euer Lob verdienet?
Wem dessen Lieb im Herzen grünet, wer gläubt, wird aller Sorgen frei.

Die Seele

O Ewigkeit, du schönes Licht, des Königs Abglanz aller Ehren![4]
O Liebe, die den Himmel bricht, in meiner Hütte einzukehren:
Hie find ich mich! Hie greif ich zu!
Zwar hab ich dich noch nicht gesehen:
jedoch das wird einmal[5] geschehen.
Jetzt lieb ich dich und glaub und ruh.

---

3 Gott, den kein leiblich Auge schauet, hat etwas sichtbarlich erbauet, der ganzen Gottesfülle Spur? (2. Auflage).

4 Ach Gottes Wort, du wahres Licht, du Glanz des Königs aller Ehren! (2. Auflage).

5 zu seiner Zeit (2. Auflage).

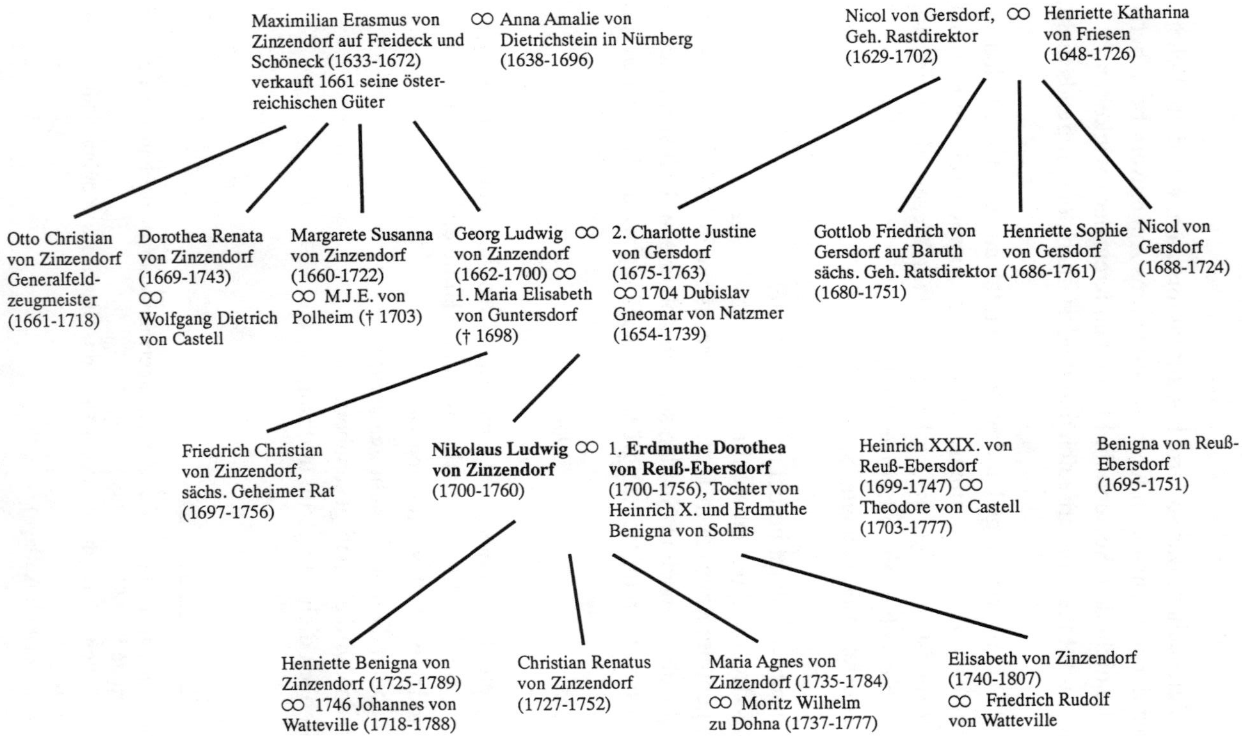

Ahnentafel von Nikolaus und Erdmuthe von Zinzendorf (Auszug)

Aufrichtige Anzeige, was es mit des Grafen Ludwigs von Zinzendorf Konduite in Ansehung des Reichs und der Sache Christi für einen Zusammenhang hat

Der Anlass, aus welchem Zinzendorf die „Aufrichtige Anzeige" geschrieben hat, ist nicht bekannt. Der Aufsatz umfasst die Jahre von 1709 bis 1721, wie eine Randnotiz neben dem Titel, die möglicherweise von Zinzendorf selbst stammt, vermerkt. Er wird dennoch erst nach 1731 entstanden sein, da Söhlenthal dann Hofmeister in Kopenhagen war. Da der Text auf Zinzendorfs Entschluss, Christi „armer Nachfolger" zu werden, und den Verzicht, „in weltlichen Chargen seinem Reich zu dienen", hinausläuft, dürfte er im weiteren Zusammenhang mit dem Antritt des geistlichen Standes 1733 stehen. Der flüchtig hingesetzte Text bricht mit der Beschreibung der Heirat von Heinrich XXIX. von Reuß-Ebersdorf mit Zinzendorfs Kusine Theodore ab. Zinzendorfs Ziel des Aufsatzes ist es, sich über seine geistlichen Bestrebungen Rechenschaft zu geben. Dabei legt Zinzendorf einen besonderen Akzent auf seinen Hang zu religiöser Gemeinschaft, wie er sich auf dem Pädagogium in Halle und der Universität in Wittenberg zeigte. Eine besondere Betonung erfährt der Versuch der Verständigung zwischen den theologischen Fakultäten in Wittenberg und Halle sowie seine Kontakte zu katholischen Geistlichen in Paris. Dabei sieht er sein Leben unter der Absicht Gottes, sich „in keiner Spekulation, die eitel und gottlos wäre", zu verlieren, sondern „mich erbaulich zu beschäftigen".

Der Überschrift entsprechend wurde der Aufsatz zunächst in der dritten Person verfasst, geht gegen Ende aber in die erste Person über. Nachträglich wurde der ganze Text auf die erste Person umgestellt. Der Aufsatz ist Fragment geblieben und darum wohl auch nicht weiter verwandt worden. Der vorliegende Abdruck bietet den Text vollständig bis auf den Schluss.

Abgedruckt nach: UA Herrnhut R 20 A 1,3

* * *

Ohngeachtet der Eindruck der Gnade [bei mir] fast mit dem natürlichen Leben zugleich vorhanden gewesen, so hat sich doch erst gegen das neunte Lebensjahr die sonderbare Begierde zu regen angefangen, Christo in seinem Seelenreich zu dienen. Die Anführung war auf ein christliches gottesfürchtiges Leben in Statu politico gegangen, und die Inklination war zu dem, was dazu erfordert wird, da. Die Exempel der Vorfahren, der noch lebenden nächsten Anverwandten reizten zur Staatsgelehrsamkeit, und die Fähigkeit des Kopfes sekundierte den Unterricht. Die Frau Geheime Ratsdirektorin und Landvögtin von Gersdorf als Großfraumutter, in deren Hause ich bis ins elfte Jahr erzogen worden, nachdem mir der Vater gestorben, da ich erst 6 Wochen alt gewesen, war sehr redlich und rechtschaffen und brachte ihrem Enkel solide Principia in Ansehung Gottes, der Welt und der Kirche bei. Die zarte Neigung aber zu dem gekreuzigten Jesu und seiner besonderen Angelegenheit wurde durch etliche merkwürdige Umstände 1703, 1705, 1706 usf. aufgeregt, und durch den täglichen Umgang mit der damals ungemein innigen und andächtigen Fräulein Henriette Sophie, welche jetzt Herrschaft zu Hennersdorf ist, unterhalten. Weil mein Vater der Königlich Polnische Geheime Staatsminister Georg Ludwig Graf von Zinzendorf, der allbereits 1689 Ambassadeur zur Römischen Königswahl in Augsburg gewesen und 1700 in sehr jungen Jahren verschieden, an der Schwind- und Wassersucht schon damals laborierte, als Er meine ehrwürdige Mutter 1699 geehelicht, so prophezeite mir niemand ein langes Leben, und die hernach erfolgte Gesundheit mußte bis 1721 mit einer ungemeinen Menge von Krankheiten und Zufällen kämpfen, bis sie sich in einige dauerhafte Konstitution setzen konnte. Es diente aber solches zu vielem Nachdenken und zu dem heimlichen Versprechen, daß die Tage und Jahre, so viel davon sein möchten, ausgekauft werden sollten. Weil nun in vorbesagtem neunten Jahre bei Gelegenheit der theologischen und philosophischen Lektionen sich in meinem Gemüt sehr harte Anfechtungen regten, so erweckte Gott durch diese in aller Stille übertragenen Sichtungen zugleich den Entschluß, damit das Leben in keiner Spekulation, die eitel und bodenlos wäre, unnütz und ängstlich verzehrt würde, mich erbaulich zu beschäftigen und mit demjenigen, welcher doch unerforschlich bliebe, in eine so selige Vertraulichkeit einzulassen, daß ich von ihm nichts anderes als Liebliches denken könne, die tiefen Auswickellungen aber bis zu reiferen Jahren auszusetzen. In dieser Absicht wurde mir schon 1708, 1709 und 1710 in dem großmütterlichen Hause die Materie vom Kreuz sehr annehmlich und alle Gelegenheit hervorgesucht, eine Gemeinschaft in guten und reellen Sachen mit andern jungen Leuten zu halten. So aber nicht gehen wollte, bis es sich durch göttliche Fügung schickte, daß die Frau Generalfeldmarschallin von Natzmer als meine Frau Mutter mit Ihrem Eheherrn sich dahin verabredete, weil ich sonst in die Hände meines Onkels, des Generalfeldzeugmeisters Grafen von Zinzendorf, hätte kommen müssen, mich bis 1716 auf ihre Unkosten und mit dieses Herrn Genehmhaltung auf eine Schule zu schicken. Dazu wurde das damals berühmte Pädagogium zu Glaucha vor Halle erwählt und mir zugleich eine erwünschte Gelegenheit gegeben, den Anfang zu einer Gemeinschaft zu machen. Ich sah mich deshalb bei damaligen Erweckungen nach guten Gemütern unter meinesgleichen um, verband mich mit denselben und errichtete kleine Kotterien, in welchen sich die jungen Leute von der Gnade Christi unterhielten zum Fleiß und guten Wandel, sonderlich aber zu einer tiefen Gründung in der lebendigen Erkenntnis des Wortes vom Kreuz und zu einer treuen Befolgung der Ordnung des Heils aufmunterten und verbanden. In der Zeit vom August 1710 bis zu Ende des März 1716 hatte ich 7 dergleichen Konfraternitäten vom ersten bis zum letzten Mann ausgehalten und die Spezifikation von deren Einrichtung und Gliedern bei der Abreise dem seligen Herrn Professor Francke, unter dessen Skripturen sie vermutlich noch sein wird, hinterlassen, von der letzten sind noch übrig der Hofmeister von Söhlenthal in Kopenhagen, der Herr von Watteville zu Berthelsdorf und der Geheime Secretarius Walbaum zu Salfeld, mit welchem ich damals eine Sozietät errichtete, darein tractu temporis [= im Lauf der Zeit] auch andre, und außer einigen Kavalliers in Wittenberg sonderlich der 29. Graf Reuß zu Ebersdorf nach 1719 in Amsterdam aufgenommen worden, womit sie zugleich, weil bei älteren Jahren, sich die Sache anders gegeben, ihre äußerliche Form wieder verloren. Der Name hieß anfänglich Mancipia virtutis, hernachmals aber Bekenner Christi, und [es] sind die *Statuten* davon noch vorhanden, samt eines 1720 zu Paris und Bern entworfenen Plans dieser Sozietät. Dieses Unternehmen wurde von einigen für Kinderei, von andern für einen Hochmut gehalten, die Absicht war redlich.

Vom Hochmut war ich sonst nicht frei. Die erste Gelegenheit dazu entstand meines Wissens daher, daß die Frau Mutter dem Herrn Professor Francke die guten Qualitäten ihres Sohnes mit der Erinnerung, ihn deshalb kurz zu halten, erzählte und durch eine besondere Fatalität dieser Discurs von mir mit angehöret wurde. Es ist aber dabei gewiß, daß sich dieser Hochmut bloß mit Standes- und politischen Materien, sonderlich auch mit natürlichen Gaben und Geschicklichkeit okkupiert, in die Sache Christi aber nie einen Einfluß gehabt, derhalben ich auch, wenn es auf dieses letztere angekommen, ein freies Gewissen habe, daß ich nicht mir, sondern dem Namen des Herrn die Ehre gegeben. Es machte aber auch der liebe Gott in den natürlichen Hochmut den ersten Strich 1715, denn da hatte ich schon sehr viel orationes publicas in lateinischer, deutscher und französischer Sprache gehalten, welches auch an Michaelis 1715 in griechischer Sprache geschehen. Weil ich nun aus einer Art von Übermut bei dem Examine solemni damals die aus 300 Strophen bestehende Oration de fulevit rei publicas nicht auswendig gelernt, sondern mich darauf, daß ich sie gemacht, verlassen, blieb ich gegen das Ende derselben, nicht sowohl daß es die Anwesenden hätten merken sollen, weil ich mich rekolligierte [wieder sammelte], als zu meiner eignen Konfusion stecken und erkannte gleich, wo die göttliche Absicht hingerichtet wäre, habe auch seit der Zeit den pruritum zu exzellieren [den Kitzel zu glänzen] verloren und mich damit zu begnügen angefangen, daß ich meine Pflicht tun können.

Der große Vorwitz, den ich hatte, und die äußerste Bemühung andrer verderbten jungen Leute, würde mich zu Jugendsünden verleitet haben, wenn nicht einesteils eine noch unbegreifliche Hand Gottes, anderteils die dabei fortgehende ernstliche Bemühung, Seelen von der Welt zu Christo zu bringen, solches verhütet hätte. Weil ich anno 1710 bis 1719 mit lauter bösen und heuchlerischen Hofmeistern, womit die Meinigen betrogen worden, zu tun gehabt, so sind daraus viele üble Seiten gekommen und ist manches an der Erziehung versehen worden, doch hat der treue Gott mein Gemüt in einer Fassung gehalten, aus welcher es nicht entfallen können. Die Schmach Christi hat mich von anno 1710 bis 1716, da sie in dieser Art aufs höchste gestiegen, nie verlassen, und weil ich ungemein lebhaft und lustig bei allem Ernst und Begierde nach Seelen war, so habe ich auch bei den redlichen Männern, die nicht präzise Zeugen meines täglichen Wesens waren, keinen völligen Glauben gefunden, wiewohl hierunter die Meinungen der Gelehrten nicht gleich gewesen, indem einige, worunter der selige Elers und D. Anton gewesen, eine große Liebe und Vertrauen zu mir hatten. Die tägliche Gelegenheit in des seligen Professor Franckens Hause erbauliche Nachrichten aus dem Reich Christi zu hören, Zeugen aus allerlei Landen zu sprechen, Missionarios kennen zu lernen, Verjagte und Gefangene zu sehen, die dazumal in vollem Flor stehenden Anstalten, des seligen Mannes eigne Munterkeit in des Herren Werk, nebst verschiedentlich vorgenommenen schweren Prüfungen, worunter die vor König Friedrichs I. Ende entstandene harte Verfolgung, die nur durch des Königs geschwindes Ableben 1713 unterbrochen und mit dem unerhörten und unvermuteten Favor Friedrich Wilhelms abgewechselt wurde, eine der vornehmsten gewesen, haben den Eifer in des Herrn Sache mächtig gestärkt, auch einen Grund gelegt zu einiger Kundschaft um die Vorteile und Hindernisse des wahren Wesens. Sonderlich haben sich damals die Lust zum Leiden, der Glaube [so] durchzukommen und die Zufriedenheit mit den geringsten Umständen sich ganz deutlich in mein Gemüt eingefunden, wie mir denn der Augenblick und die Gelegenheit, wenn und wie sie entstanden, noch unentfallen sind. Das Lied bei dem ersten Gebrauch des Heiligen Abendmahls, dessen gesegneter und durchdringender Nutzen mir bis dato den einfältigen Gehorsam unter Christi Ordnungen lieblich macht und unveränderlich erhalten hat, kann meinen Gemütszustand im 14. Jahr zu erkennen geben, die öffentlich und besonders gehaltenen Reden zu geschweigen.

Ich war damals unter einer rauhen und unvernünftigen Zucht eines unlauteren Mannes, aber in der Bemühung für Christi Sache so durstig, daß ich mich dessen noch jetzt mit Freuden erinnere. Wie denn der Baron Söhlenthal, Walbaum und ich den noch bei mir befindlichen Herr von Watteville als einen allenthalben beliebten artigen Menschen durch unermüdetes Gebet und Anhalt, auch Anwendung aller ersinnlichen Mittel über 50 verderbten jungen Leuten, die ihn umgeben hatten, gleichsam aus den Zähnen gerissen [haben]. Die Bosheit meines Vorgesetzten nötigte mich, mit Abstrahierung von allem Ruhmgesuch, froh zu sein, daß ich nur in der größten Stille und Verborgenheit Gutes wirken konnte. Mit den Studien wurde [ich] durch die Länge der Zeit auch bekannter, und als ich 1715 um Ostern alle Klassen von der untersten durchgegangen und bereits ein Jahr in der Ersten gewesen, wurde mir und einem ungarischen Herrn von Adel zu Dienst Classis Selecta renoviert, in welche ich ein Jahr mit Repetition der Studien, mit der akademischen Theologie und Jurisprudenz lectione cursoriae der Autorum und der ganzen Philosophie zugebracht und in dem Hauptwerk bei erlangter mehrerer Autorität unter den Scholaren auch immer gesegnetere Progressen [= Fortschritte] tun können.

Anno 1716 geschah der Aufbruch von Halle mit vieler Bewegung, wovon die Abschiedsaria zeugt, und wurde ich nun endlich meinem Vormund, nämlich obgedachten Grafen von Zinzendorf, eingeliefert, der mich nicht nur sehr hart traktierte, sondern auch alle vorige Konversation schlechterdings abschnitt, und nachdem sich der bisherige Candidatus Theologiae, welcher in Halle bei mir gewesen, deklariert, daß er es mit der Welt halten wolle, mir solchen zum Hofmeister nach Wittenberg mitgab, um, wie es hieß, die Grimace daselbst zu verlernen und eine bessere Erkenntnis auch im Christentum zu bekommen. Man gab mir eine künstliche Instruktion mit, darinnen Tanzen, Fechten und alle anbefohlenen Eitelkeiten auf das beste bemäntelt und der Frau Mutter das Gegenteil von allem, was wirklich geschehen, überredet wurde. Obgleich nun die Lebensart sehr wunderlich eingerichtet war, indem ich unter andern alle Abend vor dem Gebet mit meinem Hofmeister à l'ombre spielen durfte, so erhielt doch der Herr mein Gemüt in unverrücktem Sinn zu Ihm und die eigne und die Arbeit an andern Seelen ging unter Druck und Schmach fort, welches mir mein

Hofmeister endlich zuließ, wenn ich ihm alles das schenkte, was ich von Zeit zu Zeit zu meiner eignen Disposition geschickt bekam, denn so war unser geheimer Akkord. Ich tat solches mit Freuden, und Gott erweckte nicht nur verschiedene Cavaliers und auf die letzt eine ganze Gesellschaft junger Leute, welche den andern ungezogenen Studiosis öffentlich tete machte [= Trotz boten], sondern auch einen Professorem Theologiae D. Haferung, der noch in der Treue fortfährt, und weil die übrigen Theologen, sonderlich D. Wernsdorf sahen, daß ich nicht pietistisch war, auch der Kopf nicht hing und ein und andere principia hatte, die ihnen meinten [?] erträglicher zu sein als die Hallischen, daß ich zum Exempel unbekehrte Prediger tragen konnte und glaubte, wenn sie zuweilen bewegt [?] wären, könnten sie auch andere erwecken, daß ich das Christentum nicht von äußerlichen Dingen wollte angefangen wissen und dafür hielt, man sollte die Eitelkeiten nicht ehe als die innere Herzenshärtigkeit ablegen, sonst werde Pharisäisches Werk daraus, daß ich dafür hielt, die Bekehrung fange zuweilen im Verstande und zuweilen im Willen an etc., wurden sie mir so besonders geneigt, daß sie mich proprio motu [= aus eigenem Antrieb] zum mediatore [= Mittler] zwischen der Hallischen und ihrer Theologischen Fakultät erwählten. Diese Negotiation währte von 1718 bis 1719, und sind davon auch einige Zettelchen vorhanden. Das ganze Werk aber hat mir der Hofmeister, damit ich mich nicht legitimieren könnte, in Stücke zerrissen, und die Hauptkorrespondenz mit Herrn D. Lange in Halle ist mir auch abgeleckt und zurückbehalten worden. Inzwischen ist die Sache Widerwärtigen [?] dennoch klar zu machen als vollen [?] Erfolg, da der Herr Prof. Francke sel. mit Herrn D. Löschern wirklich zur Konferenz gekommen und von 80 Differentien [= unterschiedlichen Lehrpunkten] bis auf drei zusammengerückt, welches seinen reellen Nutzen würde gehabt haben, wenn es sowohl D. Wernsdorf als D. Löscher gewesen und, wie seine Art war, nicht sobald zurückgewichen, nach erlangter Überzeugung aber auch hernach beständiger geblieben wäre. Ich konnte übrigens den geistlichen Handlungen nicht allein obliegen, sondern mußte auch die Studia academica traktieren, so denn auch geschah, und dabei die Exercitia vehement, doch ohne Gemütsschaden, denn sie wegen meiner täglichen Plage getrieben wurden. Der Hofmeister sah sich 1718 durchs Ableben des Generalfeldzeugmeisters verloren, suchte sich deshalb notwendig zu machen und machte mir den ersten bösen Leumund in Ansehung des entreprenants [übermütigen] und bedenklichen Wesens. Es kam ein Befehl vom Oberkonsistorium aus Dresden, mir die Versammlungen zu nehmen. Ich hielt zu meiner eigenen Befestigung in den Wissenschaften den neuen Studenten Collegia repetitoria. Darüber erregte der Hofmeister bei den Professoren Neid und Aufsehen. Man war zu Regensburg über dem neunten Erzamt in Bewegung. Dazu hatte ich exercitii causa [= der Übung halber] einen Plan entworfen. Den stahl der Hofmeister heimlich fort und wußte es alles so darzustellen, daß man ihn für unentbehrlich ansehen soll, mich aber von Wittenberg wegnehmen und damit meinen weiterstehenden Unternehmungen ein Ende machen sollte. Das Letzte geschah. Weil aber mein älterer Bruder sich auserbat, mich selbst in die Länder zu führen (so viel unbeschreibliche Mühe gibt sich der Feind, eine einige Seele dahinzureißen), so ward der Hofmeister unvermutet abgeschafft und mir ein vernünftiger und solider, aber desto mehr gefährlicher Mann und mein Herr Bruder zugegeben, der dasjenige auf das feinste und artigste zu erhalten suchte, was jener mit seiner impertinenten und boshaften Art nicht ausrichten können.

Zu Wittenberg hatte ich angefangen einzusehen, daß es am besten getan sein werde, wenn ich mich ganz auf die Theologie legte und dieselbe öffentlich zum Hauptwerk machte, ich war aber nicht allein [?] und konnte dazu keine Erlaubnis erhalten. Damit ich aber auch der Welt nicht mehr zuteil werden könnte, so ließ ich um deswillen, weil ich mir selbst nicht traute und befürchtete, die Ehre und Applausum möchten mir Schaden tun, weil bei Gelegenheit der Carminum, welche in der auf der Universität angezeigten [?] Grafen Namen verfertiget zu werden pflegten, meine Principia ganz deutlich in die Welt fliegen, und verhoffte, dadurch in den Credit zu kommen, daß niemand meiner begehrte.

Auf den Reisen kamen etliche wichtige Umstände vor, in welchen ich die absonderlichen Gnadenleitung Gottes zu bewundern hatte. In Holland stürmten die vornehmlich freigeistigen und andere Meinungen auf meinen Kopf los, richteten aber gar nichts anfangs aus. Weil der Weltgeist mein Herz nicht gewinnen konnte, so suchte er mich zum Scheinheiligen zu machen. Im Haag ward ein groß Aufsehens von meiner regulieren Lebensart. Der französische und andere Ambassadeurs kamen auf meine Kammer, mich zu sprechen, der Portugiesische versicherte mich, daß er sich an meiner Konduite erfreue, hingegen gaben sich der Köllnische Minister, Herr Magit [?], der Württembergische und andere mit Festins [= Festschmaus] und mancherlei Künsten recht viel Mühe, mich ins Garn zu bekommen, wie sie denn sogar die bekannte Wartenbergin anstellten, als wenn sie sich bekehren wollte, um mich in ihr Haus zu locken, aber der Herr bewahrte mein Herz bei dem allen.

In Frankreich bekam mich der Kardinal von Noailles und die Bischöfe von Montpellier, Boulogne und Chalons unter sich samt etlichen gottseligen Religiosen. Die richteten eine so herzliche Freundschaft mit mir auf, daß ich ein gesegnetes Sejour [= Aufenthalt] in Paris hatte. Ich war nicht ohne empfindlichen Anstoß wegen der Religion. Als mir aber meine Argumente oft nirgends hinlangen wollten, indem uns die Katholiken mit dem Artikel der Kirche so sehr eintreiben als wir die Separatisten, solange wir eine einige sichtbare Kirche statuieren und die unsichtbare noch alle ihre Rechte und Abteilungen nicht verstehen, so setzte ich mich nieder, eine gründliche Deduktion an den Kardinal zu machen, tats auch noch zu Paris in lateinischer Sprache, dabei mir der liebe Gott immer mehr Aufschluß und Einsicht ins Ganze verliehen. Hier hatte ich das hitzige Fieber, wozu ein und anderer geistlicher Ernst Anlaß gab, denn ich fing um diese Zeit die tägliche besondere Fürbitte für alle mir bekannte Seelen an und machte im September 1719 den ersten Aufsatz auf dem Lustschloß Chantilly unter der Promenaden Zeit. Der liebe Gott wendete aber noch diese harte Krankheit zu vielem Segen. Ich war in Paris nicht allzu sicher wegen der Konstitutionsaffaire, welche damals gewaltig aigriert [= erregt, erbittert] war. Mein Hofmeister war deswegen in Sorgen, Gott aber schützte mich, und da ich den Regenten nicht zu sehen bekommen können, solange ich zu Paris war, so praesentierte mich endlich die Madame, seine Frau Mutter selbst an ihn mit nachdrücklichen Worten. Das ist mir noch immer erbaulich, daß eben dieselbe dem jetzigen Prinz Herzog von Orleans, der damals als Duc de Chouton ein eitler [?] gottloser Prinz war, einmal recht ernstlich und christlich zuredete, als wir fast allein bei ihr waren, und ihn herzlich fragte, warum ers denn nicht so gut haben wollte als ich, ich wäre ja auch ein junger Mensch und wüßte in der Welt zu leben, suchte aber den lieben Gott von Herzen und wäre ja dabei viel 1000mal glückseliger als er, weil er sich mit seiner Konduite vor Gott und Menschen prostituierte [= herabwürdigte, bloßstellte]. Er nahms damals sehr übel auf. Jetzo aber gibt ihm alle Welt Zeugnis, daß er es nach seiner Erkenntnis treulich nachholt, was er damals versäumt. Ich setzte meine damaligen Umstände und Gemütsbeschaffenheit dem jungen König Gedichte auf, und da ich des Baron Cansteins Absterben vernahm, faßte ich in aller Stille den Schluß, in seine Stelle zu treten und Gott beständig und allein zu dienen. Einmal wachte der point d'honeur in einer äußerlichen Zeremonialsache bei Hof auf, und ich pressierte ihn soweit, daß ich am darauffolgenden Karfreitag mich in der reifen Überlegung genugsam überzeugen konnte, mein Hochmut sei noch nicht tot. Es geriet mir aber zu einer so innigen und heiligen Beugung und Demütigung, daß ich von der Stunde an dem Heiland mit viel 1000 Tränen versprach, sein armer Nachfolger zu werden und auch die Absicht, die ich bisher gehabt, in weltlichen Chargen seinem Reich zu dienen, ihm gänzlich aufzuopfern und hinzugeben. Es ist dieser Sinn in Absicht auf Ehre und Ansehen seit der Zeit nicht wieder verändert worden, sondern Christi Schmach mir allemal eine Freude geblieben.

Der Kardinal von Noailles stand in so genauem Verbündnis mit mir, daß ich ihn bei seiner anscheinenden Wankelmütigkeit nicht nur heftig erinnerte, sondern auch endlich alles Kommerzium mit ihm aufschob [Korrektur unleserlich], welches ihm wehe getan. Er hat aber etliche Jahr darauf den Appel und zugleich seine Korrespondenz mit mir erneuert und solange fortgesetzt, als er im Stande gewesen, etwa durch sich selbst zu tun.

Kurze Generalidee meiner Absichten und Handlungen

Zinzendorf verfasste in Herrnhut im Januar 1736 (so die Handschrift R.24.6,3) angesichts der Anfeindungen insbesondere von Halle eine thesenartige Zusammenfassung seiner Ziele und Motive unter dem Titel „Kurtze General Idee Meiner Absichten und Handlungen, zu Beruhigung der einigen höchsten Personen, welche dißfals ungleich informiret, und an deren Gnaden Gewogenheit mir um des HErrn willen alles gelegen ist". Die Darstellung reicht bis zum Jahre 1733, bis zur Vertreibung Spangenbergs aus Halle (§ 41) und der Genehmigung zur Ansiedlung in Georgien/Amerika (§ 31). Damit ist bereits der Schlüssel zum Verständnis der Situation im Jahre 1736 gegeben: der Bruch mit Halle und die Entstehung einer zinzendorffeindlichen Partei aus den mit Halle befreundeten Grafen und Theologen. Zu diesen gehörten so einflussreiche Persönlichkeiten wie Graf Christian Ernst zu Stolberg-Wernigerode und der dänische König. Zugleich erhielt Zinzendorf am 21. April 1736 die Benachrichtigung über seine Ausweisung aus Kursachsen. Ihm musste alles daran gelegen sein, um Verständnis für seine Ziele der Erweckung zu werben und das offensichtlich zerstörte Vertrauensverhältnis wiederherzustellen.

Der Text gliedert sich in 44 Paragraphen unterschiedlicher Länge, die man folgendermaßen gliedern könnte:

§ 1 - 16	*die Etappen seines Lebens vor Herrnhut*
§ 17 - 31	*sein Lebensweg mit der Gemeine Herrnhut*
§ 32 - 36	*seine Arbeit außerhalb Herrnhuts (Jena, Wittgenstein, Dänemark)*
§ 37 - 43	*die Kontroversschriften gegen ihn seit 1726*
§ 44	*seine gegenwärtige Absicht*

Zinzendorfs Generalidee ist eine Apologie seiner christlichen Gesinnung und will das an Herrnhut geschehene Unrecht aufzeigen. Dabei spricht er manche persönliche Verletzung, aber auch gescheiterte Hoffnung an. Der Bericht endet mit einem erneuten Entschluss zur Weiterarbeit im Reiche Christi: „Seelen suchen und pflegen wird mein Geschäfte ... sein" (§ 44).

Abgedruckt nach UA Herrnhut R 24.B.6,3 und R.20.A. No.1,1 (identisch mit R.24.B.6,3)

* * *

1. Generalement ist von meiner seligen Großfraumutter und Tante der Sinn, Christum in der Welt zu bekennen, in mich gepflanzt worden.

2. In meiner Kindheit zu Haus habe ich den lieben Heiland herzlich lieb gewonnen und viel Umgang mit ihm gehabt.

3. In Halle habe ich Gelegenheit gefunden, Gemeinschaft mit andern zu machen und ihnen den lieben Heiland auch bekannt zu machen, so daß ich innerhalb 5 bis 6 Jahren an vielen Seelen meinesgleichen Segen gewirkt.

4. Nachdem der Wille, Christo vor allen Dingen zu dienen, gewirkt, die Bekanntschaft mit dem Heiland gemacht, die Probe des Segens an andern gesehen und ich nun zu meinem Obervormund gebracht worden, übte ich daselbst unter vielem Druck und Widerspruch meine Erkenntnis aus. Und weil ich ganz verlassen war, so konnte ich wohl treu, aber natürlicher Weise so vielen Widersachern nicht klug genug sein.

5. Man tat mich nach Wittenberg, da ich denn die Hallische und dortige Theologie gegeneinander hielt und weder beide ganz behielt, noch ganz wegwarf. In Wittenberg war ich sehr beliebt, in Halle suspekt. Als sich Herr D. Haferung auf die Hallische Seite wandte und mir solches zuschrieb, kam ich daselbst wieder in Kredit. Die Theologen beider Universitäten trugen mir Anno 1718 auf, eine Vereinigung zwischen ihnen zu stiften. Darauf Herr D. Löschers und Franckens Entrevue zu Merseburg geschehen und seitdem, obschon nicht innerlich, doch äußerlich Friede geworden ist. Die Briefe sind teils noch in meinen Händen. Die Liebe zum Heiland nahm zu, und schrieb ich einige geistliche Sachen in der Absicht, mir selbst als einem jungen Menschen den Rückpaß nach der Welt abzuschneiden, wenn ich mich

derselbigen durch meine Schriften und Konduite verhaßt gemacht. Es war mehr gute Absicht als Aufführung dabei, aber ich war 18 Jahr alt und hatte keinen Menschen, der mich anführen wollen oder können. Ich hätte gerne Theologiam profitieret [= Theologie studiert], durfte aber nicht.

6. Anno 1719 mußte ich in die Länder gehen. Da prüfte ich allerlei Sekten, fand, daß sie hie und da mehr Scheingrund hätten, als ich auf der Universität gehört. Der Kardinal Noailles und die appellierenden Bischöfe suchten mich katholisch zu machen. Ich gewann sie sehr lieb, aus ihrer Absicht ward nichts. Doch familiarisierte es mich mit den Katholischen so weit, daß ich einen besseren Konzept von den redlichen Seelen unter ihnen bekam. Von der Zeit an bemühte ich mich, das Beste in allen Religionen zu entdecken, zu Entschuldigung des Nächsten und, wenn es möglich, dieser und jener einzelnen Seele das Gift ihrer Sekte zu nehmen, und, weil der Übergang von einer Religion zu der andern weitläufig ist, ihnen doch einen besseren und unschuldigeren Verstand von ihren Lehrsätzen bekommen und das, was die Seligkeit eigentlich hindert, abgeschnitten werden möchte; denn ich wußte, daß in allerlei Volk der Herr die Seinigen haben wolle.

7. Ich kam mit dem Vorsatz von Reisen, mich in keine Parteilichkeit einzulassen, denn ich sah und hatte gesehen, daß sie in Halle und Wittenberg Menschen waren. Dieser Sinn half zur Beförderung des Reiches Christi an meinem Ort, alienierte aber die lieben Hallenser ein wenig von mir.

8. Zu Nürnberg kam ich in das Polheimische Haus. Da sollte [= ich] die Comtesse heiraten. Da wurden viele Intrigen gemacht, und weil Herr D. Marperger eine menagierte, der ich e diametro entgegen war, weil ich glaubte, daß sie ungerecht sei, so geriet mir dieser Mann auf den Hals und ist bis diese Stunde mein unversöhnlicher Widersacher, hat auch seitdem keine Gelegenheit vorbeigehen lassen, mich zu drücken. Es ist kein Zweifel, daß ich mich in die Pohlheimischen Sachen ungemengt hätte lassen können und daß ich mir diesen Verdruß selbst zugezogen.

9. Zu Castell bekam ich ein Regierungsgeschäft in die Hand. Es ist äquivok, ob ich die Verdrießlichkeiten davon nicht auch hätte evitieren können. Ich bin aber noch nicht gewiß, wenigstens hat es Gott zur Errettung dreier Kinder im Haus, nämlich der beiden Komtessen und des Grafen Lutz gesegnet, womit ich zufrieden bin. Es prokurierte mir dieser Sejour [= Aufenthalt] die Bekantschaft der teuersten Frau Markgräfin Durchlaucht, den Ursprung einer süßen Qual, nämlich des fast unüberwindlichen Attachements an das königlich dänische Haus, wodurch ich in manche Hoffnung, aber auch in manche harte Probe geraten bin. Ich bekam aber auch an dem General von Castell, wider den ich agieren mußte, einen neuen gefährlichen Widersacher, der es an Verunglimpfung meiner Person, wo er gewußt und gekonnt, nicht fehlen lassen.

10. Ich sah, daß die Meinigen meiner Absicht, theologiam zu profitieren, entgegen waren, und mein Trieb, Seelen zu Gott zu führen, nahm nicht ab. Eine eigene Haushaltung war dazu der beste Weg vorderhand. Ich wollte heiraten, fiel auf meine Cousine Theodore, fand mich aber, als es bereits seine Richtigkeit hatte, gedrungen, sie dem 29. Grafen Reuß vorzuschlagen, der sie auch heiratete, aus welcher Ehe nach langem Warten diejenigen herrlichen Gnadenfrüchte entstanden sind, die man noch jetzt in dem Ebersdorfischen Haus mit Freuden sieht. Anfänglich geriet mir es zu vielem Verdruß. Denn nachdem das erste Wunder vorbei war, empfand es meine Tante ungnädig und wurde ein wenig fremd gegen mich. Die Widrigen in Castell wurden mich los und rissen mein Gebäude wieder ein. Die Gräfin Theodore war mir viele Jahre gram und wollte nicht Wort haben, daß die Sachen so gelaufen. Mein jetziger Schwager, der Neunundzwanzigste, vergaß meine Treue gegen ihn auch, und ich passierte wohl 10 Jahre in ziemlicher Verachtung, ob ich gleich 1722 ins Haus kam und 1728 von dem lieben Heiland die Seele der 29. Frau Gräfin geschenkt bekam. 1733 aber kam er zum ersten Mal nach Herrnhut, da denn der Herr auf einmal alle meine Arbeit krönte und uns so verband, daß uns wohl nichts mehr trennen wird. Inzwischen laufen die in so vielen Jahren entstandenen Gerüchte, dazu diese lieben Ebersdorfischen Herrschaften wenigstens durch ihr Still-

schweigen mitgeholfen, noch immer zu meinem Präjudiz herum und helfen zu meiner Verunglimpfung. Wie denn der Ebersdorfische Hofprediger vor etlichen Wochen in einer Schrift gegen seinen Herrn diese Historie als einen Beweis meiner Unrichtigkeiten ihnen ins Angesicht angeführt und sich auf sein ehemaliges Zeugnis berufen hat. Das Kriterium der Sache ist: Ob es wahr oder eine Prahlerei, wenn ich mich bei Gelegenheit darauf berufen, daß ich dem lieben Heiland und dessen Überzeugung zulieb eine Person, die ich innig geliebt und schon so gut als gehabt, fahren gelassen und einem andern sowohl überlassen als selbst angetragen. Diese Erzählung hat privatim den Zweck gehabt, guten Freunden zu zeigen, daß es möglich sei, sich im größten wie im kleinsten zu verleugnen, desgleichen die Gelegenheit anzudeuten, wann ich mich Christo mit Leib und Seele ganz aufzuopfern angefangen. Die Widrigen aber habens mir aufgefangen, um mit Beihilfe oder Konnivenz [= Nachsicht] aller Interessenten es teils gar zur Unwahrheit, teils zur Rodomontade [= Großsprecherei] zu machen. Hierbei muß ich eines andeuten, so hernach ein großes Licht in mancherlei geben kann. So ein Faktum, möchte jemand sagen, ist ja leicht klar gemacht. Ja, antworte ich, aber eine Seele, der es um sich nicht zu tun ist, sondern um Jesum allein, hat ganz andere Absichten zu menagieren [= anzuwenden]. Sie muß zuweilen alles über sich gehen lassen, damit sie diesen und jenen schont, welcher entweder durch die Verteidigung prostituiert und, da er sonst ein Knecht Gottes ist, um seinen Eingang gebracht wird, oder mit der Wahrheit in die Augen geschlagen und der ganzen Wahrheit drüber gehässig wird. Das macht auch zuweilen die Apologien schwer und dunkel, wenn man alle Personalien, die der Sache auf einmal ein Ende machten, wegläßt. Denn eine gründliche Verteidigung gegen einen Gegner, der uns hart attackiert, hilft nicht nur uns zur Behauptung unserer Unschuld, sondern sie ruiniert den Gegner in rechtschaffener Leute Gemütern de fond en comble [= von Grund aus]. Das kann ein wahrer Nachfolger Jesu nicht tun, bis der Ruin der Sache Jesu vor der Tür ist. Da muß man endlich alle Konsiderationen vor Menschen fahren lassen, und damit ist auch hernach ein solcher Widersacher (wenn er sich nicht bessert und bekehrt) auf einmal hin.

11. Nach meiner Zurückkunft praetendierten die Meinigen, welche die zurückgegangene Heirat sehr übel empfanden, ich sollte ein officium politicum [= Staatsamt] annehmen, dazu hatte ich keinen Sinn. Herr Professor Francke hatte mich nach Halle invitiert und mir versprochen, beförderlich zu sein, daß ich mein Leben wie der selige Baron Canstein daselbst zubringen könnte, versprach auch die Meinigen dazu zu disponieren. Er mochte es aber gemacht haben, wie er wollte, so reüssierte es nicht und machte mir großen Verdruß, welches mich auf den seligen Mann verdroß, daß ich einen Teil des Estime verlor und auch ungleich darüber redete, für welches ich hernach so viele 100 üble Reden und Lästerungen über mich geerntet habe, wovor ich Gott herzlich preise, und wenn sie keinen Schaden tun, gerne mein lebenlang davon nicht befreit sein will. Denn ich habe es verdienet. Doch habe ichs demselbigen Mann vielmals demütigst abgebeten. Er ist aber beständig indifferent gegen mich geblieben. Meine Prozedur war unrecht. Aber der teure Professor hatte es in der Hauptsache damit, daß er auf mich geschoben, was er mir doch eingegeben hatte, gar sehr versehen. Und ich habe von der Stunde an gemerkt, daß die Meinigen ihr Vertrauen sowohl gegen ihn als gegen mich verloren. Meine Großfraumutter war penetrant. Mir konnte sie es nicht gut heißen, daß ich dergleichen Consilia [= Ratschläge, Pläne] hinter ihr gehehlt. Dem Herrn Professor aber traute Sie aus allen Umständen zu, daß er mich allerdings animiert habe und nur aus einer besonderen Klugheit nun abandonniere [= im Stich lasse], da er sich kein Durchkommen sähe. Dieses ist der Anfang zu meiner völligen Entfremdung von den hallischen Anstalten. Nicht aus Verdruß allein, sondern weil ich glaubte, meine Absichten erforderten zuverlässige und solche Freunde, die mir in der Kraft Christi durchsetzen hülfen, was wir vor Gott resolviert hatten. Daß ich aber gleichwohl in Liebe mit ihnen bleiben möchte, dazu habe 1724, 1726, 1728 und 31 und also fast alle zwei Jahre persönlichen Besuch auf das herzlichste angetragen, aber ohne Effekt.

12. Da ich bei Strafe des vierten Gebots einen weltlichen Beruf erwählen sollte und mich vor dem Dresdnischen fürchtete als vor dem Tode, suchte ich mich in dem geliebten Dänemark zu engagieren. Da

mir es aber gnädigste Frau Markgräfin zwar nicht abschlug, doch sehr weit legte, mußte ich endlich mit viel hundert Tränen denjenigen Sitz in der Landesregierung zu Dresden nehmen, auf welchem ich seit 1721 bis 1727 das Tier so erbittert, daß es ein Wunder ist, welches den apostolischen Wunderzeichen nicht unähnlich, warum es nicht mich und meine Anstalten gefressen hat. Denn da hieß es recht: Eines Hand wider alle und alle wider einen. Die letzte schwere Hand Ihro Majestät des Königs August II. wird von allen Staatsverständigen meiner Dresdnischen Regierungsarbeit impatiert [= nicht geduldet], ob sie gleich einen ganz andern Vorwand hatte.

13. Ich kaufte mir geschwind ein Gut. Da der Pfarrer vom Schlag gerührt wurde, setzte ich einen unverdächtigen treuen Mann von Leipzig dahin, gab den beiden ersten Exulanten Aufenthalt und etablierte mir ein Winckelchen, wo ich von Zeit zu Zeit Christum den Seelen anpreisen und gute Einrichtungen machen könnte. Dazu nahm ich mir eine fromme Frau, daß ich freier und unanstößiger wandeln und mich der Sachen selbst annehmen könnte. Und also war ich halb in Dresden und halb auf den Gütern.

14. In Dresden fing ichs auch nach meiner Erkenntnis an, hielt Versammlungen mit vieler Barmherzigkeit meines Heilandes, suchte alle Kinder Gottes zusammen, so viel ich konnte; und für ein bißchen Schmach durfte ich das alles tun. Denn Dr. Löscher, der Superintendent, kannte mich von Wittenberg her, hielt mich für keinen Pietisten, sondern eifrigen Menschen und Liebhaber des Wortes Gottes, legte mir also nichts in Weg, bis Dr. Marperger kam. Da ging die Verfolgung so gleich an, und die Versammlungen wurden mir verboten, die ich so viel Jahre ungestört gehalten. Es traf aber in meinen Abschied von Dresden.

15. Im privaten Umgang ging [ich] damit um, die Dresdnischen Gichtelianer, darunter sehr redliche Seelen waren, von den zwei grundstürzenden Irrtümern zu befreien: Daß der Weltgeist etliche Sachen in die Schrift gesetzt und daß sie sich für andere Seelen opfern könnten. Der Herr Jesus segnete meine Arbeit. Ehe vier Jahre um waren, glaubte kein einiges diese Sätze mehr. Sie besuchten die Ver-

sammlungen und endlich auch die Kirchen wieder. Dieses zu erlangen, mußte ich lange hantieren und mich verdächtig machen.

16. Anno 1727, als ich sah, daß mein Dresdnisches Amt mit der Gemeine, die sich inzwischen zu Herrnhut gesammelt, aus zwei Ursachen inkompatibel sei: 1) weil die Erbitterung über meine politischen Handlungen auf sie mit fiel und zu ihrem Ruin kooperierte, 2.) weil die Gemeine in Gefahr stand, aus herzlicher Meinung auf Quäkereien zu verfallen, wenn sie nicht von nahem besorgt würde, tentierte [= versuchte] ich nach dem Ableben meiner Großfraumutter, ob gnädige Frau Mutter nicht zu bewegen wäre, mir eine Retirade von Dresden zu erlauben. Der Herr disponierte sie dazu auf einmal, da ich sie denn beim König suchte und erhielt.

17. Damit kam ich auf meine Güter und fand dreierlei Untertanen: die Evangelischen, die Schwenckfelder in dem Hauptmann Gersdorfischen Gute und die Böhmischen oder Mährischen Brüder in Herrnhut. Die Evangelischen waren wie gewöhnlich Kinder Gottes oder nicht. Da ging das Werk des Herrn in seiner Ordnung, und Gott hatte Herrn Rothe nicht nur eine schöne Gemeine in seiner Diözese, sondern auch viel hundert Freunde geschenkt. Das ließ ich mit Freuden seinen Gang gehen, denn wenn Gott macht, so sehen wir zu. Die Schwenckfelder waren nichts anders als christliche Juden, Leute, die Handel und Wandel trieben, ehrbarlich lebten, wegen der ausgestandenen Pressuren mitleidens- und aufnahmewert waren, so weit nämlich weltliche Obrigkeit zu gehen hat, insofern sie (wie ich) dazu von der Landesherrschaft einen Wink bekommen. Bei diesen sah ich mir nichts zu tun, als gute Ordnung halten und sie, so viel ohne einigen Schein des Zwangs geschehen konnte, zu disponieren, daß sie unsere Predigten und Versammlungen gutwillig besuchten, welches in kurzem von ihnen allen geschah; und damit hatten sie Gelegenheit sich zu bekehren, wenn sie wollten. Wäre man weiter gegangen, so hätte man die obrigkeitlichen Rechte zu weit poussiert und noch dazu nichts ausgerichtet, ja auch das, was noch zu erhalten war, verloren.

18. Die Mährischen Brüder, welche ihren Ursprung noch 60 Jahre vor der Reformation etabliert und mit besonderen Kirchenverfassungen versehen waren, hatten dreierlei Observationen bei mir verur-

sacht: 1) ihre Lehre, 2) ihren Seelenzustand, 3) ihre Ordnungen betreffend. Der Lehre nach waren sie alle reformiert gewesen. Weil ich nun Anno 1721 und 1722 mit an der Union gearbeitet hatte, so kostete es nicht viel zu wissen, wo dieser Sachen Knoten am festesten steckte. Der Heiland schenkte mir Gnade, daß sie 1725 nach herzlicher Unterredung alle die evangelischen Principia annahmen. 2) Ihr Seelenzustand war so beschaffen, wie der Salzburger ihrer jetzt ist: Unter 100 waren immer drei bekehrt, die andern hatten ein gutes Mundwerk. Die große Erweckung, so Christian David unter ihnen angerichtet und darüber sie endlich Bande und Gefängnis erlitten, schläferte der Feind nach und nach ein, dergestalt, daß der liebe Christian David fast desperat wurde und den Herrn Steinmetz vermochte, mir eine Gewissenssache daraus zu machen, ob ich so viel 100 Seelen in einem falschen Wahn der Bekehrung dahin gehen lassen könnte, für die er sein Leben so viel mal gewagt. 3) Ihre Ordnungen hatten sie wohl im Kopfe und zielten da hinaus, wußten aber keinen Stiel daran zu finden und verfielen daher auf den Separatismus von Kirche und Abendmahl. [Sie] konnten mich so wenig als den Pfarrer Rothe leiden, und weil dieser auf sie stürmte, verlor er seinen Kredit gar, und mich, weil ich alles litte, ließen sie noch so ziemlich passieren, insofern es die bienseance [= Anstand] erforderte. Da war nötig, nahebei zu sein. Ich ließ mein Haus in Berthelsdorf stehen und bauete mir ein Hüttchen nach Herrnhut. Die Lehre trieb ich, so gut ich konnte, auf dem 1725 verabredeten Fuß mit Herrn Rothe gemeinschaftlich, pflegte seine Predigten zu wiederholen und zu katechisieren. Ich sah aber, daß ohne Ordnung nichts zu machen sein würde. Weil nun der ganze Ort einerlei Einwohner hatte, so suchte ich unter die Rügen und Ortsstatuten solche Verfassungen mit einzubringen, dadurch endlich auch die nähere Herumholung eines jeden Individui befördert wurde. Diese Statuten, welche man hernach so gar unbillig für neue Religionspunkte usw. ausgegeben, setzte ich mit Zuziehung des Herrn Rothe, Christian Davids (der damals Chef der Malcontenten [= Unzufriedenen] war) und anderer auf. Und der Herr segnete mich am 12. Mai 1727, daß sie mir in ganz Herrnhut alle zufielen und diese Regel annahmen, die freilich anfangs nach ihrem captu [= Fassungsvermögen] mußte menagiert und ihnen dadurch die Wiederkehr facilitiert [= erleichtert] werden.

19. Damit nahm ich mich 1727 im Sommer zweierlei Dinge an:
1) die neue Verfassung bei unsern Theologen bekannt zu machen, um zu vernehmen, ob es Ratkauf [= günstiger Kauf] wäre, die bisher unter der reformierten Kirche florierenden Böhmischen und Mährischen Brüder mit Beibehaltung ihrer guten und löblichen Ordnung, die keines Separatismus erforderten, der evangelischen Generalverfassung einzuverleiben. Herr D. Buddeus, Herr D. Breythaupt, Herr Dr. Anton sel. schrieben diesfalls an mich und die Gemeine, bezeugten darüber ihre innige Freude, und der erste versprach, zu dessen Behuf die von ihm edierte Historie der Böhmischen Brüder samt der Vorrede von Wiedereinführung ihrer Zucht deutsch herauszugeben, wogegen aber das Waisenhaus zu Halle protestierte, weil die lateinischen Exemplaria noch nicht alle verkauft wären. Was mehr, Dr. Marperger, der mein Freund nicht ist, ließ mir durch einen Studiosum schreiben, meine Deduktion hätte ihnen ausnehmend gefallen, und wo das so wäre, so würde uns Gott in Herrnhut herrlich segnen, und möchte ich ja verhüten, daß dieser Anfang nicht unterbleiben, die Gemeine nicht zerstreut würde und ich bei dieser Einrichtung nicht außer der Konnexion käme. Dieses letztere war bei diesem Mann eine von oben gewirkte gute Erweckung, die damals ihren Nutzen hatte, seit dem aber wieder verloschen ist.
2) suchte ich, so viel Gott Gnade verlieh, in die Tiefe zu wirken und einige Jahre lang Tag und Nacht an jeglicher Seele zu arbeiten, daß sie nicht nur scheinen, sondern auch sein möchten.

20. Nachdem durch die Gnade des Heilands der Zweck allenthalben erhalten war, soviel die Gemeine betraf, und man sich besorgte, es möchten die Statuten den Schein eines sektiererischen Zauns haben, wurden selbige 1729 kassiert, eine bloße herrschaftliche Gemeinordnung gemacht und von der Gemeine ihr ganzer Sinn und Erkenntnis mittelst eines Notariatsinstruments bezeugt, welches ad acta gegeben und von Herrschaft und Parocho [= Gemeindepfarrer] durch eigenhändige Unterschrift ratihabiert [= bestätigt] wurde. Da-

mit waren die Herrnhuter wie andere evangelische Leute, und alle Schwierigkeiten der vorigen Zeit größtenteils überstanden.

21. Als der Bischof der Mährisch-Böhmisch- und Polnischen Brüderschaft (dieser Name aber ist keine Erfindung, sondern [eine] etliche 100 Jahre in der Kirchenhistorie wohl bekannte Sache), Herr Daniel Ernst Jablonsky, Königlich-Preußischer Oberhofprediger und Probst zu Berlin, von dieser Sache Nachricht bekam, gratulierte er mir in einem eigenhändigen Schreiben innigst und bezeugte seinen Konsens in einer öffentlichen Schrift, die er an den reformierten Prediger Mr. de Mauclere in Stettin richtete und drucken ließ 1731, [an]erkennt auch bis diese Stunde die Gemeine zu Herrnhut, ohnerachtet sie von der reformierten Religion ab und zu der evangelischen gekommen, für die wahre uralte Nachfolgerin Johann Hussens und seiner Brüder, und hat darin, daß ich das Vorsteheramt unter ihnen führe, willigst konsentiert.

22. 1731 erwirkte man kaiserlicherseits eine scharfe Untersuchung wegen der Mährischen Brüder in Herrnhut, und Anno 1732 im Januar kam zu Herrnhut eine Königliche Kommission an. Die sollte untersuchen: 1) ob ich die Leute nicht ausgelockt; 2) ob sie einer im Römischen Reich tolerierten Religion zugetan wären. Das erste gab sich bald, denn ihre 50 traten auf und zeigten gleichsam ihre Narben des Martertums, daß also diese Frage, warum sie emigriert, ihre Richtigkeit bekam. Den anderen Punkt zu beantworten, diktierte ich der Kommission einen ausführlichen Plan aller Veranstaltung mit ihren Ursachen und belegte alles mit Originalurkunden. Die Kommission ging überzeugt, gerührt und mit vieler Liebe von Herrnhut weg, stattete ihren Bericht ab, der im Geheimen Consilio unsere Sachen gleich schlichtete. Vom Oberkonsistorium, wo ich bekanntermaßen nicht beliebt bin, wurde boni ordinis causa [= um der guten Ordnung willen] ein Gutachten erfordert. Es suspendierte aber über Vermuten sein judicium, daß als [= weil] die Akten nun 2 Jahre unangerührt daselbst liegen und nach Herrn Dr. Löschers Vermuten liegen bleiben werden.

23. Die Widrigen waren, wie leicht zu erachten, damit nicht befriedigt, sondern sie machten sich an die Person Ihro Majestät des Königs und stellten demselben vor, daß ich eine dem Staat höchst

gefährliche Person sei, daß ein Graf von Zinzendorf keinen Katecheten abgebe, er müßte denn etwas weit aufsehenders darunter haben. [Sie] belegten ihre Beschuldigungen mit Exempeln aus der Historie, mit Rekapitulation etlicher Dresdnischer Regierungsgeschäfte, mit meinem mysteriösen Stillschweigen auf alle personellen Anklagen, mit meiner affektierten Souplesse [= Geschmeidigkeit], da ich unter dessen immer fort machte, und brachten es dahin, daß der König, der mich nie gesehen und immer viel Unangenehmes, sonderlich von meiner Obstination zu hören gewohnt gewesen, zuletzt in diese vues [= Ansichten] einging und eine bequeme Gelegenheit erwartete, seine Indignation eklatiren [= Unwillen platzen] zu lassen.

24. Im September 1732 bekam ich auf einmal eine Überzeugung, meine Güter zu verkaufen. Ohnerachtet ich nun keine Ursache sah noch wußte, so tat ichs und vollzog den Kauf an meine Gemahlin 1732, am 15. November ungefähr. Ich hatte unter anderem die Hoffnung, meinem penchant [= Hang] in der Seelenarbeit noch mehr indulgieren [= nachgeben] zu können, wenn ich der obrigkeitlichen Pflicht los wäre.

25. Inzwischen hatten sich seit 1723 die Böhmischen oder, wie man sie (weil sie kein Deutsch können) zu nennen pflegt, die Stockböhmischen Emigranten in Hennersdorf gleich bei Herrnhut gesetzt. Und weil die Tante von Gersdorf die Herrnhutsche praecautiones [= Vorsichtsmaßnahmen] für unnötig geachtet, daher diese Leute teils gehen lassen, teils mit obrigkeitlicher Gewalt in Ordnung bringen wollen, auch dabei alle mein Bitten und Vorstellen nie anhören wollen, so negotiierten [= verhandelten] diese unter der Hand beim König von Preußen Gewissensfreiheit und Aufenthalt. Darauf gingen sie 500 Mann stark auf einen Tag aus dem Lande und ins Preußische, allwo sie sich (wie ich immer vermutet hatte) unter die Protektion der reformierten Kirche begaben und willigst aufgenommen wurden.

26. Ihr Prediger Johann Liberda ward in Arrest genommen, ins Stockhaus nach Dresden und von da nach Waldheim gebracht. Meine Gegner machten keine Facon, dem König zu sagen, das sei die Frucht meiner Arbeit, ob ich gleich ganz offenbarlich die geringste Konnexion mit diesen Leuten nicht hatte. Damit ward resolviert, Herrnhut

zu zerstören, mich aber auf eine Festung zu bringen; und der Anfang ward nach Hofmanier so gemacht, daß mir vorerst königliche Ungnade angedeutet und ich also fort alle meine Güter und Grundstücke zu verkaufen unterm 24. November 1732 bedeutet wurde. Das Geheime Consilium gab sich alle ersinnliche Mühe, den König eines anderen zu überführen, die Landesoffizianten in Oberlausitz dolierten [= klagten]. Mir war unter den Fuß gegeben, mich aufs schleunigste zu retirieren. Als aber die Sache ins Los kam nach herzlichem Gebet, so bekam ich den Anlaß, nicht von der Stelle zu weichen, ja nicht einmal einen Brief in Sicherheit zu bringen. Meinem Kammerdiener ward Angst. Der ging schleunig ohne einige Instruktion oder Brief nach Dänemark in Hoffnung, meine Person zu retten. Ich aber begnügte mich, nach Hof zu berichten, daß meine Güter nicht mehr mein wären, sondern meiner Frau, sonst ich königlichen Befehl sogleich respektiert haben würde. Im übrigen blieb ich still und suchte nirgends Hilfe und Rat ohn bei Gottes Gnad.

27. Im Monat Februar 1733 ging ich nach Tübingen, nachdem Ihro Majestät am 1. dito in die Ewigkeit gegangen waren, um der Gemeine ihre Sache einmal ins reine zu bringen, damit, wenn über mich ja etwas kommen sollte, allenfalls jeglicher Prediger des Orts im Stande wäre, sie gegen die Unbilligkeit ihrer Gegner, welche inzwischen sehr gewachsen und leider unter den Frommen fast am heftigsten waren, zu schützen. Als ich am 2. oder 3. März in Tübingen angelangt; so legte ich der Theologischen Fakultät daselbst (welche aus einen Polyhistor, aus einem sogenannten Pietisten, einem Wittenberger und einem der größten Philosophen unserer Zeit besteht, wovon Herr Professor Reuss Explikation geben kann) alle acta und facta seit dem ersten Anfange vor, war übrigens ganz stille und erhielt im April ein Responsum des Inhalts, daß der Konsensus der Böhmischen und Mährischen Brüder zu Herrnhut mit der evangelischen Lehre zuerst darum, weil ihr Bekenntnis von alters her von der Augsburger Konfession wenig differierte, zum andern, weil sie noch viel näher und evangelischer wären als ihre Vorfahren, nichts anders als ganz harmonisch und glaubensgenossisch wäre. Darnach daß ihre Ordnungen herrlich und fast unverbesserlich, die Gemeine selbst aber ein hei-

liges und besonders Kleinod der evangelischen Kirche sei, welches sie in ihrem Schoß hegen könne, möge und müsse, wenn sie sich gegen Gott und die Religion redlich erweisen wolle. Von mir war die Rede nicht, also supprimierte [= unterdrückte] ich alles, was zu meiner Verteidigung und Zeugnis mit einfließen wollen.

28. Im Mai kam ich zurück, fand meinen Kammerdiener wegen seiner vergeblichen Reise sehr bestürzt und kleinlaut in Ebersdorf, zugleich aber unvermutet ein Dekret von Ihro jetzt regierenden Königlichen Majestät in Polen, daß sie meinen Verkauf an die Gräfin zwar approbierten, mich aber und meine Mährischen Leute gleichwohl in Dero Landen dulden wollten, solange wir uns ruhig hielten. Je weniger ich auch nur durch ein Wort dieses alles veranlaßt, je sichtbarer war mir die göttliche Führung, und nicht die Hoffnung sowohl, weil ich die Veränderlichkeit der Menschen und die Leichtigkeit ihrer Prätexte dabei sattsam kenne, machte mich freudig in dem Werke fortzufahren, das der Herr mir anvertraut. Die Nachrichten aus Dänemark schlugen mich um deswillen gleichwohl nieder, weil ich die zärtliche Liebe gegen das königliche Haus nicht los werden kann und teils ihnen gerne gegönnt hätte, daß sie einen gnädigen Willen für die bedrängten Knechte Christi gezeigt und ihnen prompt zu helfen gesucht hätten, teils weil ich besorgte, es werde Ihro Majestät der Königin mütterliche Liebe von so vielen Attacken endlich doch müde gemacht werden, daher ich den Entschluß faßte, nichts zu suchen, damit mir nichts abgeschlagen würde.

29. Der Herr, dem es dann gefiel, mich auf einmal ein wenig zu erquicken, führte meinen lieben Schwager nach Herrnhut, tat an demselben binnen 9 Wochen unaussprechliche Gnade; brachte den lieben Nitschmann nicht ohne Hoffnung gehabter Frucht aus St. Thomas in Westindien zurück, unsere Boten kamen von den Salzburgern gesegnet wieder, Christian David berichtete seine glückliche Ankunft und Anbau in Grönland. Die Erweckungen in Mähren gingen wider des Satans Dank von neuem an. Herrnhut vermehrte sich wohl mit 100 Seelen in diesem Jahre[6]. Etliche redliche Streiter gingen jauch-

6 Nach anderen Handschriften: 200.

zend in die Ewigkeit, und wir bekamen einen Beruf nach St. Crux, zugleich aber auch neue Nachrichten von dem Wachstum des Reiches Gottes in Frankreich und von dem ersten heiligen Sauerteige, den ein Weib zu nehmen und ihn dort unter einem Scheffel zu mengen anfängt, davon uns der Herr noch manches wird hören lassen.

30. Ich reiste nach Dresden und dankte dem Churfürsten für die Toleranz, erhielt wider aller Menschen Denken den bereits abgeschlagenen Prediger für Herrnhut, den aber die Gemeine wider Herrn Rothes Wille nicht nehmen wollte und der sodann zu der Ebersdorfischen Gemeine kam. Herr Rothe aber wurde, durch diese Liebe gerührt, ein anderer Mann und ein Freund der Gemeine, die er in die 5 Jahre verfolgen helfen.

31. Über dieses tat Gott drei Wunder in diesem Jahre, darüber allen, die es hörten, die Ohren gellten. 1. Die feindselige Gemeine in Görlitz ward auf einmal von unserer Redlichkeit überzeugt und erkannte ihre Vergehungen öffentlich, stehet auch schon in einem treuen Ernst, Jesum von ganzem Herzen zu suchen. 2. Die stockfinsteren und dabei steinharten Wenden wurden durch etliche ihrer Mitglieder, die in Herrnhut erweckt worden, dergestalt gerührt und aufgelebt, daß ihre Pfarrer mit großer Bitterkeit in das Oberamt Budissin [= Bautzen] berichteten. Es wären starke Dörfer, da kaum 6 Personen mehr übrig wären, die der Herrnhutsche Geist nicht angesteckt, welche Nachricht daselbst statt gehoffter Hilfe ein Gelächter verursachte, weil die gescheiten Glieder des Oberlausitzischen Guberno sowohl Herrnhut als die Wenden und ihre Geistlichen kannten. 3. Friedrich Kühnel, ein Mann, der weil er wider besser Wissen und Gewissen vielmals gesündigt und sich nicht nur nicht bekehren wollte, sondern die Gemeine allenthalben verlästerte, ward 1731 in den Bann getan. Er mokierte sich darüber, zog von Herrnhut, und wollten wir nicht Prozesse dazu haben, mußten wir ihm sein Haus für 900 Reichstaler bares Geld abkaufen. Er war ein reicher Mann, lebte wohl, hatte den Schein eines Christen und machte sich im ganzen Lande einen Anhang gegen die Gemeine. 1733 wurde er um alles dasjenige gebracht, das war eins. Danach bekam er eine Krankheit, welche die Medici Tabem nennen. Er fing sich an zu fühlen, war aber zu hochmütig, es zu bekennen. Als

er endlich in letzten Zügen lag, schickte er an die Gemeine nach Herrnhut, sie möchten ihm vergeben. Es ging ein Ältester zu ihm und sagte: Die Gemeine sei willig, ihm die Beleidigung zu vergeben, könne aber, solange sie nicht wisse, daß er seine Lästerungen widerrufe und den Schaden, den er bei so vielen Seelen gestiftet, abzuwenden und zu erstatten suche, ihm wenig Hoffnung geben, daß der auf ihm ruhende Bann von ihm kommen werde. Der todkranke Mann begehrte, man sollte einen Wagen anspannen, er müsse nach Herrnhut. Die Umstehenden zeigten die Unmöglichkeit, er bestand darauf. Der Medicus sagte, es sei hier nichts zu verderben, man sollte ihn auf einen Wagen legen und hinführen. Da er nach Herrnhut kam, war gleich ein Bettag und die ganze Gemeine beisammen. Etliche Männer mußten ihn auf den Saal vor die Gemeine tragen. Die Gemeine, welche über dies Spektakel attendiert [= aufmerksam geworden] war, fing an zu singen: „Du ewiger Abgrund der seligen Liebe" etc. Er konnte erstlich nicht reden. Endlich stammelte er mit todkranker Stimme und vielen Tränen so viel heraus: Gottes Hand habe ihn gerührt, er bäte um der Wunden Jesu willen, ich und die Gemeine sollten ihm vergeben und für ihn bitten. Er warnte zugleich alle Menschen, sie sollen Gottes Gemeine unangerührt lassen. Es sei nicht mehr möglich, daß er lebe, wenns aber möglich wäre, so sollte er alles wieder suchen zu bessern, was er verdorben. Hierauf fiel ich ihm mit Tränen um den Hals, und die Gemeine weinte auch. Ich aber sagte, der Herr Jesus sei der Sünder Heiland und der Wille Gottes sei an ihm geschehen, bat den Heiland, daß er den Bann von ihm nehmen und ihn zum Triumph herumgehen lassen solle seiner Erbarmung. Damit richtete sich der Kranke auf, fand sich gestärkt, blieb die Nacht zu Herrnhut, begehrte zu essen, schlief ruhig und ward dergestalt restituiert, daß er in etlichen Tagen wieder aufstund, doch so wie die Kranken sich aufrichten. Weil er nun so sehr gerne wieder in Herrnhut gewesen wäre, aber nichts mehr hatte, verkaufte ihm die Gemeine sein Haus wieder, schenkte ihm alles, was daran ihr war, und versprach ihm auch, mit den Schulden zu warten, bis er könnte. Dieser geht jetzt gesund und frisch herum, preist Gott und zieht das Land aus, zu verkündigen seine Sünde, seine Strafe und seine Heilung.

Dadurch sind die härtesten Widersacher gerührt und der Gemeine gewonnen worden.

31. In diesem 1734. [Jahr] ist am Fest der Heiden ein Dokument aus London in Herrnhut eingelaufen, da die Directeurs der Georgischen Colonien mir 500 Acker Landes und ingleichen [dem], der dahin ziehet, deren 50 anpräsentierten, so ich auch nicht weggeworfen, obgleich wegen jetziger Kriegsläufe suspendieren sollen. Drei sind auf Trieb ihres Herzens nach Stockholm abgegangen, von da unter die schwedischen und russischen Lappen zu gehen, darunter etliche hungrige Seelen sein sollen, obgleich teils heidnisch. Und zwei sind bereit, da nötig, den Christian David in Grönland zu verstärken. Ich habe mich wieder aufgemacht in einer dicken Finsternis, meinem Heiland, so er mir hilft, eine Bahn zu machen und habe inzwischen die teure Gemeine und mein Haus der Vormundschaft des heiligen und seligen Hauptes der Gemeine überlassen. Soviel von den Anstalten zu Herrnhut, wobei doch dieses einige nicht unberührt lassen kann, daß in diesem Jahr Herr Dr. Loescher freiwillig kontestiert hat, er sei meiner Redlichkeit völlig versichert, bedauere herzlich, daß man die Gemeine zu Herrnhut aus Mißverstand traduziert [= verhöhnt], und sei bereit, in den sogenannten Unschuldigen Nachrichten zu revozieren [= widerrufen]. Er hat solches drei Wochen nacheinander zu wiederholten Malen versichert, welches doch nicht von ungefähr ist zu einer Zeit, da meiner Mutter Kinder mit mir zürnen.

32. Von der Arbeit an der Gemeine haben mich von Zeit zu Zeit einige andre Dinge divertiert, die ich simplement anführen will, damit die Konnexion bleibe. 1727 besuchte ich auf Verlangen den Erbprinzen zu Salfeld, unterwegs kam ich ungefähr nach Jena und traf einige Studiosos in Dr. Buddei Haus an. Die nötigten mich inständigst ihnen eine Erweckungsrede zu halten. Das tat ich einfältig über die Worte: „Seid Gottes Nachfolger als liebe Kinder", und weil sie dabei innigst gerührt waren, so mußten sie mir in die Hand versprechen, dem Herrn Jesu ewiglich treu zu bleiben. Der Herr Professor Zimmermann, der Adjunkt, Spangenberg, der Pfarrer Brumhard in Salfeld, der Herr Geister, Missionar in Madras, der Schulinspector Lickefett in

Ebersdorf, der jetzige Magister legens in Jena, Lieberkühn, und etliche andere machten mit mir diesen (wie sie sagten) unzertrennlichen Bund, wozu wir den Herrn Pastor Brumhard in Wenigen Jena zu Zeugen nahmen. Viele andere wollten denn auch eine Erweckung haben, weil es aber nicht sein konnte, versprach ich, wieder zu kommen. Das geschah 1728, da eben der Herzog von Eisenach zugegen war. Mein Korrespondent, Herr Professor Zimmermann, bereitete mir die Herberge und war nebst dem Magister Winckler, der jetzt ein öffentlicher Lästerer der Gemeine ist, damals vorne vor, Herr Spangenberg aber ad Separatismum incliniert und nebst Magister Kleinen und Groschen ganz abgesondert. In vier Wochen gab der Heiland Gnade, daß diese drei Brüder zur Gemeinschaft gebracht und Magister Winckler im Nahmen wohl noch 100 anderer Erweckten, die sich untereinander verbunden und unterschrieben, der Gemeine dankten und bezeugten, daß sie durch ihr Exempel dazu bewogen worden. Herr Professor Zimmermann verließ die Gemeine, als die Leiden angingen und ward Hofprediger in Wernigerode. Das desapprobierte ich, und wir zerfielen. Herr Magister Winckler hatte weder Geschick noch Ernst, das Werk fortzusetzen, also ward Herr Spangenberg Magister legens und trieb es im Segen bis 1732, da er mit fast unglaublichen Konjurationen [= Verschwörungen] sich wider meinen Rat nach Halle bereden ließ und das Werk dem Herrn Scharup überließ.

33. In eben diesem Jahre begehrten die Studiosi zu Halle, ich sollte sie ebenfalls untereinander verbinden. Weil ich aber so viel Chretiens pensionaires daselbst fand, so besorgte ich Heuchelei und Prostitution für das Reich Christi. Dazu kam, daß sich redliche Professoren in Halle befanden, zu denen sie sich nur halten dürften. Also schlug ichs ihnen ab, hielt aber auf Verlangen der Herrn Theologiae Professorum, Adjunctorum und Inspectorum der Anstalten in die 14 Reden daselbst zur Erweckung. Weil ich nun davon mehr als ein schriftliches Zeugnis in Händen habe, so war es mir so viel unbegreiflicher, daß diese guten Männer bezeugt hatten, es sei ohne und wider ihren Willen geschehen. Ich kann nicht leugnen, daß seitdem der Argwohn entstehen wollen, als ob man uns beneide.

34. Als Anno 1729 in Jena die Verfolgungen angingen, offerierte ich mich in Person bei der Gemeine, mich der anwesenden Kommission der vier sächsischen Häuser zu sistieren [= im Gericht vertreten] und die errichteten Anstalten zu vertreten. Weil sie aber nicht dazu stimmen wollten und versicherten, der Herr werde sie selbst ausrüsten, reiste ich nach reziproker herzlicher Erweckung zurück.

35. 1730 jammerte mich der verwirrte Zustand so vieler redlichen Seelen in dem Witgensteinischen, und weil ich inständig gebeten wurde, sie zu besuchen, reiste ich im August nach Berleburg und Schwarzenau. Daselbst traf ich Arianer, Inspirierte, Separatisten, Gichtelianer, Mutter Even-Gesellen, Wiedertäufer und unter den Protestierenden so mancherlei Zerrüttungen an, daß ichs nicht beschreiben kann. Es ist in der Kürze nicht zu sagen, was Gott in 8 Tagen bis 14 getan hat. Das Vornehmste ist: Die Arianer wurden überwunden und gaben [sich] der Gottheit Christi gewonnen, und ihr Haupt unterwarf dem Ausspruch der Gemeine zu Herrnhut seine Lehren. Die Juden hörten mit großer Begierde die Verkündigung von unserem ewigen Mittler an. Dippel ward zu vielen Tränen bewegt, warf sich mit mir vor Gott nieder, erkannte seinen elenden Zustand und versprach, sich in allem zu bessern, mündlich und (welches bis zu seiner Zeit verborgen bleiben muß) schriftlich. Die Inspirierten, Wiedertäufer und Separatisten beschlossen von ihren eigenen Dingen abzustehen und eine kirchliche Gemeinschaft in heiliger Ordnung nach der Schrift anzufangen, das heilige Abendmahl bei ordentlichen Predigern, daran sie gleich einen beriefen, zu halten, und dieses alles wurde so ausgemacht, daß ich die Wahrheit mit in Händen habenden Zeugnissen stündlich beweisen kann. Der Herr Graf selbst versprach mir mit vielen Tränen, dem Herrn Jesus mit mehrerem Ernst nachzufolgen. Ob nun wohl ein großer Teil davon wieder zerstört worden ist, so ist doch der Satz blieben, und das Wichtigste ist, daß der Herr gezeigt, wie er aller Menschen Herzen in einem Augenblick überwältigen kann. Denn daß solches geschehen, gestehen auch meine gehässigsten Widersacher, und geben es lieber gar einer magischen Kraft schuld, die sie hingerissen habe.

36. In diesem oder vorigen Jahre schrieb ich an den König in Preußen und stellte ihm vor, wie billig es sei, daß der Herr Tuchtfeld, den er so lange arretieren lassen, einmal auf freien Fuß käme. Der König kommunizierte es mit Herr Schubart, der es verhindert. Es geschah aber bald darauf gleichwohl, und H. Tuchtfeld ist auf seinen Holzwegen gleichwohl im Segen an vielen Seelen und jetzt ordentlicher Hofprediger in Berleburg, nachdem er in Herrnhut manche Spitze abgestoßen, die ihn aufgehalten. Aber zu Ende des 1730. Jahres begegnete mir ein recht schmerzlicher Zufall. Es gefiel Gott den König von Dänemark wegzunehmen, und sobald Christian VI. auf dem Thron war, wachten meine alten Projekte alle auf. Ich dachte, Gott hätte es wohl nicht ohne Ursache geschehen lassen, daß ich solange in Dresden pausieren müssen und so viele Staats- und Rechtserfahrenheiten erlangen, als die ich doch zu Herrnhut nicht brauchte, meine Gemeine sei zur Ruhe und also könne ich nun zu meinem lieben König und Königin, zu meiner längst gnädigsten Frau Markgräfin gehen, und meine Begierde stillen, ihren Diener und Arbeiter abzugeben, wo sie mich hinhaben wollten. Dieser Wille wollte nicht sterben, sondern ward endlich 1731 so unglücklich vollführt, daß ich die wenige Gnade, die ich gehabt, noch dazu verloren, und zu dem Zweck, welchen ich redlich suchte, das Geringste nicht verarbeitet, wohl aber so viel gelernt, daß ich an allen Menschen gar verzagt, mich jedoch, leider noch nicht ohne Rücksehen, geradewegs auf meinen innerlichen Leidens- und Seelenberuf gänzlich zugewendet und umgekehrt.

37. Gleichwie nun die Troublen unter den Kindern Gottes zu dieser betrübten Katastrophe mehr beigetragen als die anfänglichen Konterminen [= Gegenminen, Gegenmaßnahmen] des Conseils, also ist nützlich, auch von meinen Kontroversen etwas zu gedenken, und sodann will ich diesen Aufsatz beschließen:

1726 schrieb ich einen Traktat, der Teutsche Socrates genannt, wodurch ich einige Personen, die sich dadurch gemeint glaubten, erbitterte. Weil aber das Buch allenthalben Applaus fand, sparten sie mir ihre Revanche, bis 1727 die Ebersdorfische Bibel edieret wurde, da ich ohne Nahmen dran gearbeitet hatte. Sie stellten sich, als wüßten sie das nicht, ließen eine gottlose Remarque in die Leipziger Zeitungen und hernach eine Warnung drucken, die voller offenbaren Unwahrheiten war. Das geheime Consilium erfuhr in Zeiten, daß ich Autor sei, ließ mich daher durch den Kanzler und beide älteste Hofräte erinnern, es sei ein Mißverstand mit der Warnung vorgegangen, weil aber der König sein Oberkonsistorium nicht prostituieren lassen könnte, so möchte ich weder antworten noch antworten lassen, hingegen sollte die Warnung verschwinden. Das geschah. Man kann aber leicht denken, was es geholfen, da doch einige Exemplaria schon außer Landes waren. Inzwischen ließ man mir wissen, prostituierte ich das Oberkonsistorium, so sollte es Herrnhut zu empfinden kriegen. Ich consentierte geschwind in meine völlige Verlästerung und sagte: Lasset diese gehen, denn Herrnhut stand damals in der bekannten ersten Bewegung. 1729 schrieb die Fakultät zu Jena eine Schutzschrift, daß sie nichts dafür könnten, daß ein Wollenkämmer daselbst exorbitieret [= zu weit gegangen, über die Stränge geschlagen], D. Joch Konventikel gehalten, der Graf Zinzendorf Anstalten errichtet und die Ebersdorfische Bibel eingeführt worden. Das erste war wahr, das andere offenbar falsch. Das dritte widersprach schriftlichen und mündlichen Zeugnissen, und mit der Ebersdorfischen Bibel hatte sich Herr Dr. Walch zu Gewinnung der Zeit auch nicht eingelassen, sondern die Dresdnische Warnung exzerpiert. Herr Spangenberg wies Dr. Buddeo diese Apologie, der sie nicht gelesen hatte, obschon sein Name darunter stand. Darüber kam der Mann in die äußerste Konsternation, sah den Schaden ein, der daraus herkommen würde, und deprezierte [= tat Abbitte] schriftlich bei mir, starb aber gleich darauf. Herr Magister Hildebrand in Augsburg divulgierte [= verbreitete] auf den Glauben seiner Präzeptoren diese Apologie, und dadurch ists geschehen, daß ich auch mit den Kindern Gottes ins Gemenge kommen. Weil nun die sogenannten Wittenberger an diesen Dingen keinen teil hatten, die es verdroß, daß die Jenenser sich weiß brannten, da sie es doch nicht waren, so nahmen sie meine Partie zweimal. Dr. Wernsdorf ließ eine recht schlimme Rezension der Warnung drucken, und in die Unschuldige Nachrichten ließen sie meine kurze Apologie einrücken, ohne ein Wort dazu zusetzen als: es wären die judicia

[= Urteile] vom Graf Zinzendorf different, einige aber glaubten, er hätte ein reifes judicium und viel Gelehrsamkeit.

38. Als die Katholiken sahen, daß es in meiner Kirche über mich herginge, faßten sie einen Mut. Pater Regent, Kaiserlicher Missionar zu Bekehrung der Schwenckfelder, der aus Mißverstand glaubte, die Schwenckfelder wohnten in Herrnhut, schrieb einen Traktat von der Sekte der Zinzendorfianer und dichtete ihnen an, was ihm beliebte. Herr Dr. Weidner in Rostock, ohne ein Blatt von mir gesehen zu haben, schreibt den Jesuiten ganz aus und hält 1730 drei Jubel-Disputationen wider mich. Ich schrieb ganz freundlich an ihn, ich sähe aus seiner Schrift, daß er keine von mir gelesen, darum schickte ich sie ihm und bäte, mir nun zu sagen, ob das darinnen stünde, was er widerlegt. Der Mann wird konfus, ist aber so ehrlich und bittet mir nach dreimaligem Schriftwechsel recht herzlich ab, verspricht mir auch Satisfaktion vor der ganzen Evangelischen Kirche, so ich aber nicht begehrt, und darüber ist er gestorben. Dem Pater Regent aber ist von Wien aus das Stillschweigen auferlegt und also diese Kontrovers aus worden.

39. Die wütende Klerisei im Zittauischen, da sie 1733 meine Verfolgung merkt, wagt sich dann auch an mich und läßt einen Katecheten eine Schrift gegen unser Gesangbuch schreiben, der endlich die Theologische Fakultät zu Wittenberg (die alte ist gestorben) mit abermaliger unbegreiflicher Unwissenheit eine Vorrede präfigieret und die Schwenckfelder zu Herrnhut weidlich durchnimmt. Auf dieses Ding ist von dem Herrn Oetinger in Tübingen eine ernstliche Schrift bei Varrentrapp in Frankfurt edieret worden. Ich aber habe nicht darein gemengt.

40. Mit den personellen Verfolgungen unter meinen Glaubensgenossen ists dann so ergangen: 1730 ungefähr mag ich mit M. Winckler zerfallen sein, weil er gar nichts tat, keine Kollegia absolvieret und sehr anstößig wandelte. Der hatte Konnexion mit dem jetzigen Professor Zimmermann, und dieser ist das Werkzeug der Erweckung in Wernigerode. Damit ist leicht zu fassen, woher die Irrungen an diesem Hof gegen mich entstanden. 1731 kam ich am 1. Mai früh nach Wernigerode, finde den Herrn Grafen höchst präokku-

piert [= voreingenommen]. In etlichen Stunden war Friede. Der Herr Graf bezeugte schriftlich gegen des Königs in Dänemark Majestät, daß er sich geirrt, und bedauerte, daß er mich beim König in Preußen auch übel angeschrieben, versprach aber vor Gott, es auch zu redressieren [= wieder gut zu machen]. Die Gräfin sagte zu mir, daß sei ein Wunder vor ihren Augen. Am 2. Mai reiste ich wieder ab. Nach meiner Zurückkunft von Kopenhagen dachten sie, ich sei Minister worden. Herr Professor Francke ließ mir inständig Friede anbieten, und ich akzeptierte ihn herzlich.

41. Inzwischen erfuhren sie, ich sei nur mit einem Orden abgefertigt und hätte weiter keine Konnexion mit dem König. Damit brachen sie die Friedenstraktate augenblicklich ab und schlugen Konditionen vor, die ganz insolent waren. Die Gemeine sollte ihre Verfassungen aufheben etc. Ich antwortete dann obiter [= gelegentlich] und ließ es gut sein. Inzwischen etc. (doch indem ich schreiben will, so fällt mir gleichsam die Feder aus der Hand, ich müßte Personalien schreiben, die hernach nicht wieder zu redressieren wären). Ich begnüge mich zu sagen: Man hatte (1733) den Adjunkt Spangenberg in Halle satt, um seine Gelegenheit in Jena war er gebracht, zu gewinnen war er nicht. Damit nahm man etliche frivole Prätexte, verklagte ihn beim Könige und jagte ihn von Halle. Dazu konnte ich nun unmöglich stille sitzen. Ich kannte den teuren Spangenberg, seinen großen Kredit unter viel 100, ja 1000 Seelen, und da ich mit allen freundlichen und harten Vorstellungen dieses Spektakel nicht verhüten konnte, so nahm ich den Adjunkt Spangenberg mit dem Beding zu mir, daß die Hallischen Prozeduren mit ihm sollten begraben und kein Wort weiter davon erwähnt werden. So auch seitdem geschehen ist.

42. Weil aber die Hallenser befürchteten, es möchte so nicht gehen, so steckten sie sich hinter den sonst sehr lieben Grafen von Wernigerode und vermochten ihn dahin, mich in eine Kontrovers und theologische Streitigkeit zu ziehen, hinter welchen sie beständig stecken und seine Briefe an mich entwerfen, auch in diesen ganzen Umständen die Ketzermacherei aller alten Wittenberger beschämen. Denn sie machen mich zum Dippelianer, da ich Dippel unter allen Evangelischen dadurch, daß ich ihn nach sel. D. Speners Vorschlag

traktiert, allein zur Raison gebracht. Sie beschuldigen mich der Trennung, da ich etliche 100 Abgetrennte zur evangelischen Kirche gebracht. Sie beschuldigen mich mancherlei Irrtümer und haben weder mündliches noch schriftliches Zeugnis davon. Damit nehmen sie solche Orte und Reden, wo ich den Gegnern aus Weisheit, und um sie desto sanfter zu überführen, nachgegeben und ihre Partie zu nehmen geschienen, und imputierens mir [= rechnen es mir zu], ob sie gleich zwei bis drei Zeilen darauf das klare Gegenteil sehen. Die Principia, die ich nur angeführt, habe ich etwa mit einem Menschen vertraulich geredet und ihm dieses oder jenes dubium [= Zweifel], so ich selbst oder ein anderer gehabt, proponiert, so machen sie es zum Irrthum, den ich damals gehegt. Daraus, daß ich in der Vorrede zum Gesangbuch gesetzt: Der Ehestand sei eine göttliche Gnadenführung und ein äußerliches Zeichen, daran unsichtbare Gnaden hangen, beweisen sie, ich hätte den Ehestand ein Sakrament genannt wie die Papisten, ob sie gleich zwei Zeilen darauf lesen können, daß es ausdrücklich: „nicht wie *Taufe und Abendmahl"* heißt.

43. Mit einem Wort, die Hallischen Prozeduren mit mir sind so unbegreiflich, sündlich und unerhört, daß ich sorge, es werden endlich oberzehlte Kühnelische Historien, und, wenn es noch gut geht, Abbitten darauf erfolgen. Inzwischen habe ich mit tiefster Beugung die königlichen und übrigen Herrschaften, welche mir so sehr am Herzen liegen, allerdemütigst bitten wollen, keinen ferneren Teil hieran zu nehmen, und wenn sie ja mit mir etwas weiteres nicht mögen noch wollen zu schaffen haben, so ich ja (wiewohl mit tränendem Herzen) geschehen lassen, auch, wenn es verlangt wird, wie ich es selbst wohl begreife, das Zeichen königlicher Gnade, wenn selbige gänzlich zessiert [= aufhört], wieder ausantworten muß, dennoch ihre Herzen zu verwahren, daß wenn der Herr über lang oder über kurz mitten aus dem Rachen der Löwen den Daniel erretten und sein Recht ans Licht bringen wird, ihnen solches nicht indifferent, weniger entgegen oder zu einigem Vorwurf werden möge. Vielmehr auch der Herr in ihnen ein Lob erwecken könne durch das fortwährende Lallen und Spiel seiner unmündigen zu Herrnhut, denen er mich unwürdigen zum Pfleger bestimmt hat.

44. Ich aber werde, nachdem so wohl Hoffnung als Gelegenheit und Trieb verschwunden ist, dem königlichen Haus in Politicis oder Ecclesiasticis redlich zu dienen, mich meinem seligen Leitstern, wie ich 1731 an ihro der Frau Markgräfin Durchlaucht untertänigst erwähnt, nun ohne Reserve überlassen, wo er mich hinsendet, gehen, arbeiten und schaffen, so viel ich kann und mag. Seelen suchen und pflegen wird mein Geschäfte, dabei die teure Gemeine, so es ihm beliebt mich zu gebrauchen, mein vornehmstes Augenmerk sein. Zur Verantwortung werde ich jederzeit bereit bleiben. Irrende, schwache Lazareth-Brüder im Reiche Jesu, und die von allen Menschen verworfen werden, werden nach wie vor meine Gesellschaft und mir unter ihnen vielleicht einiger Segen aufbehalten sein. Die Orthodoxie der Heiligen Schrift und der vernünftigen Theologen unserer Kirche werde ich wie bisher standhaft beibehalten, andere aber darum nicht verketzern noch die ganz wohl zu verbessernden Mängel unserer Kirche loben oder gar bemänteln und zu behaupten suchen. Ich werde mich durch die Gnade meines Heilandes befleißigen, vor ihm lauterlich zu wandeln, und weil ich mit Zion nicht anbinden, folglich mein Recht auch nicht suchen kann, so will ich ihm meine Justifikation überlassen und ihn bitten, daß sie vor meine unbilligen Gegner gnädig ausfalle.
Alleruntertänigst submittiert von
Nicolaus Ludwig Grafen und Herrn von Zinzendorf

Zinzendorfs Verlobungsbrief an Erdmuthe Dorothea von Reuß-Ebersdorf

Zinzendorf lernte Erdmuthe Dorothea, Gräfin Reuß zu Plauen, im Februar 1721 kennen, als er auf dem Weg zu Theodore von Castell einen Unfall mit dem Wagen bei Plauen an der Elster hatte und darum die Wartezeit zu einem Besuch in Ebersdorf bei seinem Freund Heinrich XXIX. nutzte. Hier lernte er die Schwester seines Freundes Erdmuthe kennen. Anders als bei seiner Liebe zu Theodore, die sich für die Ehe mit Heinrich XXIX. entschied, wollte er seine Freundschaft mit Erdmuthe Gott anvertrauen und nur eine Ehe eingehen, wenn sie sich mit ihm seinen geistlichen Zielen unterordnete. Auch wollte er nichts übereilen. Erst nach über einem Jahr sandte er ihr am 30. Juli 1722 den hier abgedruckten Werbebrief, der für das Eheverständnis Zinzendorfs aufschlussreich ist. Zinzendorf strebte eine „Streiterehe" im Dienst an der Reichgottesarbeit an, und Erdmuthe wusste sich in diesem Ziele mit ihm eins. Die Verlobung fand am 16. August statt, die Trauung am 7. September 1722. Sie wurde gehalten von Pfarrer Heinrich Schubert über das Thema: „Die Vereinigung einer gläubigen Seele mit Christo" anhand von Hohelied 2,16.

Abgedruckt nach Wilhelm Jannasch, Erdmuthe Dorothea Gräfin von Zinzendorf geborene Gräfin Reuß zu Plauen, Herrnhut 1915, S. 71f

Die Ewige Liebe walte über uns. – Holdselige und in unserem Freunde teuergeachtete Schwester! Wir fürchten uns, glaube ich, beide vor einander, und Euer Liebden ist doch so gut als mir bekannt, was ich suche. Nun glaube ich zwar eine Abwesenheit von anderthalb Jahren hätte bei mir den Effekt am ehesten tun sollen, den Euer Liebden aus Verlangen, Christi allein zu sein, vielleicht wünschten, und ich müßte bedauern, durch die nunmehrige Anwesenheit dero liebenswürdiges Bild mir von neuem eingedrückt zu haben, wo ich Christum über der Liebe gegen Sie verlieren sollte. Das glaube ich aber nicht. Denn Christus ist mein Bräutigam so gut als der Ihre, und ich verlange Sie nur in der göttlichen Ordnung zur Leidens- und Freudensgenossin. Darum soll es mich herzlich erfreuen, wenn Euer Liebden sich an mich einmal attachieren, wozu mich auch viel zu unwert halte. Sollte aber deswegen, da mir erlaubt ist, eine Schwester zum Weibe herumzuführen (nach Pauli Ausdruck [1. Kor 7, 2]), dieses getadelt werden können, daß ich mich nach einer solchen umsehe, die einen Mann haben kann, als hätte sie keinen, und die Jesum Christum über alles liebt.

Wieweit Euer Liebden bei mir eine gleiche Beschaffenheit vermuten können, weiß [ich] nicht, werde mich aber freuen, mit denenselben darüber fein herzlich und aufrichtig zu reden, damit wir einander fein gründlich verstehen. Ich wollte Euer Liebden wohl gar deutlich sagen, daß Gottes Wille sei, uns miteinander ehelich zu verbinden, ich meinte ihn gar deutlich zu sehen. Wenn ich aber meine gar große Unwürdigkeit aufrichtig ansehe, so kann ich damit nicht zu Markte kommen, sondern muß aus Euer Liebden Herzenslenkung mein Los erwarten. Wir wollen es aber als die weisen Kinder Gottes machen. Der Heiland hat mich durch ihre Bibel versichert, wo wir eins würden über diesen Umständen, ihn anzubeten, er wolle uns erhören. Damit sind Sie nicht gebunden, aber flehen und ringen wollen wir doch miteinander und auch herzliche Unterredung pflegen.

Wird meine teuerste Schwester, die sich hier einer göttlichen Ordnung zu Liebe in ihrer nur natürlichen Retenue [= Zurückhaltung] überwinden wird, danach sich dafür erklären, daß sie meiner nicht wollen, so wird es mich nicht verdrießen, denn ich bin ihrer auch nicht wert, würde michs auch ohne göttlichen Trieb, also mit Ihnen zu reden, nie unterstanden haben; und ich werde in Gelassenheit Gottes Rat ehren. Schafft aber der Herr Ihre Einwilligung, so will ich ihm herzlich danken und dieses edle Kleinod von seiner Hand in meine Verwahrung nehmen, auch ernstlich dahin trachten, ihm solches unversehrt und in seligem Stande wieder zu überliefern. Und in dieser Hoffnung bleibe ich Euer Liebden getreu ergebenster Graf Ludwig von Zinzendorf.

Regierungsplan für deutsche Reichsfürsten

Zinzendorf reiste im Sommer des Jahres 1728 nach Jena, Bayreuth, Coburg und Halle, um einerseits für das Reich Christi zu werben, andrerseits um zu erkunden, ob er irgendwo in einem Staatsamt gebraucht werde. Mit dem Markgrafen Georg Friedrich Karl von Brandenburg-Bayreuth, dem Bruder der dänischen Kronprinzessin Sofie Magdalene, die seit 1721 mit dem späteren Christian VI. verheiratet war, sprach er intensiv über Staats- und Kirchensachen und arbeitete auf dem Rückweg einen „Regierungsplan" aus. Diesen Plan zog er in Zukunft noch häufiger aus der Tasche, und er verfehlte selten einen gewissen Eindruck[7]. Doch das verhalf ihm nicht zu einer Anstellung.

Der Plan liegt im handschriftlichen Entwurf im Unitätsarchiv vor. Er gliedert sich nach der Einleitung in 5 Abschnitte:
A. Die allgemeine Reichsverfassung
B. Der Dienst Gottes
C. Die Justiz im Lande
D. Einnahme und Ausgabe
E. Die Hofhaltung
Erich Beyreuther[8] weist auf die „philadelphischen Grundsätze" des Entwurfs hin: Der Fürst habe sich auch der „Nebenreligionen" in seinem Land anzunehmen und sei immer für die eine unsichtbare, „apostolische Kirche" verantwortlich. Die lutherische Staatsauffassung werde auf die Situation des 18. Jahrhunderts bezogen bei Beachtung der Grundsätze der Zwei-Reiche-Lehre.

Der Abdruck erfolgt hier nach: Theologische und dahin einschlagende Bedenken, Büdingen 1742, Teil 1, Nr. 1. Dieser Text ist ein freier Auszug aus der Einleitung und aus Abschnitt B des handschriftlichen Entwurfs.

* * *

7 Vgl. dazu den Bericht über die Reise nach Büdingen 1730, s. Text 6.
8 Zinzendorf-Biographie, Bd 2, S. 256-262, hier S. 261f.

Von ihrem Verhalten in Ansehung der Religion und dessen, was Gottes ist

1. Der Fürst muß zur Seligkeit ebenso wohl durch die enge Pforte eingehen als andere Menschen, wenn er nach dieser zeitlichen Repräsentation keinen traurigen Auftritt in der Ewigkeit machen will.

2. Weil aber der Herr die Erde den Menschenkindern gegeben und daher außer der allgemeinen Influenz seiner Herrschaft ein besonderes Spiel seiner Weisheit mit denen hat, so er auf der Welt zu Regenten verordnet, so kann man eben positive nicht sagen, daß ein Fürst, um ein guter Fürst zu sein, auch notwendig ein Christ sein müsse.

3. Die Exempel persischer und assyrischer Monarchen zeigen vielmehr, daß auch ein Unbekehrter ein guter Regent sein könne, wenn er in natürlichen Dingen den ins Herz geschriebenen Gesetzen folgt.

4. So wissen wir auch aus der Schrift, daß Gott den Fürsten allen das Herz lenkt, wenn er will, und daß, wenn er gebeut, sie sein Reich auf alle Weise befördern müssen.

5. Dabei ist noch dies gewiß, daß die menschlichen Sachen mit den göttlichen eigentlich keine Verwandtschaft haben und der Herr Jesus sein Reich von dem auch guten Reich in der Natur und dieser Welt beständig unterscheidet, so gar, daß, als einstmals jemand Justiz von ihm verlangte, unser Herr antwortete: Er wäre kein Schiedsrichter. Und da sie ihn bereden wollten, über eine große Kapitalsünde ein Urteil zu sprechen, zur Antwort gab, wenn sonst niemand die Übeltäterin verdamme, so verdamme er sie auch nicht.

6. Eben darum muß sich niemand wundern, wenn einem großen Herrn, der Gott sucht, die Regimentssachen zerstreulich scheinen und der Gedanke ins Gemüt kommt, daß er lieber nicht regieren wolle.

7. Hingegen bleibt auch dieses wahr, daß die Erfüllung der Regentenpflicht die Nachfolge Jesu in ihrer Art nicht aufhebe.

8. Denn der zuweilen mit dem römischen Bürgerrecht trotzte, der ward anderweit zur Staupe gehauen. Und der größte Fürst, der den Herrn kennt, wird sich müssen gefallen lassen, in seinen eigenen Vorkammern ausgehöhnt zu werden.

9. So übel es aber stehen würde, wenn er wegen eines dergleichen Frevels sich selbst rächen wollte, so ungeziemend wäre es, dafern er seine Autorität in weltlichen Geschäften auch zurücksetzen und sich von seinen Beamten aus Gutherzigkeit regieren lassen wollte.

10. Wenn ein Herr im Namen des gemeinen Wesens handelt, muß er oft das Schwert tragen und den Donnerkeil führen, da er hingegen als ein Privatus ganz andere Waffen der Ritterschaft braucht.

11. Die eigentliche Beförderung des Seelenreichs Jesu aber kann von der Obrigkeit als Obrigkeit nur zufälliger Weise geschehen, weil dabei die geringste Gewalt nicht erlaubt, sondern Gebet und Persuasion samt dem eignen guten Exempel die einzige Stärke und Macht sind, Seelen zu Jesu zu führen und zu bringen.

12. Kurz: Ein Regent ist das Ebenbild und der Statthalter des obersten Regenten in allem, was sichtbar und sinnlich ist. Ein Fürst, den die Barmherzigkeit Gottes ergriffen hat, soll in seinem Privatleben ein Nachfolger des gekreuzigten Heilands, in publico aber ein Ebenbild des unsichtbaren Gottes sein. Er soll sich im häuslichen Umgang als ein Freund und Bruder des geringsten Mitgliedes Christi erzeigen, in der Kanzlei aber ein Furcht und Schrecken der Bösen sein. Er soll in Reskripten die Bosheit unter die Füße treten und in Gesprächen die Menschen zu überreden suchen. Sein Herz soll sich unter alle Kinder Gottes demütigen, seine Hand aber alle Kinder seiner Herrschaft im Zaun halten. Seine Augen sollen eine beständige Munterkeit in allen Geschäften zeigen und sein Herz über der Hütte sich nach der Heimat sehnen, damit ihn die zeitliche Hoheit an der wahren und ewigen nicht hindere.

13. Auch hierin soll er seine Unparteilichkeit zeigen, daß er seinen nächsten Freunden, den aus Gott gebornen Menschen, keine Torheit zu gute halte, und seinen Feinden, den Weltmenschen, keine nötige Wohlfahrt entziehe, seine Anstalten aber also mache, daß der Nachfolger, wenn er nicht gleichen Sinn hat, zu keiner Heuchelei gezwungen werde.

14. Daß aber Obiges seinen guten Grund habe und sich die Natur eines der Welt aufgehangenen und eines über die Welt erhabenen, gnädigen Herrn sehr wohl in einer Person vereinigen lasse, sehen wir

aus dem Exempel des Seligmachers, in dessen einer und einzigen Person, die am Kreuz gehangen, die ganze Fülle der Gottheit wahrhaftig wohnte und die zugleich die Sünde der Welt und auch aller Dinge trug.

15. Was den Gottesdienst anbelangt, so soll wohl das erste Anliegen eines jeden gottesfürchtigen Fürsten, wo nicht die Förderung, doch die Erhaltung der Ehrerbietigkeit gegen Gott sein, wobei man für gewiß behaupten kann, daß so unfehlbar eine Flamme ohne Unterhalt sich selbst verzehrt, so gewiß auch der Eifer um Gottes Haus in Ermangelung einer beständigen, obwohl nur gelegentlichen Anreizung und Beförderung erkalten werde.

16. Ein Fürst hat also dieses voraus, daß, wenn er schon mit besonderen Gaben nicht ausgerüstet ist, einen David, Salomo oder Josias abzugeben, er dennoch schuldig sei, die Beförderung der göttlichen Wahrheiten gewissermaßen unter seiner Bedeckung fortgehen oder wenigstens nicht zuzulassen, daß ihr unter seinem Szepter einige Gewalt geschehe. Die Bedeckung ist nicht absolut, denn es kann auch ein Fürst der göttlichen Ehre zu nahe treten, wenn er sich für einen Schutzgott der Wahrheit hält. So kann auch nicht alle Beeinträchtigung der guten Sache von einem weisen Fürst geahndet werden, weil die Billigkeit und wahre Klugheit verbietet, denjenigen sozureden einen Knebel in den Hals zu stecken, welchen man schon die Hände gebunden hat, wenn ohnedem ihr Geschrei keinen Schaden tut.

17. Es muß also auch die erhabene Hand in Ansehung der Aufrechterhaltung des wahren Christentums bloß auf die öffentliche Ruhe und Schutz des gemeinen Wesens dringen, damit man nicht, bei genauer Ahndung aller Privatkützelung und Mutwillens der Feinde Christi, die Gestalt dieses Kreuzreichs in das Ansehen eines despotischen und gleichsam tyrannischen Regiments unzeitig verändere, welches das wahre Papsttum ist.

18. Es gleicht aber hierin ein jeder rechtschaffener Regent jenem mazedonischen Mann, welcher Paulus im Traum gerufen: Komm zu uns und hilf uns! Indem man ihm das oft zu hoch getriebene jus circa sacra einräumt, dessen sich ein Herr (so unbillig es in einer wahren und eingerichteten Gemeine Christi wäre) mit Recht gegen die Welt,

als die gleiches Recht vorgibt, gebrauchen kann. Folglich kann er Knechte Christi in seinem Land berufen, welche seinem Volk den Willen Gottes predigen, ihnen ihren notdürftigen Unterhalt auf gewisse schon etablierte Parochien assignieren [= anweisen] und ihnen die Türe der bereits stehenden Tempel und sogenannten Gotteshäuser auftun, wobei doch aller Schein der Ungerechtigkeit, Präzipitanz [= Übereilung] und Religionsmengereien vorsichtig zu vermeiden ist.

19. Der dominanten Religion seines Landes muß er ihren völligen Lauf und jeder die Kirchen- und Übungsplätze lassen, welche er gefunden. Er vigilieret [= aufpassen] aber billig auf die Vorsteher aller eingerichteten sowohl Haupt- als Nebenreligionen und hält sie zu genauer Beobachtung der guten Pflichten an, welche ihr Amt nach Erheischung ihrer Grundsätze mit sich bringt. Und ist die gemeine Maxime, in einer fremden Religion alle in Grund und Boden gehen zu lassen oder solche durch liederliche Besetzung der Ämter und anderer Hauptmängel hämische Unterhaltung geschickt zu unterminieren, einem allgemeinen Landesvater höchst unanständig. Sonderlich aber ist ein redlicher Regent besorgt, die Lauterkeit derjenigen Religion, zu der er sich Gewissens halber selbst bekennt, die er aber nur alsdann, wenn sie ohnehin dominant ist, der andern in äußerlichen Emolumenten [= Vorteilen] vorziehen darf, äußersten Fleißes zu befördern, dieselbe den rechten Absichten der ersten Stifter, so viel nur möglich, zu nähern und das, was ihnen rückständig geblieben ist, durch geschickte und redliche Werkzeuge zu supplieren [= ergänzen].

20. Allemal aber muß er die Apostolische Kirche vor Augen haben und, soviel davon ohne großes Aufsehen nachzuholen ist, gerne geschehen lassen und denjenigen, welche das Werk des Herrn mit mehrerem Eifer als andere treiben, auf keinerlei Weise im Wege, vielmehr, doch sehr weislich, und nicht sowohl mit dem Arm als mit Rat zur Hand stehen, auch denen bei dergleichen Institutis zuweilen unvermeidlichen Unbequemlichkeiten fast unvermerkt einzuhelfen suchen.

21. Nach diesem, was bisher von dem Exercitium [= Ausübung] der Religionen und deren Beförderung ratione Activitatis gemeldet worden ist, ist nun auch etwas von der Passivität zu sagen und wie ein

Fürst das Volk in dieser oder jener Partei anzusehen, oder, da es sich zu keiner hielte, demselben hierin seine Freiheit zu lassen, oder ob und wie er es überhaupt in Ordnung zu erhalten habe. Gleichwie nun der Plan hiervon überaus subtil ist, also erfordert die Exekution desselben die größte Vorsichtigkeit.

22. Der Plan ist überhaupt dieser, daß, wo möglich alle Untertanen zu einer lebendigen Erkenntnis des Guten und Nötigen in ihren Religionen, nach Maßgabe derselben, aber zum Genuß des ihnen von Zeit zu Zeit aufgehenden Lichts zuzulassen, soviel nur immer praktikabel in einer äußerlichen Ordnung, und zwar in der, darin sie geboren und bisher mit ungestörten Gewissen geblieben sind, zu erhalten; mithin, und wo nicht gleich eine totale Rektifikation zu befördern, gleichsam dem Atheismus zum Naturalismus, dem Naturalismus zum Paganismus, diesen zum Judaismus, dem letzten aber also fort zur Freiheit des Evangeliums nach dessen in Gottes Rat gegründeten Graden die Tür offen zu lassen und keinen von diesen auf die Atheisterei folgenden Erkenntnissen durch Gewalt und Sturm die offene Straße zu verhauen und dadurch heimliche und unübersehliche Ausgänge zu lehren suchen. Dahingegen der Theologen Zweck sein sollte, die Kraft des Evangeliums jeglichen von diesen Arten sogleich ans Herz zu legen und dadurch das ganze rechtschaffene Wesen auf einmal in ihnen zu erwecken. Man redet aber hier nur von den Pflichten eines Prinzen tanquam Regentis [= gleichsam als Regent]. Was ihm aber als einem Jünger Christi zukomme, das muß ihn nicht dieser Aufsatz, sondern die Salbung 1. Joh 2 lehren.

Bericht über die Reise zu den Inspirierten

Zinzendorfs Kontakte zu der philadelphischen Gemeinde in Berleburg erhielten durch den Besuch des Hofmeisters des Grafen Casimir von Wittgenstein-Berleburg im Jahr 1729 und der darauf erfolgten Einladung des Grafen nach Berleburg starken Auftrieb. Im August 1730 machte er sich auf die Reise in die Wetterau und besuchte zunächst Berleburg, dann auch die Frommen und Ixnspirierten in Schwarzenau und schließlich den Vorsteher der Inspirationsgemeinden im Isenburgischen, Friedrich Rock (gest. 1749), von Beruf Sattler. Zinzendorf war von der Gestalt des im Glauben erfahrenen Rock bei seiner Begegnung mit ihm sehr angetan. Am 24. September hielt er seine erste Ansprache und fand wohlwollende Aufnahme. Er dachte an einen Zusammenschluss der Inspirierten mit Herrnhut und glaubte, mit Zustimmung rechnen zu können. Er warb sogar für Rock in Frankfurt.

Die folgende Schilderung seines Besuchs bei Rock zeigt echte Zuneigung und Anerkennung von dessen Glaubenserfahrung. Rock schien sogar die Sakramente Taufe und Abendmahl zu akzeptieren. Die Schilderung von Rocks Inspirationsgabe verrät allerdings eine gewisse Zurückhaltung. Diese sei aber nicht „als das Hauptwerk anzusehen" und enthalte, so meint er bei seiner ersten Begegnung, keine „Spezialprophezeiungen" über die Schrift hinaus. In dieser Frage kam es bald zum Gegensatz und schließlich dem Zerbruch der Beziehung. „Daß ich aber dein Inspirations-Wort ... für das Wort des lebendigen Gottes selbst ... halten sollte, das kann ich nicht", schrieb Zinzendorf 1734. Und 1736 noch deutlicher: „Ich will mit deiner Inspiration nichts zu tun haben; bete sie weg. So du aber fortfahren wirst, Taufe und Abendmahl zu verwerfen, so bist du ein falscher Prophet".[9] Trotz dieser sachlichen Absage bezweifelte Zinzendorf nicht die subjektive Redlichkeit Rocks.

---

9 Oskar Föller, Pietismus und Enthusiasmus – Streit unter Verwandten, Wuppertal 1998, S. 179 und 182.

Der Reisebericht an die Geschwister in Herrnhut über die Zeit vom 20. bis 29. September enthält zugleich mancherlei aufschlussreiche Einzelbeobachtungen und wirft ein bezeichnendes Licht auf den Grafen: seine unbedingte Ehrlichkeit, seinen unermüdlichen Zeugendrang, seine Leichtgläubigkeit und seine gelegentliche „Härte und Rauhigkeit" im Umgang mit seinen Mitarbeitern. Ich danke Hans Schneider herzlich für die Anmerkungen aus seiner ungedruckten Habilitation: Die Anfänge der Herrnhuter in der Wetterau.

Abgedruckt nach UA Herrnhut R 20. A. 16.54a

* * *

Wir fuhren dann dahin [nach Büdingen] in der Nacht auf einer Chaise mit einem Pferd und wechselten etliche Stunden ab, da bald einer ging und der andere fuhr. Einige Stunden hatten wir schönes Wetter und Weg, endlich aber ein grausames Sturm- und Regengewitter, welches uns Gelegenheit gab einzukehren und einem Dienstboten, der uns aufmachte, Christum in der Kraft herzlich zu verkündigen. Sonntagsfrüh um 3 Uhr kamen wir in ein Quartier, allwo schon die Vortruppen der Inspirierten Brüder zu finden waren, da ich denn wegen der grausamen Witterung und starken Besudelung der Brüder Gelegenheit hatte, mein Amt an Ihnen zu tun. Darauf ruhte ich ein wenig. Morgens um 6 Uhr kam der Vorsteher der Gemeine zu Himbach (der Vorsteher von Düdelsheim Monsieur de Malade[10] war zu Frankfurt) in Gesellschaft des Bruders Johann Friedrich Rocks, welcher noch der einige Inspirierte in ganz Europa ist, so die Probe aushält, uns zu empfangen. Und war es artig, daß auf einen Tag zwei Grafen, die zugleich im Pädagogium [von Halle] gewesen, ins Büdingsche einzogen[11]. Wilhelm von Ysenburg mit seiner neuen Gemahlin, der Gräfin Henckelin Schwester[12], bezog das Schloß Ronneburg, von dannen

10 Christian de Malade (gest. 1741).

11 Wilhelm von Ysenburg-Büdingen (1700-1747) war 1714 ins Pädagogium eingetreten und gehörte zu dem erweckten Schülerkreis um Zinzendorf.

12 Johanna Polyxena, geb. Gräfin zu Leiningen-Hartenberg (1709-1750, h. 1730). Ihre Schwester Charlotte Christiane Albertine heiratete 1727 Erdmann Heinrich

die Brüder weichen mußten. Vordem war es ihr vornehmster Sitz. Und ich reiste, eben diese Gemeine zu stärken und aufzumuntern. Aber meine Attention war auf J. F. Rock gerichtet, das Werkzeug, von dem so viel geredet wird, den einige loben, andere als die Ursache alles Unglücks angeben.

Dieser ist aus einer geistlichen Familie. Sein Vater war Prediger und sein Großvater Abt von Königsee, Prälat und Stand des Herzogtums Württemberg. Er ist mittelmäßiger Statur, sehr mager, und war eben von einer hitzigen Krankheit durch den Glauben und vor Freude über unsere Ankunft gesund aufgestanden. Sein Ansehen ist als eines Engels Gottes liebreich, ernsthaft, gesetzt. Sein Umgang ist sehr kindlich und freudig. Sein Vortrag recht gottesgelehrt, und seine Erfahrung in den Seelenumständen ganz unbegreiflich. Er achtet die ganze Welt und alle Verfolgungen wie Stroh und geht seinen Gang in aller Stille fort, lernt aber dabei wie ein Kind und horcht, wenn ihm aus der Schrift etwas vorgetragen wird.

Ich griff gleich im Hingehen die Sache gar ernstlich an, sie antworteten mir aber beide herzlich und bescheiden. Was überhaupt auf dieser ganzen Reise ins Büdingische geschehen, davon haben sie selbst ganz klaren Bericht getan und wird von Ebersdorf aus dieses Bekenntnis mit übersandt werden. So viel ist überhaupt zu wissen: Die fromme Gräfin zu Büdingen[13] war verreist. Das Los verbot mir, mich bei dem Grafen[14] melden zu lassen. Der Kaufmann Melber[15] hat eine gottselig gewesene und wieder zurückgefallene Tochter, die erst einen reichen Mann nehmen sollte; die ist völlig durch des Herrn Gnade zurückgebracht worden. Der Amtmann und Rat Geyer[16], der auch auf dem Verfall stand, hat sich durch die Rede über das Wort: „Gehet ein durch die enge Pforte" [Matth 7, 13] annoch erhalten lassen.

Graf Henckel.

13 Christine Eleonore Gräfin von Ysenburg-Büdingen, geb. von Stolberg-Gedern (gest. 1745).

14 Ernst Casimir Graf von Ysenburg-Büdingen (1687-1749), reg. seit 1708.

15 Georg Melber (1677-1743), Mitglied der Inspirierten, bei dem Z. übernachtete.

16 Johann Heinrich Geyer, Separatist.

Von zweierlei sind die lieben Brüder meistenteils ganz überzeugt: 1. Ihre Sektiererei aufzuheben, sich mit allen Gliedern und Kindern Gottes in der ganzen Welt zu schließen und zu dem Ende den sektiererischen Trennungsnamen von Inspirierten gänzlich abzuschaffen, die Inspiration selbst aber nur als eine Gabe zu gemeinem Nutz, nicht aber als das Hauptwerk anzusehen. Das sind Bruder Rock und die andern alle herzlich eingegangen, haben auch Doktor Carl[17] und Inspektor Kessler[18] ihrer Pflicht gegen sie erlassen, um den Gemeinen zu Schwarzenau und Berleburg in voller Freiheit zu dienen, geben auch ihren Brüdern daselbst frei, sich mit zu ihnen zu halten.

2. Das heilige Abendmahl und sonderlich die Taufe zu halten. Das hat etwas schwerer gehalten, allein sie haben beides über Vermuten nicht weggeworfen, sondern es zur Prüfung im Wort des Herrn sogleich angenommen, sind auch fast so gut als überzeugt, weil wir gar einfältig und kindlich und gesalbt miteinander davon gesprochen.

Bruder Rock ist in Gottes Geschäften in die 6000 Meilen bereits zu Fuß gegangen und hat unsäglichen Schimpf, Spott, Gefängnis, Striemen und Zeichnungen (?) erfahren müssen. Doktor Pfaff[19] gibt ihm das Zeugnis eines rechtschaffenen Wesens in Jesu. Seine Gabe zieht er nicht weiter als in die Erweckung und Generaldrohung, Spezialprophezeiungen hat er nicht. Sein äußerliches Bezeigen bei der Inspiration, welches allerdings ängstlich anzusehen ist, nennt er seine Narrenkappe und spricht, unser lieber Heiland würde ihn sehr obligieren, wenn er diese Gabe von ihm nähme.

Ich erweckte sie zu Büdingen endlich sehr heftig über das Lied: „O du Hüter Israel" [HG 796,]. Da ich an die Worte kam: „Nur bleibt übrig in dem Geist eine Stätt', die Gott bereitet" [V. 11], da brach er

---

17 Johann Samuel Carl (1676-1757), ein erweckter Hofarzt aus Öhringen, seit 1723 in Berleburg, wo er mit der Zeitschrift „Geistliche Fama“ für seine philadelphischen Pläne einer Verbindung aller wahren Kinder Gottes warb.

18 Johann Friedrich Keßler (1659-nach 1731), 1717 als Inspirierter aus der 1. Pfarrstelle von Zweibrücken entlassen, lebte in Schwarzenau.

10 Christoph Matthäus Pfaff (1686-1760) war seit 1721 Kanzler der Universität Tübingen, seit 1756 in Gießen und korrespondierte mit Zinzendorf über Unionsbestrebungen.

los und hatte eine erstaunliche Aussprache, die dann von Wort zu Wort nachgeschrieben ward[20]. Er bezeiget eine ungemeine Stille und Friede im Inwendigen bei der äußerlichen Heftigkeit, dergleichen zu ertragen menschliche Kräfte zu schwach sind. Unsere Privatdiskurse waren sehr innig, alle auf den Hauptgrund gerichtet und ihre Resolution ist die, daß sie sich herzlich unter die Herrnhutische Gnade beugen und mit ihren 17 Gemeinen in Deutschland und Schweiz gern Lehre annehmen wollen.

Wir kamen sodann nach Frankfurt zurück, allwo dieser Nachmittag mit ernstlichem Gespräch [erfüllt war] mit den lieben lau gewordenen Brüdern, die zum Teil die Inspiration für göttlich, Bruder Rock aber deswegen für einen verkehrten und falschen Propheten hielten, weil er gegen sie gezeugt. Ich sagte den lieben Brüdern freimütig, daß dieses miserable Gründe wären und daß ich an Rock eine treue Seele gefunden hätte, deren Gnade ich mit Respekt ansähe. Die Liebe überwandt auch allenthalben, und Groß[21] war aller harten und aufrichtigen Bezeigung ohngeachtet so herzlich, daß er nicht allein besser auf seiner Hut zu sein versprach, sondern auch mir zu Tilgung meiner Schulden auf bloße Obligation zehntausend Taler zu schaffen versprach, welches ich zur Überlegung annahm. Der liebe Bruder Salzmann, ein ungemeiner Geist, entschloß sich heute mit seiner Frau nach Herrnhut zu ziehen und daselbst zu bleiben.

Nachdem wir denn unsern Befehl in diesen Gegenden ausgerichtet und durchs Los nach Homburg geworfen worden, so reisten wir Dienstagmorgen dahin. Weil der Fürst[22] nicht da war, so ließ mich die Fürstin zwar herzlich bitten, auf dessen Ankunft zu warten, ich fands aber nicht für gut, besuchte herentgegen den Baron La Vallee, welchen der Herr Jesus herzlich ergriffen hat und der mich über eine Stunde von seiner lauteren Liebe zu ihm unterhalten hat. Ich schickte

20 Abgedruckt in: Geheimer Brief-Wechsel Des Herrn Grafens von Zinzendorf Mit denen Inspirierten, Frankfurt und Leipzig 1741, S. 10-15.

21 Andreas Groß (um 1685- nach 1749) aus Straßburg, Studium in Leipzig und Halle, seit 1710 bis zu seinem Tod Separatist und Buchhändler in Frankfurt.

22 Landgraf Friedrich III. von Hessen-Homburg (1673-1746, reg. seit 1708).

ihm Linner[23] zu Mittag, da er mir denn in einem Zettelchen bezeigte, wie innig lieb und nützlich ihm dieser liebe Bruder gewesen.

Ich aber speiste nicht ohne Segen beim Herrn Geheimen Rat und Präsidenten von Ploennies, der meiner Frau Tante geheiratet[24] gehabt. Der begleitete mich bis Friedberg, da er mir denn seine sonderbaren Führungen und insonderheit seiner Frau dreitägigen Tod, nach welchem sie, als man sie jetzt begraben sollte, wieder auf und noch 15 Jahr gelebt, sodann ihr herrliches Ende und wie sie absolut nicht länger leben wollen, samt was sie ihm aus dem Reich der Geister und aus dem Tal des Schattens des Todes erzählt, mitgegeben. Unterwegs stahl der Postillion uns unwissend etwas von einem fremden Wagen zu unserer Notdurft, welches mich in Unruhe brachte, bis daß es wieder zurückgebracht und ersxtattet war.

Selbigen Abend langte man in Utphe an. Wir wurden ganz liebreich aufgenommen. Morgens kam der Graf von Dohna auf Wartenberg, der des Grafen von Braunfels Schwester Dortgen heiratet, und ließ sich sehen. Die übrige Zeit brachte der Onkel[25] mit Lesung meiner Schriften, sonderlich des Regierungsplans zu, darüber sie denn ungemein bewegt wurden und mir zum Zeugnis dessen solchen zurückbehalten und erst gestern mit einem herzlichen Zettelchen wieder schickten. Wir hatten etliche wichtige Skripturen in Homburg liegen lassen, die wir mit einem Boten nachgeschickt bekamen. Heute als am Donnerstag hatten wir eine schwere Übung untereinander, welche auch noch dauert, so aber die treue Liebe wohl überhin gehen lassen wird. Es ist abermals meine gewöhnliche Härte und Rauhigkeit schuld daran in Behauptung dessen, was ich meine vor unserm Herrn recht zu sein.

---

23 Martin Linner (1703–1733), Ältester in Herrnhut, s. Text 10 und 18.

24 Johann Samuel Plönnies, Amtmann in Laubach, heiratete Magdalene Wilhelmine von Solms-Laubach (1668-1719) unstandesgemäß.

25 Carl Otto von Solms-Utphe (1673-1743), Vormund der Gräfin Zinzendorf.

Aufrichtige Erklärung, wies ihm ums Herz ist

Die Jahre 1729 bis 1733 waren für Zinzendorf eine Zeit der Auseinandersetzung mit der Frömmigkeit des halleschen Pietismus, des Separatismus und des Quietismus. Zur eigenen theologischen Klarheit fand er durch die Beschäftigung mit dem Radikalpietisten Johann Konrad Dippel (1673-1734), dem er 1730 in Berleburg begegnete. Dessen Angriff auf die orthodoxe Versöhnungslehre ließ ihn die biblische Wahrheit des Zornes Gottes über die Sünde, der Versöhnung und des Loskaufs durch Christus erkennen. Nun wandte er sich Luthers Schriften zu und erkannte die Grenzen eines philosophisch-aufklärerischen Denkens.

Das abgedruckte Gedicht, nach dem Tode Dippels am 25. April in Berleburg verfasst und am Thomastag (23.12.) zu Tübingen gedruckt, schildert das befreiende Ergebnis seines Ringens. Während sich ein Geist wie Dippel an Christi Kreuzesopfer „zerglaubt", setzt er ganz auf die Gnade. Der Mensch, der um die Gnade weint und sich keinen Rat weiß, wird begnadigt, während der, der sich selber zu helfen meint, blind und verloren ist. Nicht Philosophie und Moral, sondern nur die „Probe" von Christi Werk, die Herzenserfahrung seines Verdienstes, das Verzagen an sich selbst und das sich ganz der Gnade Ausliefern geben Teil an Christi Erlösung, schaffen Freude und Gewissheit. Es befreit ihn zu Zeugnis und Dienst für seinen Herrn. Das zeigte sich bald in seinen zahlreichen Reden und missionarischen Aktivitäten.

Abgedruckt nach: Teutscher Gedichte Neue Auflage, Barby 1766, Nr. 130, S. 363-378 sowie Herrnhuter Gesangbuch Nr. 973.

* * *

Du unser auserwähltes Haupt, an welches unsre Seele glaubt!
Laß uns in deiner Nägelmal erblicken die Genadenwahl,
und durch der aufgespaltnen Seite Bahn
führ unsre Seelen aus und durch und an.

Dies ist das wundervolle Ding: Erst dünkts für Kinder zu gering,
und dann zerglaubt ein Mann sich dran und stirbt wohl, eh ers
glauben kann. Es sind die Schephiroth am gläsern Meer,
es ist das Schibboleth vom kleinen Heer.

Solange eine Menschheit ist, solange Jesus bleibt der Christ,
so bleibet dies das A und O vom ganzen Evangelio
und daß dasselbige die Weisheit ist,
das wißt ihr alle, die ihr Wahrheit wißt.

Mein Heiland, wär ich armes Kind, das sich um deine Füße windt,
das dich, du Seelen-Ehemann, nicht eine Stunde missen kann,
und das dich über sich und alles liebt,
in deiner Sprache etwas mehr geübt.

Doch laß die Lippen trocken sein, des Geistes Hauch darf nur hinein,
der vor dem Thron der Majestät in Donnern und Posaunen geht[26]
und eine Kohle vom Altar gebraucht,
so rühren sich die Lippen, daß es raucht.

So zeug ich dann, wer hört mir zu? Wer hat im Herzen keine Ruh?
Wer weiß, wie tief die Sünde frißt und daß er nichts als Sünde ist,
und weiß sich keinen Rat, wo ein noch aus,
der höre zu! denn da wird etwas draus.

Wer aber von der Mutter her vielleicht noch unbescholten wär
und wüßte kaum, was Fleisch und Blut,
was Geitz sei oder hoher Mut, und sich in allem selber helfen kann,
der ist ein blinder und ein tauber Mann.

Ein heiliger und reiner Geist und was man einen Heilgen heißt,
sind vor dem Herrn der Kreatur und vor dem Meister der Natur

---

26 Vor dem Thron der Herrlichkeit in Donnern und Posaunen schreit (1. Aufl.).

von keinem andern Zeuge als ein Blatt,
das auch sein Wesen von dem Schöpfer hat.

Auch ist ein Rat der Ewigkeit viel älter als die graue Zeit.
Und wer den Ratschluß meistern will, muß Satan sein, sonst schweigt er still. Ein Töpfer macht aus einem allerlei,
und das ists, was er machet, daß es sei.

Das Leben ist von oben her, der Tod ist auch nicht ohngefehr,
dazu verdammet das Gericht, das Herze Gottes aber nicht.
Wer Gottes Wesen weiß, weiß seinen Tod.
Wers Herze kennt, der ist aus aller Not.

Wir sehen wohl die Geister nicht, die erst die Sünde angericht't.
Doch sehe sich nur jedermann, der bei sich selbst ist, selber an.
Wenn keine Sünde in der Menschheit wär,
wo hätten ich und er die Sünde her?

Wie weislich ist der Rat bestellt, der Rat der Wächter aller Welt.
Das meiste ist nicht offenbar und, was man weiß, ist sonnenklar.
Die Torheit fragt den Herrn: Was machest du?
Die Weisheit glaubt und denkt: Du Liebe du!

Gelobet sei das Lebensbuch, vordem verhüllt in Mosis Tuch,
mit sieben Siegel zugemacht, bis man das Lamm herzugebracht,
das Lamm, den weltbekannten Sünderfreund,
der selbstgewachsnen Tugend ihren Feind.

Das Wort, das an das Kreuz gemalt, im Blut-Rubinen-Feuer strahlt,
das heißt: Hier hängt Immanuel! (das Gegenbild des Hazazel).
Darüber stutzt und fluchet die Natur,
und Gott beteuert es mit einem Schwur.
So wahr ich lebe! spricht der Mann, der nichts als Amen sagen kann
und der unfehlbar Wort und Tat im Augenblick beisammen hat,

und was er will, das läßt er sich nicht reun:
Mein Sohn, mein Sohn soll Hoherpriester sein!

Er kommt, der Sohn, er sagts uns an, wies mit dem Priesteramt getan:
Der Vater hat den Erben lieb, und dazu kommt ein neuer Trieb,
daß ich den ew'gen Rat und Recht erfüll
und für der Menschen Leben sterben will.

Die Worte sind unleugbar da, die Tat war denen Worten nah:
Die Probe, ob es Wahrheit ist, was man im Buch geschrieben liest,
da spricht der große Gnaden-Bundes-Mann,
daß sie ein jeder selber machen kann.

Man macht sie dann auf solche Art, daß sich im Herzen offenbart,
ob Jesus Christus, Gottes Lamm, wahrhaftig starb am Kreuzesstamm.
Die Art der Probe teilt sich überaus,
die Probe aber läuft auf eins hinaus.

Wenn einer in dem Glanz des Lichts
sich sieht und sieht, er tauge nichts,
und geht und greift die Sache an,
und tut nicht, was er sonst getan[27],
und müht sich selber viel und mancherlei,
der lernet nie, was ein Erlöser sei.

Wenn aber ein verlornes, Kind
vom Tod erwacht, sich krümmt und windt,
und sieht das Böse böse an,
und glaubet, daß es selbst nichts kann,
verzagt an sich, es geht ihm aber nah,
kaum sieht sichs um, so steht der Heiland da.

---

27 Anmerkung in der 1. Auflage: Er bessert sich wirklich.

Wie geht dirs? O, es geht nicht gut!
Ich liege hier in meinem Blut.
Da spricht der Seelenfreund: Mein Sohn, nimm hin die Absolution
und sieh mich an und glaub und stehe auf,
und freue dich und zieh dich an und lauf.

Die Seele kriegt den neuen Geist, sie gläubt und tut, was Jesus heißt.
Sie sieht das Lamm mit Augen an, sie hat erfahren, was es kann[28],
steht auf, bekommt ein unsichtbar Gewand
und ist auf einmal mit dem Lamm bekannt.

Die Scham, die Beugung und die Kraft,
die machen gleich Genossenschaft[29]
und schließen sich ins Herze ein
und wollen nicht getrennet sein.
Da geht kein guter Wille mehr zurück,
denn ihre Arbeit ist ein ewigs Glück.

Erst heißt der Freund die Seele ruhn, dann essen und darnach was tun.
Da steifet sich die Glaubenskraft zu einer treuen Ritterschaft.
Sie tut, und wenn sie dann ihr Werk getan,
denkt sie gemeiniglich nicht weiter dran.

Und würde sie ja irgendwo der eignen Gnadenarbeit froh,
so kommt die heilge Scham herbei, und zeiget ihr so mancherlei,
daß sie Gott dankt, wenn sie sich selbst vergißt,
und denkt an nichts, als daß ein Heiland ist.

Und allenthalben steht der Sinn
der Gläubigen zur Gnade hin
und sinnt doch, wie er Nacht und Tag

---

28 die kein Erfahrnes leugnen kann (1. Aufl.).
29 Gleichsam Schwesternschaft (1. Aufl.).

dem Bräutigam gefallen mag,
der ihn vom Tod und Sterben los gemacht[30]
und sichtbarlich zu Kron und Thron gebracht.

Herr Jesu, wenn der Zeugen Heer
nicht eine Donnerwolke wär,
so könnte man es noch verstehn,
daß viele sie nicht hörn und sehn.
Doch, was ists endlich Wunder? Es sind
die Menschen von Natur getäubt und blind.

Darum befiehlt uns Jesus nun
der Blinden Augen aufzutun.
Und wenn wir rufen, ist er da
und ruft dem Tauben: Hephata!
So wird das Evangelium gehört,
so wird das Auge auf das Lamm gekehrt.

Da bin ich auch, dein Untertan,
und melde meine Gaben an,
die du mir Armen mitgeteilt,
seitdem dein Pfeil mein Herz ereilt.
Nun säh ich gern ein gutes Teil der Welt
gerettet und zur Rechten hingestellt.

Wenn mich der Hausherr Boten schickt,
so halt ich mich für höchst beglückt.
O unser allgemeines Haupt,
gib, daß man meiner Botschaft glaubt.
Mein Rufen dring in Herz und Ohren ein,
und wenn ich auf dich weise: So erschein.

---

30 der ihn von dem Verderben los gemacht (1. Aufl.).

Eventualtestament vor der Ausreise nach Amerika 1738

Im Oktober 1738 brach Zinzendorf von Marienborn nach Holland zur Überfahrt zu den westindischen Inseln auf. Die für November geplante Abfahrt des Schiffes verzögerte sich um einen Monat, und Zinzendorf nutzte die Zeit zu schriftlichen Arbeiten. Anlässlich einer so weiten Reise verabschiedete er sich von seiner Frau, „als wenn er in die Ewigkeit ginge" (Beyreuther). Die Niederschrift eines „Eventualtestaments" an die Gemeinden in Europa verdeutlicht sein Bedürfnis, noch einmal die ihm wesentlichen Punkte im Blick auf die Gemeine festzuhalten. Der handschriftliche Entwurf nennt die Stichworte, die ihm offenbar spontan eingefallen sind und die er dann danach ausführt. Er schreibt: „Es fallen noch etliche Sachen vor, die mir richtig am Herzen liegen, nämlich:

1. *Die Sakramente*
2. *Die Ehen*
3. *Die Kinderzucht*
4. *Der Lehrstand*
5. *Die Lehre*
6. *Die Ämter*
7. *Der Segen*
8. *Die Versammlungen*
9. *Die Arbeit der Hände*
10. *Die Pflege*
11. *Die Botschaften*
12. *Der Druck und Leiden*
13. *Die Anstalten*
14. *Das Briefschreiben*
15. *Das Bauen*
16. *Die menschlichen Ordnungen*
17. *Die Kontroversen*
18. *Die Gelegenheiten*
19. *Die Chöre*
20. *Die Zucht*
21. *Die Religionen*
22. *Die Tage*
23. *Die Meinungen*
24. *Die Klassen*
25. *Die Gesellschaften*
26. *Das Seligwerden*
27. *Die Streitersache*
28. *Das Glauben auf Hoffnung*
29. *Die Plans*
30. *Die Konfusionen*
31. *Die Verfassungen*
32. *Die Personalia*
33. *Die Umstände*
34. *Das Los*
35. *Der Bibelgrund*

Die Liste zeigt, wie wenig systematisch Zinzendorf denkt, wie sehr dagegen praktische Erwägungen im Vordergrund stehen. In einem Testament erwartet man zentralere Aussagen über seine Frömmigkeit. Zinzendorf schreibt das auf, was ihm zur Zeit bedenkenswert erscheint. Auch aus der längeren Einleitung ergibt sich der sehr persönliche Charakter des Dokuments. Aber es ist sicherlich kein Zufall, dass der Text den Bogen spannt von den Sakramenten bis zur heiligen Schrift. Einzelne Stichworte wie die „Lehre" und das „Los" wurden nicht ausgeführt. Die lockere Art der Niederschrift und einzelne ungeschützte Formulierungen haben das Testament der Kritik der Zeitgenossen ausgesetzt[31].

Abgedruckt in: Büdingische Sammlung Band 2, S. 252-284. Der handschriftliche Entwurf findet sich in UA Herrnhut R 20.D.5,39.

* * *

Meine lieben Brüder und Schwestern,
Ich bediene mich einer guten Gelegenheit, nämlich eines Südwindes, der mich ein paar Tage noch im Texel aufhält, euch alle miteinander zu grüßen. Ich nehme nicht von euch Abschied: denn ob ich wohl bereit bin, auch eine Mohrensaat zu werden und mich zu meinen andern Brüdern und Schwestern in Thomas oder Crux hinlegen zu lassen, welches mir eine Gnade und Ehre wäre - ich hätte auch nichts darwider einzuwenden als meine Unwürdigkeit - , so habe ich doch nicht die geringste Versicherung dazu in meinem Herzen und traktiere diese Reise (dem Rat des Herrn unvorgegriffen) als einen bloßen Besuch der Gemeinen auf etwas länger, als ihr sonst von mir gewohnt seid, denn man weiß nicht, wie Wind und Wetter sind.

Weil aber doch unter uns allenfalls ein Jahr sehr lang ist (es gehet zwar bald hin, aber es kommt viel drinnen vor), so nehmts in demütiger Liebe auf, was ich mich unterstehe, euch zu hinterlassen.

31 Vgl. dazu Spangenberg, Leben Zinzendorfs, S. 1149-1156; E. Beyreuther, Zinzendorf-Biographie, Bd 3, S. 170.

Ihr seid alle Kreuzgemeinen, wo ihr seid, unter Schutz der Obrigkeiten oder außer demselben, und es kann euch nicht besser gehen als eurem Herrn Jesu.

Ich sehe mit Freuden, daß zum wenigsten unter fünfzehnerlei Sekten der Christenheit durch unser einfältiges Evangelium vom Sühnopfer und Blutvergießen Herzen und Seelen gewonnen und zur testamentarischen Einigkeitsverordnung Joh. 17 getreten sind. Daß ihr davor euren Lohn bekommt, ist billig. Es ist der ordentliche Lohn Jesu und seiner Knechte Schmach, Lästerung und Verwerfung des Namens als der Boshaftigen, als der Verführer und doch Wahrhaftigen. Freuet euch darunter mit Beugung und danket dem, der euch gegeben hat, nicht nur an ihn zu glauben, sondern auch um seinet willen zu leiden.

Habt Acht auf eure *Ältesten*, es sind die Wächter über die Gemeinen, die Engel des Herrn. So wie eine jegliche demselben untertan sein soll mit willigem Herzen, der ihr vorsteht, also sollen billig alle Gemeinen ihr Auge auf die beiden Zeugen richten, die ihnen der Herr von Beginn der Gemeine an geschenkt hat und die einen jeglichen unter euch auf dem Herzen tragen.

Ihr wißt, daß ich ihnen nie anders als ein Diener zur Hand gestanden habe. Sie haben zwar den in der alten mährischen Gemeine sukzedierenden Bischöfen aus heiligen Ursachen ihr Recht und Amt, die Gemeinen zu vertreten und ihre Ordnungen handzuhaben, übergeben; und ich habe durch dieses Amt ein neues Siegel zu dem Beruf bekommen, den ich von ihnen zuvor schon hatte. So viel inniger aber sind sie nun mit einer jeglichen Gemeine im Geist verbunden und wenden alle ihre Gedanken auf die Seelenführung dem Lamm nach. Alle Nachrichten, die ihr mir bisher gegeben, habe ich für sie bekommen. Und nun ich nicht da bin, geht die Korrespondenz von allen Gemeinen insonderheit an sie selbst.

Die *Chöre* werden insbesondere wohl tun, ihre Umstände nach und nach an diejenigen Personen zu melden, welche von unsern teuren Ältesten werden dazu ernannt werden, damit in der Konnexion aller Gemeinen nie etwas versäumt werde. Denn so sehr uns der Herr auch ausbreitet, so sind und bleiben wir doch ein Geist mit allen Heiligen drunten und droben, eine Seele mit allen evangelischen Blutzeugen und ein Leib mit allen apostolischen Kreuzgemeinen, und die Glieder müssen in keiner geringeren Korrespondenz stehen als die Hand mit dem Fuß und der Fuß mit den Gelenken. Soll ich ruhig reisen, so ergebt euch darin dem Herrn und der Gemeine in aller Ordnung und heiliger Treue.

Ihr wißt, meine innig geliebten Brüder und Schwestern, daß es *Materien* sind, damit eine Gemeine Jesu zu tun hat, dabei unzählige Fehler gemacht werden können, dabei man aber auch sehr gesegnet wird.

Ich will euch die Idee davon kürzlich erneuern und bitte euch um so viel mehr darauf acht zu haben, weil es die Grundideen sind, darinnen wir anfangs zusammengeflossen und das Verderben aller Gemeinen jederzeit daher gekommen ist, daß man sie negligiert.

Die *Sacramenta* sind sichtbare und irdische Dinge, mit denen sich eine unsichtbare himmlische Sache verbindet. „Das Aug allein das Wasser sieht, der Glaub im Geist die Kraft versteht des Blutes Jesu Christi und ist für ihn eine rote Flut etc". „Das gesegnete Brot, das wir brechen, ist das nicht die Gemeinschaft des Leibes Christi? Der gesegnete Kelch, welchen wir trinken, ist der nicht die Gemeinschaft des Blutes Christi?"

Wir [be]handeln sie, wie ihr wißt, mit tiefster Innigkeit. Auf die Agende kommt es uns dabei nicht an. Wir haben sie gern korrekt, wenn es sein kann. Wo nicht, so wißt ihr aus langer Erfahrung, daß sich das heilige Abendmahl so himmlisch vor dem Altar halten läßt als vor einem Tische, aber die Prüfung der Glieder ist unvermeidlich. Die Macht zu binden und zu lösen läßt sich nicht weggeben.

Die Gemeinschaft der Kirche läßt sich nicht vernachlässigen. Und bei uns schließt die Geringschätzung mehr aus als bei manchen Religionen die Prangersünden.

Die *heilige Taufe* gehört den Kindern, das glauben wir. Aber wir glauben auch unfehlbar, daß die getauften Kinder wie die Prinzen gepflegt werden müssen und daß das verfluchte Eltern sind, die ihre Kinder zur Taufe tragen und hernach derselben Taufgnade verwahrlosen helfen.

Wie tief die *Kindererziehung* mit der *Ehe* verbunden sei, wißt ihr wohl. Zwei Dinge sind nur beim Eingang in den Ehestand wichtig:
1. Laßt doch die Leute nicht aus der Arbeit, die gewiß ist, in eine ungewisse gebracht werden. Und wenn ihr sie wohl eingerichtet seht, so verderbt ihnen ihren Plan nicht durch Heiraten.
2. Laßt doch ja keine leichtsinnigen Heiratsgedanken und keine Manntorheit (wie man es nennt) als eine von Paulus rekommandierte Notwendigkeit zu verheiraten unterlaufen. Der Heiland hat für die Leute, die noch geärgert werden, ein ganz anderes Mittel verordnet, als daß ihnen ihr Willen geschehen soll (Matth. 5 und 19).

Ihr wißt wohl, was für ein Unterschied unter guten ordentlichen und unter den Streiterehen ist. Laßt ihn nicht aus den Gedanken und reguliert euch danach im Eingang und Fortgang.

Daß alle wahren Kinder Gottes keine von den fleischlichen Lüsten, welche wider die Seele streiten, den Zweck ihrer Handlungen weder geradezu noch von der Seite sein lassen, ist offenbar. Daß also eine befleckte Ehe keine Sache für ein Kind Gottes sei, ist in unserer Gemeine nicht nötig zu beweisen. Daß es aber unvermeidlich ist, Seelen, die sich nicht ganz ins evangelische Streiterwesen verloren haben, daß sie ihren Bissen Brot, den sie in den Mund stecken, gleichsam mit dem Heiland verzehren und denen das in dem Namen des Herrn Jesu auf den Abtritt Gehen noch ein Geheimnis ist, [sie] in allerhand Bedenklichkeiten und Skrupeln zu sehen und sie darin getragen werden müssen, da sich im Gegenteil die Gnaden- und Bundesleute auf halbe Worte verstehen und die Einteilung des Tempels des Heiligen Geistes in allen Ein- und Ausgängen ohne Kopfzerbrechen zu machen wissen, das ist ebensowenig zu leugnen.

Gleichwie alle Brüder den befleckten Rock des Fleisches von Herzen hassen müssen, so ist ihnen auch die *Zeugung der Kinder* mit gleichem Ernst als die wichtigste Handlung der menschlichen Kreaturen und die von den ernsthaftesten Folgen ist, aufs tiefste einzudrükken, damit in der Gemeine keine anderen Kinder gezeugt werden als dem Herrn und vor dem Herrn und die Vereinigung der Eheleute zu diesem großen Zweck nicht mit geringerem Respekt und Ehrfurcht geschehe als die Geburt oder auch die Scheidung der Seele von ihrer

Hütte. Dies ist die wahre Einsicht von dieser Sache. Und wem das Geheimnis Christi und der Gemeine sonst eingeleuchtet hat, der wird hernach über die äußeren Schwierigkeiten, die sich auf sehr unterschiedliche Art finden, geschwinde weg sein.

Was ist aber die *Kinderzucht?* Eine heilige priesterliche Methode, den Seelen von ihrer Wiege an nichts anderes wissen zu lassen, als daß sie für Jesum da sind und ihre ganze Glückseligkeit darin besteht, wenn sie ihn kennen, ihn haben, ihm dienen, mit ihm umgehen, und ihr größtes Unglück, auf einigerlei Art von ihm getrennt zu sein. Daher der Kinder größte Strafe sein muß, nicht beten, nicht singen, nicht in die Stunden gehen, nicht lernen dürfen, nach Gelegenheit der Umstände nicht gestraft werden, eine Fühlung im Gemüt haben, daß man schlecht stehe (ohne ein Gefühl im äußern Menschen, daß man es übel habe).

Es ist daher über den *Kinder-Bettagen* und der Ausschließung aller derjenigen zu halten, welche noch nicht bekehrt oder unartig gewesen sind und die Ausnahmen dabei sind mit der größten Behutsamkeit zu machen. So auch über den *Sonntags-Viertelstunden*, da man die Kinder von einem Jahre schon mit der Ausschließung beschämen und züchtigen und sie so gewöhnen kann, daß sie in ihrem andern Jahre statt Spielens und Tändelns ihre Zeit mit den schönsten Liedern zubringen und eine liebliche Harmonie machen (Ps. 8).

Die *Lehrämter* werden in unserer Gemeine von zweierlei Personen verwaltet: von den ordinierten Predigern (welche unter den mährischen Gemeinen auch von uns ordiniert werden) und von den andern Zeugen, die der Herr begabt hat und welche zwar keine sogenannte Ministerialia verrichten, aber doch das Wort reden, so oft sie der Herr dazu aufmuntert.

Dabei ist nur das eine zu merken, daß diese unter sie nie jaloux [= eifersüchtig] werden, sondern sich einer über des andern Segen freue und die einfältigen Glieder zwar, so es der Herr gibt, passabel ordentlich, aber keineswegs gelehrt, reden lernen.

Denn es ist die größte Zierde der Gemeinen, daß hoch und niedrig, reich und arm, gelehrt und ungelehrt im Anfange und Fortgange gesegnet wird durch einen Vortrag, den die vernünftigen Leute (ohne

Gnade) nicht viel anders traktieren als das Gekrähe der Hottentotten oder das Geheule der Grönländer.

Es ist eine unverantwortliche Torheit, die Bibel so auskünsteln, daß man wider allen Sinn und Verstand glauben soll, daß sie gelehrt, zusammenhängend, nach unserer Art methodisch geschrieben sei, da doch ihr göttlicher Geist und Leben in die Gestalt und Form eines miserablen Hirten-, Fischer- und Visitator-Stils, oder, welches noch unangenehmer für die Ohren ist, in eine klassikalische Düsterheit und Schulterminologie der alten Rabbiner eingewickelt ist. Daraus unsere Zeiten nimmermehr klug werden würden, wenn nicht der Geist, der die heiligen Zeugen schreiben machte, auch uns lesen und hören machte und sein Wort selber erklärte. Und was soll man sagen von dem Grund- und Haupttext aller unserer Predigten, dem Blut des Lammes Gottes, für die Sünde der Welt vergossen, welches zugleich alles zu Sündern macht, welches kein Plato noch Sokrates, kein Grotius noch Leibniz noch Newton, wenn sie gleich alle ihre Weisheit zusammen verbänden, in eine vernünftige Konnexion mit der Liebe und Gerechtigkeit Gottes bringen können, und doch eine ewige Weisheit, Wahrheit und Liebesrat ist und der Grundpunkt und Plan aller geistlichen Konzepte.

Ämter sind nichts anderes als Einteilungen der Geschäfte unter vielen Personen. Ämter können auch von natürlichen Leuten bekleidet werden in der Gemeine, nachdem sie sind. Und also beweisen dieselben und ihre gute Ausrichtung nichts für die Seele. Es ist ein großer Verstoß, wenn man redliche Leute, die ihr Amt treulich tun und die zuweilen wie Bezaleel [vgl. 2. Mose 31] dazu begabt sind, darum nicht achten, sich nicht mit ihnen einlassen noch mit ihnen ziehen will, weil sie keine Brüder sind. Dort sahen sie jemand Teufel austreiben, der Jesu nicht nachfolgte, und wehrten ihm, und der Heiland verwies es ihnen.

Diese Passage ist sonderlich zu merken in Ansehung derjenigen Lehrer und Prediger, mit welchen die Gemeinen an Ort und Enden, wo sie unter Religionen stehen, mehr oder weniger zu konnektieren haben.

Es ist ein wichtiges Geheimnis, nicht allein daß sich der Herr derjenigen vielmahls erbarmt und sie zu Kindern macht, die einmal Knechte waren, sondern auch, daß man durch allerhand unzeitige Nörgeleien an der Seele eines, der gute Arbeit macht, ihn im Amt stört und an der Seele doch nichts fördert, ehe die Stimme des Sohnes Gottes kommt. So viel es aber sein kann, gebraucht man sich freilich solcher Personen, mit denen man ganz handeln kann.

Das allernötigste und unentbehrlichste Amt in allen Gemeinen ist das, was ich das *Scharnier* zu nennen pflege und das, was an der Uhr der Schlüssel ist.

Es gibt mehr Gemütsarbeit in der Gemeine als irgendwo. Es setzt oft viel zugleich. Und wer damit beschäftigt ist und soll sich zugleich um die Formen der Sache bekümmern (ich meine die notwendigen und die zur Sache gehören), der preist die glückselig, die Agenden haben und sich derselben mit einiger Vernunft bedienen dürfen.

Wo aber in einer Gemeine dazu einige Leute sind voll Geistes und Glaubens, welche man in der römischen Kirche Ceremoniarios nennt und die bei uns den Generalplan und das Geschick dabei von außen und innen kennen und wahrnehmen müssen, so gehts, wie man sagt, als wenns geschmiert wäre.

Die Ältesten und Helfer, die Lehrer und Diener werden durch diese Leute an ihre Ämter erinnert, und die Gelegenheit, solche wahrzunehmen, wird ihnen angewiesen. Sie sind nur stets bereit und fertig, hinzugehen und vor dem Herrn zu stehen. Daher sind in jeglicher Gemeine dergleichen Personen mit der größten Sorgfalt auszusuchen und, solange sie leben oder in der Gemeine sind, dabei zu lassen. Unsere sel. A. L.[32] exzellierte in dieser Sache. Wir haben noch jetzt etliche Brüder und Schwestern, wiewohl noch wenige, denen auch wohl zuzusehen ist. Kann man von einem Amte sagen, daß es gute Stufen macht, so ist es dieses, und (ich wills nur ein wenig klarer beschreiben) die Zeit, die Umstände, die Manier bei allen unsern heiligen Handlungen, und wie sich dieselben zuweilen richten und schicken müssen, werden durch dieses Amt reguliert.

---

32 Vermutlich Anne Lene Anders.

Die Einsegnungen, Begräbnisse, die Alter- und Jahreswechsel, die denen Seelen wichtige Zeiten, Projekte, und der Zusammenhang ihrer Ausführung oder Zurücksetzung, das Schonen oder Zumuten nach den unterschiedlichen Humeurs, Graden und Gaben, Ehen, Gemeintage, Liebesmahle und alle Ordnungen werden von diesen Marthen, wenn sie den Geist Mariä dabei haben, auf eine solche weisliche und muntere Art besorgt, daß eine Woche über hundert und achtzigerlei geschehen könne, ja alle Gattungen des Verfassungsplans in der Gemeine durchgemacht, und (wie wir in den großen Gemeinen Exempel haben) hundert Arbeitern ans Werk geholfen werden kann, ohne daß es jemand merkt oder gewahr wird, weil der Körper von außen keine Bewegung macht.

Außer diesem und dem Vorsteher- und Generalältestenamt, wozu der Heiland denn gemeiniglich Leute nimmt, die sich ihre Instruktion zur Not selber machen können, hat ein jeder in sein Amt sich vorher ganz einzurichten und der Arbeit der leiblichen Hände ungeachtet damit gleichsam aufzustehen und zu Bette zu gehen.

Die *Ältesten*, deren eigentliche Vorsteher die Generalältesten sind, haben ihr Regiment mit Sorgfalt dahin zu richten, daß sie in ihrem ganzen Leben mit niemand in eine personelle Widrigkeit geraten, weil sie allen Gemütern in der ganzen Gemeine und auch wohl bei Auswärtigen so Freunden als Feinden gleichsam zur Reserve stehen müssen.

Die *Helfer*, deren Vorsteher die Bischöfe sind, haben das, was man eine Gemeinarbeit nennt, so ohne Unterschied, Ausnahme oder Einschränkung, daß man alles von ihnen erwarten kann und soll, ihnen alles zumuten kann und sie nicht anders anzusehen hat als die Hebammen und Heimbürgen in einer Stadt, die sich ein jedes holen läßt und zu allerlei Gebrauch anwendet.

Was die Helfer im Ganzen sind, das sind die *Diener* in den Teilen: ihre Lichter, ihre Bänke, ihre Gerätschaften, ihre Betten, und was sonst nach Zeit und Umständen und Bedürfnissen ihnen anbefohlen ist, müssen sie mit nicht weniger Akkuratesse beisammen haben als ein presbyterianischer Lehrer seine Predigt.

Ein *Aufseher* muß seine Augen und Ohren allenthalben hin offen haben und den Mund fest zu und seine Gedanken so gut beisammen und den Plan der Dinge, die er anzeigen will, so völlig, daß er den Ermahnern die ganze Arbeit planiere und ihnen nichts übrig lasse, als eine Stimme zu sein. Seine Augen müssen niemand schonen, aber sein Herz muß gleichwohl mitleidig sein und es gerne sehen, wenn ihm seine Besorgnisse leer zurückgebracht werden.

Ein *Ermahner* muß ein zwischen Jesum und seine Glieder zärtlich geteiltes Herz haben, das große Recht des Erlösers beständig vor Augen, die Schwäche und Armut seiner Mitglieder auf der andern Seite vor sich stellen, insonderheit das Geheimnis verstehen, wie man ein Gemüt, das des Heilands ist, sogleich übermannen kann, daß es sich in Liebe gefangen gibt, damit Gnade und Treue unzertrennlich beisammen bleibe und kein Vergehen vorkomme, das nicht dem Evangelium zur Ehre ausschlage.

Die *Krankenwärter* müssen sehr weislich zu unterscheiden wissen, was eine leibliche Unpäßlichkeit oder eine geistliche Krankheit, Zucht der Liebe, Bewährung des Glaubens, Ziel der Tage, Todsünde, Schwermut und Phantasie sei und sich in einen jeden von diesen Umständen so schicken lernen, wie sie von der Salbung gelehrt werden. Im übrigen gebrauchen sie des Arztes in billiger Ordnung und haben dieselben und die übrigen Diener der Natur in beständigem Andenken ihres Amts und Gabe, suchen ihnen auch ihren Kredit bei den Kranken zu konservieren, damit nicht aus Leichtsinn, Fürwitz, frühzeitigem Wagen, Ungeduld und dergleichen dem Herrn der Natur, der Gemeine und den Umständen Nachteil entstehe. Sie haben auch weislich dahin zu sehen, daß die Kranken weder zu wenig noch zu viel Pflege kriegen und eine jede Unpäßlichkeit etwa nur so lange wäre, als es nach Gabe und Natur nötig ist.

Die *Almosenpfleger* haben sich um nichts zu bekümmern, als daß der Zustand der Häuser und Personen und die Wege, wie einem jeden voraus- oder einzuhelfen, recht erkannt und nach desselben Einsicht Leuten geschenkt oder geliehen oder entzogen werde, nachdem es die Sache erfordert. Sie haben auch die ganze Gemeine in dem Geist der

Willigkeit und Milde zu erhalten und in dem Sinne, daß Geben besser als Nehmen ist.

Gemeinen sind nicht auf der Vernunft gegründet und bilden sich nicht ein, daß sie für sich selbst subsistieren können, sondern sie hängen von der Gnade ab und werden von einem unsichtbaren Haupte geleitet. Darum ist ihnen von Alters her eingeprägt, ihre Leute und Umstände mit Gebet zu heiligen, und darum sind im alten und neuen Bunde einige Personen dazu bestimmt gewesen, daß sie segnen. Wenn also Kinder, Boten, Lehrer, Sünder, Stufen der Lebenstage, Veränderungen, Konfirmanden und Ordinanden den Segen des Herrn bekommen sollen, so geschiehet es von denen, die es tun, mit lebendiger Gewißheit, daß es zutrifft, mit tiefer Beugung ihres eigenen Gemüts in Gemeinschaft Jesu und seiner Heiligen, im Gesicht der Engel, mit dem Geist der Gemeine, in Kraft der beiderlei Ältesten droben und hier unten und unter einer gläubigen, kindlichen und beschämten Fassung des der den Segen erbt.

Alle *Versammlungen* müssen mit Respekt gehalten werden: Lehren, Beten, Singen, Denken, Sitzen, Stehen, Knien, Liegen, Schlafen (welches letztere zwar nicht dazugehörte, aber bei den mancherlei Streiterproben und Schwächen der Hütte auch vorkommen kann), das muß alles von einem gewissen Geist der Gemeine regiert werden und in Gegenwart des Lammes und mit einer Beugung und gelegenheitlichen Teilnehmung an der Fassung der oberen Chöre vorgehen, daß es den Menschen nicht einerlei sein kann, in die Gemeine zu treten; daß ihrer viel erkennen, daß Gott mit uns sei, daß sich in den Zeugen Kräfte beweisen, die man bei ihnen nicht suchen sollte; daß der Anblick ohne Worte hinreißt; daß der Wind des Herrn wehet; daß die Unmündigen reden mit aller Weisheit und die natürlichen Redner, denen kein Tempel zu weitläufig ist und keine Versammlung zu groß, vor einem Häufchen einfältiger Kinder verstummen und erstaunen müssen.

Man *arbeitet* nicht allein, daß man lebt, sondern man lebt um der Arbeit willen. Und wenn man nichts mehr zu arbeiten hat, so *leidet* man oder *entschläft*. In einer Gemeine muß gearbeitet sein. Und weil die allgemeine Vorsorge (allen Christen versprochen, allen Raben bewiesen) durch die Proben, darunter Zeugen kommen, so limitiert wird, daß sie sich auch allenfalls in Hunger und Blöße als die Diener Gottes beweisen, so müssen sie sich weniger als andere Menschen auf ihr bescheiden Teil verlassen und mit den Händen arbeiten, daß sie nicht allein selbst niemand beschwerlich werden, sondern auch haben mögen zu geben den Dürftigen. Wie den Gliedern der Gemeine von allerhand Gewerben bei nahrlosen Zeiten, bei dem Haß der Welt, die uns gerne aushungern möchte, bei der vielmaligen Veränderung unserer Bleibstätten und bei der kontinuierlichen Seelenarbeit zu diesem Zweck zu helfen und sie in eine beständige Hantierung zu bringen sind, das ist eine der wichtigsten und würdigsten Sorgen der Obrigkeit, der Beamten und Diener, welche Gott gewürdigt hat, mit Gemeinen zu konnektieren. Sie sündigen nicht, wenn sie zum voraus daran gedenken. Sie sündigen, wenn sie diese Pflicht verwahrlosen.

Pflege nenne ich diejenige Pflicht, da man alle diejenigen, welche nicht im Stande sind, auch oft nicht darein gesetzt werden können, sich selbst zu erhalten, bei vorkommenden Gelegenheiten auf eine Zeitlang oder immer versorgt. Mich hat bei dieser Materie nichts mehr geübt, als daß ich nicht recht ausfinden können, ob man besser tue, wenige recht wohl zu versorgen und deshalb eine Zahl zu benennen, wie weit man gehen will, oder alle, die einem vorkommen, zur Not. Das Letzte ist mir bis dato doch noch am natürlichsten und gemeinmäßigsten vorgekommen. Und ich für meine Person habe mich niemals resolvieren können, jemanden abzuweisen. Der Lohn für eine solche uneingeschränkte Liebe ist Lästerung und böse Nachrede von außen und innen. Es kommt auf den Lohn weiter nicht an. Ich glaube aber doch, daß die Gemeinen meinen Plan hierunter zu prüfen und eben nicht nötig haben, sich alle auf Herrnhutschen und Marienbornschen Fuß zu setzen. Ich habe auch noch die Maxime, daß man in der Pflege die Fremden den Liebsten und Nähesten vorziehen dürfe, wo nicht müsse.

Botschaften sind solche Kommissionen, da man einen und den andern nach der nächsten Stadt, Dorf, Land, Gegend, auch wohl in die Ferne, auch wohl über die See, in die andern Weltteile, in die Inseln usw. abschickt, etwas für den Heiland zu bestellen, es sei viel oder wenig, auch zuweilen wohl etwas für den Heiland zu probieren, abzuwarten, sich darzustellen, ob man nötig und gebräuchlich sein möchte. Das nennt man solange Botschaften, als es eine bloße Bestellung einzelner Personen ist. Sind ihrer mehr und lassen sich nieder, so nennt mans Kolonien. Sinds denn eingerichtete und in das ganze apostolische Fach gebrachte Versammlungen, so hört die Botenidee wieder auf und es sind Gemeinen. Der in diesen Gemeinen angestellte Besuch wird eine Visitation genannt.

Von den *Leiden* ist nur soviel zu merken, daß man sich auf dieselben niemals zuschicket, sondern sie mit dem größten Phlegmate herankommen und vorbei passieren läßt, solange die Gemeine irgendwo neu ist. Es erheben sich denn wohl Winde, aber sie legen sich gleich wieder, und es schläft sich gut dabei. Wenn die Gemeine gegründet ist, werden sie stärker, aber auf der offnen See achtet man die Stürme nicht sehr. Sie stürzen heutzutage die Schiffe nicht um. Da und dort fällt ein Bootsmann herunter, und das Schiff fährt doch fort. Wenn wir stille bleiben und uns immer nach der geheimen Weisheit regulieren, so gehts wie in einer von unsern Losungen steht 1739: „Ihre Anschläge er zunichte macht, hilft ihnen gnädig ans Nebenfach", daß sie den Pantoffel vors Buch in die Hand kriegen und zuletzt selber nicht wissen, was sie gewollt haben, wie es zu Ephesus ging.

Das ist genug vom Leiden. Nur noch eins. Die Gemeinen und das Kreuz, die Armut, Schmach und Freude dran sind an sich selbst unzertrennlich. Daher ists nichts Neues, wenn man ihnen die Privilegien mit Drohworten gibt, die Wohltaten mit Unmanier und sie unter Schimpfen und Schmähen lobt oder unter vielen Lobeserhebungen zusammenquetscht, daß sie schreien möchten. Das ist so der Cours [= Lauf der Dinge].

Die *Anstalten* sind gewisse andere Sachen noch als die Pflege. Es sind Mittel, dadurch des Herrn Zweck: an Gelehrten, das heißt ein Seminarium; an Kindern, das heißt ein Waisenhaus oder Anstalt; an Ständen und deren Sexu, da heißens Chöre; an natürlichen Leuten, da sinds Klassen; an verbundenen Seelen, da sinds Banden oder Gesellschaften; an der Gemeine 1. überhaupt, da sinds die Konferenzen, Versammlungen, Viertelstunden, Losungen etc., 2. in specie, da sinds die Ämter, bequemer als sonsten erhalten zu werden pflegt. Sie gehen gut.

In den *Gemeinsachen* lassen sich manchmal apostolische Gnaden, Wunder, Seherkräfte usw. merken. Das nimmt man kindlich an. Die Losungen sind oft konnektierende Gespräche des Heilands mit der Gemeine auf Tag und Stunden, dahin sie gehören.

Bei den *Kinderanstalten* ist die meiste Unvollkommenheit um der schweren Auswicklung willen des vierten Gebots der natürlichen Redlichkeit der menschlichen Subordination und des souveränen Seeleneigentums unsers Herrn Jesu. Ich weiß auch dabei nichts zu tun, als daß ichs wie bisher dem Seelenherrn treulich anbefehle. Er mags bessern, was wir nicht können. Reverse sind gut, sobald sie aber irrevokabel sind, so sind die Eltern eo ipso von ihrem Rechte verstoßen. Wer will das auf sich nehmen? Darum machts, so gut ihr könnt, vertragt euch insonderheit mit den Eltern. Haltet eine noble Zucht und verhütet, daß ihr nicht dem geistlichen Vater e diametro entgegengesetzt werdet, der zum Nutz züchtigt.

Alle diese Anstalten werden kindlich und evangelisch geführt. Und kein Mensch wird, sobald er (sui compos) seiner Ideen mächtig ist, im geringsten dazu genötigt. Doch gebe uns der Heiland mit den Kindern Weisheit, welche zwar auch nicht wollen gezwungen, aber doch in den Plan geleitet sein, und denen es an sich selbst meistenteils indifferent ist, was man in ihr Wachs bilden will. Aber ohne Bild bleiben sie nicht, und es kommt fast darauf an, wer zuerst komme.

Das *Briefschreiben* ist eine einfältige Methode, Abwesenden zu sagen, was man denkt in allerlei Arten. Man hat darinnen das Notwendige vom Nützlichen wohl zu unterscheiden. Was die Salbung zur Stunde notwendig macht, ist über mein Urteil.

Das *Bauen* ist eine Hauptsache in Gemeinen. Ohne das eigne Bauen der Gemeinen wird oft nichts Ganzes. Es ist aber auch eine Gelegenheit zu vieler Verstreuung einzelner Brüder. Ich hoffe, die lieben Brüder werden den Revers nirgends vergessen. Sie werden die Bausachen einem auftragen, der sich ganz dazu widmet. Sie werden sich mit Schulden machen in Acht nehmen. Und endlich zu dieser Sache vor allen Dingen einen richtigen Plan zum Grunde legen, sowohl wie viel sie ungefähr von Zeit zu Zeit bauen, als wie weit sie sich mit Leuten dabei einlassen wollen.

Das hielte ich wohl für eine rechte Notwendigkeit, wenn die Brüder überall im Geist der Gemeinschaft arbeiten wollten und an keinem einigen Orte darauf sähen, was sie für sich brächten, sondern nur, was die Gemeine gewänne. Denn daß wir zu Hunderten auf Armut und Blöße in alle Teile der Welt senden und mit unsern Gehilfen in den Werken, wo die Gemeine sonst noch in allerlei bequemlichen Umständen steht, über die Art und Weise des leiblichen Genusses zu Streite kommen sollten, wäre wohl eine rechte Prostitution vors Kreuz Jesu. Daher ich der Meinung bin, daß man dergleichen Menschen ohne Umstände entweder von der Arbeit abdanken oder sich an all ihr Quärulieren nichts kehren soll, wenn sie Brüder heißen wollen. Die Vorsteher wissen ja, mit wem sie zu tun haben und wie teuer ihnen ein jeder Bruder und sein zeitliches und ewiges Wohlsein ist.

Menschliche Ordnungen nenne ich solche Verfassungen, die nicht eigentlich die Seele angehen, die der Herr weder ausdrücklich geboten noch verboten hat. Sie haben zuweilen eine Mixtur mit geistlichen Sachen z. B. die Introduktion eines Pfarrers durch die Obrigkeit, wenn sie nur in einer Anzeige besteht, daß dieser und jeder zum öffentlichen Prediger da und da erlaubt sei, scheint eine geistliche Sache zu sein, ist aber eigentlich eine Ordnung der Obrigkeit. Alle diese Dinge müssen nach Unterschied des Landes, des Orts, der Konventionen usw. gar nicht gering geachtet oder ein point d'honneur [= Ehrensache] darin gesetzt werden, daß sich eine Gemeine dabei opponierte, sondern man muß vielmehr sehr darauf sehen, nachgebend und herzlich zu handeln in dergleichen Umständen, und was man ohne Verletzung des Gewissens tun kann, sich gerne gefallen lassen. Das ist der Geist der Kirche und der Schrift. Es entstehen alle Oppositionen bei natürlichen Nationen, Landschaften, Ständen und Untertanen aus der Furcht, kein Posseß, Herkommen, Berufen auf gewisse Gerechtigkeiten zu veranlassen: denn das ist eine Stütze in der Welt, wenn man sich mit Protestationen helfen kann. Zeugen und Gemeinen Jesu aber weichen, so lange sie können, und sind darinnen ganz einfältig und unargwöhnisch. Und so bald sie auf den Fleck kommen, wo sie Gewissens wegen nicht weiter dürfen, da stehen sie und sind nicht von der Stelle zu bringen. Gegen sie helfen keine Zeiten, Rechte, Possesse und Präskription. Denn sie haben nur einen Plan, der heißt: der Sinn des Heilands, und nur einen Schutz, der heißt: der Herr. Überhaupt aber ists ihnen eine Seligkeit, wenn sie bei vielen und mancherlei Gelegenheiten untertan sein können allen menschlichen Ordnungen um des Herrn willen. Und sie zerfallen sehr ungerne mit Vorgesetzten, sie mögen gütig oder wunderlich sein.

Die *Kontroversen* sind unterschiedlich. Sie gehen entweder auf Grund (da steht eine Gemeine unbeweglich, antwortet bescheiden, aber nicht viel, und was sie sagt, dabei bleibt sie. Es kann nicht leicht ein Exempel vorkommen, daß sie zweimal antworten muß) oder sie betreffen Nebensachen. Da lassen sie sich gerne weisen und sind in ihren Antworten behutsam, beugsam, gefällig. Ein paar Dutzend Lieder fahren zu lassen, ein paar Hundert Expressionen ändern, wenn man sie anstößig macht, ist einer Gemeine von keiner Wichtigkeit. Die Konsequenzen überläßt man dem Heiland. Eine Gemeine und ihre Glieder defendieren nichts, was mit einigem Grund kann getadelt werden, sondern man dankt für die Erinnerung und bessert. Wenn die Kontroversen aus purem Haß und Feindschaft erregt und alsdenn wie gewöhnlich boshaftig und hämisch geführt werden, da ist der Text: „Und Jesus schwieg stille" einer Gemeine ganz dienlich.

Wenn es ordentliche Untersuchungen setzt, so ist (außerordentliche Regung des Geistes des Herrn ausgenommen) am besten, man läßt sich die Ideen derer, die uns fragen, zuerst klar machen und antwortet darauf, wie weit man damit einstimmig ist oder nicht und warum. Da wird was Ganzes aus Frage und Antwort. Sonst versitzt sich bisweilen beides so, daß keines weiß, wo es hinaus kommt und was es will, denn es ist allen Gliedern der Gemeine gegeben, recht zu glauben, aber recht reden und in keinem Wort fehlen, gehört vor einen vollkommenen Mann.

Gelegenheiten nennen wir alle die täglichen, wöchentlichen, stündlichen, einzelnen oder häufigeren Veranlassungen, sein Herz zu ermuntern, zu beugen, zu bauen oder, mit einem Wort, seine Schwachheit zu ermannen, Stärkung zu holen als Singstunden, Betstunden, Viertelstunden, Liebesmahle, Bettage usw. Sie wollen heilig gehalten sein mit großem Respekt vor dem Herrn. Doch es ist davon oben schon gesprochen worden, und hier habe ich nichts zu erinnern als Ordnung, Ehrerbietung, Einfalt und Glauben des Segens, den man nicht allemahl gleich greift, aber doch in Jesu Verheißung gewiß hat.

Die *Chöre* sind Ordnungen und Reigen, welche von Personen einerlei Geschlechts und Standes formiert werden, als da sind von lauter Männern, lauter Frauen, lauter Witwen, ledigen Mannsleuten, ledigen Weibspersonen, Knaben, Mägden, Kindern. Und in unsern ordentlichen Gemeinen haben alle Chöre hinwiederum ihre Klassen, kleine Gesellschaften, Arbeiter, Ämter und Ältesten, zusammengefaßt unter dem Ältesten und den Helfern der ganzen Gemeine, wovon oben schon gesprochen ist. Wer das Geheimnis und die Seligkeit derselben recht einsiehet, der schätzet sich glücklich in dieser Verfassung. Es ist auch zu merken, daß die General-Ältesten sowohl aller als jeder Gemeinen den Ältesten ihrer Chöre nach dem Inwendigen ganz ergeben zu sein pflegen und sich freuen, wenn sie von denselben können geführt und geleitet und ihnen an ihrem Teil wieder untertan werden.

Die *Gemeinzucht* ist dreierlei:

1. Die heilige *Unterordnung* überhaupt, daß niemand herrscht, sondern alle vom Geist der Gemeine willig dependieren nach dem geschriebenen Wort und der Applikation der Verfassung und Salbung.
2. Die *Bestrafung* der Brüder untereinander, die Ämter der Vorgesetzten.
3. Der *Bann* im Entziehen, im Drohen, im Strafen. Wohin ein jedes gehöre, gibt sich von sich selbst und legitimiert sich auch. Ich will nur eines bitten, nämlich daß den Arbeitern die zwei letzten Arten des Bannes eine Last sind und niemand Vorwitz darin beweise, wie man Leute henkt, um die Gerechtigkeit zu behaupten, die man sonst anders durchgelassen hatte, danach, daß man Leute nicht zu lange drinnen lasse.

Hierher gehört, was von der gesegneten *obrigkeitlichen Zucht* zu reden, welche aus einem etwas kindischen Mißverständnis für eine

Gemeinzucht gehalten zu werden pflegt, da allerlei Verbrecher, die einen harten und schweren Stand verdient haben, in denjenigen Gemeinen, wo wir z. B. das obrigkeitliche Amt mit zu verwalten haben, in Arrest genommen und mit Reflexion auf ihren Arrest entweder gehörig abgestraft oder, wenn sie sich ihres Arrests zu einer totalen Veränderung zu gebrauchen das Glück gehabt, pardoniert werden. Es ist in unsern Gemeinen eine einige Gelegenheit, da mehr auf Strafe als auf Besserung reflektiert wird, und das ist die Verführung der Kinder zu dieser und jener Sünde, wovon Jesus sagt: „Wehe dem Menschen!"

Die *Religionen*, darinnen sich unsere Gemeinen befinden, sind eigentlich nur zwei: Die evangelisch-lutherische und die evangelisch-reformierte. Unsere Gemeine hat nur *einen Glauben*. Die Wortstreite zwischen den Lutheranern und Reformierten machen, daß unser Volk leichtlich in beiden Religionen für rechtgläubig erkannt wird, ohne daß wir der Schrift das Geringste vergeben dürften. Wir haben inzwischen keine Ursache, von unserer Einfalt abzugehen oder die Religionen, darunter Gott ein Teil unsers Volks beschlossen, gleichwie er einen andern Teil in der Freiheit behalten hat, zu abandonnieren [= verlassen]. Denn wir haben bis dato das Zeugnis der Wahrheit frei darunter behalten, welches allerdings auf die evangelische Seite fällt. Und unsere beibehaltene Gemeinverfassung setzt uns außer dem Nexu aller der Dinge, denen wir sonst widersprechen müßten.

Sobald ein Separatist unsere Gemeinschaft von Herzen verlangt, sobald hört er auf, ein Separatist zu sein. Bis dahin ist nicht Not, viel von ihnen zu schreiben. Denn sie lassen uns gewiß stehen oder beweisen sich als bittere Feinde. Gegen diese und fremde Knechte hat man nichts zu observieren als Liebe.

Die *Tage*, darauf wir halten, sind: der Sonntag als des Herrn Auferstehungstag, der Sabbat oder eigentliche Ruhetag des Herrn, an dem wir die Gemeintage und Abendmahle halten, die wichtigen Feste der alten Kirche, da man uns besonderer Gnade des Herrn erinnert, [und] unsere eigenen Freuden- und Gedächtnistage. Es ist bekannt, wie sie unter uns gehalten werden. Den Sonntag über ermahne ich die Brüder, in beständiger Erweckung vor dem Herrn zu bleiben.

Meinungen heißt man alle solche Lehren, die weder direkt so in der Bibel noch direkt anders stehen, daher von einem so, von andern anders erklärt werden. In solchen Sachen muß gar nicht disputiert werden; sie müssen aber auch nie anders als in der Generalität, wie sie von Wort zu Wort in der Schrift stehen, bei uns angeführt, andere hingegen dürfen der Spezialausführung halber in keinen Anspruch genommen werden.

Klassen sind, wie oben erwähnt, allgemeine (mit Einbegreifung auch wohl noch unbekehrter aber begieriger Seelen und, wo die Gemeine die Oberhand hat, auch nur zufriedener Gemüter) aus einem Chor formierte kleine Versammlungen, darinnen die Eheleute ordinär beisammen sind, und die Arbeiter derselben sind gemeiniglich ein Mann mit seiner eigenen Frau um der Kommodität willen der Zusammensetzung ihres Dienstes bei den Seelen.

Die *Gesellschaften*, die man sonst Banden nennt, sind zwei, drei und mehr, auf Jesu Namen versammelte Seelen, unter denen Jesus ist, die sich besonders herzlich und kindlich über ihrem ganzen Herzen miteinander besprechen und nichts voreinander verbergen, sondern sich einander zu völliger Pflege übergeben haben in dem Herrn. Herzlichkeit, Verschwiegenheit, täglicher Umgang ist unter solchen Seelen von dem äußersten Segen und muß nie negligieret werden. Und wo schon eine solche Trägheit eingeschlichen, muß man sogleich beschämt und gebessert werden.

Das *Seligmachen* heißt: die allgemeine Predigt der Gnade und Erbarmung Gottes in Christo und um der Wunden und Todes Jesu willen den armen, elenden, bösen Menschen ans Herz bringen und sie nach empfangener Gnade in dem Haß des befleckten Rocks des Fleisches bewahren, in der Liebe zum treuen Wandel vor Gesetzlichkeit warnen und zum Zeugensinn sanftiglich zu ermuntern suchen; dabei aber leiden können, daß sie mit ungestörtem Gewissen reich werden und es bleiben, ordentlich essen und schlafen, leibliche Kinder lieben und über ihren Tod herzlich weinen, im Fürsten-, Herrn-, Adel- und Bürgerstande leben und sich demgemäß heißen, ankleiden und äußerlich abwarten. Das läßt man nicht allein ruhig geschehen, sondern wenn sich die Menschen ohne genugsame Gewißheit davon losmachen und einen Turm bauen wollen, da man voraussieht, er bleibt beim andern Stockwerk stehen, so widerrät mans. Man hält aber solche Leute doch für Brüder und Schwestern und achtet sie solange gläubig an den Herrn, bis man ihnen Ehrsucht, reich werden wollen, Lüste dieser Welt und Vorzug der Gemächlichkeit vor des Herrn Sache mit Bestand Schuld geben kann. Dawider gehet die Gnadenzucht sogleich an.

Die *Streitersache* ist das Geschäft Jesu Christi auf seinem Erdboden, wozu sich gewisse, von Ewigkeit vorerwählte, in der Zeit gerufene, mit dem Streitersinn angetane Seelen dergestalt widmen, daß sie Essen und Trinken, Schlafen, Notdurft, ehrlichen Namen, Zeit und Kräfte und alles dran spendieren und zwar, weil sie nicht anders können, mit einem solchen einfältigen Herzen, daß ihnen nicht einfällt, es anders zu machen, daß sie bei mehrerer Wahrnehmung ihrer selbst Unruhe hätten, bei der Mühe und Last aber fröhlich und lichte sind, sich auch keine Meriten daraus machen, sondern die Zeugensache treiben wie der Fisch das Schwimmen und das Wasser das Naßmachen. Es liegt in solchen Herzen ein inniges Gefühl von der Treue und von dem Verdienst Jesu und seinem ganzen heiligen Wandel auf dieser Welt. Man pflegt von gewissen Leuten zu sagen, sie fallen nie ohne Vorteil von der Bank. Die Streiter wissen alle äußerlichen Dinge, auch die geringsten, so einzufädeln, daß sie einen gewissen Profit für ihren Herrn daraus ziehen, sonst lassen sie sich damit unverworren.

Das *Glauben auf Hoffnung*, da nichts zu hoffen ist, das ist ein bei der Streitersache täglich vorkommender Fall. Man spürts aber auch bei andern guten Seelen in natürlichen Umständen, daß, wenn sie sich fest auf Gottes Gnade oder Allmacht verlassen, ihnen nicht die geringste Kleinigkeit abgeht, die sie in der Welt glauben und sich auf Gottes Verheißung dabei fußen können. Es wird dieses Glauben in Gemeinen bis auf den Wunderglauben hinausgetrieben und ist das Fundament zu den vielen Genesungen außer der menschlichen Möglichkeit, Zurückhaltung oder Überwindung unüberwindlicher Schwierigkeiten u. s. w. Es ist dabei sehr einfältig zu handeln, und zu wissen, daß diese Dinge bei Kinder Gottes ihre Zeit haben, die wohl muß bemerket und außer derselben nichts tentieret werden, zumal wo die Überzeugung im Herzen nicht da ist, sondern gemacht werden muß.

Im übrigen zeuge ich von der lieben Gemeine, daß die apostolischen Kräfte da sind und wir davon unleugbare Proben gehabt in präziser Entdeckung solcher Dinge, Personen und Umstände, die menschlicherweise nicht zu entdecken waren; Kurierung unheilbarer Krankheiten, des Krebses, der Schwindsucht in letzten Zügen etc. durchs Wort und Gebet; öffentliche Entdeckung der klügsten Heuchler ohne einige Gelegenheit von außen; in Zeichen an Menschen geschehen durch die Gemeine, ihre Verderbung und Restituierung, Bezähmung wilder Tiere in dem Moment ihres Anlaufs durchs Wort des Herrn ohne einige andre Hilfe und ohne ihnen einigen Schaden zuzufügen; Hinausführung solcher Dinge ins Freie, die von allen Menschen völlig verschlossen gehalten werden; Redressierung allerlei natürlicher Konjunkturen nach dem einmal geoffenbarten Sinn des Herrn wider alle Apparenz; Anstalt und Hoffnung auch wider alle durchgängig angenommene Maximen der Weltklugheit; Verlust der leichtesten und schon gewonnenen Dinge, wo der Herr etwas dagegen erinnert hatte und wir uns (auch durch die Natur der Sache selbst) etwa hatten irren lassen.

Plans heißen festgesetzte Ideen der Bedenklichkeit, des Wagens, des Anstellens, der Methode oder der Ordnung in dieser und jener Haupt- oder Nebensache. Es gibt einen Generalplan der Gemeine überhaupt, der ist: Jesu Christo in seinem Wort nachfolgen und ihn die Gemeine regieren zu lassen nach seinem Sinn ohne Widerrede. [Daneben gibt es] Spezialplans der lutherischen, der reformierten und der freien mährischen Brüdergemeine, der Kolonien überhaupt, dieser und jener insbesondere.

Alle Plans müssen denen Vorstehern durchgängig und allen Arbeitern in ihren Gemeinen besonders bekannt sein und danach pünktlich gehandelt werden, sonst setzt es Konfusionen, die sind: eine Maniersache zu behandeln, daß nichts oder Schaden herauskommt, eigentlich aber, daß man nicht weiß, wo man ist. Sie sind einzuteilen in ungefähre, von der menschlichen Schwachheit herrührende, in vorgesetzte von der menschlichen Bosheit, entweder bald im Anfange oder nach und nach entstehende Irrungen und Verwirrungen. Die letzten erfordern Gemeinzucht nach aller Schärfe: doch mehr danach als in der Zeit selbst, da sie währen. Die erste Gattung erfordert in Haupt- und seltenen Sachen Geduld, in kurrenten Gemeinsachen die allerschärfste Ahndung, weil es ein perfektes Mittel ist, dadurch der Satan in täglichen Arbeiten und ganzen Sachen mehr verderben und stören kann, als durch die grausamste Verfolgung. Leute, die darinnen nicht zu bedeuten sind, müssen ohne Unterschied von ihren Ämtern suspendieret werden.

Was man in specie Plans nennt, das heißt man in der Generalität, wo alle Plans dieser oder jener Gemeine oder alle überhaupt zusammenlaufen und wonach sie müssen geformt werden, eine Verfassung. Wenn ein Plan noch so admirabel formiert wäre, Leute aus Mähren auszuführen, so ist er wider die herrnhutische und marienbornische Verfassung, und ein Bruder, der ihn noch so glücklich expedieret, verfällt in die Gemeinezucht und wird nicht angenommen. So ists wider die Verfassung unserer Gemeine, unbekehrte Leute zum Abendmahl zu lassen, obs gleich in den Religionen von uns nicht übel gedeutet wird. Diese Exempel führe ich an, um dieses Wort deutlich zu machen.

Personalia sind, wenn Leute z. B. wider den Grafen von Zinzendorf heftig eingenommen sind und dabei der Gemeine und ihrer Gnade von Herzen ergeben. Das wird bei uns als eine Nebensache traktiert und dieselbe Person für einen Bruder in der Gemeine angesehen, als ob diese Differenz gar nicht wäre. Es erfordern die Personalien Behutsamkeit, weil oft Realia damit verkauft werden. Man hat aber dergleichen Exempel in der Wahrheit, da es pure Personalien sind und bleiben. Und wenn man die Personen voneinander schafft, so bleibt des Heilands Sache in statu quo. Da heißts: „Er muß wachsen, ich aber muß abnehmen". So sind bisher unsere Proben in puren Personalien bestanden, und also nicht mit dem Namen einer Verfolgung zu belegen. Hätten sich aber die Suiten auf Realia erstreckt, so wäre es eine Gemeinsache, das ist Christi Sache geworden.

Umstände alterieren Personen und Sachen. N. und N. und N. konnten einerlei von der Gemeine sprechen. Der eine sprach als ein Tändler, der andere als ein Lästerer, der dritte als ein redlicher Mann.

Das *Abendmahl* zu N. und N. wird von uns approbiert. Wir könnten es nicht überall tun, und doch möchte die äußerliche Gestalt der Sache vielleicht überall so tolerabel sein als an diesen beiden Orten. Die Gemeine zu Herrnhut ist in die Parochie zu Berthelsdorf, oder vielmehr an einen lutherischen Parochum überhaupt, so gut als verheiratet. Und ich bin lebendig überzeugt, daß sie in der Sache nie zu weit gehen, wohl aber zu sehr zurück bleiben und sich sträuben können, wo sie nicht sollen. Die Gemeine an der Ostsee hat sich von der herrnhutischen Dependenz losgesagt. Eine andere Gemeine würde in Bann drüber getan, diese würde hart angesehen, wenn sie ihr Versprechen rebus sic stantibus nicht hielte. Es ist nur das bei den Umständen zu merken, daß man sich versichert wissen muß, daß die Sachen an sich recht und nur durch die Umstände, solange es nicht auf Realia, sondern Personalia dabei ankommt, verändert worden, und daß man in deren Beobachtung einige andere Absichten als Jesum und seinen Willen nicht hat noch haben mag. So wird es auch hier wahr, daß denen, die Gott lieben, alle Dinge zum Segen werden.

Ich komme auf den wichtigen Punkt der *Heiligen Schrift*. Es ist wahr, ich habe vielmals Sorge getragen, daß das Bibellesen, wenn es mit einer genauen Kollation, Erforschung und Art eines Studierens verknüpft ist, der Gemeine eher schädlich, als nützlich sein könne pro nunc. Das ist aber aus Respekt vor der Bibel geschehen, um ihren Mißbrauch zu verhüten. Weil ich zu der Gnade des Heilandes hoffe, er werde eine Zeit kommen lassen (die ist nun gekommen), daß kein Wort in der Heiligen Schrift sein werde, das unserer Gemeine nicht von außen und innen bekannt und mit unserer Salbung und ganzen Führung in der schönsten Harmonie sei. Bis dahin wünsche ich, daß der Generalgeist der Schrift, des Gesetzes, der Psalmen, der Weissagungen, der Geschichte von Jesu, des Kirchenplans, der Grund- und Speziallehren der Apostel in unserer Gemeine lebe und überall der Kommentarius der Sprüche, und die Bibel ein Lexikon sei, darinnen wir alles aufschlagen und finden können, was wir in Lehr und Wandel täglich und stündlich brauchen. Es ist unmöglich, daß ich diesen Gedanken nach seiner Wichtigkeit genugsam ausdrücken kann. Ich will also nichts weiter hinzutun und überhaupt meinen Heiland bitten, er wolle meinen lieben Brüdern in diesem allem so ziemlich klar machen, worauf ich bisher gearbeitet und sowohl von den Heidnischen Gegenden aus als bei meiner Zurückkunft G. G. [Gebs Gott] wieder fort arbeiten werde.

Ich küsse euch alle herzlich und demütigst und bleibe mit einem kindlichen und treuen Herzen Meiner lieben Brüder und Schwestern Unwürdiger und doch auch Mitknecht

Zinzendorf

Aus der See mit dem Lotsen des Schiffs
St. Martin, am 27. Dezember 1738.

Gesellschaft der Bekenner Christi und Senfkornorden

Es gehörte zu Zinzendorfs Lieblingsideen, nach dem Vorbild der Sozietäten und Gesellschaften in seiner Zeit, ebenfalls einen engeren Freundeskreis als „Gesellschaft" mit festen Regeln und Verpflichtungen zu gründen. Von solchen Versuchen hören wir auf dem Pädagogium in Halle gegen Ende seines dortigen Aufenthaltes. Nach dem Abschied bespricht er seine Sozietätspläne mit der Großmutter Henriette Katharina von Gersdorf. Grundsätze einer solchen Gesellschaft werden aber erst 1719 greifbar mit dem Anschluss von Graf Heinrich XXIX. in Amsterdam. Die Sozietät dieses Freundeskreises erhielt den Namen „Gesellschaft der Bekenner Christi" und hatte die Festigung und Heiligung des christlichen Lebens zum Ziel.

Erst 1736/37 wurden die Regeln oder Statuten des sog. „Senfkornordens" im Anschluss an Matthäus 13,31 in der Druckerei in London gedruckt, wobei unklar ist, seit wann es diesen Orden gibt (vgl. § VII) und ob er mit dem erstgenannten identisch ist. Für Zinzendorf charakteristisch ist die Tatsache, dass er diesem Druck die Abbildung der Ordenszeichen beifügt: ein emailliertes goldenes Kreuz mit einem Senfbaum in der Mitte an einer goldenen Kette. Ferner erhielten die Ordensmitglieder einen Ring, dem die Worte eingraviert wurden „Unser keiner lebt ihm selber" (Röm 14,7). Inhaltlich steht das Bekenntnis zu Christus im Zentrum, aber entsprechend der Absicht, den Adel für das Evangelium zu gewinnen, fällt doch zugleich die bewusste Offenheit und Überkonfessionalität auf. So nehmen sie die mit der Aufklärung gemeinsamen Grundsätze der Menschenliebe und Verbesserung (§ 7,1f) bewusst auf.

Abgedruckt nach: UA Herrnhut R 20. A.9ab und dem selbständigen Druck der Regeln, Büdingen 1740. Vgl. Freiwillige Nachlese S. 614f und: Der Brüder-Bote 1882, S. 217-223.

Ich Heinrich XXIX. Jüngere Reichsgraf und Herr von Plauen, Herr zu Greiz, Cranichfeld, Gera, Schleiz und Lobenstein etc. bekenne hiermit, daß ich nach göttlicher Regierung und aus eigenem Triebe

und Bewegung in die Gesellschaft der Bekenner (Christi) getreten [bin] und dabei diese Nachfolgende zu beobachten versprochen habe:
1) Mich den allgemeinen Pflichten des wahren Christentums mit täglich erneuerter Kraft unter herzlichem Gebet und mit fleißigem Gebrauch aller verordneten Gnadenmittel gemäß zu verhalten.
2) Einen von der Welt nicht abgesonderten, sondern im Umgang mit anderen Menschen unbefleckten Wandel zu führen.
3) Die Liebe des Nächsten in ungefärbtem Glauben getreulich auszuüben.
4) Nach allem meinen Vermögen meines Nächsten Besserung, doch mit Gebrauch christlicher Klugheit also zu fördern, daß ich meiner selbst dabei nicht vergesse.
5) Alles Tanzen und gewinnsüchtige Spielen gänzlich zu unterlassen.
6) Der christlichen Freiheit in Lesung und Verrichtung eines Indifferentis [= indifferenten, nebensächlichen Sache] also zu gebrauchen, daß ich der Worte Pauli nicht vergesse: „Man habe es zwar alles Macht, aber es frommt nicht alles" [1. Kor 6, 12].
7) Leute, die im Irrtum beharren, weder öffentlich lehren zu lassen noch sie zu hegen, doch aber Geduld mit ihnen zu haben und sie zu dulden, da sie ihre Lehre nicht öffentlich ausbreiteten, sondern in der Stille und sonst guten Wandels auch insgemein bonae fidei [= guten Glaubens] erfunden werden.
8) Auf die leichteste Methode viele Gott in Christo zuzuführen bedacht zu sein, sonderlich der Juden- und Heidenbekehrung zu befördern.
9) Ehe ich vom Glauben wiche oder Ärgernis stifte, mein Leben zu lassen.
10) Das Frommen und Bestes dieser Gesellschaft zu aller Zeit zu befördern und, da es nötig, mich der Direktion sonder weiteren Vorzug, ohne erhebliche Ursache nicht zu entschlagen, mit denen Gliedern fleißig zu korrespondieren und mich ihres Rats zuweilen in spinosis negotiis [= dornenreichen Geschäften] zu bedienen.
11. Da ich mich nicht nach allem diesem verhielte, die Gesellschaft freiwillig zu verlassen.

Urkundlich habe dieses mit meinem Petschaft untersiegelt und mit meiner eigenhändigen Unterschrift bekräftigt.
Signatum Amsterdam den 7. Juni 1719 und Hirschberg anno 14. Februar 1721

Regeln des Senfkornordens von 1740

Im Namen unsers einigen hochverdientesten und liebsten Herrn.
I. Die Natur der Sache leidets bei gegenwärtiger Kirchenverfassung nicht, alle rechtschaffene Leute in Ansehung der öffentlichen Religion unter einen Hut zu bringen. Daher kommts, daß auch die unsrigen bei einer solchen Distanz der Länder und Heimaten, bei einem solchen Unterschied der Würden, Ämter und Geschäften, auch in unterschiedenen Kirchen leben. In einem Punkt aber wird von einem jeden unter uns *eine* Erkenntnis erfordert, daß nämlich Jesus Immanuel, der Gott von Gott und von der Jungfrau Maria Mensch geboren ist, die einzige Ursache unsrer ewigen Errettung ist, und daß das ein Grundsatz der Ewigkeiten ist, daß außer diesem sowohl heiligen und hehren als liebenswürdigen Namen an keine Verbesserung unsers elenden Zustandes zu denken ist, daß alle Engel ihn anbeten müssen, die Geister aber, die in Leibern wohnen und denen sein Blut zur Rechtfertigung und Heiligung helfen muß, ihn als ihren besonderen und eigentlichen Gott ansehen und verehren, lieben und anrufen, in ihm den Vater beschauen und venerieren [= verehren] und sich durch den Geist seines Mundes regieren lassen sollen; daß also die ganze Religion da hinausläuft, daß das Verdienst der Wunden Jesu der Menschen Herzen rühre und bewege, die Gerührten Gott darbringe, die Gott Dargestellten heile, die Gesundgemachten regiere, und daß der Glaube (der Intellect der Seele) ihn gewahr werde und alle Wunder des Heils darum mit dem Herzen fasse, weil er sie mit der Vernunft nicht erlangen kann. Darauf soll also unsere Bemühung, unsere unermüdete Arbeit gehen durch die ganze Welt, daß wir die Herzen für den gewinnen, der Sein Leben für unsere Seelen dahingegeben und aufgesetzt hat.

II. Ein jeder liebe und fördere das menschliche Geschlecht auf dem Posten, der ihm von oben anvertraut ist, und was die Christenheit anbetrifft, so wollen wir niemand weder mit Gewalt noch Kunst, noch durch Verstellung von der Relgion, darin er geboren und wiedergeboren ist, abzubringen suchen. Wenn aber jemand mit freiem und unangefochtenem Gewissen die Religion eines oder des andern Mitgliedes unsers löblichen Ordens sich von selbst sollte belieben lassen, so haben wir andern es nicht zu hindern.

III. Weil sich bereits alle christlichen Religionen an die Heiden gemacht, um ihnen Jesum kund zu tun, so soll keiner von uns auf seine Unkosten durch seinen Beitrag oder Assistenz, die von einigem christlichen Lehrer wirklich zum Gehorsam des Kreuzes gebrachten Heiden auf seine Seite zu ziehen und von ihrer ersten Religion abzubringen suchen. Wir reden aber von wirklicher Konversion, nicht von der abgeschmackten Weise, wenn sie ohne einigem vorhergegangenen Unterricht von Christo und seinem Verdienst oder Einleitung in den Glaubensweg, sich mit Wasser besprengen zu lassen oder vor dem Kreuz niederzufallen, wären beredet oder gezwungen worden.

IV. Es ist bekannt, daß nicht alle Knechte Gottes, welche im übrigen ihren gewissen Gnadenlohn zu erwarten haben, darum auch Kinder sind, weil sie dienen. Wiewohl wir nun diejenigen konsiderablen [= angesehenen] Personen, denen das Reich Christi wichtig ist und denen die Sache Gottes durch die ganze Welt recht am Herzen liegt, unbedenklich in unsere Gesellschaft aufnehmen, so erinnern wir doch einen jeden Mitgenossen auf das ernstlichste und herzlichste, daraus, daß er sich in der Zahl vieler Zeugen, Gehilfen und Freunde des ewigen Lichts befindet, ja nicht den Schluß zu machen, als ob er ein wahrer und rechter Jünger Jesu Christi sei. Er ist gewiß auf dem Weg und wird dahin kommen, wenns ihm darum zu tun ist, aber eigentlich gehört niemand Christo an, der nicht seine Sünden zu des Herrn Füßen beweint, Absolution gekriegt, unter Bedeckung des Verdienstes Jesu Christi dem Vater angenehm und auf *die* Art zum ganzen neuen Menschen geworden, darauf nach Ablegung des alten Menschen im neuen Wesen des Geistes wandelt, die Werke des Fleisches insgesamt verabscheut und es in der Einfältigkeit des Herzens täglich macht, wie es der Heiland gemacht hat.

V. Ein jeder unter uns befleißige sich nach dem besonderen Beruf, darin er sich befindet, die Sache Jesu zu fördern, mache keinen Mischmasch von Ständen, ein Regent gebe sich nicht mit Predigen ab, ein Lehrer bekümmere sich nicht ums Regiment, und wenn dies ja bei einem oder dem andern in Ansehung seiner Herkunft oder der Weise des Landes, darin er lebt, einigen Abfall litte, so soll es doch ein jeder so vernünftig moderieren [= mäßigen], daß es nimmermehr übertrieben, vielmehr auf alle ersinnliche Weise verringert und eingeschränkt werde.

VI. Weil zwischen den Knechten Christi kein Unterschied ist, so können zwar die glückseligen Fürsten und Herren, die Jesum Christum zum Grund ihres Heils haben und innig lieben, in unsere Gesellschaft treten, das Direktorium aber soll ihnen darum nicht übertragen werden, damit nicht einmal ein Erbstück daraus werde, was jetzt auf freie Wahl ankommt, und da niemand mit unserm Zeichen beehrt wird, der es zum Großtun brauchen könnte, solche hingegen, die sich vielleicht eine ehrliche Schmach Christi dadurch zuzögen, auch Erlaubnis haben, es offenbar zu machen, so ist deutlich zu ersehen, daß es mit diesem unsern Orden nicht mit der Zeit auf die Abwege derjenigen geraten müsse, dabei die Mitglieder etwas an Ehre oder Gut gewonnen haben. Wofern also ein Direktor gewahr würde, daß es sich mit dieser Gesellschaft zu einem Johanniter- oder Deutschen Orden anließe und das, was Christi Sache war, weltlich würde, so soll er die ganze Gesellschaft aufheben, die Zeichen und die Diplome zurückfordern, und die Mitglieder sind schuldig, sie zurückzugeben.

VII. Damit man auf einen Blick übersehe, zu was für Absichten vom Anfang unsere Gesellschaft bis zum vergangenen Jahr unsere Mitglieder, deren schon einige zum Herrn gegangen sind, sich verbunden haben, so besteht alles in Folgendem:

1. Die Glieder unserer Gesellschaft wollen das ganze menschliche Geschlecht lieben.
2. Sie wollen sein Bestes auf alle Weise befördern.

3. Sie wollen die Seelen mit ihrem Schöpfer und, sobald sie von dem Erlöser etwas wissen, auch mit dem zu verbinden suchen.
4. Sie wollen ehrlich handeln und, obschon vorsichtig und behutsam, doch niemals verstellt.
5. Sie wollen nichts übereilen, sondern alles nach reiflicher Überlegung sicher ausführen.
6. Sie wollen sich nicht lange besinnen, durch die Türen, die die Versöhnung Gottes zur Beförderung seines Werks von Zeit zu Zeit auftun wird, einzugehen und, was dabei zu tun ist, munter und unerschrocken zu tun. Sie wollen sich aber äußerst in acht nehmen, daß ja derenthalben kein schon eröffneter Paß wieder geschlossen werden möge.
7. Sollte einer einen Feind haben, der ihn drückte und für seine Person recht schädlich wäre, es ginge aber die Sache des gemeinsamen Herrn in desselben Händen glücklich vonstatten, so soll er ihn nicht nur nicht hindern, sondern allen ersinnlichen Fleiß anwenden, ihm an der Hand zu stehen, damit sein Werk konserviert [= erhalten] werde und großer Nutzen daraus entstehe.
8. Zur Abschaffung einiger guten Sachen, wenn sie uns schon nicht anständig ist [= anstehen], soll ohne gründlichste und genaueste Untersuchung keiner Hand anlegen, sondern sich vielmehr befleißigen, denselben aufzuhelfen.
9. Wir wollen uns alle vor dem, unseren Zeiten ganz zur Natur gewordenen, aber höchst gefährlichen Prinzip hüten, in der Lehre, Sitten oder Zeremonien neuerliche Dinge einzuführen, vielmehr aber dazu raten und helfen, daß das Altertum, welches doch allem vorzuziehen, wo es ohne abermalige bedenkliche Neuerung geschehen kann, wieder hergestellt werden möge, und was eingeführt ist, lieber heiligen als abschaffen.
10. Neue Einrichtungen aber, nach des Heilands Rat, nicht in die alten und überjährten mischen, damit der Riß nicht ärger werde.
11. Werke des Heilands, die mit Finsternis bedeckt gewesen, durch göttliche Wundergnade aber erhalten und wieder in ihren vorigen Glanz gesetzt werden, wollen wir fleißig soutenieren [= unterstützen],

und daß sie das vorige Lustre [= Glanz] wieder erhalten, uns befleißigen.
12. Wer es hübsch macht und auch nur eine gute Intention hat, dem wollen wir aus allem Vermögen beistehen, erinnern, forthelfen und, wenn er etwa einen unsicheren oder noch unausgearbeiteten Plan hat, ihn darum nicht verachten, sondern einhelfen, damit dem allgemeinen Herrn mit zusammengesetztem Fleiß gedient werde.
13. Wenn denn diese und dergleichen Dinge nach dem Wohlgefallen des Herrn glücklich vollbracht sind, so wollen wir fröhlich einschlafen, wir werden nichts verdient haben, um Barmherzigkeit bitten, auf die Gnade hoffen, die das Kreuz Christi erworben hat. Wir wollen aber doch fröhlich entschlafen, wenn wir dem Willen des Herrn in der Zeit ausgedient haben, denn nach getaner Arbeit ist gut ruhn.

VIII. Es ist nicht darauf angesehen, daß die Ordenszeichen, die zur Vollständigkeit der Zeremonien und zum Andenken dienen und in unserer Kapelle an den Kontrefeien [= Porträts] der Mitglieder werden zu sehen sein, auch nach Gelegenheit offenbar getragen werden können, notwendig müssen getragen werden. Denn es ist der Natur des Senfkorns gemäß, geheim zu bleiben und aus dem Verborgenen hervorzukeimen.

IX. Das Senfkörnlein ist des Ordens Sinnbild und erstes Gesetz nach Markus 4, 30-32. Die Brüder im Herrn sollen ruhig und sanfte handeln, und wenn sie das Königreich Jesu Christi glücklich unter die Reiche und Nationen der Erden pflanzen, sollten sie auch zu Zeiten von diesen Wundern weder etwas hören noch mit den Augen sehen, so mögen sie nur auf den Anwachs merken.

X. Ihnen wird ein goldener Ring überreicht mit der Beischrift: „Unser keiner lebt ihm selber", damit sie den Plan ihres Berufs und Gemeinschaft vor Augen haben.

XI. Sonst ist das besondere Ordenszeichen ein auf den Ecken grün emailliertes goldenes Kreuz. Mitten darin ist in einem Oval ein Senfbaum abgeschildert [= abgebildet]. Das hängt entweder an einer goldenen Kette, die wechselweise aus offenen und geschlossenen Senfkörnern besteht oder an einem seidenen Band, welches die weltlichen Herren ganz meergrün, die geistlichen Herren aber weiß mit einer meergrünen Einfassung tragen. An dem Oval stehen die Worte: Quod fuit ante nihil: Das da nichts war.

XII. Sollte einmal die Gesellschaft eine Generalversammlung halten in der Kapelle des Schlosses Gnadenstadt[33], so werden die anwesenden Herrn Genossen einen länglichen seidenen Kaftan tragen von Purpurfarbe, darauf rechter Hand ein silbernes Kreuz, darinnen ein einzelnes Senfkorn steht, gestickt ist, mit der Beischrift: Es breitet sich unermeßlich aus in Christo Jesu. Die Portraits der Mitglieder, die im innern Zimmer der Kapelle aufgehängt sind, sollen in derselben Kleidung erscheinen.

XIII. In unserer Gesellschaft hat man keine Unkosten, denn wen wir unserer Gemeinschaft wert achten, der kommt ohne Entgeld dazu, weil ein jeder ohnedem zur Genüge weiß, daß nicht nur etwas von seinem Vermögen, sondern alles für ein Unterpfand, das uns Christus Jesus und seine Gemeine anvertraut, keineswegs aber als unser Eigentum anzusehen, und daß man es, wie es rechtschaffenen Leuten gebührt, also zu administrieren [= verwalten] schuldig sei, damit man an dem Tage, da die Rechnung abgenommen wird, nicht übel bestehe.

XIV. Die Genossen sollen einander alle gleich gehalten werden, und wenn jemandem die Direktion übertragen wird, geschieht es nur zur Unterhaltung der Korrespondenz, nicht aber zu einigem Dominat [= Herrschaft] über die anderen. Da es nun keinem solchen nicht zugemutet werden kann, die Zeichen auf eigene Unkosten anzuschaffen, und man zur Verhütung schädlicher Folgerungen keine Gemeinkasse errichten läßt, so mögen sich die Glieder selbst damit versehen und je nach ihrem Hingange demjenigen Sekretär, der sich ihrer Heimat am nächsten befindet, zuschicken lassen, damit man solche ihren Nachfolgern und Landsleuten zu ihrem Andenken überlassen und mit der Zeit die Beschwerlichkeit, sich dergleichen selbst anzuschaffen, wegfallen könne.

XV. Den 25. März und 16. August wird man feierlich begehen; am ersten werden die nächsten Genossen sich zu einer Konferenz

33 Das steht noch in keiner Geographie (Anmerkung im Original).

einfinden; an dem letzten aber, wenn inzwischen die Resolutiones [= Beschlüsse] der übrigen Mitglieder eingelangt sind, ihre Beschlüsse zur Exekution [= Ausführung] bringen. Jenes wird ein Fast- und Dank- und dieses ein Fast- und Bettag sein, an welchem die der Gesellschaft notifizierten [= angezeigten] und zur Sache gehörigen Schriftörter in heilige Erwägung genommen und die Akten der Gesellschaft nachgeschlagen werden sollen.

Der Senfkornorden, Foto (UA Herrnhut M 10)

Die Wahl Jesu zum Generalältesten der Brüdergemeine

Die Kolonie Herrnhut, die zunächst von Berthelsdorf abhängig blieb, wurde nach den Statuten (s. Text 18 Teil I,16) von Ältesten verwaltet, deren Wahl am 12. Mai 1727 erfolgte. 1730 reduzierte man die Zahl von 12 Ältesten auf drei: Ältester, Vize-Ältester und Mitältester. Als der Älteste Martin Linner am 26. Februar 1733 starb, wählte man durch Los den Missionar Johann Leonhard Dober zum Nachfolger. Nach den Neugründungen von Gemeinden in der Wetterau, in Holstein und Holland erhielt Dober den Titel Generalältester, die Vorsteher der Gemeinden den Titel Ältester. Im Gegensatz zu Linner war Dober energischer, bestimmender und aktiver, sah aber auch die Schwierigkeiten seines Amtes klarer, so dass er Ende 1740 um Suspendierung bat. Am 16. September 1741 wählte eine Synodalkonferenz (11. bis 23. September) in London vor der Abreise Zinzendorfs nach Amerika aus Verlegenheit Jesus Christus zum Generalältesten der Gemeine. Der folgende Auszug aus dem Kurzprotokoll der Synode von Zinzendorf zeigt die Motive, vor allem die Angst, in menschliche Abhängigkeit zu geraten. Das Ältestenamt Christi möchte verfassungsrechtlich sichtbar machen, dass allein Christus das Haupt seiner Kirche ist, und nimmt seine reale Gegenwart ganz ernst. Damals hat sich die Brüderkirche „mit Bewußtsein und grundsätzlich als Freikirche erfaßt" (Josef Theodor Müller).

Abgedruckt nach: Josef Theodor Müller, Das Ältestenamt Christi in der erneuerten Brüderkirche, in: ZBG 1 (1907), S. 24-26.

* * *

Generalia. Das Generalältestenamt soll aufgehoben werden bei allen Gemeinen und dem Heiland express aufgetragen werden. Das wurde am Sonnabend, 16. September, resolviert. Am 13. November soll ihm deswegen in allen Gemeinen ein Dankfest gehalten werden und künftig alle Jahr an dem Tag, da es geschehen, nämlich am 16. September.

Seine Vice-Gerenten [stellvertretend Handelnden] sind 1. ein Bruder, der an dem Tag alle Jahr soll erwählt werden, aber Anno 1743 zum ersten Mal, 2. Andreas Grasmann, 3. Jakob Till.

Die Gelegenheit der Sache war diese: Es wurde von uns allen observiert am fünften Tag der Konferenz, daß Bruder Leonhard [Dober] zum Ältestenamt eigentlich keine Art habe, ob er gleich unstreitig unter uns allen der importanteste Bruder wäre. Es sei sein Amt vor diesem das gar nicht gewesen, was es nun sei, denn man habe es ehedem allezeit als das geschäftigste traktiert. Und nach jetziger Gemeinverfassung, da wir Bischöfe und Vorsteher hätten, denen die Geschäftigkeit eigentlich zustehe, so sei es bei der ganzen Gemeine eigentlich kein prophetisches mehr, sondern ein Priesteramt. Und Bruder Leonhard müßte sich entweder Gewalt in der Sache tun und halb müßig gehen oder seine Geschäftigkeit und Prophetengabe ins Ältestenamt einführen, welches an dieses Amt etwas Papstisches und mehr als Souveränes attachieren würde, mithin den, der es hätte, der Gemeine und ihren Arbeitern fürchterlich und odios machen würde, anstatt daß die Ältesten in der letzten Instanz Friedemacher sein sollten. Man sollte Bruder Leonhard lieber zum Generalvorsteher machen, das sei sein Werk.

Bei dieser Abrede bliebs an demselben Tag, und Bruder Leonhard freute sich, daß er dem Heiland besser in dieser Art dienen könne, wies eigentlich seine Gabe sei. Den folgenden Morgen aber schrieb er einen herzlichen und kindlichen Brief an die Konferenz, bat aber darin, ihm alle Arbeit in der Gemeine abzunehmen, oder es durchs Los auszumachen, daß er das noch sein müßte, was man ihm auflegen wollte. Man mußte ihm darauf in einem geraden und herzlichen Schreiben antworten. Und weil das von einer ausnehmenden Wichtigkeit war, an seinen Vorgesetzten zu schreiben, so wurden alle Periodi durchgelost, bis man des Heilands ganzen Sinn traf. Dieses Schreiben händigte ihm die Generalälteste ein.

In dem Betrübnis über des Bruder Leonhards Begehren überlegten wir seriös, daß niemand da sei, der sein Ältestenamt übernehmen könne. Und wenn er auch nicht Vorsteher sein wollte, so wären wir um die ganze Sache [gebracht], die doch des Heilands Spezialplan bei der ganzen Gemeine wäre: zu verhindern, daß es niemals in eine Sekte degenerieren könne. In dem wir anfangen wollten, über dem Ältestenamt zu denken, so fiel uns ein, darzu den Heiland selbst anzunehmen. Wir schlugen dazu das neue Losungsbüchel auf, zum Anfang unserer Deliberation [= Überlegung]. Da stund auf einer Seite: „Unsere Tür werde Christo aufgetan", und auf der andern Seite: „Weiset meine Kinder und das Werk meiner Hände zu mir. Hin zu eurem Jesu hin". Augenblicklich war unser aller Resolution fertig, keinen andern als ihn zum Generalältesten anzunehmen. Er approbierte [= billigte] es. Es war gerade Gemeintag. Wir sahen die Losung dieses Tages. Die hieß: Die Herrlichkeit des Herrn erfüllte das ganze Haus. Wir beugten uns vor des Lammes Angesicht. Wir baten um Erlaubnis, wir kriegten sie. Wir sungen mit einer Empfindung ohne gleichen: „So komm herein, wir sind ja dein, und laß uns so gesegnet sein". Die Rosine Nitschmann sang: „Wir küssen dich mit Innigkeit, du Ältster der Gemeine, du Lamm voll Gottes Herrlichkeit, für uns einmal so kleine".

Weil wir nun durchs Los angewiesen wurden, dem Bruder Leohard das schwere Vorsteheramt auch zu schenken, so teilten wir dasselbe in 12 Generalgeschäfte: 1. das Wachen über die Gemeingnade, 2. die Erhaltung der Pilgergemeine, 3. die Konservation aller anderen, 4. das Zurechthelfen und die Herzlichkeit mit den Arbeitern zu erhalten, 5. die Kindersache, 6. die Krankensache, 7. die Korrespondenz, 8. die Vertrtung bei der Welt, 9. die Direktion der äußeren Kirche, in der wir leben und die wir müssen erhalten helfen, weil sie die einige ist, die den Rat Gottes über sich angenommen hat, der *allen* angeboten worden, 10. die Direktion der Gemeinen an Ort und Stelle, 11. die Direktion der Chöre, 12. die Lehrsache. Und verordneten, daß unser Bruder Zinzendorf dabei helfen möchte, wie von der ersten Stunde an, ohne fernern Namen; wie zu dem Ende ihm das Charnier von neuem übergeben worden.

Die Brüdergemeine in der Wetterau (Herrnhaag-Kantate)

Im April 1738 wurde die Gründungsurkunde für den Herrnhaag unterzeichnet. Diese Ansiedlung wurde für die nächsten Jahre neben Herrnhut das Zentrum des geistigen Lebens der Brüdergemeine und prägte einen neuen heiteren Frömmigkeitsstil in bisher ungewohnter Festlichkeit, beherrscht vom Ton der Freude über Jesu Verdienst und Nähe. Die Grundsteinlegung des Brüderhauses am 2. September 1739 für über 100 ledige Brüder gestaltete Zinzendorf nach seiner Rückkehr von Westindien zu einem Festakt mit der Aufführung einer Kantate, der bald noch viele weitere folgen sollten. Die geistliche Kantate mit Instrumentalmusik und vierstimmigen Chorälen bot den Rahmen und die Gestaltungsform zu einem reichen musikalischen Leben. Im Folgenden soll darum ein Beispiel dieser Gattung abgedruckt werden. Zinzendorf knüpfte mit seinem Text an der Tageslosung aus Klageliedern Jeremias 5, 21 an, ein Wort, das Comenius an den Schluss seiner Brüdergeschichte gestellt hatte und das nun bewusst aufgenommen und als Anknüpfung an die alte Unität verstanden wurde. Zinzendorf rief das Chor der ledigen Brüder zum Streiterdienst für Christus auf. Die Freude über die ersten Missionserfolge und die blühende Missionsarbeit führte zu einer Begeisterung, die sich sprachlich in der Aufzählung von Völkerstämmen und Ländern einen eigenwilligen, dichterisch oft etwas gewaltsamen Ausdruck verschaffte. Die Musik komponierte Philipp Heinrich Molther (1714-1780).

Abgedruckt nach der kommentierten Neuausgabe in: Hans-Walter Erbe: Die Herrnhaag-Kantate von 1739, in: Unitas Fratrum Heft 11 (1982), S. 29-45.

* * *

Herrnhaag-Kantate von 1739

1. Symphonia
Bringe uns, Herr, wieder zu dir, daß wir wieder heimkommen; erneure unsere Tage wie vor alters (Klagelieder Jeremiae 5, 21).

2. Choral
Und gib denn auch einen freien Kirchengang in rechtem Brauch:
Laß uns dein Wort hören mit Dank all unser Leben lang!

3. Rezitativ
Wir erstaunen, was hat der Herr getan!
Wenn wir beginnen, uns zu besinnen,
was die Reichsposaune in die selge Friedensstadt
zusammen geblasen hat,
was hat der Herr getan?
Man sehs nur an, wir erstaunen.

4. Choral
Ists möglich, Herz der Seele, so eine schlechte Höhle
als dieses Kirchlein ist,
mit solchen goldnen Stücken von innen auszuschmücken,
daß man der Thronen Pracht vergißt.

5. Aria
Einger jundfräulicher Mann, Haupt der ledigen Gebrüder,
deiner Glieder,
du wirst kindlich angeredt, angebet't.
Wer wird dirs doch je erwiedern von den ledigen Gebrüdern,
einger jungfräulicher Mann!

6. Choral
O keuscher Jesu! All dein Wesen war züchtig, keusch und auserlesen,
von tugendhafter Sittsamkeit.
Gedanken, Reden, Glieder, Sinnen, Gebärden, Kleidung

und Beginnen war voller lautrer Züchtigkeit:
O mein Immanuel! Mach mir Geist, Leib und Seel
keusch und züchtig! Jesum ei nu,
hilf mir dazu, auch keusch und rein zu sein wie du!

7. Aria
Heilige dir deine Leute, mache sie zur Kreuzesbeute.
Laß doch kein einiges unter uns sein, das nicht sollte gedeihn,
das nicht nach deinem ganzen Sinn sich gibt hin.
Du weißt, wie lieb wir dich haben, herrlichste Gabe von allen Gaben!
kostbares Gnadengeschenk aus der Höh!
Segne die heilige Eh, segne die Jungfrauschaft,
segne die Kleinen auch, stimm ihnen Töne durch deinen Hauch,
aber die Jünglingskraft werde dahin gerafft zu deiner Ritterschaft.

8. Choral
Wo seid ihr, ihr Schüler der ewigen Gnade,
ihr Kreuzgenossen unseres Herrn?
Wo spürt man eure geheiligten Pfade
sowohl daheim als in der Fern?
Ihr Mauerzerbrecher, wo sieht man euch?
Die Felsen, die Löcher, die wilden Sträuch,
die Inseln der Heiden, die tobenden Wellen
sind eure von alters bestimmeten Stellen.

9. Rezitativ
Malattenvolk ruft er zur Zeugenwolk,
Wilde und Mohren, Hottentottenohren
lassen sich durchbohren;
auch die Mamelucken, Hanacken, Heiducken
beugen die Tschackanen vor des Kreuzes Fahnen.
Wie gefällt der Zeugenwolk das mährische Volk?

10. Choral

Du kennest die Gemeine, Herr! Sie ist deine.
So unbekannt, so kleine man sie ermißt,
so ist sie doch die eine, die sich vergißt,
damit sie völlig reine vor dir erscheine.
O Liebe, ach, umzäune, was ihre ist!

11. Aria
O der Gnadenzeit! Es wär uns leid,
wenn man noch nichts wüßte von Guineas Küste,
von Sankt Jans Gebüsche, vom Kaffer Gekrische,
Samojeder Zwergen und Sankt Cruxer Särgen. Es wär uns leid.

12. Choral
Aus unserer ersten Tränensaat ist die Gemein entstanden!
Die andre bringt nach Gottes Rat wohl hundert aus den Banden.
Man streute 20 in ein Land, als wären sie verloren.
Auf ihren Beeten aber stand: Das ist die Saat der Mohren.

13. Rezitativ
Die Lappischen Seen, Grönlands rauhe Wüste,
die Sankt Thomas Höhen, die Savanner Küste
haben uns gesehen.
Penns zerteilte Felder, Libans Zederwälder,
Purisburger Wiesen, die braunen Barbisen,
Surinamer Pocken, Creeks und Ouranocken,
der Lette und Esthe kennt die mährschen Gäste.
Hitland, Man und Norge spürt des Heilands Sorge,
Seelen zu erlösen, selbst die Zingalesen.

14. Choral
O könnt ich allen Arten der Völker, die dein warten,
die Gnade predigen,
um in den Gnadenzeiten viel tausend Kreuzesbeuten
aus ihrer Grub erledigen.

15. Rezitativ
Die Kalmücken flattern noch in ihrer Irr
und die Tattern sind noch im Gewirr.
Der Mohr in Delmina wartet auf Hilfe. Kennt ihr die Triften,
wo das Krokodil im Schilfe und Satan lauert in Lüften,
Menschen zu vergiften. Das kluge Candy, sanfte Indostan,
die verlegnen Gauern, Jesu erster Gewinn,
warten vielleicht auf Bauern. Algier fällt nicht hin.
Jesu sein Geblüte dringt uns zu Gemüte.
Laßt die Korsaren die Menschen stehlen,
das Lamm befrei nur der Sklaven Seelen
und fang an in den Türken durch sein Blut zu wirken.
Die Jesusglieder wurden für uns Schrammen.
Eh wir die Völker ließen verdammen,
so schicken wir ihnen unsre nächsten Glieder,
sie mit dem Evangelio zu bedienen.
Island wird Jesu Gut trotz des Hecla [= Vulkan] Schlünden!
Jesu Liebesglut soll noch besser zünden.

16. Aria
Auf, ihr ledigen Brüder, auf! Laßt doch keine Seel im Lauf!
Ach, um Jesus willen, unsers Gotts und unsers Herrn,
macht euch in die Näh und Fern, seinen Durst zu stillen!
Laßt doch keine Seel im Lauf, auf, ihr ledgen Brüder, auf!

17. Rezitativ
Einer, wenns dem Herrn beliebt, geht und setzt dem Sohne,
wo es schon Gesteine gibt, Steine in die Krone.
Einer mag in Friede ziehn nach dem Waiselein Yrin.
Geht auf der Wellen Wegen unsrer Seegemeine nach,
o ihr Zeugenseegen! Da besetzt die Mohren Pfarr'n.
Dort macht die Wüstenei vom Teufel frei.
Weiter laßt eure Gitarr'n unter denen halben Faunen
hören mit Erstaunen. Eins soll Kirchen gründen.
Was das Lamm will binden, stell das Lamm und die Gemein

lieblich vor und fein.
Ein andrer behaupte die Wahrheit mit augenscheinlicher Klarheit,
daß die Könige Bächelein vor dem Manne sein,
vor dem sich Cherubim decken, dem die Nationen Heuschrecken.
Und daß wirs kurz sagen: Aminadibs Wagen (1.Chronik 15,15)
fahre mit dem ledgen Chor über Wall und Tor,
über Stock und Stein, wo sie sollen sein,
glücklich hinein in Jesu Namen. Amen.

18. Choral
Dies Haus soll werden,
und die drinnen wohnen, dein Lob auf Erden!
Laß da Gnade thronen, Einfalt und kindliche Gestalt.

Die Dichtung der Sichtungszeit (1743-1749)

Mitte der vierziger Jahre steigerte sich Zinzendorfs Glück in der Gemeinschaft mit Christus zu einer geradezu expressionistisch anmutenden, verspielten Blut- und Wundenfrömmigkeit, die für uns heute schwer verständlich ist, aber auch schon damals für Aufsehen und Spott sorgte. Die Wunden Jesu, insbesondere seine Seitenwunde, Jesus als das Lamm und der Ehemann der Seele wurden zu unaufhörlich besungenen Symbolen für Jesu Opfertod und Liebeshingabe. Zwei Beispiele aus dem 12. Anhang des Herrnhuter Gesangbuchs mögen diese Frömmigkeit der 'Sichtungszeit', die sich vor allem in den Dichtungen der Zeit ausdrückt, verdeutlichen. Zinzendorf erkannte zu spät die fatalen theologischen und kirchenpolitischen Folgen und suchte in einem Strafbrief von London aus am 10. Februar 1749 die schlimmsten Auswüchse einzudämmen. Nachträglich verstand er diese Jahre des schwärmerischen Überschwangs als eine „Sichtung" des Satans nach Lukas 22, 31. Nach dem Tode von Graf Ernst Casimir von Büdingen am 15. Oktober 1749 forderte der Nachfolger die Lossagung der Einwohner von Graf Zinzendorf, was die Aufgabe der Siedlung durch die Brüder zur Folge hatte.

Die Freude über das Heil aus Jesu Tod

Das Lied nach der Melodie: „Wie schön leuchtet der Morgenstern" diente als Vorlage zum Poetenliebesmal am Thomastag, den 23. Dezember 1744, abgedruckt im Herrnhuter Gesangbuch Nr. 1945

Wie schön leuchtet der Wundenstern
vom Firmament des Himmels fern und in der selgen Nähe
der wahren Wunden-Kirchelein.
Da blitzen sie zun Fenstern nein direkt auf unsre Sehe.
O Volk der Wolk! Geh du singen

den vier Ringen und dem Male,
Bündlein aller Gnadenwahle!

Des wunden Kreuzgotts Bundesblut,
die Wunden-Wunden-Wunden-Flut, ihr Wunden, ja ihr Wunden!
Eur Wunden-Wunden-Wunden-Gut
macht Wunden-Wunden-Wunden-Mut und Wunden, Herzenswunden.
Wunden! Wunden! Wunden! Wunden!
Wunden! Wunden! Wunden! Wunden!
Wunden! Wunden! O ihr Wunden!

So sei denn tausendfach gegrüßt,
du Blut von mein'm Herrn Jesu Christ!
Du erste Bundsglieds-Wunde!
Du blutger Todschweiß in dem Wein,
den du zum Bund gesetzt hast ein!
Du Schweiß zur Bußkampfs-Stunde!
Wunden! Wunden! Geißelwunden!
Dornenwunden! Nägelschrunden!
Speerschlitz! Dank euchs Gott, ihr Wunden! (HG 1945)

Über Jesu Seitenwunde als dem Lebensgrund des Christen

Entstanden am 11. März 1747 bei der nachträglichen Geburtstagsfeier von Christian Renatus von Zinzendorf u.a.
Abgedruckt in: Herrnhuter Gesangbuch Nr. 2281

Seitenhöhlchen! Seitenhöhlchen! Seitenhöhlchen, du bist mein.
Allerliebstes Seitenhöhlchen, ich verwünsch mich ganz hinein.
Ach mein Seitenhöhlchen! Du bist meinem Seelchen
doch das liebste Plätzelein. Seitenschrein,
Leib und Seel fährt in dich nein.

Reflexionen zu den Losungen für das Jahr 1749

Mit dem ihm eigenen Sinn für besondere Anlässe verkündete Zinzendorf im Blick auf das Jahr 1750 schon 1747 einen dreijährigen Sabbat und gab für das Jahr 1749 als Vorsabbat ein besonderes Losungsbuch heraus. Er wollte eine Zeit der Stille und des Genießens der Seligkeit einleiten. Die ausgesuchten Bibelworte spiegeln die eschatologische Hochstimmung der ausgehenden vierziger Jahre, der sog. Sichtungszeit. Christi Kreuz wird zur Pansophie der Gemeine (5. Januar). Zinzendorf glaubte, dass Christus schon jetzt im Verborgenen, in silentio et pleura, das heisst in der Stille und in der Seitenhöhle, zu seiner Gemeine gekommen, also unsichtbar anwesend sei (3. Januar). Dieses Wissen, verbunden mit der Dankbarkeit für Jesu Sterben, führt notwendig zum Lob Gottes. „Nunmehr ist der ganze Mensch, das ganze Herz und so viele verbundenen Herzen ein Lobgesang und ein Psalm" (2. Januar). Der Auszug, der sich lediglich auf die ersten fünf Tage beschränkt, zeigt zugleich, wie sehr Zinzendorf mit dem Kirchenjahr lebte. So denkt er am 1. Januar an das Verdienst der Beschneidung Jesu und die Heiligung der menschlichen Glieder. Die Frömmigkeit der Sichtungszeit wird in dem mehrfach zitierten Lied: „Nun hör, du Kreuzluft-Völkelein" (HG 2277) sehr anschaulich. Es ist das einzige Mal, dass Zinzendorf eine Auslegung der Losungen schriftlich ausarbeitete und über das Jüngerhausdiarium in alle Gemeinden verbreiten ließ. Im Unterschied zu den Nachschriften seiner Reden, die ja stilistisch immer durch eine dritte Hand gingen, hören wir ihn hier unmittelbar in ganz schlichter, kindlich-zärtlicher Sprache zu den Gemeinden reden.

Abgedruckt aus: UA Herrnhut Jüngerhausdiarium 1749, S. 600-607 und R 20 Hs. 16.

* * *

Meine lieben Brüder und Schwestern,
Ich habe mir vorgenommen, etliche Tage darauf zu verwenden, den Geschwistern einige Reflexionen über die Losungen auf künftiges Jahr mitzuteilen, sonderlich wo sich ein Mißverstand ereignen könnte, und den Hauptsinn einer jeden zu sagen.

Der Titel heißt: „Der Brüder des Herrn Vor-Sabbath des bevorstehenden Hall-Jahres im 18. Seculo."

Ein Halljahr oder Jubeljahr ist eine Ruhezeit, eine Friedenszeit, eine Segenszeit, eine Absolutionszeit, eine Zeit, da man ehedem die Leute von Servituten-Beschwerden und allerhand, darunter sie eine Zeitlang gedrückt gewesen, loslassen mußte; eine Zeit, da man im Alten Testament sogar den Erdboden mußte ruhen lassen und ihn nicht weiter inkommodieren noch etwas von ihm fordern durfte, bis er seinen Sabbat gehalten hatte.

Wir haben das 50. Jahr des 18. Seculum vor uns. Wenns nun den anderen Kreaturen so sein kann, wenn große Kirchen- und Synagogen, wenn die Ämter, die Ehen ihr Jubiläum zu einer solchen Zeit halten, was soll die Gemeine des Heilands nicht tun? Die nimmt immer mit teil an den Sachen, die der ganzen Nachbarschaft wichtig sind. Sie hat aber allemal noch etwas davon, das andre nicht haben.

Wir wollen also das künftige Jahr Vorsabbat halten. Will die ganze Welt, die jetzt Friede gemacht hat, unter sich auch stille sein, das mag sie tun und genießen; wir wollen uns von Herzen darüber freuen. Wir wünschen ihr Gutes. Es sei also! Alle Welt sei stille vor dem Herrn! Und wir halten ihm Vorsabbat; wir rüsten uns auf die selige neue Zeit, auf die neu graduierte Kirchenzeit, in der er uns unsre Seligkeiten verwahren wird. Dahin zielen auch die Losungen des ganzen künftigen Jahres. Sie sind gar nahe auf ihn hin zugerückt. Sie gehen darinnen allen bisherigen vor. Und je näher wir in der Tat seiner Zukunft kommen und auf dieselbe zurücken, je seliger sind wir situiert, je zärtlicher wird uns zumute.

1. Januar
Kommt her, hört alle zu, ich will erzählen, was er an meiner Seele getan hat. (Ps. 66, 16)
Ei nun tröst ihn Gott [HG 2332, 7].

Er hat allemal sehr viel Beschwerlichkeit mit unserer Seele; es kostet Ihm was, bis er uns zurecht bringt, aber es geht hernach mit einer jeden Seele umso viel leichter und seliger und freundlicher, je mehr Ihm ihre Auferziehung gekostet hat.

Das „Tröst Ihn Gott!" ist ein Sprüchelchen, welches man den selig Entschlafenen nach zu wünschen pflegt, wenn man an sie denkt, in Ansehung ihrer Mühe und Arbeit, die sie in der Welt gehabt haben, und das sich eigentlich nur dahin schickt, wenn man sich erinnert, wie sauer sie sichs haben werden lassen, da man sagt: Mein Vater, mein Großvater, mein Ältervater, tröst ihn Gott, hat sichs was rechtes müssen kosten lassen, bis er uns das Gut, das Haus etc. hat erwerben können.

So votieren wir ja billig für unser liebes Herz, fürs Lämmlein, wenn wir den Geschwistern erzählt haben, was er an ihnen und unsren Seelen getan hat. Das Lämmlein, der liebe Mann, der Älteste seines Volks (tröst ihn Gott) hat sichs sein Leben kosten lassen, hat sich (Wenn schon nicht gerade am heutigen Tage, doch an *einem Tage*, dessen Gedächtnis heute durch die ganze Christenheit gefeiert wird) zum ersten Mal an seiner Hütte verwunden lassen als ein Kind, damit er unsre Hütte heiligen, damit er uns auf das Sakrament der ewigen Ehe präparieren möchte, damit Er den Fluch unserer Interims- Amtsglieder wegnehmen und unsern Herzen noch vor Ablegung der Hütte etwas von der Auferstehung von den Toten, da wir Isangeli [= engelgleich] sein werden, im Vorschmack verschaffen möchte, damit er uns zu Tempeln des heiligen Geistes und die Glieder, die bisher unter der äußersten Schmach gelegen haben, zu ehrwürdigen und respektablen Gliedern machen möchte. Das hat er sich sein Blut kosten lassen, tröst ihn Gott, durch alle die Proben, die seine Zeugen nun beweisen, durch alle die Segen, die er gewahr wird, durch alle die Siege, die sein Vater ihm verschafft, durch die Mengen, die er ihm zur

Beute gibt, und wies in dem bekannten Lied, das auf heutigen Tag (13. Oktober) gemacht ist, heißt: „Was außer allem Ort und Zeit und doch dem Sohn zu Liebe die heilige Dreieinigkeit ins Buch des Lammes schriebe". Mit alle dem tröst ihn Gott, sonderlich auch damit, daß unser Sinn seinem Sinne und unsere Hütte seiner Leiche, seiner ersten Wunde mehr gleiche als jemals.

2. Januar
Der Herr antwortete dem Engel, der mit mir redete, freundliche Worte und tröstliche Worte (Sach. 1,13)
Ein jeder Schlag der Adern mag ein Echo sein! (HG 1889, 1)

Es ist nicht der Mühe wert, daß wir uns darauf applizieren, zu einer jeden Seligkeit und Gnade, zu einem jeden freundlichen Wörtchen, das mit uns geredet wird, sonderlich für eine jede Kommission, die unsre Engel kriegen in puncto unserer Bedienung und der Bedienung unsers Departements, ein besonderes Lied und Carmen zu machen, und daß wir eine jede mit einer eigenen Antiphone beantworten. Das ist weder möglich noch nötig. David konnte zu seiner Zeit dem Heiligen in Israel noch für eine jede Wohltat mit einem eigenen Psalm danken. Das ging damals wohl an, denn sie waren noch zu zählen, aber heutzutage würde man nie fertig. Man hat sich müssen auf eine neue Methode legen, wie man auf ein jedes freundliches Gesicht, auf einen jeden guten Gedanken des Lämmleins, zu einer jeden Kommission an seine heiligen Engel zu unserm Dienst das gehörige Echo gibt. Man hat sich eben dem Heiland ganz hingegeben, ein jeder Schlag der Adern geht auf ihn, ein jeder Puls geht in seinem Namen. Was man vor diesem in einem gottseligen Enthusiasmus gesungen: „Ach wäre jeder Puls ein Dank und jeder Odem ein Gesang!" [EG 330, 2], das ist nun wahr geworden. Nunmehr ist der ganze Mensch, das ganze Herz und so viel verbundene Herzen *ein* Lobgesang und *ein* Psalm. „*Der* Text, der *immer währet*, wird *überein* erkläret", auch das Loblied, das gesungen wird, wird immer in einem Thon und Text fortgesungen. Alle Seligkeiten, alle Gnaden, und wenn uns der Heiland in einem Tage 1000 bewiese, die haben an allen Regungen und

Bewegungen in und an uns ein Echo, einen Widerhall, damit das Lamm sehr wohl zufrieden ist. Er begehrt nichts anderes. „Gib mir mein Sohn dein Herz" [Spr 23, 26], mach mich zum Meister über einen jeden Pulsschlag, laß mich davon disponieren, da will ich meiner Ehre schon so viele Töne stimmen, als ich hören will. Ja, ja, man hört jetzt alle unsre Stunden in den Wunden picken bis zum letzten Puls ins Seitlein schicken. Und darum ists kein Wunder, daß ein jeder Atemzug der Cruciata, der Blutgemeine, ein *Gesang* ist.

3. Januar
Da sprach der Engel des Herrn, der die Botschaft des Herrn hatte, an das Volk: „Ich bin mit euch", spricht der Herr (Hag 1,13)
Ist in Silentio et Pleura wiederkommen (HG 2258, 61)

Die Engel, die uns aufwarten und uns bedienen, und die Engel, die Botschaft an uns haben, sind zweierlei. Im Neuen Testament sind die Engel, die Botschaften haben, sehr rar, wenn wir darunter die unsichtbaren Liturgos verstehen. Es ist jetzt eine Glaubenszeit, zu der sich das Portentose [= Wunderbare, Unnatürliche] nicht gut schickt, und also auch die Erscheinung der heiligen Geister nicht. Um deswillen werden im Neuen Testament die Kirchenältesten sans facon [= ohne weiteres] mit dem Titel der Engel belegt, vom Heiland und den Aposteln, und in der Offenbarung Johannes als Amtspersonen, die den Gemeinen zu Zeiten das sein müssen, was ihnen ehemals die Boten vom Himmel waren.

Die angenehmste Zeitung, die wir einer Gemeine bringen können, ist, sie zu versichern: „Der Heiland ist selbst mit ihr." Wiederkommen ist er, das ist gewiß, denn er hat sich in seiner blutigen Gestalt uns vor die Augen des Gemüts hingestellt. „Wir haben ihn noch näher, als mans in den Propheten liest noch irgend einem Seher." [HG 1698, 6]. Das Silentium hat *er* auf seiner Seite wohl beobachtet; wie *wirs* beobachtet haben, das werden wir am besten wissen. Wir haben freilich die Vision seines Seitenhöhlchens ausgeschwatzt und sind *lauter* und publiker damit gewesen, als es die Natur dieser Kammermaterien mit sich bringt. „Statt der Antwort sinkt sie hin etc." [HG 538, 6]. „Sie lächelt über dem Gesicht etc." [HG 535,4], haben wir zu Anfang unserer Gemeinen gesungen. „Möchte man, du seligs Wesen, uns an unsern Augen lesen etc." [HG 961, 16]. Aber du liebes Seitenhöhlchen, wie bist du te toon (zur Schau) gestellt worden! Da es nun einmal in Kontrovers kommen ist, so haben wir freilich noch lauter reden müssen.

Man hat das Prinzipium von uns, wir hätten immer was Neues: bald hätten wir den Heiland, bald das Lamm, bald die Wunden, bald das Seitenhöhlchen, bald sonst was vom Heiland. Das ist auch wahr. Ohne Schleierabreißen und ein bißchen mit Kot geworfen werden, kommt man wohl nicht davon. Das Seitenhöhlchen aber wird darum doch bei uns bleiben, und das Lämmlein, das man nicht durch eine Illusion, sondern re vera [= wahrhaftig] mit dem blutigen Schrein unter uns gewahr wird, wird nur ein etwas rigideres silentium erfordern und daß wir uns mehr auf die Predigt von seinen Wunden für *alle Welt* und von der Seligkeit, die alle Welt daraus zu gewarten hat, applizieren und von den Kirchenherrlichkeiten mehr schweigen und von unseren privautées [= Vertraulichkeiten] weniger reden. Dann werden wir sie erst recht genießen. Denn es schickt sich nicht gut, daß wir uns über seine Anwesenheit und Zukunft mit den Leuten zanken und herum beißen, die ihn doch nicht zu sehen kriegen und nicht überzeugt werden können, bis sie sind wie wir. Und dann werden sie nicht mehr streiten, sobald ihnen der Glaube in die Hand kommt. Die jetzt geborenen Kinder aber wird die besondere Andacht, die wir zu unserer Mutter Stadt haben, gar bald anwandeln, ohne uns, die wir nicht wissen, daß uns noch etwas fehlen sollte als das leibliche Sehen. Wir sehen ihn gewiß mit Augen, die das Lamm uns gab, seit wir ein geistliches Hüttchen haben. Immo his intuentes devoramus deum nostrum: Wir haben ihn so lieb, daß wir ihn aufessen möchten. Unser Herz hat ihn täglich und stündlich. Es hat ihn, wenn es um ihn weint. Es weint um ihn, wenn es ihn nicht minütlich merkt. Wir sind mit ihm nicht allein in Konnexion, sondern in einem so simplen Umgang, wie wir ihn mit allen unsern Geschwistern hätten, wenn wir wären wie Marianel[34].

4. Januar
Wer Ohren hat, der höre, was der Geist den Gemeinen sagt (Offb 3, 13).
Er rede dieses oder das, so machts das arme Äuglein naß (HG 2277, 24).

Der Geist muß manchmal verschiedentlich auf die Sachen deuten und kann nicht immer einerlei sagen. Er richtet sich manchmal nach der Schwachheit. Ich glaube gewiß, daß der Geist 1726 und 1727 auch geredet hat in meines David Nitschmans Leineweber Stube in Herrnhut, wie wir noch die Sprüche Salomos erklärten. Denn hätte ich die nicht erklärt und manchmal über einen Vers sechs Predigten gemacht, so hätten sich die mährischen Brüder lassen von andern Geistern locken, die ihre Ohren mit Wissenschaft jucken gemacht hätten und wären alle davon gelaufen. Daher haben wir *damals* so reden müssen, sonst könnten wir *jetzt* nicht vom Seitenhöhlchen mit ihnen reden.

Aber die Frage ist mir: Was haben die Materien für Effekt? Wenn sich Lamm und Blut nicht drein mischt, und wenns alle Weisheit wäre, die von Anbeginn der Welt bis auf diesen Tag vorgebracht werden könnte, so kriegt unser Herz gar nichts davon. Die Sachen haben keine Anfassung mehr. Sie fallen in lauter nassen Zunder. Ists aber Blut, so brennts. Und das ist jetzt unsere Materie. Ja die mag der Geist drehen, wie er will, und mag sie in hunderterlei Redensarten und Phrases einkleiden, er rede dieses oder das, das Objekt ist immer eins, des Herrn sein Leichnam. Das macht das Kirchen-Äuglein naß.

---

34 Die Ältestin im Haupt-Jungfernhause zu Herrnhaag, welche mit 300 Schwestern so bekannt ist, als mit ihrem eigenen Herzen und doch nie eine davon gesehen hat. Gemeint ist Marianne Ringold, geb. 14.3.1721, 1728 erblindet, kommt 1737 nach Herrnhut, am 23.4.1744 von Anna Nitschmann als Jungfern-Ältestin eingesegnet, 1746-1751 in Herrnhaag, dann Herrnhut, 1757 in Ebersdorf, gest. 17.7.1796.

5. Januar
Das Geheimnis von der Welt her verschwiegen (Röm 16, 25)
Ist das Objekt der Pansophie für Christi unsterbliche Sie (HG 2277, 22).

Was, wie ich alleweil gesagt, von der Welt her ein Geheimnis gewesen, das ist für des Heilands Leute kündlich groß, eine kündbare Wahrheit geworden, die man auf den Dächern hätte predigen sollen. Aber eben das ist immer somit einem Pespektiv betrachtet worden. Die Lehrer haben ein Sprachrohr genommen zum Predigen oder die Zuhörer haben sich ein Horn ans Ohr gesetzt zum Hören. Und das Lehrer und Zuhörer nach und nach in ein solches Gewirr mit der Wahrheit gebracht, daß sie die Dächerpredigt zum Geheimnis gemacht, das nur für gewisse Leute gehört, und das Geheimnis der heiligen Dreieinigkeit, des heiligen Abendmahls usw. zur Dächerpredigt. Was aus dem letzten entstanden, davon zeugen so viele Konzilien über die Ketzereien in der Materie, davon zeugen selbst die Trennungen in der evangelischen Religion. Was der Mißgriff wegen des ersten Artikels nach sich gezogen, das kann man aus den wunderlichen Bewegungen, die jetzt aus den simpelsten Wahrheiten entstehen, die die Gemeinen des Heilands praktisch machen, zur Genüge ersehen. Unterdessen ists doch das Objekt aller Wissenschaft. *Pansophie* ist eine Kenntnis, die alle andre in sich faßt, die allgemeine Weisheit, wies vom Salomo heißt: Er konnte von der Zeder auf dem Libanon bis auf den Ysop an der Wand, bis aufs schlechteste Kräutchen raisonnieren. Eine solche Pansophie oder allgemeine Wissenschaft entsteht aus der Erkenntnis Jesu Christi und seines Marterleichnams, seiner Marterperson. Si Christum discis, haben die Alten gesagt, satis est si caetera nescis. Du weißt genug, wenn du den Heiland kennst. Du brauchst weiter nicht ein Gelehrter zu sein. Das ist die große, die souveräne Wissenschaft, die Gottesgelehrsamkeit, da müssen sich alle anderen Erkenntnisse hinein konzentrieren als in ihren Punkt. Da können sie auch müssen draus beurteilt, verstanden und erklärt werden. Alle Diffikultäten und Schwierigkeiten stoßen sich daran ab. Das ist unsre bekannte Lehre, so denken wir.

Rückblick auf die Kindheit

Aus dem letzten Lebensjahrzehnt Zinzendorfs soll hier nur ein Beispiel aus seinen Chorreden an die Kinder gegeben werden. Während diese Reden meist in der Oberlausitz gehalten wurden, erfolgte die Rede vom 6. November 1757 auf seiner Schweizer Reise. Zinzendorf hatte offenbar das Bedürfnis, den ihm unbekannteren Kindern in Genf das Herz seiner Frömmigkeit zu erläutern. Der theologische Leitbegriff seines letzten Lebensjahrzehnts ist der „Umgang mit dem Heiland". Wir würden heute von der Lebensgemeinschaft mit Christus reden. Gegenüber der barock-manieristischen Sprache der Sichtungszeit fällt jetzt die sehr schlichte, anspruchslose Form auf. Während damals die Bilder von Blut und Wunden, Seitenhöhle und Lamm vorherrschten, ist es jetzt die „Allianz mit dem Heiland". Sie zeichnet sich durch zwei Aspekte aus: das Sterben Christi als Opfer für uns und die Anhänglichkeit und Zärtlichkeit zu Jesus. Erst die Kombination beider Motive macht das typisch Zinzendorfische aus, erst sie gab ihm die Gewissheit, den Kern der Schrift und Luthers Neuentdeckung verstanden zu haben. Als ein drittes Motiv mag man das Vertrauen in die unmittelbare Nähe des leibhaft gegenwärtig geglaubten Christus hinzunehmen. In dieser Gestalt ist Zinzendorfs Frömmigkeit prägend geworden für die Brüdergemeine des 19. Jahrhunderts, vermittelt vor allem durch seinen Nachfolger August Gottlieb Spangenberg. Es mag schließlich darauf hingewiesen werden, dass Zinzendorf keine Scheu hat, seine Glaubenserfahrung an seinem eigenen Lebensweg zu verdeutlichen.

Zitiert nach: Sammlung Einiger von dem Ordinario Fratrum während seines Aufenthalts in den Teutschen Gemeinden von Anno 1755 bis 1757 gehaltenen Kinder-Reden, Barby 1758, S. 441-443,

* * *

Meine lieben Kinder, weil ihr mich hierher berufen habt, so will ich euch doch sagen, wie ich es gemacht habe, da ich noch ganz klein war, und wenn euch das gefällt, so könnt ihrs nur auch so machen.

Ich hörte von meinem Schöpfer erzählen, daß er ein Mensch geworden sei. Das griff mich sehr an. Die Leute, die um mich waren, verstanden die Konnexion dieser Tendresse [= Zärtlichkeit] nicht. Ich dachte bei mir selber: „Wenn der liebe Herr auch von sonst niemanden geachtet wird, so will ich mich doch an ihn anhängen und mit ihm leben und sterben." So bin ich viele Jahre kinderhaft mit ihm umgegangen, habe stundenweise mit ihm geredet wie ein Freund mit dem andern, und bin in der Meditation die Stunde fünfzigmal auf und ab gegangen. In dem Gespräch nun mit ihm war ich sehr selig und dankbar für das, was er für mich mit seiner Menschwerdung Gutes gedacht hatte. Aber ich verstand die Größe und Genugsamkeit des Verdienstes seiner Wunden und ach! des Martertodes meines Schöpfers nicht ganz; ich hatte es nicht so recht attendiert [= beachtet]. Es war auch das Elend und Unvermögen meines menschlichen Wesens mir nicht recht aufgedeckt. Ich tat das Meinige auch dabei, selig zu werden, bis auf einen gewissen außerordentlichen Tag, da ich so lebhaft gerührt wurde von dem, was mein Schöpfer für mich gelitten hatte, daß ich zuerst tausend Tränen vergoß, und mich nach diesem noch genauer an ihn attachierte und zärtlich mit ihm verband. Ich kontinuierte, aus einem Winkel meines Saals in den andern zu gehen und stundenweise mit ihm zu reden, wenn ich allein war, und glaubte von Herzen, daß er ganz nahe um mich wäre. Ich konnte viel Sprüchel auswendig, da stunden dergleichen Wahrheiten drinne. Ich dachte auch: Er ist Gott und kann mich verstehen, wenn ich mich auch nicht recht expliziere. Er hat ein Gefühl davon, was ich ihm sagen will. Oft dachte ich, wenn er mich nur einmal hörte, so würde es genug sein, daß ich auf meine ganze Lebenszeit selig wäre. So bin ich mehr als fünfzig Jahre mit dem Heiland gleichsam leibhaftig umgegangen, und ich befinde mich alle Tage seliger dabei.

Denkt doch, der Heiland hat 33 Jahre in der Welt gelebt, nicht unter den vornehmen, sondern unter den geringen Leuten. Er hat 29 Jahre bei seinen Eltern und in dieser Zeit wohl 20 Jahre von seiner

Hände Arbeit gelebt und hat sein Leben mit dem Martertod beschlossen. Denn er ist ans Kreuz gehängt worden, ganz spektakulös und ängstlich, damit jetzt ein Kind Gottes sein Sterbensleben ruhig und selig durchbringen und endlich in den Armen seines lieben Heilands ganz sachte und niedlich entschlafen kann.

Ihr könnt auch mit ihm umgehen, wo ihr geht und steht, beim Spazieren und Arbeiten. Ihr könnt eine familiäre Unterhandlung über die andere mit ihm haben und habt nicht nötig, euch um andere Tugenden zu bekümmern, als die er selber in euch formiert, ehe ihrs euch verseht von dem an, daß ihr in seinem Arm neue Kreaturen werdet und mit dem Apostel sagen lernt: „Ich lebe, aber nicht ich, sondern Christus lebt in mir" [Gal 2, 20]. Und da kann ich euch sagen, daß das der beste Tag euers Lebens sein wird, da ihr eine solche Allianz mit dem Heiland stiften könnt. Ich wünsche, daß ihr euch bis dahin nur recht mit euerm Verlangen an ihn anhäkeln und attachieren könntet, so würdet ihr den Anfang der Seligkeit bald merken. Insonderheit, Kinder, laßts mit euch aufstehen und zu Bette gehen, wieviel es ihn gekostet hat, daß ihr erlöst seid. In meiner Sprache könnte ich euch das noch ausführlicher sagen. Aber ich denke allenfalls, das ist zur Not genug. Der Heilige Geist hat euch ja doch in seiner Schule, und nach eines jeden Zustand und Willigkeit gibt er ihm genug zu hören.

Die neuste Historie der Brüder aus Mähren

Die neuste Historie ist Zinzendorfs[35] *Bericht aus dem Jahr 1727 über die Entstehung und Anfänge Herrnhuts. Er setzt sich aus zwei Teilen zusammen: Der erste Teil ist der Auszug einer kleinen Brüdergeschichte des Comenius*[36]*, in den Zinzendorf die Kirchenordnung der Böhmischen Brüder einfügte. Dieser Teil geht dem vorliegenden Auszug voraus. Im zweiten hier auszugsweise abgedruckten Teil berichtet Zinzendorf über die Erweckung in Mähren, die Emigration - hier verwendete er Erzählungen der Ausgewanderten -, den Anbau von Herrnhut und über das Zusammenwachsen zu einer Gemeinde. Dieser Teil entstand im August/ September 1727 auf Wunsch des Prinzen Carl von Dänemark, der Näheres über Herrnhut und dessen Entstehung erfahren wollte.*

Die gesamte Schrift lässt Zinzendorf durch David und Johann Nitschmann dem Prinzenpaar im November 1727 (als Zeichen der Ausbreitung des Reiches Gottes) in Wemmetofte übergeben[37]*. 1749 erschien der gesamte Text anonym in Basel unter dem Titel: Geschichtserzählung verschiedener um des Evangeliums willen aus*

---

35 Es finden sich zwei ausführliche Original-Titel: „Die neuste Historie der Brüder aus Mähren, so wie sie von David Nitschmann und Johann Nitschmann bei den königlichen Hoheiten Prinz Charles und Prinzessin Sophie Hedwig von Dänemark in Wemmetofte Anno 1727 im Monat Novembri übergeben worden" und „Chronika des Volkes Gottes, so Er aus Mähren geführt und auf einer dürren Höhe an der offenen Landstraße zwischen Zittau und Löbau in Oberlausitz im Berthelsdorfer Walde nebst anderen Kindern des Höchsten und Brüdern aus Böhmen und Polen, aus Frankreich, Schweden, Dänemark und verschiedenen andern sonderlich denen deutschen Landen zusammenbracht und gepflanzt hat. Aufgesetzt von dem allergeringsten Mitgenossen am Reich und Trübsal Jesu Nikolaus Ludwig Grafen und Herrn von Zinzendorf und Pottendorf."

36 [Johann Amos Comenius:] Historiola Fratrum Bohemorum, hg. von Johann Franciscus Buddeus, Halle 1702.

37 Von der Übergabe der Historie berichtet D.Nitschmann sehr anschaulich in einem Brief an Zinzendorf vom 27.10.1727, UA R.21.A 112.a6; das Antwortschreiben des dänischen Prinzen ist abgedruckt in BS III, S. 625f.

Böhmen und Mähren vertriebener Leute der alten und neuen Zeit. Nur der zweite Teil, allerdings mit Ergänzungen anderer, findet sich bei Johann Jakob Moser, Altes und Neues aus dem Reiche Gottes, T. 2 und 3, S. 3ff.

Abgedruckt nach: UA Herrnhut R 6. Aa 2a

* * *

Da es just dreihundert Jahre gewesen, daß Hus in Costnitz [= Konstanz] verbrannt worden, ist sein Geist zu Sehlen in Mähren wieder aufgelebt. Es befanden sich in diesem unter die Jesuiten zu Olmütz gehörigen Dorfe fünf Brüder und Messerschmiede, die Neussere [= Neißer] genannt. Der älteste Bruder Augustin ward von seinem Großvater mit vielem Fleiß von Jugend an immer in Gottes Wort unterwiesen. Im 17. Jahr seines Alters starb der Großvater und bat auf dem Totenbette mit Tränen, er sollte sich ja nicht von der erkannten Wahrheit wenden. Von dem an hielt sich Augustin zu seinem Vetter Jäschke, der auch in den Wegen Gottes mit ganzem Ernst wandelte, aber gleichfalls in etlichen Jahren verstarb. Von dem an wendete er sich zu allen Leuten, wo er Erbauung zu finden meinte, sonderlich aber zu Samuel Schneider und David Tannenberger in Zauchtenthal. Gott gab auch Gnade, daß er sich mit seinen Brüdern fleißig ermahnte, jedoch hatte er die Welt mitunter lieb. Im Jahr 1715, da gleich vor 300 Jahren Hus verbrannt worden, ging ein alter Soldat aus Oberschlesien, Georg Retschel genannt, betteln, mit dem er und seine Brüder und der Vetter Georg Jäschke ungefähr bekannt geworden. Dieser redete mit ihnen und ermunterte sie ganz unaussprechlich mit Schriftworten und Liedern. Er kam hernach etlichemal wieder zu ihnen und unterrichtete sie von den nötigen Stücken im Christentum. Er war der erste evangelische Mann, den sie ihr Leben lang gesehen und der ihnen vom Herrn Jesu und seiner Nachfolge gründlichen Unterricht gegeben hatte. Sie wurden ihrem Geständnis nach dadurch so entzündet, als wenn man Öl ins Feuer gösse.

Hernach wurde Christian David der Zimmermann mit ihnen bekannt, der sie auch dermaßen erweckte und die Schrift lesen lernte, sonderlich den Spruch Jakobus [1,3-5:] „Wisset, daß euer Glaube, so er rechtschaffen ist, Geduld wirkt. Die Geduld aber soll fest bleiben bis ans Ende, auf daß ihr seid vollkommen und ganz; so aber jemanden unter euch Weisheit mangelt, der bitte von Gott etc", von Wort zu Wort ausgelegt und sie dadurch lebendig gerührt.

Weil ihnen nun bei dieser Gelegenheit alles sehr finster um sie ausgesehen, sie aber die Kraft des Mannes empfindlich gefühlt, der doch ein ungelehrter Mann und Laie gewesen, wobei ihnen die Tiefe ihres verderbten Herzens deutlich aufgedeckt worden, so verlangten sie noch mehr Licht und baten ihn bei der Abreise um Nachricht, wo ein Ort wäre, da sie sich könnten aufhalten, weil sie in den Gedanken stunden, die Lutheraner wären alle so. In einem Jahr und vier Monaten kam er wieder zu ihnen, da sie denn noch mehr davon redeten. Unter der Zeit aber lasen sie fleißig in der Bibel, weil sie eine vor hundert Jahren weggenommene ungefähr von einem Schuhmacher zu kaufen kriegten, unter herzlichem Gebet, sahen aber je mehr und mehr das große Elend ein, darinnen sie steckten, weil sie zu vielen abergläubischen Dingen gezwungen wurden, die ganz wider Gott und ihr Gewissen waren, dabei sie denn weder Tag noch Nacht ruhen konnten.

Ganze zwei Jahre baten sie Gott sehr herzlich wohl oftmals mit Tränen, daß er sich doch ihrer erbarmen wolle und ihre Seelen unter so großem Greuel in Lehr und Leben retten. Aus ihrem Vaterlande wollten sie nicht gerne weg, wußten auch nicht wohin. Da nahmen sie ihre Zuflucht auf Teschen zu Herrn Sassadius, erzählten ihren ganzen Zustand, baten ihn mit Tränen um einen Rat, ob sie denn nicht besser täten, sie gingen aus. Er aber widerriet es ihnen sehr ernstlich, sie sollten es nicht tun: wenn sie weggingen, bliebe lauter Finsternis hinter ihnen. Er vermahnte sie, in der Stille Gott zu dienen. In wenig Zeit gingen sie zu Herrn Steinmetz, Inspektor zu Teschen. Dem erzählten sie gleichfalls ihren betrübten Zustand. Er aber widerriet ihnen schlechterdings auszugehen, es würde sie hernach reuen, auch würden sie von ihrem Christentum herunterkommen. Es wären überall gottlose Leute und Pfarrer, die nur um Bauches willen predigten und nicht für die Seelen der Menschen sorgten. Darüber sie nicht wenig Angst kriegten, doch weil kein Rat war, mußten sie stille sein.

Als aber alle Hoffnung verschwunden war und sie am wenigsten daran gedachten, suchte sie der Herr heim. Da kam Christian David am Pfingstmontag 1722 wieder und gab ihnen Nachricht von einem Grafen Zinzendorf, der dem Herrn Jesus nachfolgte, bisher frei und independent gewesen, ihnen zu Liebe aber sich unter sächsische Botmäßigkeit begeben, ein Gut in der Lausitz kaufen und daselbst einen Prediger, Rothe genannt, setzen wollte, der Gott gleichfalls kenne und lieb habe. Hiermit hatte es diese Beschaffenheit.

Der bemeldete Graf Zinzendorf, dessen Großvater aus Österreich gegangen, war eben aus denen Ländern gekommen, seine Großmutter zu besuchen. Nachdem er nun Anno 1721 mündig geworden, dachte er mit Ernst darauf, den Zweck, welchen er bereits elf Jahre bald hier bald da für sich gehabt, einmal an einem Ort festzustecken, und suchte sich dazu Gehilfen, welche unparteiisch, an keine äußerliche Sekte [= Konfession] gebunden, gleichwohl aber tragsam und fähig wären, in der äußerlichen Verfassung, darinnen sie lebten, zu verharren, allen allerlei zu werden, und zu suchen, nicht was ihnen, sondern was vielen frommte. Einen solchen traf er an dem Studiosus Rothe zu Leuba in Oberlausitz, mit welchem sich sein Herz wie das Herz Jonathans mit Davids Herzen verbunden, zuweilen sich mit ihm herzlich erweckte. In einem zufälligen Gespräch kamen sie auf einen Zimmermann in Görlitz, der etliche erweckte Seelen in Mähren gefunden, welche sich einen Ort der Freiheit wünschten. Unter den Reden ward der Graf sogleich schlüssig, ihnen dazu behilflich zu sein und dieses als einen göttlichen Wink anzusehen, sich in diesem Lande festzusetzen. Er ersuchte seine Frau Großmutter, ihm ein gewisses Gut zu verkaufen, destinierte [= bestimmte] den Studiosus Rothe daselbst im Glauben zum künftigen Prediger, obgleich der vorige noch am Leben und in seinen besten Jahren war, und versprach den Brüdern ihren Aufenthalt, ehe er das Gut kaufte, baute sich selbst, damit es ihm desto weniger entgehen möchte, weil er das Geld dazu nicht gleich aufbringen konnte, ein ganzes Jahr vorher ein Haus dahin. Binnen solcher Zeit rührte den Pfarrer der Schlag, der Kauf ward richtig und Herr Rothe Prediger.

Mit dieser Zeitung richtete der Zimmermann Christian David Erstaunen und Verwunderung bei den Brüdern an. Ihre Reise war aber gleichwohl mit vieler Beschwerlichkeit verknüpft. Sie hatten ein Geschwisterkind, Christian Jäschke genannt, mit dem sie so genau verbunden waren, daß es einem ohne den andern zu bleiben unmöglich schiene. Sie mußten auch ihre Häuser und Vermögen verlassen, ihre Mutter und ganze Freundschaft, der sie nicht ein Wort sagen durften. Aber durch Gottes Gnade entschlossen sich zwei Brüder den andern Tag mitzugehen. Die Mutter ist einmal über das andere ohnmächtig worden, und da sie fast nicht widerstehen können, haben sie sich aufs Gebet gelegt und ernstlich gerungen, daß die Mutter endlich gestillt worden.

Also gingen aus auf einen Tag, Mittwochs nach Pfingsten 1722, als es gleich hundertjährig werden sollte, daß die große Verfolgung in Böhmen angefangen worden, Augustin und Jakob die Neussere [= Neißers] mit zwei Weibern und vier Kindern, einem Sohn von sechs Jahren, einer Tochter von drei Jahren, einem Sohn und einer Tochter von 12 Wochen, Zwillingen, der Mutter Stiefbruder Michael Jäschke von 18 Jahren und ein Mägdlein, der Martha Neusserin Schwester Kind. Sie kamen in 9 Tagen auf Görlitz und 8 Tage darauf nach Berthelsdorf. Da starb Jakobs jüngstes Töchterlein und in 12 Wochen darauf das andere von zwei Jahren.

Kaum waren diese Brüder an ihren Ort gelangt, woselbst sie mit großer Liebe aufgenommen und nach Möglichkeit unterhalten worden, so taten sie ein Feldwegs nach Groß Hennersdorf (woselbst hernach die ausgehenden Böhmen ihren Aufenthalt erlangt) und sprachen daselbst mit einem Studiosus, Marche genannt, der sich ihrer Ankunft herzlich erfreute und sie sehr aufmunterte, auf den lebendigen Gott zu hoffen, welcher sich ihrer gewiß annehmen und sie nicht verlassen würde; sie sollten glauben, da nichts zu hoffen wäre. Hierauf machte er sie mit seiner Herrschaft bekannt, die ihnen mit großer Mildtätigkeit begegnete, auch den Messerschmieden, soviel möglich, Beihilfe zu ihrer Hantierung tat, binnen welcher Zeit sie sich aber wenig verdienten, so daß der eine Bruder Augustin in einem halben Jahr nur zwei schlesische Dreier, und zwar außer seiner Profession, für sich gebracht, welches Leuten, die alles verlassen, schon eine gute Übung war.

Sie hielten sich erstlich auf einem wüsten Hof auf, welcher vor 70 Jahren gebaut und nie bewohnt worden, wurden aber gleich schlüssig, ein Haus zu bauen, wozu sie anfangs eine Stelle im Dorfe ausgesehen hatten. Es wurde ihnen aber von Herrn Marche vorgestellt, daß sie besser tun würden, wenn sie an einem wüsten Ort an der Landstraße bauten, welches ihrer Vernunft anfänglich ziemlich schwer fiel, weil sie weder Wasser gesehen noch begreifen können, was sie da alleine machen sollten. Es redete ihnen aber Herr Marche solange zu, bis sie es taten, und versprach ihnen, wenn sie glauben würden, sollten sie die Herrlichkeit Gottes auf dieser wüsten Höhe sehen.

Sie gingen in den Wald drei Tage nach ihrer Ankunft, Holz zu fällen, wo ihnen der erste Baum, der hernach eine Säule geworden, so viel Mühe machte als fünf andere, welches ihnen großes Nachdenken verursachte. Weil nun von Pfingsten bis zu Michaelis kein Prediger an dem Orte war, so standen sie eine ziemliche Dürre in solcher Zeit aus und wären in ihrem Glauben schwach geworden, wenn sie der gräfliche Hofmeister Heitz nicht gewaltig gestärkt hätte.

Es bauten also diese drei Leute mit großer Mühseligkeit wegen vieler Leibesschwachheit und Unvermögen ein Haus auf einer ganz wüsten und von dem Dorfe weit entlegenen Höhe an der Zittauischen Landstraße. Als sie im Bauen waren, kam der Baron Gersdorf aus Schlesien, welcher mit dem Grafen von Zinzendorf in seiner Kindheit erzogen worden, und Herr Magister Schäffer von Görlitz. Die setzten sich auf die Stämme und überlegten, was aus dem Ort wohl werden würde. Und als der Zimmermann Christian David bereits die Plätze und Gassen gezählt, war ihnen solches überaus bedenklich und unglaublich vorgekommen, obschon der Baron von Gersdorf den heimlichen Schluß gemacht, daß der liebe Gott sich sehr sonderlich erweisen müßte, wo das geschehen sollte. Herr Marchens unbewegliche Festigkeit aber hatte sie gleichwohl stutzig gemacht, welcher darauf geblieben, daß auf dieser Höhe ein Ort zur Verherrlichung Gottes werden müßte. Inzwischen führte der Herr M. Schäffer den neuen Prediger zu Berthelsdorf ein und gebrauchte sich in der Predigt der ausdrücklichen Worte: Gott wird auf diesen Hügel ein Licht anstekken, das ins ganze Land leuchten wird, davon bin ich lebendig im Glauben versichert. Und Christian David ließ sich bei der ersten Erblickung dieser Stelle verlauten: Hier habe der Vogel sein Haus gefunden und die Schwalbe ihr Nest. Sie haben sich zum öfteren ihrer Ohnmacht erinnert und mehr als einmal gesagt: Ihr Bau käme ihnen vor, als wenn die Kinder kleine Hölzchen nähmen und ein Haus bauen wollten. Sie haben ohne alle Bezahlung ums Brot gebaut und dieses Haus ganz allein vollendet.

Das Haus selber ist ungefähr zu Martini [1722] fertig geworden, worauf eine Versammlung darinnen gehalten und es mit vielen Tränen von dem Hofmeister Heitz über Apok. 21 eingeweiht worden. Die Menschen haben sich immer sehr darüber aufgehalten und gesagt: Wenn das Haus schon stünde, könnte es doch nicht bestehen.

Gegen den Christtag kam der Graf mit seiner neuen Gemahlin aus dem Vogtlande, und als er in seinem Walde dieses Haus wider alles Vermuten stehen sah, weil er von diesem ganzen Bau entweder nichts gewußt oder sich doch nicht mehr darauf besonnen, kehrte er bei den Brüdern ein, warf sich mit ihnen auf die Knie und betete von ganzem Herzen, daß Gott seine Hand über diesem Haus halten wolle. Sprach ihnen auch ein Herze ein und versicherte sie der Gnade und Treue Gottes. - Weil aber einer von diesen Brüdern der reformierten Religion zugetan war, entstand gleich damals eine große Versuchung unter ihnen, indem es von der Gnadenwahl heftige Streitigkeiten setzte, und die lutherisch gesinnten Exulanten (denn in Mähren sind die Gemeinden halb lutherisch, halb reformiert unterrichtet), nachdem sie Bücher in die Hände bekommen, sich in diese Erkenntnis gar nicht finden konnten noch wollten, der Bruder aber, der es behauptete, damals ein wichtiges Werk daraus machte: so wäre beinahe die Liebe bei ihnen unterbrochen worden. Es konnte auch weder Herr Mag. Schäffer noch Herr Rothe noch der Herr Graf die Sache heben, bis endlich der liebe Vater im Himmel durch die Gewinnung einer reformierten Standesperson und die täglich vorfallenden Erweckungen der

Seelen jenem lieben Bruder andere Beschäftigung und mithin die überflüssigen Ideen aus dem Gemüt brachte. Doch ist dieses, als hernach mehr dergleichen zusammen kamen, der Grund gewesen zu einer auf dem Reichstag zu Regensburg vergeblich unternommenen und hier wirklich zu Stande gebrachten Union der reformierten und lutherischen Religion.

Obige Standesperson war der junge Herr von Wattewille, welcher mit dem Herrn Grafen in Halle vor sieben Jahren studiert hatte. Der kam aus Frankreich, wo er sich zu Paris einige Jahre aufgehalten hatte, und besuchte seinen alten vertrauten Freund, wurde aber bei dieser Gelegenheit von der Gnade Gottes ergriffen und auf eine ganz ungewöhnliche Weise aus einem der größten Philosophen ein einfältiger Nachfolger Gottes und Christi.

Der Herr schenkte auch den Exulanten einen Brunnen auf ihrer Höhe, etliche und dreißig Ellen tief. Und in Berthelsdorf wurde mit Information der kleinen Kinder ein ernstlicher Anfang gemacht.

So gesegnet nun der Hofmeister Heitz dieses Werk gegründet hatte, so eine große Versuchung schickte der große Gott über diese Brüder, als aus noch bis diesen Tag unerforschten Ursachen derselbe sein Amt niederlegte und davon zog.

Der Graf, welcher sah, daß er sich der Sachen selbst annehmen mußte, wenn nicht das Werk Gottes mancherlei harte Anstöße erleiden sollte, schrieb in Eil einen kleinen Kinderkatechismus und setzte seinen Namen davor, damit er sich durch dieses Mittel aus dem unnötigen und schädlichen Kredit bei der Welt, der ihn bisher sehr inkommodiert [= unbequem war] hatte, heraussetzen und das Werk des Herrn bei sich desto ungehinderter treiben könnte, nachdem er gezeigt, daß er keine großen Projekte hege, sondern ganz kleine und geringe Absichten. Es geriet ihm auch dergestalt, daß er dadurch in eine offenbare Schmach und Verachtung fiel, für einen (noch dazu ziemlich einfältigen) Kinderpräzeptor geachtet und in den Stand gesetzt wurde, in seinem Vorhaben einige Jahre ganz stille zu bleiben. - Herr Mag. Schäffer fing an, sich mit den Brüdern ganz genau zu schließen, so daß eine Sozietät von vier Personen zur Ausbreitung des

Reiches Christi in diesen Gegenden völlig zusammentrat, von welcher [ich mehr schreibe] an ihrem Orte.

Inzwischen trug sich in Mähren folgendes zu. Ein junger Maurer Hans Quitt, welcher eine Zeitlang in Ungarn und Siebenbürgen unter allerlei Religionsverwandten, sonderlich Lutheranern, Arianern und Reformierten sich aufgehalten hatte, kam in seine Heimat nach Sehlen zurück, vernahm daselbst mit Erstaunen, daß seine Nachbarn davongegangen, mehr Licht zu suchen. Die große Freundschaft, so er gegen dieselbigen getragen, trieb ihn aus Mähren heraus, um sie zu besuchen. Es war aber dasselbe Mal noch kein Grund bei ihm. Nachdem er nun einigemal von der Wahrheit überzeugt worden und derselben je länger je günstiger ward, entschloß er sich, völlig auszugehen, besuchte aber Mähren noch einmal, und da er keine Gelegenheit fand, etwas Gutes auszurichten, errettete er seine eigene Seele durch das freiwillige Exil.

Es hatte aber Christian David, der Zimmermann, sich damals wieder nach Mähren begeben und die noch übrigen Brüder in Sehlen besucht. Diese waren inzwischen in die Gefängnisse geworfen worden, weil sie von ihren Brüdern nicht Rede und Antwort geben wollten. Sie hatten sich gesucht, bei ihrer Herrschaft in Olmütz loszumachen, aber nichts ausrichten können und also die Partie ergriffen, fortzugehen. Diese lebten nun eine Weile in aller Stille, bauten etliche Häuserchen zu ihren Wohnungen neben das von ihren Brüdern erbaute Haus an und hatten das Vergnügen, daß der Herr von Wattewille sich zu ihnen begab und auf einige Zeit in einem kleinen Stübchen zu ihrer mehreren Aufweckung bei ihnen wohnte, welche Stunde sie allerseits für eine sehr gesegnete Zeit rechneten und sich von der Beschwerlichkeit sattsam getröstet sahen, den Prediger so weit über Feld und den Grafen außerhalb des Landes zu wissen, welcher um diese Zeit meistenteils in der Landesregierung zu Dresden eine überflüssige Person abgegeben und damit dem erkannten Willen der Seinigen ein Genügen zu tun, für sich selbst aber Geduld lernen mußte.

Um diese Zeit langte ein einzelner Mann aus Mähren an, Friedrich Riedel genannt. Der hatte sich mit etwas Geld auf die Reise versehen wollen, welches ihm aber zu etwas ganz anderem ausgeschlagen.

Denn er geriet in die Gesellschaft zweier Handwerksburschen, welche ihn eine Zeitlang mit gottseligen Übungen als Singen und Beten unterhielten, kurz aber vor Breslau sich über ihn machten, mörderisch zerfleischten und alles das Seinige nahmen, so daß er ganz elend und verwundet, weil ihn niemand unterwegs aufnehmen, noch sich sonst über ihn erbarmen wollen, bei Herrnhut angelangt, nachdem er von der Beraubung an bis hierher, welches etliche 20 Meilen austrägt, sich mit weniger als zwei Groschen hat behelfen müssen.

Gegen die Adventszeit 1723 tat Christian David, der Zimmermann, bei schwerer Geburt seines Weibes ein Gelübde, wofern ihr Gott gnädig durchhelfen wollte, eine Reise in Mähren zu tun und daselbst das Evangelium öffentlich zu verkündigen. Nach erlangter Hilfe hielt er Gott seinen Eid und gelangte glücklich nach Zauchtenthal, woselbst er gleich bei David Schneider abtrat und sich mit den geheimen Freunden unterredete. Von da ging er nach Kunewalde und hielt bei dem Bauer Georg Jagen in öffentlicher Versammlung eine durchdringende Rede über Matth. 5, wodurch er, weil ihn niemand kannte, alles in Verwunderung setzte. Abends ging er nach Sehlen, einen gottesfürchtigen Mann, Christian Jäschke genannt, zu besuchen, wo eine schwangere Frau und fünf Kinder waren. Der hatte ein irdisch Paradies und die Anwartschaft auf das Bürgermeisteramt selbigen Ortes. Und weil er von großer Überlegung war, besann er sich erstlich, ob denn kein Weg sei, mit Christo vereinigt zu werden mit Beibehaltung des Irdischen, konnte aber keine Ruhe bekommen, weil er sich nicht stark genug befand, Christum frei zu bekennen, und selbigen doch zu lieb hatte, ihn zu verleugnen. Besprach sich deshalb mit Augustin [Neisser], daß er ihm nach seinem Gewissen melden sollte, wie er alles gefunden. Seine ringende und heulende Mutter tröstete er und beredete sie endlich, ihn nicht zu verraten. Nach Empfang der Briefe von Michael Jäschke und anderer Botschaft von Augustin fing erst der Kampf von der Gnade und Natur recht an. Wenn er aber sein schönes Vermögen ansah, das er rechtmäßig hatte, und seine lieben Kinder mit des lieben Heilands großer Armut und Mühseligkeit, die er um der Menschen willen erduldet hatte, zusammenhielte, wurde der Schluß immer fester, davonzugehen. Insonderheit war er erstaunt, im Herbst zu vernehmen, daß die Brüder, welche im Sommer ausgegangen, schon ein Haus gebaut und darinnen wohnten, und der Schluß dieses Briefes: „Dieses schreibe ich euch, daß ihr nicht meinen sollt, ob könne euch Gott außer eurem Vaterlande nicht versorgen usw.", weckte ihn sehr auf, und der Ausgang der drei andern Brüder machte sein Herz völlig los. Hierauf tat er eine Probe, ob er auch die Beschwerlichkeiten der Reise ausstehen könnte, und ging nach Ungarn. Die Probe aber hielt nicht Stich. Diese Reise von 10 Meilen machte ihn sehr elend, und er fand es nirgends so gut, als er es gehabt. Endlich kam die innere Versicherung zur Festigkeit, und der Kampf hielt inne bis in das Land seines Exils, da er zuweilen noch Anfälle wegen des äußerlichen großen Verlusts litte, die aber endlich durch die Gnade Gottes völlig überwunden, und sein Gemüt in die Stille zu Gott und dessen Gemeinschaft geführt worden.

Sie gingen bei hellem Mondenschein selbst sieben aus und wollten fünf Meilen gehen. Es ward aber gar neblig und gingen irre mit großer Gefahr, daß sie endlich merkten, sie wären wieder zurückgegangen. Nahmen also ihre Zuflucht auf Zauchtenthal zu David Schneider, einem Mann, der mit vielen Kindern begabt, über ihre Resolution aber aufs empfindlichste bewegt wurde. Der Führer dieser Leute hat erstlich das 11. Kapitel an die Hebräer vom Glauben erklärt, hierauf gerungen und gekämpft im Gebet, bis sein Gemüt freudig geworden. Endlich erfuhren sie, was die Ursache ihres damaligen Irregehens gewesen, weil ihnen zu Pferde dahin nachgejagt worden, wohin sie ihren Weg nehmen wollten, und sie also ihrem Unglück entirrt waren. Die andere Nacht haben sie die Brüder von Zauchtenthal ein wenig begleitet. Hierauf sind sie wieder in große Irre auf dem Gebirge geraten, endlich aber von Gott durch Wasser und Land bis auf ein schlesisches Dorf bei Münsterberg geführt worden, und also in der größten Kälte bei weniger Bequemlichkeit, da man sie kaum in eine Stube hat einlassen wollen, fortgegangen. Bei der letzten Nachtherberge in Niederschlesien wären sie bald arrestiert worden und hat endlich der Richter gesagt, er erbarme sich nur über die unschuldigen Kinder, sonst wolle er ihnen anders begegnen. Am Fest Epiphanias

1724 langten sie glücklich in Berthelsdorf an, lobten und priesen Gott.

Inzwischen fing in Mähren an, alles zu brennen. Ein junger Zwillich-Weber David Nitschmann und viele andere seinesgleichen gingen häufig umher, Seelen aufzuwecken, nachdem sie selbst erweckt worden, und zogen andere Dörfer mit hinein. Das Gebet des Herzens wurde so gewaltig, daß sie den Ausdruck davon zu pflegen brauchten, es habe den aufgebauten Pallästen und den stolzen Wellen geglichen. Die unschuldigen Kinder wurden rege und erhoben ihre Stimmen Gott zu einer Macht. Ein Mägdlein von 12 Jahren, Anna Nitschmann, ging mit einer erstaunlichen Kraft, Versicherung der Gnade, Verleugnung des Irdischen und lebendigem Vorgeschmack der Herrlichkeit des ewigen Lebens in die andere Welt. Sie bewegte die Herzen der Eltern. Da wußte man von keiner äußerlichen Religion. Der Lutheranismus und Calvinismus waren gleich bekannt in Mähren, hatten aber bisher schlechte Wirkung gehabt. Jetzo aber redete alles von Jesus, und zwar von Jesus ohne auf einigen Menschen zu sehen, von seiner Kraft, von der ewigen Erbarmung des Vaters, welche durch den Sohn auf uns Menschen geflossen und durch den heiligen Geist müsse versiegelt werden. Das war das Glaubensbekenntnis, das war der Zweck, das war der einzige Grund dieser muntern Helden, worauf sie alles wagten und kein Kreuz nicht achteten, keine Schmach noch Plagen, nichts von Verfolgung, nichts von allen Schmerzen nahmen zu Herzen [EG 81,9].

Die Verfolgung aber ward so heftig, daß 1724 die ganze Weißkirchener Herrschaft aufgeboten gewesen sein soll, Zauchtenthal zu zerstören. Die Gefängnisse wurden bald alle voll, Pferde- und Schweineställe mußten dazu genommen werden. Die größte Plage hatten sie von ihren eigenen Leuten, die kamen in Furcht und Schrekken, offenbarten sich, daß sie nicht rechtschaffen wären, liefen aber zum Teil aus Schrecken davon. Es kamen dabei auch allerhand artige Begebenheiten vor: Ein Weib, so aus Furcht ihre Sachen aufpackte und davonfuhr, sagte im Zorn: Ihr habt immer geschrien und gesungen: „Fahre fort" usw. (und ist das bekannte Lied: „Fahre fort, Zion, fahre fort im Licht"), nun müssen wir feine fortfahren. Ein anderer hatte nur ein halbes Brot in der Geschwindigkeit zurückgelassen, darüber er gewaltig lamentiert: Man müsse um derer Leute willen alles verlassen usw. Alle Flüche, Lästerungen und Drangsale sind nicht auszusagen, die sie erfahren haben. Aber der Herr gab Kraft, alles zu überwinden, denn der Streit nicht sowohl über der äußerlichen Religion war, als über dem wahren Wesen, so in Jesu ist.

Die Einwohner auf Kunewalde kamen nach Zauchtenthal, denn es heiratete ein Schuster, David Nitschmann, dahin und führte mit dieser Gelegenheit Christian David den Zimmermann an diesen Ort. Da ward nun auch eine Erweckung, und Melchior Nitschmann, ein junger Mensch von 20 Jahren, fing an, Versammlung zu halten, welche in kurzer Zeit so zunahm, daß an vier unterschiedenen Orten, an jedem mehr als 100 Personen beisammen waren und solche Zusammenkünfte öffentlich ohne alles Bedenken hielten. Kleine Kinder, die kaum reden konnten, huben ihre Hände gen Himmel und schrieen zu der ewigen Liebe für sich, ihre Eltern und Anverwandten. Der Ernst war so groß, daß Nacht und Tag überein war, und bei der großen Bewegung wenig Schlaf in der Brüder Augen kam.

Da nun auch hier der Zorn ausbrach, und es insonderheit auf die Bücher angesehen war, geschah es, daß der Amtsverwalter einmal in David Nitschmanns des Wagners Hause, wo eine Versammlung von 150 Personen war, mit einem Rosenkranz in der Hand eingedrungen und so viele Bücher er in der Geschwindigkeit wegnehmen konnte, fortschleppte, weiter aber nichts sagte als: „Haltet ihr hier den heiligen Sonntag?" Und zum jungen Melchior Nitschmann: „Bist du der Prediger?" Zu gleicher Stund wollten sie an einem andern Ort dergleichen tun, nahmen auch viel Gehilfen mit, denn sie fürchteten sich vor dem Volk, es lief aber übel ab. Denn als sie in die Versammlung kamen, fingen die Brüder mit hellem Halse an zu singen: „Und wenn die Welt voll Teufel wär und wollten uns gar verschlingen" usw. [EG 362, 3], darüber er dergestalt erschrocken, als dieser Vers dreimal wiederholt ward, daß er unverrichteter Sache abzog.

Hierauf forderten sie die vornehmsten Knechte Gottes vor sich und begehrten Rede und Antwort von ihnen. Und als sie dieselbe dergestalt gaben, daß sie nichts anders als das Leben Jesu für sich und ihre Freunde suchten und ihre Orte gern aus der Blindheit, Finsternis und Tode, darinnen sie bisher gelegen, errettet sähen, warfen sie etliche davon, als David Nitschmann und Melchior Nitschmann, ins Gefängnis. Diesen jungen Zeugen haben sie im Gefängnis durch Hunger gequält und dergestalt gebunden, daß ihm das Blut durch die Haut herausgedrungen, auch nur wenige Zeit vorher, als er vermutlich sein Leben aufgeben sollen, losgemacht.

David Nitschmann, der Zwillich-Weber, hatte noch vier geistliche Brüder, welche in großer Kraft standen. Diese hielten ernstlich zusammen, weckten in Zauchtenthal alles auf, nahmen sich auch vor, alles auszustehen, und freuten sich auf Bande und Gefängnisse. Als sie aber wegen ihres Erinnerns und Ermahnens, öffentlicher Bekenntnis Jesu, freier Verwerfung alles Aberglaubens allen Menschen zur Last worden, fügte es sich, daß sie an einem Sonntag vorgefordert worden und ihnen verboten, nicht mehr zusammenzukommen, dabei ihnen vielmehr anbefohlen wurde, in die Schenke zu gehen und zu tanzen. Sie sollten sich nur nicht einbilden wegzugehen, denn die Obrigkeit hätte eine lange Hand. Darauf wurden sie alle fünf eins, fortzugehen, und vollstreckten es noch den folgenden Abend und gingen in Erwägung, daß der Herr Jesus nichts gehabt hätte, fast nackend und bloß, ohne an etwas zu gedenken, davon. Auf einer Wiese außerhalb des Dorfes fielen sie mit denen, die sie begleitet hatten, auf die Knie, beteten über ganz Zauchtenthal und sangen folgendes Lied, welches die 15 Knechte Gottes, so vor 100 Jahren auf einmal vertrieben worden, verfertigt: „Selig der Tag, den ich soll scheiden, mein liebes Vaterland meiden und mich begeben in das Elend" usw.

Sie haben sich ferner erinnert des Ausgangs Abrahams, der nicht wußte, wo er hinkäme. Sie kamen ins Gebirge und verirrten sich, kamen aber endlich nach Neiße. Daselbst besonnen sie sich, wo sie hingehen wollten. Sie hatten reformierte Prinzipien und gedachten, ehe zu ihren Glaubensgenossen nach Polnisch-Lissa [zu gehen]. Indem aber werden sie eins, Christian David in der Lausitz zu besuchen und zu bleiben an dem Ort, wo sie die meisten Kinder Gottes würden antreffen. Zu Stoltz kamen sie unter die ersten evangelischen Leute, fanden aber große Blindheit, welches sie sehr schmerzte. Endlich kamen sie in eine große Stadt. Da fiel ihnen über dem prächtigen Kirchengepränge ein, wenn es überall so wäre, was denn für ein Unterschied sei. Es wurde ihnen bange und wollten fortlaufen, sie wurden aber genötigt, bis nach dem Segen zu warten. Hierauf erkundigten sie sich nach dem schärfsten Prediger des Ortes. Zu dem gingen sie und wurden mit den Worten empfangen: „Wer verläßt Vater oder Mutter" etc. [Matth 19,29]. Sie wurden nach ihren Büchern gefragt, da sie denn ein freies Bekenntnis taten, wie sie erweckt worden. Arnds Christentum wurde ihnen allzu künstlich beschrieben und sie vor der Verführung in Sachsen gewarnt, sehr furchtsam gemacht, jedoch beschenkt und mit einer Rekommendation [= Empfehlung] versehen nach einer anderen Stadt. Daselbst wurden sie anfangs nicht angenommen, hernach aber mit großer Liebe traktiert und ihnen ein Bruder zur Begleitung mitgegeben. Da sie denn eben zur Grundlegung des großen Hauses in Herrnhut ankommen und daselbst durch des Herrn v. Wattewille gewaltiges Gebet sehr erweckt worden. Seitdem aber hat sie der Herr alle gepflanzt, den einen Bruder aber, David Nitschmann den Bauer, bereits nun drei und einhalb Jahr lang in den Kerkern zu Cremsir, Kunewalde und auf dem Stollberge den Namen Jesu verkündigen lassen.

Dieses Haus, dessen kurz vorher gedacht worden, wurde unter vielen Prüfungen mit großem Segen aufgebaut und hatte dieses besonders, daß, weil indessen mehr Flüchtlinge ankamen und zu Zimmerleuten, Maurern, Schlossern, Glasern, Tischlern, Klebern, Töpfern, Steinbrechern und Handlangern gebraucht werden konnten, wohl alle Materialien unter Gebet und Erweckung zusammengebracht und verarbeitet worden, und ein Bau dieses Ortes schon fast so viel als eine absonderliche Übung der Andacht ist.

Um diese Zeit wurde unter den Brüdern wegen der Einsamkeit der Häuser und wegen des nahegelegenen Hutberges dieser Platz die Hut des Herrn oder Herrnshut geheißen. Und als dem Prediger, da er vor eine schwangere Frau gebeten, begegnete, daß er „in Herrnhut" gesagt, so ist dieser Name den Häusern beständig geblieben.

[...]

Alle diese Wunderführungen sind gewiß und wahrhaftig, und wenn der Ausgang dieser Brüder nicht überzeugen kann von der Providenz, der wird aufs wenigste über die Rückkehr der Ausgegangenen und über den Segen, den ihnen der Herr verliehen, erstaunen und sich vor dem Herrn, der allein Wunder tut, bücken müssen.

Viele aber, die in wahrhaftigen Skrupeln gestanden, in großer Ängstlichkeit aus redlicher Sektiererei allzu sehr an Menschen gehangen, oder auch aus ungenugsamer Überlegung in eine schädliche Trennung verfallen sind, die haben durch des Herrn Gnade hier stille gestanden, sich besonnen und die Einfalt Jesu, die sehr wenig Wissen, aber viel Liebe im Glauben braucht, erlernt.

Den Tag vorher, ehe der Graf eine wichtige Reise nach Schlesien antreten wollte, langte unvermutet hier an ein Lehrer der sogenannten Brüderschaft in Ungarn und Siebenbürgen. Die Gelegenheit war diese: Es hatte ein mährischer Bruder in Schützen gearbeitet, und weil er überall nichts als Gottlosigkeit unter den dominanten Religionen gesehen, zu seiner Stärkung etwas Gutes, wenigstens einen Ernst in der Heiligung unter den sogenannten Täufern dieses Orts zu finden gemeint, und solches zwar nicht, sondern eitel Sektiererei und Meinungskram gefunden, bei dem einen Lehrer aber ein sehr aufrichtiges Gemüt wahrgenommen und das unvermutete Bekenntnis erhalten, er habe die Wahrheit noch nicht gefunden, sondern suche sie. Nachdem nun dieser Lehrer unter seinen Leuten die große Animosität gegen die Lutheraner, und sonderlich gegen den seligen Luther eine ungemeine Ehrerbietung gehegt, hat er solches in öffentlicher Predigt gerügt und seine Zuhörer dadurch dergestalt aufgebracht, daß sie ihn bis auf Michaelis suspendiert. Er hingegen wendete diese Zeit an, rechtschaffene Seelen aufzusuchen und seinen eigenen Grund mehr zu befestigen. Und dieser Bruder leitete ihn anher nach Herrnhut, wo er mit aller Liebe aufgenommen, und weil er eine gründliche Einsicht in das Malum [= Unheil] der Separation und aller daraus herkommenden bösen Folgen hatte, wurde er gleich ersucht, die hiesigen Abgesonderten zu sprechen und ihnen seinen Grund zu zeigen, welches er auch so treulich getan, daß man Gott dafür preisen mußte.

Gleichwie nun ganz Herrnhut durch Liebe und auf Liebe gegründet ist, auch durch lauter Liebe erhalten werden muß, so wurde gleich diesem Freunde das Herz in Liebe geöffnet und ihm nach wenigen Tagen nicht über sein äußerliches Bekenntnis, sondern über seinem Grund von dem hiesigen Oberältesten zugeredet und gezeigt, wie er zwar große Gaben, richtige Einsichten und die Unsträflichkeit des Lebens besitze, aber die Glaubensgerechtigkeit, die aus dem Tod und Leben Jesu Christi kommt, noch nicht erlangt habe. Außer dieser habe er sich in keiner Sekte der Ruhe, noch weniger eines Segens an den Seelen zu getrösten, wenn er aber diese erlangte, würde er durch den Sohn recht frei werden. Dieser Mann blieb viele Wochen hier unter ringendem Gebet und Flehen, und weil er in solcher Zeit nicht die geringsten Spuren eines Streites oder Meinungskrams, Uneinigkeit und dergleichen unter den Brüdern gesehen zu haben vermeinte, vielmehr unsern Grund eingesehen hatte, daß wir, solange man uns in der äußerlichen Kirche duldete, um des Äußerlichen willen nicht trennten, sondern erstlich das Ausstoßen erwarteten, inzwischen aber die Gemeinde, darinnen wir lebten, zu Heiligen ernstlich, obwohl in Schwachheit, bedacht wären, so tat er davon bei seiner Abreise ein öffentliches Bekenntnis und ging mit dem Schluß nach Ungarn, denen Täufern die Glaubensgerechtigkeit Jesu zu predigen, und wenn sie ihn nicht hören wollten, sie zu verlassen.

Kein Unterschied findet hier einige Statt, weil Demut die Herzen vereinigt hat. Die weltlichen Verfassungen florieren in Berthelsdorf ungehindert, in dieser Anstalt aber sind sie alle Brüder. Eine äußerliche Verfassung zu machen, hat man lange angestanden, weil man aber aus der Erfahrung gesehen, daß der Feind durch allerlei Trug den Brüdern ein böses Geschrei machen will, so haben sie sich allerseits zu gewissen Statuten vereinigt und solche unterschrieben, welche zur Verantwortung dienen können gegen jedermann; und ist dabei sonderlich remarkabel [= bemerkenswert], daß, da kein einiger unter ihnen (und welches am wenigsten zu glauben, der Graf selbst) nicht die geringste genaue Kundschaft von der Böhmischen Brüder, nämlich unserer Leute Vorfahren, Verfassung gehabt, solche gleich nach Vollziehung der Statuten aus der Zittauischen Ratsbibliothek ungefähr kommuniziert worden und (die einzige Lutherische Liturgie ausgenommen, derer man sich hier in Gehorsam bedient) in allen Stücken gleichstimmig befunden worden.

Sonderlich sind an diesem Ort drei erbauliche Dinge, welche man zum Lobe des Herrn Jesu hiermit anzuhängen für gut befindet. Es wird alle Nacht von den Brüdern, und zwar vom 16. bis zum 60. Jahr, keiner als der Herr Graf ausgenommen, die Wache dergestalt versehen, daß alle Stunden zuerst die Glocke mit einer Ermunterung ausgerufen, dann aber wohl an 6 Orten ein erbaulicher Vers aus einem Liede gesungen wird. Da dann nicht leicht die ganze Nacht hindurch [jemand] ohne geistliche Erweckung aufwachen kann. Hiernächst wird in Herrnhut von einer Mitternacht bis zur andern in unaufhörlichem Gebet verharrt, welches aber nicht gemeinschaftlich, sondern in eines jeden Kämmerlein geschieht. Siebenundsiebzig Brüder und Schwestern sind vor itzt in diesem Bunde ohne die erweckten Kinder, welche es auch unter sich so haben. Da denn dem Herrn eines jeden besonderes, sodann der Brüder allhier und auch wohl an andern Orten, ja in der ganzen Welt, Anliegen vorgetragen, und das Räucherwerk zum Gebet der Heiligen von der Hand Jesu genommen wird.

Die Information ist so eingerichtet, daß jedes Geschlecht von seines Gleichen unterrichtet wird. Die Aufsicht über den ganzen Ort führen 12 Älteste, aus welchen vier durchs Los erwählt worden, die besondere Direktion zu haben. Die Lose werden durch Kinder gezogen, und verursacht diese Wahl eine allgemeine Zufriedenheit.

Sonntags wird der Berthelsdorfische Gottesdienst fleißig besucht. Die Privat-Versammlungen sind so beschaffen, daß keine Personen beiderlei Geschlechts denselben zugleich beiwohnen. In öffentlichen Versammlungen darf von keinen besonderen Meinungen geredet werden, sondern es muß alles auf die evangelische Kraft des Todes und Lebens Jesu an den Seelen geführt und so einfältig geredet werden, daß es ein Kind fassen kann. Käme aber ein Unbekannter und verginge sich darin, so darf doch nicht disputiert, sondern es muß vielmehr von denen, so die Gabe empfangen, aufs beste ausgelegt und eingeholfen werden.

Die Kommunion halten sie alle zugleich in der Kirchen zu Berthelsdorf, so oft sie dazu erweckt sind. Wegen der Beichte aber wird es der Nachbarschaft gleich gehalten, womit sich bisher die Gemüter alle haben befriedigen lassen.

Sie leben zwar alle in geteilten Gütern, doch so, daß einer des andern Mangel zustatten kommt, wiewohl sie noch niemals Mangel gehabt. Sie stehen also augenblicklich fertig, auch diesen angenehmen Ort zu verlassen, oder wenn es ihr Gewissen erfordert, den Herrn in Banden, ja bis zum Tode um der Größe seines Verdienstes willen herzlich und munter zu bekennen.

Von der Zeit an, da diese Historie geschlossen ist, nämlich vom 20. August 1727 an, wird ein besonderes Diarium von den merkwürdigsten Umständen gehalten. Der Herr aber lehre uns seiner Hut warten und seine Liebe sei das Panier über uns. Amen.

Die Arbeiter in des Heilands Gemeinschaftsplan

Wohl Anfang 1743 auf der Rückreise von Amerika schrieb Zinzendorf einen ersten Entwurf einer geplanten ausführlicheren Geschichte Herrnhuts nieder, denn er berichtet auf einer Konferenz am 29. Mai 1743, „daß er die historie in einem Trieb und gleichsam so in einem Othem auf dem Schiff geschrieben habe"[38]*. Das Werk sollte 14 Kapitel umfassen, von denen die ersten 5 Kapitel ausgeführt wurden*[39]*.*

1. *Von der wahren Gelegenheit zu der ganzen Sache aus der ersten Hand*
2. *Von dem Zustand der Religionen um diese Zeit*
3. *Von der Präparation etlicher Arbeiter in des Heilands Gemeinschaftsplan*
4. *Von dem einfältigen Plan*
5. *Von dem ersten ruhigen Genuß dieses Plans und von den ersten Experimenten*

Hier wird Kapitel 3 nach dem handschriftlichen Entwurf wiedergegeben, wie er in der Zeitschrift für Brüdergeschichte unter dem Titel „Memoires" abgedruckt wurde. Ende der 40er Jahre erkannte Zinzendorf, dass er zur Vollendung der Geschichte Herrnhuts keine Zeit finden würde und fügte den Text, soweit er vorlag, darum als Beilage zu seinem Werk „Naturelle Reflexionen" mit einigen Kürzungen oder Änderungen unter dem hier veröffentlichten Titel bei. Zinzendorfs Auswahl und recht subjektive Würdigung der Mitarbeiter und Freunde Herrnhuts möchte wenigstens andeuten, dass die Entstehung Herrnhuts auf vieler Männer Schultern steht. Der Bericht endet mit der Selbstcharakterisierung Zinzendorfs.

Abgedruckt nach: Zeitschrift für Brüdergeschichte 7 (1913), S. 171-189. Auch in: Naturelle Reflexionen, Beilagen, S. 12-22.

38 Zeitschrift für Brüdergeschichte 7 (1913), S. 211.
39 Ebd., 6 (1912), S. 215f.

Von der Präparation etlicher Arbeiter in des Heilands Gemeinschaftsplan

Gleichwie die eigentlichen und beständigen Hauptarbeiter dieser unvermuteten Ökonomie sich erst 10 Jahre nach ihrem ersten Anfange innerhalb den 6 nächstfolgenden Jahren unvermerkt zusammengefunden, also sind deren nur wenige, auf die man in den sieben ersten Jahren zu sehen hat. Weil aber doch von Zeit zu Zeit des Hofmeisters Heiz, der Freifrau von Gersdorff, des M. Schwedlers, des M. Scheffers, des Pastor Rothes, des Abt Steinmetz, Christian Davids, Augustin Neissers und verschiedener Nitschmänner, Baron Wattewilles, der Gräfin von Zinzendorf und ihres Gemahls Erwähnung geschehen wird, so wollen wir ihren Charakter und Eigenschaften..[Tintenfleck]. geben.

1. *Johann Georg Heiz* war ein Züricher, hatte verschiedene Jahre den Dienst eines Hausvogts bei der verwitweten Gräfin von Polheim in und bei Nürnberg mit der Autorität eines Knechts Gottes verwaltet und war 1722 Hofmeister zu Berthelsdorf. Er war ein gottseliger, gegründeter..[Tintenfleck].. und realer Mann. Es schiene, als ob er die reformierten Prinzipien unter der Hand einzuführen die Absicht hätte, wenigstens kann man seine Kaltsinnigkeit und bald darauf entstandene Widrigkeit gegen den Pastor Rothe keiner Ursache zuverlässiger zuschreiben, als weil ihm dieser eigentlich im Wege war, die wenigen aus dem Papsttum angekommenen Exulanten, welche nach Art ihrer Gegend wider die Gewohnheit lutherisch gesinnt waren, mit den reformierten Lehren und Formen bekannter zu machen. Er zerfiel darüber auch in kurzem mit seiner Herrschaft, und da er kaum das erste Haus gebaut hatte an dem Orte, wo ihn sein Glaube selbst hingewiesen, so ging er aus der Sozietät weg, zog nach Nürnberg, starb wenige Jahre darauf, behielt aber bis an sein Ende eine besondere Neigung zu dem Anfange des Werks des Herrn, welchem er mit beigewohnt.

2. *Henriette Katharina Freiin von Friesen*, die Witwe des berühmten kursächsischen Premierministers von Gersdorff, welche am 6. März 1726 im Herrn entschlief, hatte sich bereits 10 bis 12 Jahre in

der Konnexion [= Verbindung] mit dieser göttlichen Ökonomie befunden. Sie war eine Mittlerin zwischen den sogenannten Orthodoxen und Pietisten und wurde von beiden fast gleich admiriert [= bewundert]. Sie war eine teure Seele. Die Praxis in ihrem Hause war pietistisch, sie selbst aber für ihre Person hatte eine philosophische Art in ihrem Tun, in der Theologie alte Kraftprinzipien, viel Anschein zu mehrerem Licht als ihre Zeit noch ertragen konnte; war eben deswegen sehr behutsam, sich darinnen herauszugeben. Sie war aber doch gegen ihren Enkel, den Grafen von Zinzendorf, sehr offenherzig. Sie sah ihn an als ein Instrument in der Hand des Herrn und die neuen Anstalten als Gottes Werk. Und ob sie wohl darin ganz unzufrieden mit ihm war, daß er zu den Mitteln, zum Zweck zu gelangen, wie sie selbige in ihrem Gemüt hatte, schwer zu bringen war, so intendierte doch sie selbst auf dem ganz diversen Wege, den sie dirigierte, keinen andern Zweck als die Herbeiführung des Reichs Jesu. Und da er sich in einem Klaggedicht auf ihren Geburtstag öffentlich so erklärt hatte: „O Jesu bedenke, wie sehr es uns kränke, dir so nicht zu dienen, wie wir es begehren, aufs wenigste mußt du uns stille sein lehren."[40], so bezeugte sie in einem Gegengedicht, daß sie ihm gar nicht in der Sache, sondern nur in der Art und Weise entgegen sei. Das ganze Gedicht der Frau von Gersdorff, welches ein Akrostichon auf ihres Enkels Namen ist, lautet also: „Nur deiner Liebe Kraft"[41]. Ihr Enkel hat jederzeit dafür gehalten, daß sie nach ihrer Erkenntnis mit ihm einerlei Zweck führe und daß nichts als ihre schon 20jährige Entfernung von den Höfen und Universitäten, woselbst man ihr wohl noch immer auf die gewöhnliche Art begegnete, in der Tat aber von der ihr bekannt gewordenen Weise keine Spur mehr übrig gelassen hatte, allein Ursache sei, warum sie ihn in ein Gleis geordnet, darauf ihr und sein Zweck nicht allein nimmermehr zu erhalten, sondern welches ohne Zweifel die Gelegenheit zu allen nachfolgenden Schwierigkeiten gewesen, die das Werk in seinen ersten Anfängen zu unterdrücken drohten.

---

40 TG S. 24f.

41 HG von 1741, Nr. 989.

So oft sie mit ihm von *der* Seite redete, waren ihre Ideen weit voneinander, sobald aber der Heiland ihr Herz einmal geneigt hatte, ihm ihr Gut zu verkaufen, so war sie hernach in allem, was der Heiland daselbst anfinge, so völlig eines mit ihm, daß sie es nicht allein mit Rat und Tat als ihr eigenes besorgte, sondern es auch noch wenige Wochen vor ihrem seligen Abschiede, da sie wohl 12 Jahre zuvor nicht aus ihrem Schloß gekommen war, in Person besuchte. Und da sie die neuen Häuser, welche man hernach Herrnhut geheißen, aus ihrem Tragstuhl sah, wendete sie sich gegen sie hin und segnete sie mit tiefgebeugtem Herzen. Und als sie einmal gefragt wurde, warum ihres Enkels Anstalten eher unters Dach kämen, als gewisser anderer Herren ihre Projekte nur aufs Papier, da doch diese die ganzen Summen dafür vorausgäben, [da hingegen] hier die Notdurft nur einzeln und mit Beschwerlichkeit angeschafft würde, so antwortete sie ganz fröhlich: dort wirtschafteten Menschen, hier aber Gott. Sie veranlaßte die Anstalten des neuen Waisenhauses eine Hausbibel in Quart zu drucken. Dieselbe kam auch noch bei ihren Lebzeiten und unter ihrer Direktion zustande und war für 9 Goldgulden zu haben. Als sie aber inzwischen entschlafen und man bei Hofe den neuen Anstalten ganz aufsässig worden war, so wurde das Buch hier und da weggenommen und konnte zu keinem ordentlichen Debit [= Absatz] gelangen, daher diese dem Hause zugedachte Wohltat ihm zur ersten Last geworden ist. Die Frau von Gersdorff hörte das Evangelium in Berthelsdorf sowohl zuhause als in der Kirche predigen. Die Werkzeuge waren ihr nicht allerdings anständig, die Art und Weise aber ausnehmend wichtig, und sie ließ sich in einen genaueren Nexum damit ein, als man von ihr hätte erwarten können. Sie war ein Mitglied des nachher bekannt gewordenen Senf[korn]-Ordens, und die Überbrigung des Johann Arndts „Wahren Christentums" nach Frankreich an den Kardinal v. Noailles geschah unter ihrer Veranstaltung, wovon ihre Briefe noch vorhanden sind[42].

---

42 Über diese französische Übersetzung von Johann Arndts „Wahres Christentum“ s. Spangenberg, Zinzendorf, S. 333f.

3. *Magister Johann Christoph Schwedler* war, was man einen ernstlichen unermüdeten Evangelischen nennen kann und was der selige Apostel Paulus zu seiner Zeit einen berühmten Apostel genannt hätte. Er war ein Discipulus von dem bekannten Samuel Carpzow, ein Wittenberger Theologus ex professo. Er war nicht nur inimitabel, sondern es war auch sehr nötig, daß er von niemanden imitiert würde. Denn was bei ihm, weil es so naturell und aus vielen vor Augen stehenden Ursachen gar nicht suspekt gewesen, zuweilen ganz erträglich, zuweilen recht majestätisch und göttlich charakterisiert war, das sah bei allen, die es nachmachen wollten, abenteuerlich, unerträglich und im höchsten Grad ridikül aus. Es sind auch die wenigen Personen, die sich durch Nachahmung seiner Mienen emporzuschwingen hofften, so zeitlich inne worden, daß sie ohne Effekt agierten, daß man ein paar Jahre nach seinem Tode niemand dergleichen mehr zu Gesicht bekam.

Solange er lebte, war er sehr nahe mit den Brüdern verbunden. Er hielt sie hoch. Sein genauer Nexus mit der Frau von Gersdorff von vielen Jahren her machte ihn gegen ihren Enkel ganz vertraulich, und dieser hatte eine besondere Liebe zu ihm, wiewohl sie in der Methode nicht harmonieren konnten.

M. Schwedler predigte mit einer solchen Effusione cordis [= Herzenserguß], daß, wenn er um 5 Uhr des Morgens anfing, er ungefähr nachmittags um 3 Uhr fertig war, und solange in der ganzen Zeit nicht etwa gesungen wurde, welches nach lutherischer Art etwa 5 oder 6 Kirchenlieder importieren konnte, tat er den Mund nicht zu. Das konnte nun wohl unmöglich lauter Realia geben, und er gab sich auch a priori nicht viel Mühe, der Einwendung a petitione principii zu begegnen; man muß aber doch, wenn man vor Gott die Wahrheit reden will, gestehen, daß sich dergleichen Predigten von 8 bis 9 Stunden aus seinem Munde mit Vergnügen anhören ließen, daß sein Geist den Zuhörern stark, den Gegnern zu mächtig und den Liebhabern des Heilands nicht unangenehm war. Er brannte zwar in einem Eliasfeuer, aber er hatte ein sanftmütig Herz, Furcht Gottes machte ihn mehr eifern als Eigensinn. Gleichwie seine Methode ganz particulier [= besonders] war, so war auch seine Lebensart eigen, ja er kommunizierte sich in gewissen Stücken gar nicht. Weil er Anstalten hatte, so hätten dieselben entweder mit den neuen zu Berthelsdorf vereinigt werden oder kollidieren müssen. Der Herr aber spannte diesen Jeremias seiner Zeit 8 Jahr nach dem Beginn von Herrnhut aus und führte ihn im Februar 1730 in seine Ruhe, nachdem er wenige Zeit zuvor in Herrnhut gepredigt und die Gemeine daselbst im freien Felde auf seinen Knien gesegnet hatte. Diese 8 Jahre über wurden bei der Welt Herrnhutische und Nieder-Wiesische Dinge ziemlich untereinander gemengt, und das ging soviel eher an, weil sie den ersten wenig herausgaben und mit allen Kindern und Knechten Gottes, allerlei kleine Differenzen ungeachtet, allezeit am liebsten für eins angesehen wurden. Es ist aber doch in facto zu merken, daß der Genius des M. Schwedler mit dem Genius der Herrnhuter nicht sympathisierte, denn diese kleine Gesellschaft bestand aus philosophischen oder Hofleuten, die mehr aus Gnadenwahl als aus einiger ihrer Schuld waren, was sie waren. Der Nieder-Wiesische Plan aber ging in tramite [= auf dem Pfad] des Herkommens, nur ernstlicher, treuer und wie es alsdann nicht anders kommen kann, wenn man doch die Lacunen [= Lücken] ausfüllen und schlechte Sachen lieber entschuldigen will, gar viel mühsamer und ängstlicher. M. Schwedler arbeitete nicht in ihrem Plan, und das konnte er auch nicht ohne Schaden, die Herrnhuter Brüder aber dienten ihm in seinem Plan, bis er zu Gott ging und seine ganze Ökonomie mit ihm erlosch als ein Licht.

4. *Magister Scheffer* war in gewissen Stücken ein großer Genius. Ob er zur Predigt der Evangelien in ihren ersten Anfängen wäre entbehrlich gewesen, ist kaum zu glauben. Seine Ideen waren lax, latitudinarisch [= tolerant, weitherzig] und fielen gerne von einem aufs andere. Er war aber durch Dr. Speners Schriften erweckt, und der moderate Geist dieses Mannes brachte ihn so oft zu sich selbst und in ein feines Geschick, als es ihm ein wenig konträr ging und in seinen weitaussehenden Vüen wider den Mann ging. Er war sehr belesen und deswegen doch gründlicher als unsere heutigen Doctores aus den Journalen. Er war aber große Dinge auszuführen zu prompt, zu unentschlossen, zu ungeduldig, zu weich, zu leichtgläubig, und, was das meiste war, es gefiel unserm Herrn nicht, sich seiner dabei weiter zu

bedienen als in einem gewissen Teil. Das betraf vornehmlich die Zerstörung gewisser Landesgötzen und Vorurteile, damit er sich einzig glücklich und mit einer solchen Präzision zu tun machte, daß er nicht nur das ganze Land in kurzem von solchen Vorurteilen befreite, sondern auch bei dem neu aufgehenden Werk des Herrn direkt und indirekt verhütete, daß nichts Morsches und Sandiges in den Grund gebaut wurde. Sein beständiger Kampf mit der Welt, sein pruritus [= Lust], Anstalten zu machen, sein historisches Genie, sein zeitiger Zerfall mit der Obrigkeit, sein Haß gegen den Klerus und seine nicht genug soutenierten [= begründeten] harten Ausdrücke erweckten derselbigen Gesellschaft, mit der er gleich Anno 23 zusammenfloß und bis an sein Lebensende nicht von ihr los konnte, manches odium personale [= persönlichen Haß], dessen man lieber überhoben gewesen wäre. Seine Neigung aber auf die Sozinianer Seite, welche sonderlich zu der Zeit, da der bekannte Dippel den Artikel der Satisfaktion kontrollierte, sich allzu sehr äußerte, war im Verborgenen eine noch größere Übung für die Brüder, welche von Anno 28 bis 38, da er in einem herzlichen Hunger nach der Gnade aus dieser Zeit ging, die Gemüter der Brüder von Jahr zu Jahr mehr von ihm abwendete.

5. *Johann Andreas Rothe*, ein Mann, den nichts als eine üble Erziehung und daraus entstandenes Mißtrauen und schüchternes Wesen hinderte, die Stelle eines Summi Theologi Lutherani zu ambieren [= anzustreben, sich bewerben um] und zu erhalten, war durch obangeführte Ursache soweit reduziert, daß er in der Schulkirche zu Görlitz zu der Zeit, wenn die Kandidaten des Sonntags darinnen predigten, sich zuweilen hören ließ. Er wurde sehr remarquiert [= beachtet]. Weil aber sein Charakter ihm wenig Freunde machte, so würde er allem Ansehen nach keine Dorfpfarre erhalten haben, wenn es in dem ordentlichen Tramite blieben wäre, zumalen er sich ein Gewissen daraus machte, um einen Dienst anzuhalten. Der Mann war voller realen Konzepte. Der Pietismus, die Schultheologie, der neue Methodus mathematicus und, man kann auch sagen, die Herzarbeit waren ihm ziemlich gleich wohl bekannt. Er war grundgelehrt, ein großer Didaktikus. Der Zusammenhang der Dinge, davon er redete, war ihm so gegenwärtig, daß er ohne daran zu denken, lauter Systemata pre-

digte, welches die aus seinen Predigten während dem Reden gezogenen Skiographien zur Genüge zeigen. Er war für einen extemporaneus [= Stegreifredner] zum Wunder exakt, und für einen präzisen Lehrer, der mehr Kollegia zu lesen als zu predigen schien, doch gar nicht langweilig. Etwas dazu tat die erstaunliche Geschwindigkeit seiner Aussprache, das meiste aber war eine Gnadengabe. Luther, Spener, Francke und Schwedler waren mit allen ihren Gaben in seiner Person beisammen. Er war keinem Bauer zu dunkel und keinem Philosophen zu seicht. Seine Feinde bewunderten ihn. Die Brüder, auch zu der Zeit ihres Mißvergnügens gegen ihn, erkannten und fühlten seine Gnade. Und was auch in 20 Jahren in der Gemeine für Zeugen aufgestanden sind, was sich in diesen und jenen zu verschiedenen Zeiten für apostolische Kräfte im Vortrag bewiesen haben, so ist wenigstens in Deutschland noch niemand unter ihnen aufgestanden, der sich in der Menge der Realitäten, beständigen Egalität, hinreißenden Segen und sorgfältiger Deduktion der Folgen aus dem Vorhergehenden mit demjenigen Rothe vergleichen könne, der von Anno 1723 bis 1727 in Berthelsdorf und Herrnhut gelehrt hat, oft als wenn es Flammen vom Himmel regnete und, wenn es am schlechtesten zu sein schien, gründlicher und solider als anderer Bestes. Dieser Mann hat von Zeit zu Zeit allerhand gering scheinendes Ding geirrt. Man hat aber bis 1729 immer Auswege gefunden, mit ihm durchzukommen und wenigstens durch eine unermüdete Unterstützung und Kontinuation des sichtbaren Zusammenhangs mit ihm der Welt die ganze Wunde verbergen können, bis endlich das Notariatsinstrument der Mährischen Brüder, wovon man das Geheimnis einem lutherischen Pastor weder anvertrauen konnte noch wollte, dem Mann einen solchen Berg von Schwierigkeiten vorstellte und eine so schreckliche Gefahr wegen der aus Drang seines Gewissens zwar sehr behutsam doch redlich von sich gestellten Approbation, daß er nicht mehr zu bedeuten war und sich von Zeit zu Zeit dem Gemeindienst entzogen, um sich in seine lutherische Pfarrei zu retirieren. Es wurden bei dieser Gelegenheit viel Wunden geschlagen, und als er sich der Mährischen Sache halber durch landesherrliche Reskripte und theologische Konsultationen ganz sicher sah, waren inzwischen die Nebenumstände zum Hauptwerk worden: kurz, Johann Andreas Rothe hat den Faden zu der Gemeinschaft, wozu er anfänglich berufen worden, nicht wieder gefaßt, und es ist kein Wunder, wenn ihm von den apostolischen Zeugengaben soviel abgenommen und unter andere verteilt worden, als er bei seinen jetzigen Verrichtungen und Ämtern entbehren kann. Inzwischen bleibt billig bei der ganzen Brüdergemeine ein ewiges Andenken der großen Gnade, die ihr durch ihn geschehen, und des Lichts, dabei sie so froh gewesen, nebst einem Sehnen, es einmal wieder zu sehen[43], weil sie doch desselben seitdem gedarbt.

6. *Johann Adam Steinmetz*, Abt zu Bergen, königlich preußischer Konsistorialrat und Generalsuperintendent des Herzogtums Magdeburg, ist ein großer Theologe. Er ist in dem nicht unbilligen Verdacht, daß er uns jetzt in sensu proprio nicht wohl will, und es ist unstreitig, daß es auch durch Gelegenheit der mährischen Kirchenkonstitution entstanden ist. Die Hauptursach aber ist löblich. Man hat ihm das Geheimnis des Reiches Christi um mancherlei obhabender Pflichten willen niemals ganz anvertrauen können. Er hat also nicht weiter gesehen als die meisten von uns, und das hat ihm dasjenige, was er unter einem unsektiererischen, recht universalen Anschein so sehr geliebt, in der sektiererischen Hülle, daraus ers wohl hätte herausfinden können, darinnen ers aber kontinuierlich zu beäugen scheint, verdächtig, wo nicht widrig gemacht. Er agiert und agiert gegen uns, er hat zwar das glückselige Unglück, daß er uns keinen realen Schaden tut, er ist aber bei uns in einer anderen Achtung als andere, teils weil man am wenigsten verborgene Unlauterkeit in seinem Dissensus [= Widerspruch] vermutet, teils weil man ihm [gegenüber] eine unauslöschliche Obligation hat, denn er ist das Werkzeug gewesen, unseren ersten Exulanten den Sektengeist auszureden. Er vornehmlich hat sie, da er noch an der Gnadenkirche in Teschen stand und ein Apostel des Lamms war, in eine solche solide Beherzigung des wahren Wesens und der universalen Kirche Gottes gesetzt, daß, da es die Not erforderte, zu Vermeidung der Freigeisterei das gelindeste Joch auf der Jünger Hälse zu lassen, sie es alle Zeit als ein Joch, dessen sie

43 Ursprünglich: ihn einmal wieder zu haben.

sich im Gehorsam bedienen, nie aber als ein Vorrecht, viel weniger als das brabaeum [= Lohn, Preis] oder Kleinod selbst achten, das sie etwa an diesem Joch errennen werden. Wenn er glauben konnte, daß er uns dazu wirklich so nützlich gewesen, so würde er unstreitig in seinem ganzen Begriff von uns ipso facto verändert werden. Der Verlust dieses Mannes ist uns unbeschreiblich groß, denn wir hatten ihn in einem point de vue, darinnen niemand unter uns Zeit und Gelegenheit hat dem Herrn zu dienen wie er. Und weil wir uns keiner Sache unterfangen, dahin uns das Ziel nicht gemessen ist, so bleibt sein und Herrn Rothes Posten solange noch unbesetzt, als der Herr seines Hauses uns nicht an ihnen selbst oder den künftigen Erben ihres Geistes noch finden läßt, was wir brauchen.

7. *Christian David* ist ein mährischer Zimmermann. Er ist vor etwa 25 Jahren in Berlin lutherisch geworden. Er hat große respektable Gaben. Der Umgang mit M. Scheffer, M. Schwedler, Herrn Rothe und Abt Steinmetz hatte dem Mann ein großes Licht geschafft. 1722 kriegte er den Grafen von Zinzendorf zu sehen, und weil er zwei bekannte Protestanten in Mähren hatte, so führte er dieselben sogleich aus und mit Hinterlassung Hab und Gutes nach Berthelsdorf, allwo sie, ob der Graf gleich nicht anwesend war, von der Frau v. Gersdorf und dem Hofmeister Heiz williglich aufgenommen und ihnen ein Haus gebaut wurde, aus welchem in folgender Zeit der Ort Herrnhut worden ist. - Daß er etwas apostolischen Amtsglauben hat, ist bei seiner elfmaligen Rückkehr ins Vaterland, Predigt des Evangelii mitten im Papsttum, Ausführung fast aller mährischen Brüder, Weissagungen über den neuerbauten Orten, welche bisher jederzeit richtig eingetroffen, und überhaupt aus allen seinen Reden und Tun unleugbar. Es hat ihm aber zum Ganzen noch was gefehlt, und er ist ein paar Jahre her drüber gewesen, es in aller Stille zu fassen. Inzwischen hat der Mann an Seelen unaussprechlich gearbeitet. Seine ungewöhnliche Methode, darinnen er nicht wohl zu korrigieren und in dem Teil seinen Brüdern auch nie gehorsam gewesen, hat der Gemeine gleichwohl am kaiserlich Kursächsischen und dänischen Hofe, in Holland und sonst bei ihrer Gewohnheit, keinen Mitstreiter zu verleugnen und stecken zu lassen, eine und andere Verantwortung zugezogen, welche

weit hätte gehen können, dabei er aber immer treulich geglaubt hat. Und man kann von keiner Verfolgung sagen als von der holländischen[44], daß sie keinen Zweck noch Nutzen gehabt. Es ist aber auch kein Wunder, daß diese letzte von dieser Art ist, denn unser Bruder Christian David hat sich wider den ausdrücklichen Willen des Heilandes und der Brüder aus einem unartigen, obgleich unter allerhand guter Meinung ihm selbst verborgen gewesenen spiritu particulari in Holland zum wenigsten ein halbes Jahr selbst überlebt.

Sonst hat dieser Bruder einen offenen Kopf, apostolischen universalen Geist, demütiges Herz, Lust zur Armut , einen weichen Gemeinsinn und großes Zeugenglück.

8. *Augustin Neisser* ein Mann, der allem Ansehen nach denen Waldensern nicht ungleich ist, die uns der Monsieur Leger in seiner neuesten Historie beschreibt[45]. 1715 hatte ihn ein kaiserlicher Soldat auf die ersten Spuren des Evangeliums gebracht. Dieselben hatten ihm so wohl gefallen, er hat den Mangel davon so zu Herzen genommen und der Eifer, den Irrtum zu bestrafen, hatte in 6 Jahren so zugenommen, daß er mehr als einmal die Versuchung gehabt, den Pfarrer in Sehlen, weil er so viele Leute verführte, von der Kanzel herunter zu schießen. Bei solcher Gemütsdisposition war es wohl des Heilands eigene Anstalt, daß Christian David ihm und seinem Bruder Jacob zur freiwilligen Verlassung alles des Ihrigen und zum Ausgang in ein Land, das sie nicht kannten, darinnen sie aber seitdem wirklich gesegnet worden, die Gelegenheit wurde. Und das geschah nach Pfingsten im 1722. Jahr, da es gleich 100 Jahr war, daß die Zerstörung der böhmischen Kirche ihren Anfang genommen hatte. Augustin hatte ein so offenes Ohr und Herz bei der Verkündigung des Evangeliums, daß in wenig Jahren sein Mund davon überging zur Verwunderung vieler 100 Menschen, die ihn vom Glauben an Jesum mit Kraft zeugen hörten. Inzwischen ist dieser Mann wegen seiner Gaben

44 Zinzendorf denkt an den 1738 vom Amsterdamer Kirchenrat gegen die Brüder erlassenen Hirtenbrief, wofür er auch Christian David durch sein unbesonnenes Auftreten schuld gab.

45 Jean Leger, Histoire generale des Eglises Evangeliques des vallees de Piemont ou Vaudoises, Leiden 1669.

so sehr geehrt und, da er im übrigen eben mit keiner besonderen Einsicht begabt ist, von so vielerlei Menschen sonderlich den Feinden der Gemeine gewiegt worden, daß man bei aller Veneration, die man für seine Gaben und bei aller Liebe, die man für seine Person hat, sich niemals weit mit ihm wagen können. Und es ist wahrscheinlich, daß er so in einem altpatriarchalischem Wesen dahin gehen möchte und das rechte Glück, Jerusalem nicht ehe [zu] sehen als in der unbedeckten Ewigkeit. Es wäre aber eben deswegen zu wünschen gewesen, man hätte ihn allezeit in dieser Einfalt gelassen, und die Brüder hätten sich mit Aufklärung seiner Konzepte niemals Mühe genommen.

9. *Anne Helene Anders* eine gemeine Dirne[46] aus Berthelsdorf: arm, kränklich und unbehilflich, aber die erste Seele, welche in dem neugekauften Gut Christo gewonnen worden. Ein reicher Leineweber David Nitschmann, dem Christi Sache mehr als seine Wirtschaft am Herzen lag, suchte 1726 eine Gehilfin und fand sie an ihr. Der Herr teilte dieser Person solche Gaben in allen Teilen mit, vornehmlich aber eine solche Weisheit, mit Seelen umzugehen, einen solchen unermüdeten Fleiß, ein so unerhörtes Glück, daß sie in kurzer Zeit mehr Seelen ihres Geschlechts für das Lamm gewonnen, als man von dem begabtesten öffentlichen Lehrer erwarten könnte. Sie war tiefsinnig, allzu nachdenklich, auch in ihren eigenen Dingen etwas skrupulös. Und das machte denen, die mit ihr an einem Strange zu ziehen hatten, zuweilen Übung, hatte aber nicht den geringsten Einfluß in ihre Ämter. Nachdem sie ins siebte Jahr zum Wunder gewesen war allen, die sie gekannt, fiel sie in eine Zuchtkrankheit, welche etliche Monate anhielt, von der sie aber in einem Augenblick durch den Glauben gesund ward. Der Heiland wollte denselben Glauben in einer neuen Probe bewiesen haben, und die hielt sie nicht aus. Das legte sie sogleich wieder nieder, und sie durfte sich nicht mehr heraus glauben, sondern das Lamm nahm sie weg. Sie arbeitete von 1724 bis 1733, und sie war eine Hauptperson bei der neuen Gemeine.

10. *Tobias Friedrich*, ein fränkischer Bauernknabe. Sein ingenium musicum hatte ihn den geraden Weg in die gröbste Welt gewiesen,

---

46 Dirne bezeichnet die geringe soziale Stellung.

und das brauchte sich der Heiland zur Gelegenheit, ihn 1722 mit den Seinen und sich selbst bekannt zu machen, da er kaum 13 Jahr alt war. Die Fähigkeit dieses Knaben war so groß, und der Heiland eilte überhaupt so sehr mit dem Schmuck der damaligen Werkzeuge, daß er bereits Anno 1727 in vollem Flor stand und Anno 1736 im Sommer, da er als Secretarius zu Herrnhut aus der Zeit ging, mehr in der Hand hatte, als man sich ohne reifliches Nachdenken kaum vorstellen kann. Er hat in Dänemark und Schweden und bei der Universität Jena wichtige Geschäfte des Reiches Jesu unter Händen gehabt. Seine Gabe und Gnade äußerte sich hauptsächlich sowohl im Umgang mit allerlei weltlichen Standespersonen, ihnen ohne viel Worte mit seinem bloßen Exempel Lust zu machen, daß sie zu werden wünschten wie er, in einem sehr bescheidnen Umgang mit Untertanen, in der vortrefflichen Arrangierung der Ökonomie, welche der Fonds zu so vielen Artikeln werden mußte, in einer lieblichen und fast unbegreiflichen Methode, Freundschaft zu stiften, zu unterhalten und hernach alles auf Jesum und die Gemeinschaft mit ihm zu führen.

Nach seinem eigentlichen Talent aber war er ein glückseliger Direktor der Gemeinmusik, welche er zu ihrem eigentlichen Zweck, nämlich einer himmlischen Harmonie ihres Gesanges und der genauesten Nachahmung der englischen Chöre, die unsere Zeit leiden kann, so nahe brachte, daß er von königlichen Kapellmeistern bewundert und zugleich für inimitabel erkannt ward. Man hat auch von dem an, daß er von der Gemeine hinauf ist, bei keinem einigen das wieder angetroffen, und die Gemeine ist mit seiner Person zugleich dieses Segens bis daher beraubt blieben.

11. Unser Medicus ordinarius Lic. *Johann Christian Gutbier*, ein exorbitanter Weltmann, kam auf einmal aus dem süßesten und empfindlichsten Wohlstand in die bitterste Empfindung allerlei natürlichen Elends. Seinen Kopf stieß er denn wohl wider die Wand, sein Herz aber konnte mit dem allen nicht weich werden, bis daß es die Gnade einmal unvermutet tat und außer aller anderen Konnexion ergriff. Da war dieser muntere, beherzte und gerade Mann auf einmal mit der Lehre des Kreuzes so innig verbunden, daß er sie auf eine sotane muntere, beherzte und gerade Art an den Mann brachte, die

ihm auswärts viel Verdruß und Feindschaft, doch aber auch dem Heiland und seiner Sache Ehre machte, in der Gemeine aber von allen, die des Herrn Wege verstanden, als ein besonders höchstnötiges Ingrediens ins Ganze bewundert, geehrt und wert geachtet wurde. Sein Amt, soviel ihm sein Beruf zuließ, war das Entretien [= Unterhaltung] der Fremden, die in die Gemeine kamen, absonderlich wenn es solche waren, wie sie David beschreibt: Sie kommen, daß sie schauen und meinen es doch nicht von Herzen, sondern suchen etwas, das sie lästern mögen, gehen hin und tragen es aus [Ps. 41,7].

14. *Joh. Fr. Kühnel und zwei Gebrüder Müller*, oberlausitzische Bauersleute, aber von unbeschreiblichen Gaben und klaren Einsichten ins Evangelium, arbeiteten wenige Jahr lang just und auf Zweck. Ebendieselbe Zeit über war auch ihre Arbeit so hoch gesegnet, so reißend und um sich greifend, daß in kurzer Zeit ein ganzer Landkreis nicht mehr sagen konnte, daß er nicht wüßte, was zu seinem Frieden diente. Wie es mit diesen Leuten gegangen, ob sie sowohl Kinder als Knechte Gottes gewesen, ist eines anderen Ortes auszuführen.

15. Melchior und drei David Nitschmänner sind auch einiger Anmerkung wert. *Melchior [Nitschmann]* hatte schon in Mähren in seinem 20. Jahre einen Zeugen Jesu mitten im Papsttum dargestellt, und seine Gefängnisse und Leibesmartern hatten wohl seine äußere Hütte ruiniert, seinen Geist aber nicht gedämpft. Er kam in diesem Zustand nach Herrnhut und lebte daselbst unter dem äußerlichen Beruf eines Leinewebergesellens, wie man es nennen kann, in obscuro [im Verborgenen]. Als ihn aber das Los 1727 unvermutet zum Ältesten der Gemeine machte, da er verschiedenen seiner Mitarbeiter auch der Person nach unbekannt war, da taten sich so viele absonderliche Gaben des Geistes in dieser Person hervor, daß er das Haus ein Jahr lang gewiß göttlich regiert hat. Es war aber das erste Jahr noch nicht zu Ende, so war er auch nicht mehr aufzuhalten, das Evangelium im Papsttum zu predigen. Er wurde aber unterwegs gefangen, und ob man gleich alle äußerlichen Mittel zu seiner Erledigung angewendet, ist er doch von diesem Kerker nicht eher befreit worden, als mit der Erlösung vom Leibe, welche am Fastensonntag 1729 im Gefängnis zu Schildberg erfolgte.

16. *David Nitschmann* hatte diese Probe schon drei Jahre zuvor erfahren und verließ den Kerker des Gefängnisses und der Hütte zugleich fröhlich und selig am Karfreitag desselben Jahres. Sein Zeugnis in den Banden war eine so kontinuierliche Predigt an jedermann, und seine und seines gleichverschiedenen Mitbruders Bande haben etliche hundert ihrer Mitgenossen von der Welt losgemacht und innerlich in die Freiheit der Kinder Gottes, äußerlich aber zu der Gemeine des Herrn gebracht.

17. *David Nitschmann*, der Zimmermann, ist von Natur der mährischen Brüder einer, die den Namen haben, daß sie leben und tot sind. Seine herzliche Bekehrung, sein einfältiger Wandel, sein gerades Wesen, seine Autorität bei der Welt, sein indefatigabler [= unermüdlicher] Zeugengeist, sein Glück in Einrichtung und Erbauung der Gemeinen und erster Versuch unter den Heiden, den Gott seitdem so reichlich gesegnet hat, haben ihn, als es Zeit war, das Bistum in der mährischen Kirche zu erneuern, zu dem einzigen Kandidaten gemacht. Und der Propst Jablonsky, der ihn in Assistenz eines polnischen Bischofs konsekriert, hat ihn bis an seinen Anno 1741 im 81. Jahr erfolgten Hintritt zärtlich und respektabel geliebt. Er bringt seine meiste Zeit mit Visitation der Kolonien zu.

18. *David Nitschmann*, der Weber. Nachdem er in Dänemark, England und Rußland, auch in den meisten deutschen Orten das Zeugnis vom Heiland und den Dienst seiner Gemeine unter mancherlei Schematibus [= Positionen] auf eine solche Art besorgt, daß er sein Volk der Ruhe genießen sehen, die ihm manchen schweren Gang verursacht, ist er auf die Kap visitieren und von da in die Insel Ceylon gegangen und hat daselbst, solange ihn die Holländer unter den Cingalesen geduldet, mit Tränen gesät. Er ist auch danach nicht eher von Colombo vertrieben worden, bis er daselbst ein malabarisches und ein holländisches Gemeinlein hat hinterlassen können. Nach seiner Zurückkunft wurde er zum Syndicus der mährischen Kirche erwählt.

19. *Johann Martin Dober*, ein von Natur kluger Töpfer, der gleich im ersten Anfang ergriffen und fundamentaliter bekehrt worden, bekam bald Gelegenheit und Beruf, unbeschadet seines wohl eingerichteten Handwerks sich der Gemeine zum Dienst der Mannsperso-

nen auf eine solche Art hinzugeben und von ihr auch nicht minder, obgleich, Gott sei Dank, auf viel längere Zeit genutzt zu werden als die vorerwähnte Anna Helene unter ihrem Geschlecht. Er hat unter allen Brüdern die meiste Anmahnung an den vorerwähnten Prediger-geist des Pastor Rothe. Nicht nur große Theologen halten ihn für einen Theologen, sondern, welches das meiste ist, tuts der Herr und die Gemeine.

20. *Friedrich von Wattewille* wurde in seinen zarten Jahren vom Heiland ergriffen, ließ ihn etliche Jahre wieder fahren, lief ihm danach lange nach, ehe er ihn in der ersten Einfalt wieder bekam. Seine vornehme Geburt, reiche Erziehung, besessene Schätze, mancherlei ganz ungewöhnliche Zufälle, moderates humeur [= Gemüt], beliebtes Wesen, Verstand, Gaben und dabei selige Geistesarmut haben einen Vorsteher einer unserer wichtigsten Gemeinen aus ihm gemacht. Und ehe ihn die Sichtungen von innen betroffen, hat der Herr von Wattewille in den ersten Jahren bei der Gemeine fast zu allem den Grund legen helfen.

21. *Erdmuth Dorothea Gräfin von Zinzendorf*, eine geborene Gräfin Reuß. Sie war schon 1720 eine tugendhafte, wohlerzogene Komtesse und wurde um diese Zeit des Weges der Bekehrung inne, welcher denn zugleich die Resignation derjenigen Welteitelkeiten mit sich brachte, die in Worten und Handlungen in dem Lauf des Christentums eine sichtbare Hinderung machen. Zwei Jahr darauf kam sie in die Ehe, und weil sie einen Gemahl kriegte, der sich um nichts als um eins bekümmern mochte, lag ihr von dem ersten Tag ihrer Ehe an Regiments- und Haussorge ziemlich allein auf. Die schöne Gemeinschaft, welche durch Gelegenheit D. Speners in ihrer Frau Großmutter Benigna Residenz in Laubach geblüht hatte, und die gesegneten Spuren davon in ihres Vaters Hause hatten sie mit der ihr sogleich entgegen wandelnden Sache des Herrn schon etwas bekannt gemacht. Und da das nicht übrig große Vermögen, welches sie zu administrieren hatte, dennoch der einige Fond zu solchen Unternehmungen ist, zu denen mehr als eine Million wirklich erfordert wird, so hat sie

diese Administration in die 20 Jahre[47] so geführt, daß weder im Hause noch auf den Gütern noch bei der Gemeine über Mangel oder Schulden geklagt werden dürfen. Da aber unter allen Proben und vicissitudinibus [= Veränderungen] der Orte, der Anstalten und der Menschen, mithin auch der Vorsorge, von Jahr zu Jahr unbegreiflich mehr worden, so ist nicht nötig zu sagen, daß sie der Herr zu einer Säugamme seiner Kirche praedestiniert und ausgerüstet habe.

22. *Ihr Gemahl* sein Charakter ist kürzlich der: Er glaubt, weil er liebt, er hängt unzertrennlich an Jesus, weil er einen göttlichen Eindruck von der Sünde und von ihrem Versöhner hatte. Er ist von Jugend auf sehr enge gehalten worden, nichts zu tun, was er nicht im Glauben tun kann; und [ist], weil er zugleich aus Nachgeben und Menschenfreundschaft niemand gerne schwer fallen will, allezeit eine solche Straße gegangen, wo er mit der mildesten Offension seines Nächsten seine eigene Sicherheit gefunden. Er hat in der Welt nie etwas sein wollen, aber auch nichts ausgeschlagen, wo er den geringsten Vorteil für seines Herrn Sache daraus vermutet. Denn nachdem ihm etliche Mal auf den Wegen ganz fehlgeschlagen, die ihm von andern gezeigt worden, so hat er sich kurz bedacht und nach seinem eignen Herzensgefühl sich dem Heiland in einem solchen Stand ergeben, darinnen er ein egales Wesen von außen und innen bewahren kann, darinnen ihm noch kein guter Wille zurückgegangen ist. In der Sache selbst aber, die er zu treiben hat, lernt er immer ex post, was der Heiland damit intendiert, und es muß ihm genügen, jedesmal in allen Vorfällen mit ganzem Herzen zu sein, von Herzen zu reden und mit allen Kräften zu tun, ohne zu sehen, was der Herr tun wird. Er hat viel gereist und also mancherlei gesehen und erfahren. Liebhaben kann er erstaunlich, aber nicht hassen, wenn er hassen sollte. Er disputiert überaus paradox, er predigt sehr frei, er schreibt sehr präzis. Im Ratgeben ist er kurz und einfach, und weil er alle Einwendungen der Philosophie und des Herzens, die Grenzen der Orthodoxie in allen Religionen und das Pünktchen sehr präsent im Gemüte hat, so macht ihm dasselbe eine gewisse Simplizität, die nicht ohne Dignität ist.

47 von 1742, der Entstehung des Aufsatzes an, gerechnet.

Man wird nicht leicht eine Person sehen, die zugleich von mehreren geliebt und von mehreren gehaßt wäre. Es gibt aber noch eine Gattung Menschen, und deren sind in Europa die meisten, die haben einen guten Gedanken von seinem Herzen, eine genugsame Zufriedenheit von seinem Verstande und sehen in seinen Handlungen nichts, das sie hindern sollte, ihm alles Gutes zu gönnen. Und es mag sein, daß er hier die Ursache zu einer Verfolgung des Werkes ist, das unter seiner Hand geht, er dort wieder die Ursache ist, daß man dem Werke wohl will. Einige sind der Gedanken, daß aus einem göttlichen weisen Rat seine Person mit dazu gebraucht werde, um diesen noch zarten Weinstock soviel Zäune und Gehege zu machen, daß er nicht zerwühlt werden könne, wenn er auch hie und da beschädigt würde.

Ansicht von Herrnhut (um 1735)

Bericht an die dänische Erbprinzessin Charlotte Amalie

Zinzendorfs Schreiben an die Erbprinzessin Charlotte Amalie von Dänemark ist undatiert und nur als Entwurf vorhanden. Es muß aus dem Jahr 1731 stammen, da Zinzendorf bei der Charakterisierung seiner Frau auf den Besuch der Gräfin Theodora im „vorigen Winter 1730" hinweist. Er arbeitete an diesem Bericht aber bereits Anfang 1730 und wollte ihn nach Kopenhagen mitbringen. Offenbar ist er dann liegen geblieben und nie ganz fertig geworden.

Der Brief bietet im ersten Teil eine knappe Schilderung der Erweckung und des Gemeindeaufbaus in Herrnhut unter dem besonderen Aspekt der weiblichen Seelsorge. Der zweite Teil bietet eine Schilderung der geistlichen Lebensführung von insgesamt 35 Herrnhuter Schwestern, von denen nur die ersten fünf sowie die Charakterisierung der Gräfin von Zinzendorf am Schluß des Textes abgedruckt werden. Der Bericht ist noch stark in der Terminologie des halleschen Pietismus verfasst und spricht von „Durchbruch" und „Bußkampf" als dem Anfang des neuen Lebens. Zinzendorf beschreibt den geistlichen Stand der Schwestern genau und bietet so ein Zeugnis für die erweckliche Frömmigkeit Herrnhuts in den zwanziger Jahren. Er dürfte vor allem den halleschen Geist des dänischen Königshofes im Blick haben und eine gezielte Empfehlung Herrnhuts darstellen. Es spricht für Zinzendorf, dass er den Bericht in dieser Form nicht zu Ende brachte und absandte. Er entsprach wohl schon 1731 nicht mehr seiner theologischen Erkenntnis.

Abgedruckt nach: UA Herrnhut R.6.Aa.21

* * *

Durchlauchtigste, Großmächtigste, Königliche Erbprincesse, Meine gnädigste Princesse! Was unser Heiland von den zweien sagt, die beisammen auf dem Felde sind und auf einer Mühle mahlen, davon aber dennoch eines verlassen werden dürfte, das hat sich anfangs in diesen Gegenden ganz augenscheinlich offenbart, denn als ich, wie

Eure Hoheit aus den ehemaligen Nachrichten allbereits beiwohnet, mit meinem jetzigen Hausmeister, und also selbander ins Land kommen (welches gleich heuer bei meiner Abreise nach Dänemark 10 Jahr ist), so fanden wir anfänglich die Landschaft in zwei Teile, obgleich gar ungleich, eingeteilt. Diejenige, welche das Gros ausmachten, waren enorm unwissend und unbekümmert um unsern lieben Heiland, etliche wenige aber von der Dependenz der verstorbenen Frau Landvögtin, meiner Großfraumutter, und deren Hause hatten ein gottesfürchtiges Wesen an sich, liebten das Gute. Weil sie aber in dem damaligen Streit zwischen der sogenannten Orthodoxie und Pietisterei gerne neutral bleiben wollten, so waren unter diesen wenigen nur etliche, die sich mit der wahren Nachfolge des Herrn Jesu zu tun machen wollten, mithin fand ich überaus wenig Gelegenheit, meinen Zweck zu erhalten. Und da ich kaum ins Land kommen war, wurde ich in die Oberappellation und Landesregierung nach Dresden sukzessive berufen, auch von den Meinigen solches zu akzeptieren genötigt. Die treue Liebe aber ließ es dennoch geschehen, daß bei Gelegenheit einer andern todkranken Person, die damalige Fräulein von Zetschwitz, jetzige Frau von Wattewille, gewonnen, bei einem Besuch aber des frommen Herrn Landesältesten von Schweinitz zur Leuba dessen Informator Johann Andreas Rothe, jetziger Pastor zu Berthelsdorf, und durch desselben Mittel noch der Pastor zur Dreieinigkeit in Görlitz, M. Schäffer, dem Kreuzreiche einverleibt [wurden]. Diese drei nun sind eigentlich die Anfänger der ganzen hiesigen Oeconomie, denn die Frau von Wattewille gewann bald darauf ihre beiden Schwestern, mit welchen sie nach Berthelsdorf zog und daselbst kaum angekommen war, als sie unter ihrem Geschlecht schon Segen hatte und desjenigen D. Nitschmanns Eheweib, den Eure Hoheit gesehen, als ihre damalige Bedientin und nachmalige Arbeiterin an so vielen Seelen dem Herrn Christo erwuchern half. Herr Rothe legte den Grund zu der Kolonie auf Herrnhut, indem er mir den Zimmermann Christian David und durch denselben die zwei armen gepreßten Männer in Mähren bekannt machte, um deren willen ich das erste Haus im Walde gebaut. M. Schäffer erfüllte bald das ganze Fürstentum Görlitz, darinnen er lebte, mit der Lehre, und zwar mit der lebendigen Lehre Christi. Die große Veränderung an diesem vorherigen Staatsmann, davor [= wofür] er in seiner Stadt und unter dem Ministerio passiert, in einen einfältigen Knecht Christi verursachte eine Eröffnung und riß (mit dem Wort vereinbart, das aus seinem Munde ging) bald gegen 1000 Seelen dahin, die Wahrheit teils zu bekennen, teils zu tun. Weil nun mein geringes Absehen immer dahin gegangen, daß die von dem Herrn geschenkte Frucht bleibend werde, inmaßen es sonst viel betrübter ist, als wenn gar keine Frucht geschafft wäre, so suchte ich die Seelen von dem an, daß ihrer etwa vier waren, gleich in Ordnung und Gemeinschaft zu bringen, damit sie von den gewaltigen Versuchungen, so über Anfänger gehen, möchten verwahrt bleiben. Der andere Teil war damit nicht gewonnen, wenn sich schon eine Frau oder der Mann zu Gott bekehrte, und das konnte auch nirgends prätendiert werden als in Herrnhut, welches denn binnen vier Jahren ziemlich zunahm. Es waren da lauter Exulanten, ihre Weiber und Kinder waren den Männern zu Gefallen ohne Überzeugung ausgegangen, etliche wenige Mägde ausgenommen, die schon mehrere Einsicht hatten. Nun war es uns unerträglich zu sehen, daß zwei auf einem Bette liegen sollten, eines angenommen und das andere verlassen werden solle, und weil der liebe Heiland in diesem Land unser ganzes Werk Schritt vor Schritt beseligt und begnadigt hat, so ging auch dieser Gedanke unsers Herzens nicht verloren. Im 1727. Jahr, da ich Dresden abandonnierte [= aufgab] und mich dem Werk Gottes an den Seelen einzig und allein widmete, unternahm meine Frau die Zusammenbringung der Weibspersonen in der Gemeine zu Herrnhut. In diesen Umständen wurde ich bei einer Versammlung im Winter gewaltig bewegt, ihnen die Unsicherheit ihres Christentums, ihres Gebäudes auf Männer und Väter vorzustellen und mich obiger Worte Christi mit Nachdruck zu bedienen, da denn unser Heiland das Wort in meinem Munde Wahrheit werden, ein Feuer unter unsern Weibspersonen angehen und dasselbe in unserer Gemeine zu Herrnhut über anderthalb hundert Seelen der Weibsleute nach und nach anzünden lassen, als Eure Königliche Hoheit aus nachfolgenden, in der Ordnung zu ersehen gnädigst geruhen werden.

Ich will also den Anfang machen zu erzählen, wie Gott die verehelichten Frauen zu sich gezogen und nur zuerst die unter ihnen eingerichtete Ordnung mit wenigen berühren. Es sind in der Gemeine zu Herrnhut überhaupt drei Ältestinnen, Frau Christina, Frau Judith Fiedler und Jungfer Anna Nitschmann, welche mit etlichen Mithelferinnen, nämlich der Frau Hentschel, Annen Rosinen Kneschke[48] und meiner Gemahlin, Anne Helena und Rosina Nitschmann[49], Judith Rohleder[50] sich der Seelenumstände ihrer sämtlichen Mitschwestern annehmen und ihre Lebensart dirigieren, damit sich keine Mannsperson, außer Erfordern, darin mengen dürfe und man desto gewisser versichert sein könne, daß die von den Gemeinen Christi gewöhnlichen Lästerreden bei uns unfehlbar nicht zutreffen, auch keinen Schein für sich haben. Zu genauer Observanz des Lebens und Wandels aller, die sich unter den Weibspersonen zu Christus bekennen, sind sie in Weiber, Witwen, Jungfrauen, Mädchen, mittlere und kleine Kinder abgeteilt, deren die hier namentlich benannte in unsern Ordnungen, etliche andere, die auch Gott suchen, uns sogar sonderlich [?] nicht bekannt, wieder andere aber in unserer eigenen Gemeine unsre Verfolger und Widersacher sind. Mit Anführung der mittleren Gattung werde ich behutsam sein, weil ich ihren Grund nicht vertreten kann, doch will ich etliche äußerliche Kennzeichen des an ihnen befindlichen Guten anführen.

Die Letzten aber sollen Eurer Hoheit das Vergnügen, so sie etwa über Lesung dieser geringen Blätter verspüren möchten, nicht irren und also mit Stillschweigen übergangen werden. Doch empfehlen wir sie unbekannter Weise in Euer Hoheit Fürbitte, weil sie uns durch ihre Widrigkeit, welche zwar auch mit der Gottseligkeit bemäntelt

---

48 Anna Rosina Kneschke, Tochter von Hans Lehmann aus Groß Hennersdorf, verheiratet am 2. 1. 1727 mit Christoph Kneschke, Zinzendorfs Gärtner und am 26.7. 1735 mit Severin Lintrup aus Kopenhagen.

49 Rosina Nitschmann geb. Schindler (gest. 1753) aus Zauchtenthal, am 12.11.1726 verheiratet mit David Nitschmann jun. Oder: Rosina Nitschmann aus Zauchtenthal (1705-1731), Schwester der Anna Nitschmann.

50 Judith Rohleder, Tochter von Georg Jagen, verheiratet am 7.9.1729 mit Martin Rohleder jun., Leiter des Herrnhuter Waisenhauses.

wird und in neuen Meinungen, Leichtsinnigkeit, Trägheit und Unleidlichkeit, auch nach Gelegenheit Kreuzflucht und Naturfeuer besteht, manchmal in den Ernst, Gebet und Wachen treiben und uns daher überaus nützlich, obgleich darinnen schädlich sind, daß wir zuweilen den Namen zu ihren Unformen mit hergeben und heißen müssen, was sie sind. Ich wäre ja wohl im Stande, mich von ihnen zu entledigen, ich sorge aber, wo das Wort Christi nicht beobachtet wird: Lasset beides miteinander wachsen bis zur Ernte, so geht nicht nur Weizen mit drauf, sondern es wird dasjenige, was sich noch gefunden hätte, mit ausgerissen, und es möchten dennoch wohl aus uns selbst nach Apostelgeschichte 20, 30 solcherlei Leute aufstehen, die verkehrte Lehren hätten. Drum lassen wirs lieber bleiben, wie es ist, ohne daß wir mit Ermahnen anhalten, bis der Herr kommt.

Diejenigen nun, so unter der gemeinsamen Ordnung sind, haben einige Aufseherinnen, welche in den unterschiedlichen Klassen (denn eine jede hat ihre völlige Einrichtung für sich) acht geben, daß es recht zugehe, die gleichsam Augen des Leibes sind. Sie haben Schwestern, welche ihnen als gute Lehrerinnen die göttliche Wahrheit einfältig beibringen. Denn auch die Privatinformation bei dergleichen Gliedern ist denen Mannspersonen abgeschnitten. Sie haben andere, welche sie, im Fall von den Aufseherinnen (die wohl Gabe zu richten, aber nicht allemal zu bessern haben) vielerlei angebracht wird, mit sanftmütigem Geist zurecht helfen. Sie haben 7 Krankenwärterinnen, welche einen Tag um den andern die kranken Weibsleute (bekehrte und unbekehrte) warten und pflegen. Sie haben Almosenpflegerinnen, welche sich wöchentlich aus der Kasse geben lassen, was ihnen Not tut für die bedürftigen Eingesessenen. Sie haben endlich 7 Dienerinnen, welche sich der fremden Weibspersonen, die zu uns kommen, annehmen, der ankommenden Exulantinnen, ihnen Wohnung, Speise und Kleidung, Lager und Decken verschaffen, auch die Arbeit und Hantierungen der Schwestern einrichten und befördern, den Fremden zu Anhörung des Worts und Genuß anderer Erbauungen beförderlich sein. So siehts von außen mit ihnen aus. In Ansehung der innern Führung aber sind sie in nachfolgende sogenannte Banden geteilt.
[Text bricht ab, es folgt die Beschreibung folgender Mitarbeiterinnen]

Christina Lehmann[51], Martin Dobers Töpfers in Herrnhut, eines wichtigen Knechts Gottes würdige Ehefrau ist zwar schon längst mit dem Herrn Jesu im Bunde, allein vor 2 Jahren, da sie ein totes Kind gebären sollen, ist ihr vorher alle Eigenheit, Selbstliebe, Anhänglichkeit durch einen redlichen Kampf abgedrungen worden und ihre Geburt ist ihr hernach ganz leicht und gleichgültig gewesen. Seitdem hat sie unverrückt als eine, die alles verläßt und hanget nur fest an Jesu allein, fortgewandelt und ist nicht nur eine Älteste, sondern auch eine Lehrerin unter den Weibern, deren sie eine ziemliche Anzahl unter ihrer sanften Aufsicht hat. Sie redet außer der Not fast gar nicht, ist dabei fleißig in ihrem Beruf, ziemlich aufgeweckt und wurde jüngsthin, da man etliche Personen zur besonderen Fortführung und Ratgebung bei den übrigen gesamten Schwestern bestellte, wegen ihrer großen Weisheit mit dazu erwählt. Da sie gefragt wurde, was sie Euer Hoheiten sagen ließe untertänigst, stand sie lange still, dann antwortete sie: Ich weiß nicht, was man so einer Person sagen soll. Man redete darauf nach der Wahrheit von dero Person, so seufzte sie endlich und sagte: „Verkläre dich herrlich in ihrem Gemüte und gib der Seele Ruh und Rast." [HG 134, 4].

Anna Nitschmann[52], ein besonderes Werkzeug göttlicher Gnade, sonst eine Wollspinnerin und Mädchen von 16 Jahren, ist eine der allerersten Seelen, welche allhier ergriffen und zu Gott gezogen worden, nämlich vor vier Jahren, als die sonderbare Erweckung in der Gemeine war. Die erste Gelegenheit dazu hat das Lied gegeben: „Jesu Kraft der blöden Herzen" [HG 176], da ihr das natürliche Verderben durch die Worte: „Kein Blutstropfen ist zu finden, der nicht starrt von allen Sünden", die ihr als ein Pfeil ins Herz gedrungen, völlig aufgegangen, und seit der Zeit ist sie immer ernstlicher in dem Bußkampf geworden, bis ihr die Gnade der Konfirmation oder Aufnahme in die Gemeine durch den Gebrauch des Heiligen Abendmahls widerfahren, da denn ihr gesegneter Bruder, der teure Blutzeuge Jesu Melchior

---

51 Christina Lehmann, Tochter eines Leinewebers in Bunzkau bei Bischofswerda, am 21.11. 1725 verheiratet mit Johann Martin Dober, Töpfer aus Münchsrode.

52 Anna Nitschmann (1715-1760), 1757 verheiratet mit N. L. v. Zinzendorf.

Nitschmann, sie vollends vor seinem Gefängnis in Christum hineingebracht, seitdem ihr Zunehmen täglich zusehends gewesen und eine Arbeiterin fast an allen Seelen von ihrem Alter geworden. Als Anno 1730 die Gemeine der Weibspersonen nach Abgang der vorigen zwei Ältestinnen wählten und beschlossen, eine aus dem Chor der Jungfrauen dazu zunehmen, wurde diese unter 40 Jungfrauen mit in Vorschlag gebracht, und als sie darauf mit drei andern Schwestern um dieses Amt loste, traf sie auch das Los, die zweite Älteste der ganzen Gemeine der Herrnhutischen Schwestern zu werden. Sie strahlt mit einem göttlichen Licht in ihrer Einfalt, lehrt ohne Tadel und in großer Demut, daß man von ihr und der ersten Ältestin Christina Dober mit Wahrheit sagen kann: ihr Angesicht glänzt und sie wissens nicht. Eure Hoheit läßt sie demütig grüßen und ihnen das feste Liebesband wünschen, das sie gebunden hat, sobald des Hirten treue Hand sie gefunden hat.

Judith, Timotheus *Fiedlers*[53] eines Leinewebers und Boten Christi in Liefland, wo er sich jetzt auf empfangenen Brief wirklich aufhält, zurückgebliebene Frau, eine Wollspinnerin und muntere Magd Christi, ist folgender Gestalt zum Leben erweckt worden: Weil man annoch spürte, daß bei etlichen Seelen näher angedrungen werden müßte, so versuchte mans und hielt über den andern Tag eine besondere Erweckung mit etlichen Männern und ihren Weibern. In deren allerersten, davon der vollkommenen Liebe bei Gelegenheit des Liedes: „Höchster Priester etc." [HG 770] geredet wurde, faßte sie den tapfern Schluß, Christum über alles zu lieben und allein und ihren Willen völlig aufzuopfern, und damit geht sie nach Hause. Mittags darauf am Thomastag 1728 wird ihr über Tische ganz wohl, daß sie nicht essen mag und fällt ihr auf einmal ein: „Dir sind deine Sünden vergeben". Das faßt sie im Glauben. Tags darauf hört sie die Losung: „Mitten im Lichte Gott im Gesichte macht uns kein Teufel die Hoffnung zunichte" [HG 874,3]. Das wird ihr zu einem Spiegel ihrer ganzen gegenwärtigen Gemütsfassung, darüber sie denn in Loben und Danken

53 Judith Hans, Schwester des Buchbinders David Hans, 1727 in Herrnhut, gest. 1734 auf St. Thomas.

ausbricht. Von dem an geht sie unverrückt fort, weiß von nichts als Jesus, verleugnet um seinetwillen alles bei ihren sehr jungen Jahren und hat in der Kraft, was sie Euer Hoheit zum Andenken sagen läßt: „Weil er ist heilig, seid unzerteilig, säumt nicht, gebet ihm alles hin, eilig!" [HG 381,5] Weil sie nun seit der Zeit in einem göttlichen Wandel blieben, da sie zum letzten Mal so rege worden, ist sie mit ins Los kommen, als neue Ältestinnen erwählt [worden], und das Los hat sie getroffen.

Elisabeth Hentschel[54] geborene Scherzer ist von Jugend auf eine sehr gottesfürchtige Person gewesen und hat sowohl deswegen, als weil man sie für außerordentlich schön und niedlich gehalten, einen Antrag nach dem andern zu heiraten bekommen, weil sie aber nirgends das gefunden, was sie gesucht, so ist immer nichts draus worden, bis sie endlich von einem Witwer schriftlich begehrt worden, der das Zeugnis gehabt, Gott herzlich zu fürchten, sonst aber in schlechten, zugleich sehr intrikaten [= verwickelten] Hausumständen gewesen. Diesen hat sie nach herzlichem Gebet unbesehens erwählt und sich auch, ehe sie ihn gesehen, mit ihm versprochen, auch als er ihr hernach gar nicht angestanden, sich mit ihm gleichwohl verheiratet. In dieser Ehe hat sie vier angenehme Kinder, dabei aber so einen keuschen Wandel geführt und ein so allgemeines Zeugnis in der Stadt, wo sie gelebt, erhalten, daß sich gleich nach ihres Mannes Tod die Gichtelianische Gemeine zu Dresden um sie beworben, sie und ihre Kinder zu sich genommen und sehr wert gehalten. In dieser Verfassung aber hat sie an ihrer Seele auf unterschiedene Art solchen Schaden erlitten, daß sie ihn lange nicht verwinden können und ihr Leben unter vieler Angstbeschwerlichkeit hingebracht. Sie wird, welches etwas seltenes, fast überall angesehen und geliebt, und hat, seit sie in unserm Hause ist, einige Jahre wegen ihrer Treue und Redlichkeit nicht nur über alles das unsere, soviel davon in eine Frauenwirtschaft läuft, ziemlich freie Disposition, sondern auch unsere ein-

54 Elisabeth Scherzer (1686-1769), wurde 1710 getraut mit dem Samtwirker Johann Christoph Heinzschel, 1719 verwitwet und trat 1723 in den Dienst der Gräfin von Zinzendorf. Sie verheiratete sich am 26.2.1732 mit Matthäus Schindler.

zige Tochter in ihrer Versorge gehabt, ist auch bei der Gemeine der Weibspersonen eine Helferin, hat eine Bande von verschiedenen Schwestern in ihrer Aufsicht und Lehre. Weil sie aber noch in mancherlei Anfechtungen, bis sie der Herr völlig erlösen wird, kämpft, so beschreibt sie ihren Zustand gar kläglich mit diesen Worten: „Seele, ach Seele, du kennest dich nicht, möchtest du lesen, wer du gewesen und wie du könntest vom Falle genesen, prächtig entbranntes nun schattigtes Licht, aber ach Seele, du kennst dich noch nicht." Sie bittet Eure Hoheit untertänig um Fürbitte. Sie ist es wert, daß Sie ihrer gedenken.

Renata Sophia Theodora[55], des Bauschreibers zu Herrnhut Ehefrau, eine geborene Jüdin, wurde 1720 von der jungen Komtesse Theodore zu Castell nach dasiger Art in dem Grund des Christentums überhört und angewiesen. Weil es sich nun gleich traf, daß ich in Castell war und mich dieses arme Kind dauerte, daß sie nun getauft und hernach ersäuft zu werden verdienen sollte, und aber vor der Hand keinen Weg sah, sie zu retten, band ich ihr als Taufpate kein Geld, sondern eine Obligation von 200 Gulden ein, welche ihr sogleich verinterressiert, alsdenn aber erst ausgezahlt werden sollten, wenn sie gewisse Jahre erreicht. Dadurch brachte ich zuwege, daß sie in meiner Kusine Suite nach Ebersdorf ging, als selbige dorthin heiratete und endlich sich auf Begehren der Frau von Watteville zu derselben begab. Daselbst fing Gott an, ihre Seele mächtig zu ziehen. Am meisten aber ergriff er sie nach ihrer bald darauf erfolgten Hochzeit, da zugleich ihr Patenschein abgelöst ward, und zwar ergriff sie Gott durch einen sehr harten und durch alle Proben richtigen Kampf und Sieg, nach welchem sie in einen Stand kommen, daß man außer des jüdischen Geschlechts Unarten, der Geschwätzigkeit und Trügerei, welche ihr sehr anhingen und mir oft viel zu tun machen, ihr das Zeugnis geben kann, daß sie Gott von Herzen fürchte und eine rechte große Begierde habe, täglich besser, heiliger und unsträflicher zu

55 Renata Sophia Theodora Tochter des Abraham Moses, Handelsmann in Frankfurt, getaufte Jüdin, verheiratet am 7. Mai 1726 mit Gabriel Crocker, gräflicher Kornschreiber aus Groß Hennersdorf.

werden, auch allen dorthin kommenden Fremden eine besondere Reizung zum Lobe und Bewunderung der Liebe Gottes in Christo sei, weil sie den Heiland mit großer Freudigkeit und gegen jedermann, sonderlich aber gegen die Juden bekennt und anpreist. ....

Die Gräfin von Zinzendorf ist zwar durch viele rechtschaffene Männer, welche ihr Herr Vater Heinrich X. Reuß auf dem Schloß Ebersdorf aus und eingehen lassen, in ihrer Jugend gerührt, sonderlich aber von der Frau General Hallart Anno 1716 in Dresden ziemlich ermuntert worden. Allein die eingebildete Hoheit ließ es bei kontinuierlichen Gelegenheiten, sie zu unterhalten, nicht zu etwas rechtem kommen, ohngeachtet ihre älteste Schwester Komtesse Benigne, welche wegen ihrer Schönheit und großen Gaben fürstliche und andere Prätendenten gehabt, sich aber auf einmal der Welt entzogen und in eine Retraite gegangen, worin sie nun in das 16. Jahr verharrt. Doch war dieses Gute dabei, daß sie bei ihrer großen Wissenschaft in der Schrift und Gelehrsamkeit, bei ihrer weltklugen Konduite und Kredit bei jedermann dennoch wohl zu finden wußte, daß es ihr an dem Wahren und Besten fehlte. 1720, an ihrem Geburtstag, wurde sie in einer Predigt gerührt, und als sich die Komtesse Benigne dieser Gelegenheit bediente, sie sehr herzlich anzureden und zu ermuntern, griff sie das Werk mit ganzem Ernst an und bekehrte sich zu Gott. 1721 und 1722 bewies sie große Treue an ihrer Schwägerin, der Gräfin Theodore von Castell, sie in dem Sinn zu Christo treulich zu erhalten. Und es gewann auch diese Gräfin die Welt nicht eher lieb, als nach jener Verheiratung, welche im September 1722 geschah. Die Heirat [mit N. L. von Zinzendorf] hatte große Schwierigkeiten und wurde endlich auf den Ausspruch der regierenden Herzogin von Wolfenbüttel[56] und ihres Onkels, des Reichskammerpräsidenten Grafen von Solms[57], gestellt, welche sie über alles Vermuten approbierten [= billigten]. Gott führte sie dadurch in sehr weitläufige Umstände. Sie sah das mäßige Vermögen ihres Eheherrn, die vielen Tausend,

56 Herzogin Elisabeth Sophia Maria von Braunschweig-Wolfenbüttel war Patin Erdmuthes, s. W. Jannasch, Erdmuthe (=Literatur), S. 69, 430f.

57 Friedr. Ernst Graf v. Solms-Laubach, Vormund Erdmuthes, Bruder ihrer Mutter.

welche man immer in Händen haben mußte, die ungefähr aufgekommenen Anstalten zu soutenieren [= aufrecht zu erhalten]. Und weil sie von Natur sehr haushälterisch war, so kostete es viel Überwindung, ihre Schmuckgelder, Fräuleinsteuer und alle Pretiosa mit allem, was ihres Herrn war, in dieses Werk zu stecken. Die Frau Großmutter des Grafen verwöhnte sie aus guter Meinung durch große Präsente und dergleichen zum Staat, und es hätte können dem Reiche Christi ein Abgang daraus kommen, wenn nicht 1727 der Graf auf einmal Dresden quittiert und sich ein geringes Hüttchen in Herrnhut zur Wohnung aptieren [= herrichten] lassen, das Schloß aber zu Berthelsdorf mit aller recht artigen Einrichtung daselbst abandonniert [= verlassen] hätte. Kaum hatte die Gräfin dieses verleugnet, so zeigte sich nicht allein Gottes überschwenglicher Segen im Leiblichen, indem diese Güter in diesen vier Jahren sich weit über dreimal so hoch verbessert, von vielen 1000 Talern Schulden jährlich etliche Tausend, mithin über die Hälfte abgezahlt und damit bis jetzt kontinuiert worden und dennoch die Anstalten alle jährlich zu 100 Personen, das Domestikenwesen aber bis auf 50 angewachsen, sondern es hatte sich die Gräfin kaum in das geistliche bei ihresgleichen eingemischt, so ward eine allgemeine Bewegung unter den Weibspersonen. Und dieses Werk des Herrn setzte sie mit vieler Treue und sehr erbaulichem Exempel fort bis vorigen Winter 1730. Da kam die Gräfin Theodora von Ebersdorf, sie zu besuchen. Die hatte sich nun vor zwei Jahren der Welt völlig entrissen und wandelte in einer solchen Niedrigkeit zu Herrnhut, daß man sie ohne Erstaunen nicht ansehen konnte. Das riß die Gräfin von Zinzendorf vollends hin, also daß sie jetzt ein wahres Muster der Liebe, Demut, Weisheit und treuer Arbeit in dem Weinberge des Herrn abgibt und alle Herzen, die sie nur sehen, zum Segen einnimmt. Sie unterhält ein Waisen- und Armenhaus von etlichen 50 Personen täglich aus ihrer eigenen Haushaltung. Sie würde nicht zugelassen haben, etwas von ihr zu schreiben, und also hat man sie um einen untertänigen Gruß an Eure Hoheit nicht fragen können, denen sie doch mit dem größten und zärtlichsten Respekt ganz ergeben ist. Sonst ist ihre Gabe und Art aus dem Liede: „Ihr Schwestern aus Zion etc." [HG 74], welches sie verfertigt, in etwa zu sehen.

Anbetung vor dem Herrn
(Kupferstich aus dem „Zeremonienbüchlein", 1757)

Die Statuten von 1727

Nach mancherlei Schwierigkeiten und Spannungen in der Siedlung Herrnhut gab Zinzendorf sein Amt in Dresden auf, um sich der Gemeinschaft der Brüder besser widmen zu können. Am 12. Mai 1727 sollte die Huldigung der Einwohner des Oberdorfes von Berthelsdorf, das Zinzendorf neu gekauft hatte, stattfinden. Dies war dem Grafen ein Anlass, als Ortsherrschaft von Berthelsdorf und Herrnhut alle Einwohner auf bestimmte Ortsrügen, wie sie in der Oberlausitz üblich waren, festzulegen, um ihnen ihre Aufgaben zu verdeutlichen. Dabei dachte er freilich auch an Luthers Vorstellung von der Gemeinschaft rechter Christen, denen Luther sogar die Sakramente anvertraute. Darum teilte er seine Statuten in zwei Teile. Der erste, der auf die äußerlichen Pflichten zielte, enthält die herrschaftlichen Gebote und Verbote und war für alle verpflichtend. Hier findet sich z.B. in § 2 die Befreiung von der Leibeigenschaft. Den zweiten Teil mit der geistlich-seelsorgerlichen Ordnung nannte er „Brüderlicher Verein und Willkür" und deutete damit die Freiwilligkeit des Beitritts durch Unterschrift an. Er enthält z.B. in § 3 die Beschreibung der Kennzeichen eines Kindes Gottes, aber auch erste Bestimmungen über die Ämterordnung, die Gemeinschaft der Banden und die Kirchenzucht. Die ersten 17 Unterschriften erfolgten am 17. Juli 1727. Die Ortsgemeinde und die kirchliche Gemeinschaft, zu der auch Pfarrer Melchior Scheffer aus Görlitz gehörte, waren also nicht identisch.

Die Bedeutung der Statuten liegt in der Tatsache, dass auch zukünftig das Zusammenleben einer geistlichen Gemeinschaft aus Herrnhuter Sicht nicht ohne die Annahme von Statuten, Ämtern und gottesdienstlichen Versammlungen zu denken war. Die Gemeinordnung gilt als Kennzeichen einer christlichen Gemeine.

Abgedruckt nach Josef Theodor Müller, Zinzendorf als Erneuerer der alten Brüderkirche, Leipzig 1900, S. 106-115; vgl. dazu S. 23-26.

* * *

I. Herrschaftliche Gebote und Verbote

1. Die ersten Werkmeister in diesem Bau und die ersten Einwohner, welche in der Chronika Fol. 1 benennet sind, sollen, solange sie leben, von allen Einwohnern Ehrerbietung und Liebe und von der Obrigkeit des Orts aller besonderen Freundschaft und Beförderung genießen, auch in bequemen Dingen allen Einwohnern vorgezogen, in der Mitleidenheit aber, wenn sie daselbst wohnen, soviel möglich verschont, auch sie und ihre Häuser (soviel an der Herrschaft) von aller Einquartierung auf ihre Lebenszeit frei erklärt werden.

2. Herrnhut soll zu ewigen Zeiten von aller Dienstbarkeit, Leibeigenschaft u.s.w. mit allen seinen statutenmäßigen Einwohnern frei gesprochen sein, und da sie eine nachkommende Herrschaft dazu nötigen wollte, Ihro diesfalls zu gehorsamen nicht schuldig sein, auch durch keinen Eid, Güte oder Ernst jemals dazu verpflichtet werden können.

3. Ein jegliches Haupt jeder Familie hierselbst männlichen Geschlechts und was sonst Hantierung für sich treibt, gibt einen Taler Schutzgeld, einen Taler Grundzins von einem eigenen Hause, sonst aber die gehörige Pacht vom Hause, Garten oder Felde, wie solche vorher mit ihm insbesondere ausgemacht worden. Hantierungsgeld[58] aber wird von jedwedem, der dergleichen wirklich mit Nutzen treibt, für seine Person jährlich verwilligt, soviel er selbst geben mag, oder wie solches der Taxiermeister und die Gemeinde für gut erkennt. Solches Hantierungsgeld soll alsdenn dem Taxiermeister eingeliefert und als eine freiwillige Gabe, welche auch bei denen eigentlich und zu den ganzen Statuten verbundenen Brüdern einen Taler nie übersteigen, aber nach Gelegenheit drunter gesetzt werden soll, alsdenn zur Notdurft der Gemeinde redlich angewendet und den Ältesten berechnet werden.

4. Außer dem, daß die Einwohner künftig hin nach Proportion der Äcker und Felder mit der Gemeinde zu Berthelsdorf in gewissen allgemeinen Fällen z.E. zu Erhaltung des Soldaten, zur Kirchen Bau

---

58 Eine Art örtlicher Gewerbesteuer.

heben und legen, soll sich der Landesverwilligungen und Gewerbesteuern keiner weigern, auch eine proportionierliche Anlage zu Konservation des Weges und der Brunnen (wobei die Gemeinde auch ohne Entgeld Hand anlegen muß), so oft nötig, von den Ältesten gemacht werden.

5. Ein jeder für sich selbst subsistierender Kopf in Herrnhut hat, so oft ihn die Reihe trifft, entweder selbst oder durch andere auf seine Unkosten die Wache auf Herrnhut zu verrichten, und sind alle Einwohner von 16 bis 60 Jahren hierzu verpflichtet.

6. Ein jeder Einwohner in Herrnhut soll sich dazu bekennen, untertan zu sein der Obrigkeit, die Gewalt über ihn hat, und daß keine Obrigkeit ohne von Gott sei.

7. Ein jeder Einwohner zu Herrnhut soll arbeiten und sein eigen Brot essen. Wenn er aber alt, krank und unvermögend ist, soll ihn die Gemeine ernähren.

8. Wer ein eigen Haus bauen will, soll sich erst deswegen bei den Ältesten melden, das Werk überlegen, warten, bis ihm der Platz angewiesen wird, nicht einen Fuß breiter weiter hinaus, auch nicht weiter herein rücken, so hoch und niedrig, als es ihm anbefohlen, in solcher Gestalt und in allem nach der geschehenen Vorschrift bauen. Desgleichen soll einer gestalten Dingen nach tun, im Fall er Feld oder Garten zu seinem Haus erlangt.

9. Sobald einer das Haus unter das Dach gebracht, soll er seinen Brief darauf einrichten und fertigen lassen. Von dem an, daß er es nutzen kann, wird die Pacht oder der Grundzins angerechnet.

10. Ein jeglicher soll zur Verbesserung, sobald der Weg in beständigen Stand gesetzt ist, soweit sein Haus geht, verbunden sein, bis an den Platz, wo die alte Straße wieder ihren Anfang nimmt.

11. Vorne heraus soll kein Hauswirt Streu oder anderen Unrat hinauswerfen, soll alles im Hof, Garten oder Feld sammeln.

12. Wer an Brunnen, Weg oder Häusern durch seine Schuld etwas verdirbt, solls wieder gut machen.

13. Es soll von keinem Tanzen, Gelage, Gäste setzen, außer für fremde Durchreisende, von keinem Bierzug, häufigen Speisen bei Hochzeiten, Kindtaufen oder Begräbnissen, noch von dem gewöhnli-

chen Spielen unter den Einwohnern etwas zu hören sein. Wer aber dazu Lust hat, soll sich aus Herrnhut wegbegeben.

14. Die Hauptplätze und Straßen sollen reinlich und sauber von den daherum Wohnenden gehalten und alle für Kinder, alte und gebrechliche Leute gefährliche Örter sorgfältig verwahrt werden.

15. Wer borgt, soll auf die Stunde wieder bezahlen, da er es versprochen, es wären denn erbliche und gleich erweisliche Ursachen vorzuwenden, daß er sein versprochen Wort nicht halten könnte. Und soll bei Eröffnung der Ursachen zugleich eine andere Zeit benannt werden zu zahlen. Wer aber leiht, soll solche Zeiten und Stunden setzen, da er vermutlich wieder bezahlt werden kann. Auch soll sich niemand etwas bestellen, das er nicht zu gesetzter Zeit bezahlen kann, weil keinem Handwerker sein Lohn auf einen Tag wider seinen Willen zurückgehalten werden darf.

16. Diejenigen, welche über Häuser, Felder, Gärten, Brunnen, Straßen und Taxe gesetzt sind, sollen in ihrem Amt fleißig sein, und da sie auch fehlten, ihnen ohne Vorwissen der Ältesten nicht entstanden [entgegen gestanden] und ungehorsamt werden.

17. Wer sich in Herrnhut häuslich niederlassen will, soll sich erst bei den Ältesten melden, keiner aber ohne ihr Vorwissen auch nur eine Nacht durch gehegt werden.

18. Wer eigene Hantierung oder Handel anfangen will, soll sich deshalben zuförderst bei den Vorstehern melden, um ins Buch eingetragen zu werden, damit niemand dem andern zu Schaden oder Untergang etwas vornehme. Monopolia hergegen, da einer allein für sich und mit Ausschließung und Hinderung anderer hantieren dürfe, sollen ohne die wichtigsten Ursachen nicht geduldet werden.

19. Seinen Beruf soll in Herrnhut keiner ohne Vorbewußt der Ältesten ändern, viel weniger seinem Meister aus der Lehre gehen ohne des Erlaubnis und der Ältesten Vorwissen.

20. Kein Streit in Herrnhut soll länger als 8 Tage währen. Auch soll eher keine Klage angebracht werden, als wenn keine Güte (und zwar binnen dieser 8 Tage) verfangen will. Alsdenn soll die Sache vor die Konferenz gebracht und daselbst dergestalt geschlichtet werden, daß in einer Stunde Kläger und Beklagter auseinander gesetzt, das Werk

gehoben und, ehe die Sonne untergeht, der Anstoß aus dem Weg geräumt. Alles auf Unkosten dessen, der dem andern zu viel getan.

21. Wer sich unterfängt, eine förmliche Rechtsanklage anzubringen und Schikanen zu machen, der soll Herrnhut räumen.

22. Aller Betrug und Übersetzung seines Nächsten soll für eine Infamie angesehen werden. Grobe heidnische Sünden als Hurerei und Buben, Fressen und Saufen, Fluchen und Schwören, Lügen und Trügen, Stehlen und Rauben, Schlagen und Raufen soll in Herrnhut entweder gar nicht oder nicht lange gehört, so dergleichen Anstoß und Ärgernis [geben,] entweder zeitlich oder ewig des Orts verwiesen werden.

23. In Herrnhut soll keiner ohne ausdrücklichen Vorbewußt der Herrschaft, worum oder wozu, auf Wucher leihen oder borgen.

24. Es soll keiner vom anderen Geld leihen, der nicht gegründete Ursache dazu hat und solches nicht wohl vermeiden kann.

25. In Herrnhut soll kein Marktschreier, Quaksalber, Seil- oder Bärtänzer, Glücksbeutler, Taschenspieler oder einiger anderer Gaukler- oder Kuriositätenkrämer ausstehen dürfen.

26. Wenn die Gemeine mit jemandem durch einen ihres Mittels handelt, so soll die ganze Gemeine dafür billig stehen, seine Vollmacht aber zuvor vom Vorsteher und Ältesten unterschrieben werden. Tut aber einer im Namen der Gemeine etwas auf seine Hand, so soll derselbe dafür mit allem dem Seinem, ja mit seiner eigenen Person haften, auch nach Wichtigkeit der Sache gar von der Gemeine ausgestoßen werden.

27. Es sollen ohne Licht keine Zusammenkünfte gestattet werden.

28. Wir sollen in Herrnhut durch wahre Unordnung, bösen Schein, Ungehorsam gegen die Obrigkeit sonderlich den Landesherrn, dem wir in allen Dingen untertan sein sollen, uns keine Verfolgung selbst zuziehen.

29. Sollte jemand durchs Verhängnis Gottes und eigene Schuld in Wahnsinn verfallen, soll an ihm Gottes Barmherzigkeit bewiesen und er sehr freundlich getragen, den Verständigsten untergeben, von ihnen nach Leibe und Seele gepflegt, im übrigen aber davon nicht geredet,

und so er wieder zurecht kommt, vom vorigen nicht gesprochen werden.

30. Alle Montage früh wird dasjenige, was in der Versammlung der Ältesten beschlossen worden, öffentlich zu jedes Nachricht und unfehlbarer Folge bekannt gemacht werden.

31. Die Männer sollen ihre Weiber nicht hart halten oder gar schlagen, die Weiber aber ihren Männern alle Untertänigkeit leisten und sich nicht unterstehen, ihnen Regeln vorzuschreiben. Eine Frau, die für herrschend gehalten wird, soll deswegen erinnert werden.

32. Kein Sohn noch Tochter soll ohne Vorbewußt der Eltern beiderseits freien oder auch dazu Bekannschaft machen. Keine Geschwächte [= Geschwängerte] darf ordentlicher Weise in Herrnhut heiraten weder den Täter noch einen andern.

33. Sobald ein Mann gestorben, sollen sich die dazu gesetzten Ältesten der Witwen annehmen und die Waisen ernstlich anbefohlen sein lassen. Sobald eine Frau gestorben, soll zur Erziehung der Kinder dem Witwer Rat geschafft werden.

34. Kein Schuldner soll eine Witwe oder Waise, wo sie nicht notorisch wohlhabend, die ersten 4 Wochen angreifen, aber eine jegliche Witwe oder Weise die Umstände des Hauses nach dem Falle sobald möglich den Ältesten offenbaren.

35. Kein Einwohner in Herrnhut soll in Ansehung des kirchlichen Wesens zu Berthelsdorf zum Anstoß anderer urteilen oder handeln, sondern Liebe und Weisheit dabei brauchen.

36. Keiner soll seinem Nächsten Proben der Liebe und Guttätigkeit zumuten, die unbillig und hart sind, widrigenfalls soll die Vergünstigung dazu für nichtig erklärt werden.

37. Wer aus fremden Landen anhero kommen ist, der kann sich allezeit, jedoch wenn er beweibt, in Diensten oder sonst in ein Geschäft verwickelt ist, nicht ohne Vorbewußt der Ältesten und der Herrschaft wieder nach Hause wenden. Wer aber nur verreisen will, soll solches den Ältesten zuvor bekannt machen, ehe er verreist.

38. Wer der katholischen Religion zugetan gewesen, kann unverwehrt hiesigen Orts Herrschaft bei derselben verbleiben und doch alles Guten genießen, solang es die Stände erlauben.

39. Wer sieht, daß ein Wagen umschlägt, Pferde stecken bleiben, Leute gefährlich fallen, der Straße verfehlen oder sonst seinen Nächsten in einigem Kummer sieht, der soll sogleich herzueilen, seinem Nächsten zu helfen. Wer aber dasselbe nicht tut oder gar mit geschlagenen Armen dergleichen Unfall zusieht, soll, wenn er ein und andermal ermahnt worden, für den Schaden, so daraus kommen, mit haften und für einen leichtsinnigen Menschen gehalten, auch im Fall der Not wieder sitzen gelassen werden.

40. Der Berthelsdorfer Pfarrer soll den Leichen, da es verlangt wird, mit der Schule bis an das Brau- oder Schäferhaus entgegenkommen, weiter hinaus aber nicht, hingegen aber die Herrnhuter Kinder mit ihrem Praezeptor, jedoch ohne Kreuz und dergleichen Zeremonien, sie bis dahin begleiten.

41. Weil es nicht zu vermuten, daß alle Einwohner in Herrnhut einerlei Sinn nach Christo haben, so wird davon nur ein redlich Bekenntnis verlangt und alsdenn einem jeden von den Statuten soviel zu unterschreiben gegeben, als sich für ihn schickt. Es muß aber in äußerlichem ordentlichen und guten Wandel darum gleich durchgehen, weil die Zahl derer, die den Sinn Christi haben, für jetzt und bei Aufrichtung dieser Statuten die größte und Herrnhut ihrethalben erbaut. Niemand aber ist hier zu bleiben genötigt, sondern allenfalls sich im Dorf anbauen kann, der vorhin hier nicht gewohnt.

Gegeben auf der Herrnhut am 12ten Mai 1727 Zinzendorf

II. Brüderlicher Verein und Willkür

1. In Herrnhut soll zu ewigen Zeiten nicht vergessen werden, daß es auf den lebendigen Gott erbaut und ein Werk seiner allmächtigen Hand, auch eigentlich kein neuer Ort, sondern nur eine für Brüder und um der Brüder willen errichtete Anstalt sei.

2. Herrnhut mit seinen eigentlichen alten Einwohnern soll in beständiger Liebe mit allen Brüdern und Kindern Gottes in allen Religionen stehen, kein Beurteilen, Zanken oder etwas Ungebührliches gegen Andersgesinnte vornehmen, wohl aber sich selbst und die

evangelische Lauterkeit, Einfalt und Gnade unter sich zu bewahren suchen.

3. Dieses sind die Kennzeichen eines Mitgliedes an Christi Leib, welche wir in Herrnhut nach dem auf das bloße Wort Gottes gebauten einfältigen Grund, darauf wir stehen, gewiß achten: Ein jeglicher, der da nicht bekennt, daß ihn die bloße Erbarmung Gottes in Christo ergriffen und er derselbigen nicht einen Augenblick entbehren könne, daß auch die größte Vollkommenheit des Lebens, wo sie zu erhalten wäre ohne Jesu auf sein Blut und Verdienst gegründete Fürbitte, bei Gott gar schlecht angesehen sei, in Christo aber angenehm werde, und neben dem nicht täglich beweist, daß es ihm ein ganzer Ernst sei, die Sünde, die Christus gebüßt, wegnehmen zu lassen und täglich heiliger, dem ersten Bilde Gottes ähnlicher, von aller Anklebung der Kreatur, Eitelkeit und Eigenwillen täglich reiner zu werden, zu wandeln wie Jesus gewandelt hat und seine Schmach zu tragen, der ist wahrhaftig kein Bruder. Wer aber dieses beides hat, daß er den Glauben an Jesum in reinem Gewissen bewahre, der soll es auf keine Weise dahin bringen, wenn er schon sektiererisch, fanatisch oder sonst mangelhaft in Meinungen ist, daß man ihn unter uns gering schätzt oder, da er sich von uns trennt, sogleich wieder verlasse, sondern man soll ihm nachgehen mit Liebe, Geduld und Sanftmut vertragen und verschonen. Wer aber von obigen beiden Stücken zwar nicht abgeht, aber doch nicht beharrlich darinnen wandelt, soll für einen Lahmen oder Strauchelnden geachtet, doch mit Sanftmut zurecht gewiesen werden.

4. Solange man sieht, daß kein Handwerk daraus wird, ist es gut, daß gewisse Tage bei der Gemeine überhaupt in sonderlichem Andenken der Treue Gottes mit Fasten und Beten oder Dank und Verherrlichung des Herrn zugebracht werden, sonderlich der Tag des Ausgangs der ersten Brüder, der 12. Mai, an welchem viel Taten unter uns in verschiedenen Jahren geschehen sind, und daß ein jeglicher die Tage, so ihm besonders merkwürdig sind, mit seinen vertrauten Brüdern dem Herrn opfern.

5. Die sich das Kirchenwesen nach der Freiheit mit gefallen lassen, haben billig die Ursachen und daß die menschlichen Satzungen nicht sowohl approbiert, als in Demut aus Liebe und Gehorsam nach der

christlichen Freiheit gebraucht werden, bis der Herr selbst eine Änderung machte, bei Gelegenheit anzuzeigen. In dem aber, was unter uns dermaleinst könnte geordnet werden, soll Einfalt und Erbauung gesucht werden.

6. Welcher an andern Orten der Beichte nicht gewohnt oder dem solche anstößig ist, soll in Berthelsdorf von Herrschaftswegen dazu nicht genötigt werden. Keiner aber soll, Unordnung und Leitsinnigkeit zu verhüten, zum Abendmahl kommen, wenn ihn der Lehrer in Berthelsdorf nicht genugsam kennt.

7. Keiner soll sich mit offenbar gottlosen und verkehrten oder weltgesinnten Leuten in vertraulichen Umgang zum Anstoß anderer einlassen, jedoch denselben nach aller Möglichkeit billig und treuherzig begegnen und sich gegen dieselben in keine Heftigkeit bringen lassen.

8. Ein jeglicher soll sich befleißigen, den rechten gemeinschaftlichen Grund der lebendigen Lehre zu fassen, darauf wir gebaut sind, damit wir den Widersachern mit Bescheidenheit und Weisheit in der Kraft antworten können und ein jeglicher für den andern stehen.

9. Wenn sich bei Seelen was Gutes zeigt, so soll man sich mit frühzeitigem Urteil an ihnen nicht vergehen, vielmehr Gott danken, Geduld haben, auf die Frucht warten und ihnen auf alle ersinnliche Weise die Hand bieten.

10. Überhaupt soll das verwegene Richten seines Nächsten ohne augenscheinlichen Beweis und ohne vorgehenden Gebrauch aller Grade [59] unter uns ein Greuel und ein jeder berechtigt sein, den andern darüber zu bestrafen.

11. Vorsteher, Älteste und andere, so sich mit Gewinn und Führung der Seelen zu tun machen, sollen deswegen in keinen Verdacht kommen, wenn sie mit diesem oder jenem oft umgehen und vieles besonders reden.

12. Weil der meisten gegenwärtigen Einwohner Hauptzweck die Gewinnung der Seelen zu Christo ist, so soll in Herrnhut jedwedem freistehen, mit einem zu Zeiten mehr oder vertraulicher als mit dem

59 Grade der brüderlichen Bestrafung, vgl. § 30.

andern umzugehen und hierinnen nach Beschaffenheit der Umstände zu ändern, wenn es nicht um Beleidigung willen geschieht. Zwischen ledigen Manns- und Weibspersonen soll der vertrauliche Umgang nicht schlechterdings erlaubt sein, vielmehr haben die Ältesten Macht, solchen zu hemmen, sobald sie die geringste Bedenklichkeit dabei haben, er habe auch so guten Zweck als er wolle.

13. Neid, Verdacht und unzeitiges Ärgernis an den Brüdern soll sehr ernstlich vermieden werden. Sonderlich da jedweder frei hat den Umgang des andern zu suchen, soll keiner darüber verdrießlich sein, wenn ein anderer mehr mit den Ältesten bekannt zu sein scheint.

14. Von Gott und göttlichen Dingen soll um der Schwachen willen nicht leichthin, sondern mit großer Ehrerbietung gesprochen werden.

15. Die Brüder sollen nach Art der ersten Gemeine einander alles zu Liebe tun in der Freiheit, was nur möglich ist, ja über Vermögen sollen sie selbst willig dazu sein. Allen andern Menschen sollen sie tun, wie sie gegen sich selbst gern gehandelt sähen.

16. Die Gabe dazu empfangen haben, sollen reden, die andern aber richten.

17. Wer sich am besten zum andern schickt, der mag ohne Bedenken mit demselben vorzüglich umgehen, sich im Gebet vereinigen und was die besondere Gemeinschaft mit sich bringt; nur daß die herzliche Bruderliebe gegen die übrigen nicht aus der Acht gelassen werde. Ja es ist eine Pflicht, daß, die einander besonders kennen, in der Lehre, Ermahnung, Bestrafung, Trost, Entschuldigung und ganzen Haushaltung des Geistes einander die Hand reichen.

18. Kein Bruder soll ohne Vorbewußt der andern zünftig werden. Hingegen soll auch keine Hantierung unter uns an und für sich selbst unehrlich geachtet werden.

19. Keiner soll seinem Nächsten die geringste Überlast tun, viel weniger ihn hintergehen.

20. Keine Ehe soll ohne Vorbewußt der Ältesten beschlossen, noch ein Verlöbnis ohne ihre Gegenwart oder Genehmhaltung gültig sein.

21. Kein Sohn soll den Vater oder die Mutter aus dem Haus und Brote heißen, solange sie bei ihm bleiben und in der Stille ihr Wesen schaffen wollen.

22. Aller Aberglaube und Zeichendeutung soll aus Herrnhut verbannt sein, und soll dergleichen Märlein von Geistern, Ahnden, Vorbedeutungen, Totenvogel, Beobachtungen bei Kindbetterinnen und dergleichen für eine schädliche Narrheit geachtet werden.

23. Weil täglich gewisse Personen Erweckung brauchen, so soll täglich Gelegenheit dazu in Herrnhut gemacht werden; dabei aber zu erscheinen, wenn nicht die ganze Gemeine zusammengerufen ist, [soll] niemand genötigt werden.

24. Wenn jemand fehlt, soll er sich's für keine Schande achten, deswegen vorgefordert, ermahnt und bestraft zu werden. Solches soll er in Liebe und Demut annehmen, nicht retorquieren [= sich abwenden] oder sich gar deswegen der Gemeinschaft entziehen. Auch soll darüber keiner, dem es nicht anbefohlen, urteilen und richten oder Gespräche davon anstellen.

25. Wer einem gegen andere etwas nachredet, das er nicht beweisen kann, der soll gehalten sein, den Grund seiner Rede den Ältesten darzutun, sodann aber bei Gelegenheit, was er ausgesprochen, widerrufen, es klage gleich der Beleidigte oder nicht.

26. Wenn in öffentlicher Gesellschaft von andern nachteilig gesprochen wird, welches ohnedem ohne die gegründetste Ursache nicht geschehen darf, so soll ein jeder Macht haben, demjenigen, von dem geredet ist, solches wiederzusagen, jedoch ohne Benennung des Beleidigers.

27. Es sollen sich gewisse Brüder in Verleugnung aus Liebe dargeben, die mit Krank- oder Schwachheit befallenen Mitglieder zu besuchen, ihre Pflege und Wartung zu besorgen und nach Gelegenheit selbst zu verrichten. Es soll auch, solange ihnen Gott einen Arzt gönnt, der ein Bruder ist, ein jeder Einwohner von Herrnhut, der sich unsrer Krankenwartung und Vorsorge bedienen will, seine Schwachheiten und Zufälle ihm, ehe er einen andern um Rat fragt, bald anfangs melden und seinem treuen Rat folgen, kein anderer aber, der das Werk nicht versteht, durch verwegene Kuren sich an seines Nächsten Leibe vergreifen.

28. Die Kranken sollen den Krankenwärtern beiderlei Geschlechts bald anfänglich angezeigt, und was der Arzt und sie alsdann verord-

nen werden, sowohl von dem Kranken aus Gehorsam als von denen, die um ihn sind, aus Liebe wohl in Acht genommen werden.

29. Was einem vertraut oder was man gehört hat und einem nicht erlaubt worden, es wieder zu sagen, soll ein jeder sorgfältig veschweigen. Keiner soll auch vertrauten Geheimnissen leichtlich Gehör oder Glauben geben.

30. Keiner soll dem andern etwas nachtragen, sondern ihm sogleich (Herrschaft und Lehrer nicht ausgeschlossen) freundlich und geziemend entweder selbst oder durch andere über die anstößige Sache erinnern. Zusammengesparte Klagen sollen nicht einmal angehört, Zänkereien aber, Mißgunst und eigenwillige Trennungen von allen verabscheut und, die daran schuld sind, nach den gebrauchten Graden [siehe § 10] als Heiden angesehen werden.

31. Ein Handwerksmann und Künstler soll sein Wort auf den Tag halten oder wenigstens ein oder zwei Tage vorher die Ursache, warum er's nicht halten kann, dem Besteller anzeigen.

32. Alle rechtlichen Erkenntnisse, soviel die mit diesen Statuten übereinkommenden Brüder betrifft, soll sich auf die klaren Gebote Gottes, auf diese Statuten und auf die natürliche Billigkeit gründen.

33. Es soll alles mit freundlicher Bestrafung versucht, wer aber sich damit nicht gewinnen läßt, den Ort zu meiden, angehalten werden.

34. Alle Sonnabend soll von den Ältesten eine Konferenz gehalten, und wer dazu gefordert wird, unwidersprechlich erscheinen, oder da er zweimal ungehorsam ausblieb oder sich widerspenstig erzeigt, den Ort räumen.

35. Bei dem Wachen sollen die Brüder der Gemeine zur Aufmunterung einen erbaulichen Vers aus einem Liede mit lauter Stimme absingen.

36. Alle die einfältigen Lehren, Exempel oder Regeln Jesu und seiner Apostel sollen die besondere und allgemeine Regel unserer Lehre, Ermahnung und Weissagung sein.

37. Wer in beharrlicher offenbarer Unlauterkeit und beweislichem leichtsinnigen Wesen wandelt und deshalber solange ermahnt ist, daß ihm ohne Anstoß nicht länger zuzusehen, der soll vor den Ältesten mit Ernst gebunden, von den Brüdern ausgetan und nicht ehe in die

Liebesvereinigung eingenommen werden, er habe denn seiner wahren Änderung sattsame Proben gegeben.

38. Alle Kinder in Herrnhut, welche sich zu Christo bekennen werden, sollen konfirmiert und ihnen sodann diese Statuten zur Überlegung gegeben werden.

39. Keine Obrigkeit, kein Lehrer, Ältester oder Vorsteher, oder der in einigem Stück über die andern gesetzt ist, soll sich seiner Gewalt auf andre Art bedienen, als daß er einen Gehilfen ihrer Freude und Seligkeit und einen sorgfältigen Helfer in ihren Leiden, Trübsalen oder Mangelhaftigkeit abgebe.

40. Die sämtlichen Gott liebenden Gemüter sollen in der Gemeinschaft und herzlichem Umgang mit andern ihresgleichen keinen ausnehmen. Da sie es aber gegen alle täten, sollen sie sich gegen die Ältesten erklären, daß es aus keinen andern Absichten als um ihres selbsteigenen Nutzens willen, aus unverarglichen Ursachen geschehe, da denn die andern ihrer schonen sollen.

41. Es soll einem jeden frei stehen, den andern in Liebe zu erinnern und zu bestrafen, er habe gleich Grund dazu oder nicht. Es soll aber dergleichen mit großer Bescheidenheit geschehen, und solange einer in Heftigkeit ist, darf ihn der andre nicht anhören. Auch müssen wir mit des andern Entschuldigung entweder zufrieden sein oder andre Brüder dazu nehmen.

42. Wenn wir Verfolgungen erleiden sollten, so soll ein jeglicher wohl bedenken, daß solches teure und hochnützliche Übungen sind; die solche ausüben, lieben, ehrerbietig begegnen, auf alle Fragen bescheidentlich und einfältig antworten und mit getrostem Wesen in alles, was ihm begegnet, laut seines Bekenntnisses hineingehen.

Die Bestimmung der Brüderkirche

Während Zinzendorf 1742 in Amerika weilte, bemühte sich die vorübergehend verantwortliche Generalkonferenz um öffentliche Anerkennung der Brüdergemeine in einzelnen Territorien, die 1742 in Preußen zum Erfolg führten. Zinzendorf war entsetzt. Auf keinen Fall wollte er die Anerkennung der Brüdergemeine im Sinne einer vierten Konfession zulassen. Seine Lösung war die Ausbildung der Tropenidee, das bedeutete die gleichberechtigte Anerkennung von Lutheranern, Reformierten und Mähren innerhalb der Brüdergemeine, zusammengehalten durch die eine Kirchenverfassung und Kirchendisziplin. Auf der Marienborner Synode von 1745 fand er zu einer weiteren Klärung, indem er Sache und Begriff der „Brüderkirche" zur Bezeichnung der Einheit der Gemeine aus Mähren, Lutheranern und Reformierten thematisierte. Auf dieser Synode wurden die mährischen Weihegrade des Presbyters, Diakons und Akoluthen als Einrichtung der Brüderkirche eingeführt und neu interpretiert.

In demselben Jahr 1745 hielt Zinzendorf auch drei Reden über den Sinn der Brüderkirche, die unter eigenem Titelblatt 1746 erschienen und einen Teil der „32 Homilien" bilden. Hier wird die letzte der drei Reden vom 2. Januar 1746 in Marienborn mit dem Titel „Eine Rede von der Brüder-Kirche Bestimmung, Erhaltung und Dienerschaft" abgedruckt.

Die Rede gliedert sich in zwei Teile. Zunächst erläutert Zinzendorf sein anfänglich distanziertes Verhältnis zur mährischen Kirche, bis er den Plan Christi erkannte. Im zweiten Teil erläutert er die Aufgabe der Brüderkirche anhand eines Liedes von Martin Dober (HG 1717) und gliedert in 4 Unterteile: 1. Die Bedeutung des Brudernamens, 2. eine Kirche der begnadigten Sünder, 3. eine ältere Schwesterkirche der evangelischen Kirche, 4. die Brüder als Diener und Förderer aller Kirchentümer.

Abgedruckt nach: Zwey und Dreyßig einzele Homiliae oder Gemein-Reden in den Jahren 1744, 1745, 1746. Jede Rede ist einzeln paginiert. Vgl. dazu J. Th. Müller, Zinzendorf als Erneuerer, besonders S. 88f.

* * *

Er verheißt, daß sein Bund ewiglich bleiben soll (Psalm 3, 9)

Ein Beispiel von diesem Wunderwerk
Seh'n wir an seinem Augenmerk,
An der Brüderkirche, des Lammes Esther,
Der evangelischen ält'sten Schwester
Und Dienerin.

Das ist die heutige Losung. Weil das allzeit Texte sind, die wir der Providenz überlassen; und eine Materie, die nun schon zum andern Mal zur Predigt kommt, die vorm Jahr so einigermaßen übersehen worden, so will ichs zum andern Mal nicht übersehen und einmal von der Materie reden.

Der Satz ist: Er verheißt, daß sein Bund ewiglich bleiben soll. Die Applikation ist in den Worten der Kirche im Choral: Ein Beispiel von diesem Wunderwerk seh'n wir an seinem Augenmerk, an der Brüderkirche.

Ich habe mich schon vielmal erklärt, meine Geschwister, daß in unsrer Sache zweierlei Umstände zu betrachten sind. Der Ruf, den ein jeglicher für sein eigen Herz gekriegt hat, dem Heiland mit Hintansetzung aller andern Sachen in der Welt Leib und Seele herzuleih'n, um ihn zu erfreu'n [vgl. HG 1485,6]. Das ist ein Plan, das ist der Hauptplan, der älteste und gängeste Plan, der in dieser jetzigen Epoche der erste gewesen.

Der andre Plan, der andre überlegungswürdige Punkt, ist die mährische Kirchensache. Die hat mit dem ersten Plan in unsern Ideen nicht die geringste Konnexion gehabt.

Es hätte, dem Ansehen nach, der Heiland zur mährischen Kirchensache niemand Unbequemeres und Ungeschickteres rufen können als gerade die evangelischen Lehrer, die er dazu gebraucht hat, in specie mich. Weil ich entweder kein Wort davon gewußt oder in meinem Leben nicht mit Präzision daran gedacht, mit einem solchen Gedanken, da man darauf steht, da einem das Andenken davon bleibt. Denn ich weiß mich nicht zu erinnern, daß ich die mährische Kirche mein Tage hätte nennen hören, als bis ich die fünf ersten mährischen Brüder gesehen ums Jahr 1724. Ich weiß mich auch nicht zu besinnen, daß ich bis dahin einigen Konzept von der Unität gehabt, was sie von andern Kirchen distingiert [= unterscheidet], bis ich anno 1727 die Historie von Comenius, die D. Buddeus im hallischen Waisenhaus mit einer Vorrede ediert hat, in meinem Leben zum ersten Mal gelesen.

Die Ursache, warum ich bei der übrigen Kirchenhistorie weniger Reflexion auf die mährische Kirchensache gemacht habe, ist die: weil ich erstlich mit vielen andern Theologen gegläubt habe, es seien so keine Brüder mehr; zweitens, weil ich sie niemals von den Hussiten ausgelesen, sondern gegläubt habe, es ist eben die große Religionssache der Calixtiner, da wohl mögen gute Leute drunter gewesen sein, die aber ausgestorben sind und ihren Leuten Büchern hinterlassen haben. Wer den Valerius] Herberger hat, der liest ein lutherisches Buch, und wer den [Abraham] Scultetus hat, der liest ein reformiertes; und das würde so das sein, was noch in Böhmen, Mähren und im Salzburgischen von derselben Sache übrig wäre.

Ich habe es auch aus der Ursache nicht sehr estimiert, weil alle dieselben imputierten Prärogativen [= herangezogenen Vorrechte], die man in der Christenheit aus fremden Dingen nimmt, zum Exempel aus der Väter reinen Lehre, aus dem Altertum, aus einem gewissen besondern Zeugnis der Wahrheit, das die Vorfahren geführt haben, nicht nur vom Heiland ein schlechtes Zeugnis haben, sondern auch, nach der jetzigen Situation der Welt gar nichts sagen wollen, da die Nachkommen *die* Leute gar nicht mehr sind. Denn wenn man sich zum Exempel aus den jetzigen Waldensern wollte ein Konzept machen von den alten Waldensern, so kann man leicht denken, was herauskommen würde.

Das hat also in der ganzen Materie eine völlige Indolenz [= Gleichgültigkeit] bei mir erweckt; und ihr wißt wohl, daß die erste

Bewegung, die darüber in meinem Gemüt entstanden, nichts weniger als freundlich gewesen, nichts weniger als selig. Denn ich habs für ein groß Leiden für mich angesehen, für ein mißlich Ding, für eine Verschneidung des Tuchs oder des Plans in der Sache des Heilands, da ich gesehen, daß die mährische Kirchensache in unsern Anstalten, die den ordinären evangelischen Lauf nahmen, so eine gewisse Konsideration begehrte, ein gewisses Vorrecht verlangte, darauf sie gemerkt haben wolle, und wenn das nicht geschähe, uns mit einer unvermeidlichen Abreißung drohte.

Das hat mir einen melancholischen und unangenehmen Begriff gemacht, und (wie ihr alten Geschwister wohl wißt, die ihr zu der Zeit dabei gewesen seid) einen gar großen Disputat zwischen mir, C[hristian] D[avid] und P[astor] S[teinmetz] in Herrnhut erregt, der auf der mährischen Brüderseite war [und] dieselbe Brüdergemeinfreiheit wollte duchgesetzt haben und mich damals für eine Person ansah, die dem Heiland in seinen Absichten im Wege stünde; und das nicht heimlich, sondern in euer aller Gegenwart, mehr als einmal.

Nun, meine Geschwister, das ist so weit gegangen, daß ich endlich selbst einen andern Begriff bekommen, daß mich der Heiland darauf geführt und ich gegläubt und gefühlt habe in meinem Herzen, ich müsse den andern Geschwistern nachgeben, ich müsse gläuben, daß der Heiland was unter der Sache habe und daß sie an sich keine neue Materie, keine Neuigkeit, keine solche Sache sei, die sich erst aus einem luxurianten genio bei etlichen Leuten entspinne, sondern ich müsse in den Tiefen der Vorsehung Gottes die Wurzel von der Sache suchen und müsse mich also wie andre Geschöpfe verhalten, die ihren Schöpfer machen und ihm gänzlich seine freie Hand lassen und nur, soviel an ihnen ist (ohne die Lade zu halten, ohne einzulenken und die Hauptsache in einen andern Weg, in ein anderes Gleis hineinzubringen), Schaden zu wenden, und was würklich verhütet werden kann und soll, zu wehren, ihres Amts und sich angelegen sein lassen.

Das würde niemand übel genommen haben, wenn der Usa bei der Lade [2. Sam. 6, 6f] die Tiere entweder angetrieben, nachdems die Notdurft erfordert, oder zurückgehalten hätte, nicht zu stark zu gehen. Das wäre eine ganz unschuldige Sache gewesen. Er hat sich aber darin versehen, daß er die Lade selber angerührt und der Lade hat helfen wollen, daß ers für möglich gehalten, daß die Lade fallen und zerbrechen kann, daß er die unsichtbare Hand über der Lade nicht respektiert und zu kurz gemessen hat.

Das ist also die Sache nicht, die uns obliegt, daß wir eure Arche, euern Bund beurteilen und uns darüber aufhalten, sondern wir können euch nur in der Geschwindigkeit oder Langsamkeit und in der Zeitrechnung manchmal einen guten und nötigen Dienst tun, die Gemüter unsrer Geschwister auf eine Art zu disponiern suchen, daß der große Plan des Heilands, den er mit ihnen hat, nicht durch Affekte voreile und dergleichen nebeneinkommende Umstände verderbt werde, welches sich im zweiten Teil meiner Rede deutlicher auseinanderlegen wird.

Jetzt will ich nur noch das sagen. Es ist eine ausgemachte Sache bei mir und allen meinen Brüdern aus der heutigen und alten evangelischen Kirche, daß wir glauben, der Bund, den Gott mit euch mährischen Brüdern gemacht hat, der ist ein ewiger Bund. Und das hat sollen so sein und das muß so bleiben bis zu seiner Zukunft, daß ihr nicht vergeht, daß ihr nicht untergesteckt werdet unter andere Regimenter, damit nicht durch die Untersteckung die heilige Providenz um diejenige Ehre in der Welt komme, da man mit Fingern darauf weisen und sagen muß: Das hat Gott getan.

Bei alledem habe ich mich nach wie vor gehütet, die Bücher zu lesen, die das, was der Heilige Geist in meinem Herzen aufgeregt hat, in eurer Sache zu denken und zu tun, mir möchten durch plausible Gründe oder historische Umstände erleichtern oder supplieren [= ersetzen] sollen. Darum habe ich z.E. des seligen Riegers Salzbund gar nicht gelesen. Ich habe mich gehütet vor allen übrigen wichtigen alten und neuen Büchern, die in der Materie der Brüder herausgekommen sind, so daß ich gläube, daß unter uns allen niemand ist, der weniger sein Tage davon gesehen und gelesen hat als ich.

Es hat eben die Ursache, die es bei der Theologie hat. Wer einmal was vom Heiland in sein Herz gekriegt hat, der hat nicht nötig, daß er sich viel Argumente läßt dazu sagen, denn es ist des Heilands seine

Ehre größer und es geschieht ihm sein Recht besser, wenn ihm allein bleibt, was in solcherlei Gemütsarbeiten geschehen soll.

Heute habe ich wieder in Riegers Salzbund hineingesehen, aus einer gewissen Ursache. Ich habe gern wissen wollen, was er für ein Argument braucht zu dem Titelblatt seines Buchs. Denn ich habe den Titel für ein Wortspiel gehalten auf die Salzburger. Das ist er auch. Aber ich habe doch gegläubt, daß es zugleich sonst konnektieren und ein Prädikat von dem Bunde sein soll; und das hab ich auch gefunden. Er sagt, er deute mit dem Worte Salzbund auf 2. Chron 13, 5. „Der Herr, der Gott Israels, hat das Königreich zu Israel David gegeben ewiglich, ihm und seinen Söhnen zu einem Salzbund". Das Wort Salzbund ist also in seiner Idee präzise das, was der Apostel Petrus das unvergängliche Erbe nennt. Im Alten Testament ist einmal bei Gelegenheit eines unverwesentlichen Bundes[60] gedacht worden. Da hat Gott gesagt: „Das soll ein Salzbund sein ewig vor dem Herrn". Der Bund soll so wenig vergehen als das Salz. Und da sich die heilige Weisheit Gottes vorbehalten hat, Kirchen zu setzen und die Einwohner derselben Kirche, die Glieder derselben, zu determinieren, zu sagen: Der Mensch soll können in die Kirche kommen und der hingegen nicht, so führt auch Rieger ein Exempel an von den Ammonitern und Moabitern (5. Mose 23, 3 - 4.), die einmal nicht haben wollen gastfrei sein gegen das Volk und haben sich auf eine sehr grobe Weise gegen sie verhalten. Da ist verordnet worden, daß in so vielen Geschlechtern, auch nach dem zehnten Gliede, niemand von dem Volk soll können ins Volk Israel kommen. Es ist auch bekannt, wie mit den Amalekitern (1. Sam. 15, 2 - 3) ist verfahren worden, aus eben dem Grunde, und was hingegen die Keniter für ein besonders Recht und Lob gehabt, weil sie das Volk Israel so freundlich und nachbarschaftlich behandelt haben (1. Sam. 15, 6).

Aber, meine Geschwister, die Sachen sind doch von Wichtigkeit. Und da wir im Neuen Testament nicht zu sorgen haben, daß jemand ausgeschlossen ist von einiger Gemeinschaft mit dem Heiland, so haben wir doch das übrig, daß gewissen Leuten nach seiner freien

60 Im Grundtext heißt es Salzbund, 4. Mose 18, 19.

Gnade einige Vorzüge vom Heiland destiniert sind. Erstlich die Leute selber und ihre Nachkommen; zweitens eine Menge auserwählter Seelen von andern Nationen und Orten, die die heilige Weisheit Gottes will in den Zirkel hinein haben.

Daher keine schlechtere und miserablere Disputation gegen uns ist, als die aus dem Kapitel genommen ist: Die Leute sind nicht alle aus Mähren. Das ist die allerabsurdeste Exzeption. Denn es hat sein Lebtag, solang die Welt steht, sich kein Mensch lassen einfallen als zur Heidenzeit, daß die Nation die Religion macht, vielweniger, daß man darum ein Recht zu einer Kirche oder Verfassung hat, weil man in einer Stadt oder an dem Ort geboren ist[61].

Denn wenn das Prinzipium jemals wäre admittiert worden, so wärs mit keiner einigen Religion in der Welt zur Konsistenz gekommen, weil die allermeisten Religionen nicht in ihrem Vaterlande geblieben sind, sondern die Ausbreitung davon außer ihrem Vaterlande geschehen, nachdem sie in ihrem Vaterlande wie verloschen waren.

Es sind noch zwei Punkte, ehe ich auf die rechte Applikation komme, nämlich, was die Ursache ist, warum sich feine Leute vor der mährischen Kirchensache erschreckt haben und warum andre Leute so darüber halten, daß sie mit uns nicht zufrieden sind, daß wir zu wenig draus machen. Ich will nicht dezidieren, wer recht oder unrecht hat, aber ich wills doch anführen, weils von großer Wichtigkeit ist.

Die Ursache, warum hübsche und brave Leute erschrocken sind, sobald sie gehört haben, daß sich wieder eine mährische Kirche hervortut, ist die: Sie haben gedacht, das ist nun wieder eine neue Sekte. Der Sekten sind zum wenigsten schon fünfundachtzig in der Christenheit; da kommt nun die sechsundachzigste. Das ist wieder einmal eine Erweckung, die kriegt wieder einen Namen, eine neue Einschränkung, neue Regeln, neue Satzungen. Und wenn das zwanzig Jahr wird gewährt und Konfusion genug gemacht haben, so wirds wieder zerfallen und wird nichts bleiben.

61 Welches heutzutage so viel impertinenter ist, da in einem Lande oft zwanzigerlei Religionen, im andern aber nur eine behauptet wird, und mit solcher Schärfe, daß, wenn es darnach gehen sollte, die Salzburger eben darum keine Protestanten sein dürften, weil sie Salzburger sind.

Da haben die Leute gedacht, wenn wir doch ohne Namen Kinder Gottes blieben, hübsche treue lautere Seelen, und dem Heiland unsere Herzen hingäben und schienen als Lichter in der Welt und man könnte uns nicht unterscheiden von andern, so wärs viel besser und gesegneter. Und zu der Partie hab ich hauptsächlich mitgehört die längste Zeit meines Amts.

Die andern aber sagen so: Ihr habt gar nicht zu raisonieren. Das ist euer Amt nicht, daß ihr bei dergleichen Phänomenen, wie die mährische Kirche ist, euch in Überlegungen und Schlüsse einlaßt, was besser oder nicht besser ist. Die mährische Kirche wächst, als wie das Gras wächst, wie ein Baum wächst. Die mährische Kirche gehört unter die Kreaturen Gottes. Der Schöpfer aller Dinge, das Haupt aller Kirchen und Religionen hat eben gewollt: „So solls sein, das sollen die Epochen in seiner Kirche sein, das soll die Methode sein, wie er seinem Volk durch die Welt helfen will. Das sollen die sichtbaren Zeichen seiner Providenz und Vorsorge für seine Seelen sein. Und da soll zum Exempel von der Zeit an bis ans Ende der Tage eine Konnexion gefunden werden, wie er die Kirche beim Evangelium beschützt und bei der dicksten Finsternis übrig behalten habe, auch gegen die neuen Methoden des Reichs des Teufels immer neue Phänomene aufgeführt. Braucht ihr hernach für Methoden, was ihr wollt, den Schaden zu verhüten; aber die Sache müßt ihr lassen. Wenn ihr sie nicht lassen wollt, so wird er euch nicht fragen; sondern wird es doch tun, und es wird euch nur reuen, daß ihr die Gelegenheit versäumt habt, allerhand gute Erinnerungen und Einlenkungen dabei anzubringen. Es wird doch geschehen und nimmermehr vermieden werden, daß eine mährische Kirche ist, und es muß doch eine solche Brüderkirche sein und bleiben bis ans Ende der Tage. Aber ihr könnt sie leicht negligieren, wie mit Polen, Böhmen und Salzburg geschehen ist, daß da und dort eine Sekte draus wird, wie eine draus geworden ist aus den vorigen Brüdern; darum weil die Welt und die Mächte der Erde sich ihres Titels angenommen haben und sie nicht unter dem Kreuz in der absoluten Hand ihres Herrn geblieben ist. Wollt ihr das nun so haben, so laßts nur gehen. Wollt ihr das vermeiden, so greift selber bei Zeiten zu und nehmt euch der Sache mit Treue an".

Das ists eigentlich, meine Geschwister, was die Leute sagen, die ihr Auge darauf richten, daß der Heiland Treue hält, Glauben hält, Bund hält, daß der Heiland seine Werke nicht vergehen läßt, daß es ein Salzbund ist, ein unverweslicher Bund, den er mit seiner Kirche macht, solang sie noch eine einzige Seele übrig hat, solang sie noch ein einziges Gliedmaß hat, dem mit der Destruktion nicht gedient ist, solange noch ein Einziger mit dem Zeichen (Thav, Hes. 9, 4) an seiner Stirne unter dem Haufen gefunden wird, ein gesiegelter, ein gestempelter Mensch; und das ist von einer Kirche unterm Kreuz allemal zu vermuten.

Das ist zum Exempel von der Brüderkirche eine ausgemachte Sache, daß sie in allen Altern und Zeiten versiegelte Leute gehabt hat, versiegelte Menschen, wenns auch nur zwei oder drei gewesen. Solange noch drei solche Leute vorhanden sind, solange noch zwei da sind, daß, wenn der eine zum Heiland geht, so ist noch der andre übrig, solang hält der Heiland seinen Bund fort und bricht ihn nimmermehr; und aus dem einen können wieder tausend werden, wie aus den tausenden einer geworden ist.

Das sind Tiefen, davon wir am allerwenigsten verstehen, davon einen aber die Erfahrung überzeugt. Man siehts am Volk der Juden, wenn man kein ander Exempel in der Welt hätte, an ihrer wunderbaren Erhaltung zu dem Zweck, den der Herr mit ihnen in der Welt hat.

Nun ich kanns nicht anders sagen, als daß ich jetzt gläube, daß der Verweis, den mir vordem einige gegeben, daß ich aus der Sukzession dieser Kirche[62] zu wenig machte, mir damals mit recht gegeben worden. Ich habe mich gebessert; aber die Zeiten sind freilich so gewesen, daß ich nicht anders gekonnt, als ich hab mich immer müssen an

62 Vgl. Riegers alte und neue böhmische Brüder, 7. Stück, S. 635. „Ich müßte ja bedauren, wenn das Schwarze, wonach ich in meinem Werklein ziele, nämlich das beständige Werk Gottes durch die Griechen und Waldenser auf den Hussen, von dem Hussen auf die Taboriten und Brüder, von diesen auf Luther, von Luther auf uns, in seiner aneinander hangenden Kette, von denen selbst die Nachkommen von diesen Brüdern sein wollen, nicht erkannt würde."

die Mitte halten und nicht zu weit gehen in der Applikation, in der Erzählung der Wunder Gottes mit seiner Kirche, darum weil ich so viele Brüder gesehen habe, die es ohne mich wissen. Wenn ich aber einmal gesehen hätte, daß es die Brüder vergessen hätten, so würde ichs wohl wieder erinnert haben.

Ich komme also auf die Applikation.

Was sind die mährischen Brüder?

Erstlich: Sie sind eine Kirche.

Zweitens: Die ist auch eine Lammesesther.

Drittens: Der Evangelischen älteste Schwester.

Viertens: Sie soll ihre Dienerin sein.

Das sind nicht Sprüche aus der Bibel, sondern menschliche, aber historische Worte, und darum, weil sie durch die Historie bestätigt sind, Wahrheiten. Es wird also dasjenige, was ich hiervon sagen werde, nichts Neues sein, auch nichts Unbegreifliches.

Die mährische Kirche hat die Gnade vom Heiland, daß sie im gemeinen Gebrauch nicht mährisch, nicht böhmisch, nicht polnisch, noch viel weniger nach einem Menschen heißt; sondern es hat die Providenz unter anderem gewollt, daß sie zu einem gewissen Zeichen, zu einer unfehlbaren Signatur eines Kirchleins Christi, kurzweg die Brüderkirche heißen und den Namen von Freunden und Feinden haben soll, den der Heiland selbst eingesetzt hat: „Ihr seid alle Brüder." [Matth. 23,8]

Darum hats die Weisheit des Heilands so gewollt, daß man schon vor mehr [als] hundert Jahren die Nation vergessen hat und hat nicht gerade gesagt: mährische Brüder, böhmische Brüder, wenn man sie gleich nach den Nationalsynoden unterschieden hat. Sondern wenn man sie in genere genannt hat, so hat man gesagt: Fratres, die Brüder.

Wenn ihre Gegner ein Buch gegen sie geschrieben, so haben sie gegen die Brüder geschrieben. Wenn jemand über sie gespottet hat, so hat es geheißen: die Brüder. Wenn sich jemand über sie gefreut hat, so hat er gesagt: die Brüder.

Das ist nun eine historische Prärogative [= Vorrecht], meine Geschwister, ein Name, den ihr mit aller Demut vom Heiland anzunehmen habt; denn es ist doch offenbar, daß es so ist.

Ich habe mich erstaunlich verwundert, daß die Gegner, die ihr zu aller Zeit hattet und darunter sich je und je listige Leute befanden, die Schwachheit begangen und euch den Namen der Brüder selbst gegeben haben, den sie euch in principiis [= prinzipiell] hätten abdisputieren sollen, wenn sie euch auch den Namen *mährisch* oder *böhmisch* gelassen hätten. Das haben sie aber nicht allein nicht getan, sondern sie haben den Brudernamen selbst sogar von der Nation geschieden und geholfen, euch diesen Namen tout court [= ganz einfach] zu prokurieren. Sie haben ihn endlich zum Necknamen gebraucht, zum Spottnamen, zum Unnamen. Seitdem haben sie sich gehütet, sich Brüder zu nennen; denn vorher hatten sie sich auch Brüder in Christo geheißen. D. Speners Bedenken sind voll von dem Brudernamen. Nachher fingen die Theologen an, den Brudernamen zu menagieren [= zu verwenden], den Freundesnamen, ἑταῖρος, Geselle zu affektieren [= mit Vorliebe zu gebrauchen], ja den Namen der Brüder für etwas Ungeschicktes zu traktieren, für ein Zeichen der Ketzerei. Nachdem sie aber aus unsrer Unbesonnenheit (denn es ist eine wahre Unbesonnenheit von uns gewesen) wie dahinter gekommen sind, daß der Brüdername vom Heiland eingesetzt ist und daß der Heiland Autor von dem Namen ist, so wollen sie es seit einer kurzen Zeit redressieren [= rückgängig machen] und fangen an, sich wieder den Brudertitel zu geben, über den sie zehn Jahre gelästert haben. Aber das ist nun zu spät, denn es ist nun was Nachgemachtes, es ist nicht mehr original. Und also ist das, was die Providenz damit gewollt hat, geschehen; nämlich es hat sich der uralte, etliche hundertjährige Name, der Name, der bis in elfhundert hinaus geht, wieder erneuert, mit allgemeinem Konsens aller, die von uns geredet und geschrieben haben. Wir sind also wieder in Posseß [= Besitz] gesetzt.

Das ist eins und gehört unter den Beweis, daß eine verborgene Hand des Heilands mit im Spiel ist, daß wir Brüder heißen.

Das andre ist: Des Lammes Esther. Wenn wir das nicht wären, wenn wir nicht eine begnadigte Sündergemeine wären, wenn uns der Bräutigam nicht hätte, wenn wir in den Gliedern unsrer Kirche nicht die Vergebung der Sünden im Anfang unsers neuen Bestandes und unsrer Restitution erlangt hätten, so würde uns der Name der Brüder wenig geholfen haben, so wenig als es den Evangelischen hilft, evangelisch zu heißen, wenn sie das Evangelium nicht kennen und wieder zum Gesetz übergehen. Denn wenn sie ins lieben Gottes seinem Buch als Moses Diener stehen und nennen sich hundertmal evangelisch, so heißt das nichts. Also wenn wir mährische Brüder auch in der ganzen Welt Brüder genannt würden und wir hätten uns selbst so genannt und der Heiland hätte uns nicht für Brüder erkannt, so wäre alles vergebens.

Das ist also die tiefe Weisheit des Heilands, der euch so wohl gewollt hat, daß er fünf oder sechs Jahre vor eurer Restitution lauter Leute erweckt und zu sich gezogen, die er als arme Sünder zu Gnaden angenommen, die von euch nichts gewußt haben, die da wären Kinder Gottes gewesen und wären Zeugen seiner Wunden und Marter gewesen, wenn ihr auch nicht dazu gekommen wäret. Dadurch ists geschehen, daß alle die mährischen Brüder, die unter uns kommen sind, keinen andern Trost gehört haben als aus den Wunden Jesu, keine andre Versicherung ihrer Seligkeit, als aus der Begnadigung ums Blut Jesu willen; und nicht aus ihrer Brüderkirche, nicht aus ihrer Deszendenz, nicht aus ihren fleischlichen Prärogativen, wie sie der Apostel Paulus in keinem bösen, sondern in einem ganz simplen Sinn charakterisiert, denn er spricht, auch Christus nach dem Fleisch (das kann nichts Böses, sondern es muß wenigstens was Mittleres sein) solle verkannt werden [vgl. 2. Kor. 5,16]. Das ist der zweite Punkt.

Unsre eigentliche Würde kommt daher, daß wir arme Sünder und Begnadigte des Lammes, daß wir ein Kirchlein des Kreuzes sind, eine Synagoge, die er erstritten, drüber er in seinen heil'gen Hütten noch immer wacht.

Daß wir darnach auch haben das Glück gehabt, ihm eine Kirche, eine ganze Provinzialkirche zu bergen und bei uns aufzuheben und ihr Raum zu schaffen unter uns, das ist eine unverdiente Gnade. Und die ist koalesziert [= verschmolzen] mit derselben unsichtbaren Gnade und Kindschaft, die an keine Nation oder Religionsprärogativen gebunden ist.

Es können also teure Geschwister unter uns sein, die die mährische Kirchensache ihr Lebtage nicht einsehen gelernt noch sich darum bekümmert haben, vielweniger ihr Lebtag mährische Brüder zu werden verlangen, und können dennoch in der allerinnigsten Gemeinschaft mit den mährischen Brüdern und diese wieder mit ihnen stehen, ohne ihr Lebtag deswegen ihre äußerlichen Sachen anzunehmen, ja, ohne sie zu penetrieren [= durchschauen]. Denn dazu gehört, daß das Gemüt darauf gestellt und illustriert wird. Und das muß gar nicht sein, es macht sich alles selber. Fratres Moravi nascuntur, die mährischen Brüder werden geboren wie andre Gemütsmenschen. Wer es nicht von Gemüt ist, wer sich erst durch Argumente soll dazu machen lassen, da wird sein Tage nichts Gescheites draus, es sind lauter unnütze, ja schädliche Bemühungen.

Nun komm ich zum dritten. Die Brüderkirche, des Lammes Esther, ist der Evangelischen ält'ste Schwester. Dabei brauche ich mich nicht lange aufzuhalten.

Wer die Historie und die Chronologie der Kirche weiß, wie sie der schlechteste Anfänger wissen kann, der weiß, daß die mährische Kirche aufs allerwenigste hundert Jahre älter ist als die allerälteste protestantische Kirche, daß es dabei keines Besinnens braucht und daß das niemand verlangt zu disputieren, sondern sie haben sich nur an das Argument gehalten, sie sind nicht alle leiblich geborne mährische Brüder. Von welchem Argument ich vorher geredet habe, daß nichts Ungeschickters kann sein.

Aber sie ist eine Schwester, das ist sie gewiß. Sie hat eben den Bund, sie hat eben die Lehre, die die evangelische Kirche hat; die evangelische Kirche hat sie von ihr gekriegt, sie hat sichs niemals geschämt zu bekennen, sie hat sichs niemals verdrießen lassen, des alten Hussens Sprüchlein anzuführen: Jetzt bratet ihr eine Gans, nach hundert Jahren wird kommen ein Schwan, den wollt ihr ungebraten lan. D. Luther hat deswegen einen Schwan in seinem Petschaft geführt, damit zu beweisen, daß er hundert Jahr nach den Brüdern kommt, daß er jetzt das ausführt mit Macht, unter den Nationen auspredigt und in Gang und Lauf bringt, was schon vor hundert Jahren wahr gewesen ist, was durch Feuer und Schwert hat sollen vertilgt werden und was nun nicht mehr aufgehalten werden kann, sondern wie ein Strom durchbrechen soll.

Daraus ist klar, daß wir eine Schwester sind von der evangelischen Kirche, eine liebe Schwester, daß dieselbe Wahrheit jetzt ausgeführt worden, durch den Dienst Lutheri und seiner Gehülfen, die die Wahrheit gewesen, darüber ihre Vorfahren, die Brüder, ihr Blut zur Düngung hergegeben und ihr Leben gelassen. Daraus sind zwei Sachen klar: erstlich, Schwester, denn ihr habt einerlei Grund, einerlei Absichten; zweitens, älteste Schwester, das ist aus der Zeit offenbar.

Nun kommt der Hauptpunkt, der letzte: „und Dienerin".
Meine Geschwister, es liegt in den Brüdern ein gewisser vom Heiland gewirkter Sinn. Das ist der: sie dienen gern, und von selbst fällt ihnen der Unterschied der äußerlichen protestantischen Kirchenverfassung nicht ein.

Wenn sie nicht mit Leuten zu tun haben, die sie darauf bringen, so reden sie einfältig von der Gnade, die in ihrem Herzen ist und lassens drauf ankommen, was das für Wirkung hat. Sie fangen von dem Unterschied zwischen der Religion und der Kirche nicht an; denn es liegt in ihren Herzen eine Willigkeit zu dienen, nicht zu herrschen; und sich brauchen zu lassen, wo man ihrer bedarf.

Das ist eine erkannte Wahrheit im ganzen, und [ist] sogar in allen andern Religionen erkannt. Denn wenn ein Knecht Jesu Christi aufstünde zu unsrer heutigen Zeit unter den Mennoniten, unter den Quäkern, unter den unterschiedlichen Arten der Täufer, unter den Presbyterianern, unter den Episkopalen, unter den Reformierten oder Lutheranern, sogar unter den in der lutherischen Kirche entstandenen kleinen Ökonomien der Pietisten, der Separatisten und wie sie heißen, der Mystiker, der Inspirierten, dessen sein allererster Gedanke ist gleich gewesen: Könnt ich doch Brüder haben, die mir den Segen, den ich jetzt merke in meiner Religion, beständig machten; die mich in der Materie, die der Heiland mir in meinen Mund legt, unterstützten, den Hauptirrtum in meiner Religion übern Haufen zu schmeißen; die mir das hülfen herausbringen, was der Heiland mit uns zum Zweck hat.

Daher kommts, daß unter diesen Religionen, die ich jetzt genannt habe, sogar unter den Sozinianern zu der Zeit, da sie noch grobe Sozinianer waren, da sie noch die Gottheit Jesu leugneten, da sie nur anfingen, den ersten Blick in seine Versöhnung, ja den ersten Blick in den Anfang der Bekehrung zu tun; da sie überzeugt waren, daß sie müßten ums Blut Jesu willen zur Gnade kommen, daß man nicht könnte selig werden als aus dem Verdienst Christi, sobald, sage ich, das unter den Sozinianern nur anfing, zwei Leuten deutlich und klar zu werden, da sie im übrigen noch die strengsten Unitarier waren, so war ihr erster Einfall: Könnten wir keine Brüder haben? So war ihr erster Gang zu den Brüdern. So hat mancher großer Theologe unter ihnen Jahr und Tag hintereinander, es hat schneien oder regnen mögen, keine Brüderversammlung versäumt, um sich in der Lehre vom Verdienst Christi festzusetzen.

Woher kommt das alles? Weil der liebe Heiland in der Menschen ihren Herzen, in allen Religionen, die nicht direkt gegens Evangelium angehen, sondern sich mit dem Evangelium behelfen wollen, in aller Herzen, sage ich, die Idee gelegt: Man kann sich der Brüder ohne Gefahr bedienen, sie sind nur Diener. Sie werden mir keine Konfusion in meiner Religion, in meiner Kirche machen, ich kann sie nur zu dem Zweck brauchen, den Gott jetzt in mein Herz gegeben. Und wenn sie wollen weiter gehen, so darf ich nur sagen, ich brauch euch nicht mehr, so gehen sie wieder.

Seht, meine Geschwister, das ist der große Punkt, darüber ich mich manchmal so deutlich gemacht. Laßt uns aus dem Plan nicht herausfallen! Wir sind bloße Diener, bloße Handlanger.

Wenn die Leute sagen: „Ihr seid Indifferentisten", „O", sagen wir, „was sind das für Einfälle? Warum sollten wir Indifferentisten sein? Weil ihr bei den Quäkern seid, weil Brüder von euch bei den Baptisten sind, weil sie unter den Sozinianern wenigstens gewesen sind zu der und der Zeit. Darum sind wir Indifferentisten? Darum weil ein Mensch, der keinen Gott gläubt, zu mir kommt und sagt: ‚Rede doch mit mir von Gott, überzeuge mich doch, daß ich einen Gott gläuben kann‘. Nun so will ich dir mein Herz sagen, wies mir ist: so ists mir". Gesetzt, ich habe das Glück, ich überzeuge den Menschen, der Mensch gläubt einen Gott, wird aber kein Lutheraner, darum bin ich keiner? Oder ich bringe den Naturalisten so weit, daß er an den Heiland gläubt, und er wird darum noch kein Lutheraner, ergo bin ich keiner? Ich werde nicht alles das, was die Leute sind, mit denen ich umgehe. Ich kriege darum die Pest nicht, weil ich mit Pestleuten umgehe, daß ich einen Pestkranken besuche und ihn gesund mache. Es ist ohnedem eine Absurdität und eine erstaunliche Torheit in der Welt, daß die Methode der Bekehrung allemal von hintenzu angefangen wird. Wenn ich zum Exempel einen Juden bekehren will, so fang ich an, ihm zu beweisen, daß in dem und dem Psalm, in dem und dem Kapitel des ersten Buches Mosis von meinem Heiland gehandelt wird. Das ist die umgekehrte Bekehrung, das ist ridicul [= lächerlich]. Wenn ich den Juden einmal zum Sünder habe, wenn ich erst weiß, daß der Jude einen Heiland braucht und ich kanns ihn auch wissen machen, und es will ihm nirgend hinlangen mit seiner Seligkeit, und es will ihm auch sein Profit, sein Nutzen, sich in der Welt fortzubringen, nicht mehr genug sein, wenn er auch nicht weiß, wo er ewig bleiben soll, er schickt das Herz dahinein, wo er ewig wünscht zu sein: danach gehts dem armen Menschen so, daß ich nicht nötig habe, ihm ein Lexikon zu holen oder eine Grammatik, einen Rabbinen oder eine andre Erklärung des Spruchs. Sondern er wünscht, daß alle Sprüche in der ganzen Bibel von dem Heiland handelten, der ihm helfen soll, der ihm das ewige Leben geben muß und ders ihm schaffen kann und will. Und so ists mit allen den andern.

Das Hauptübel, das pestilenzialische Ding, dadurch der Satan hernach alle die andern kontagiösen Sachen hat können unter eine Religion, unter ein Volk bringen, das Hauptwerk angegriffen und übern Haufen geschmissen. Das sind wahre Kuren, da man den Focum morbi [= Krankheitsherd] ergreift. Wenn die Ursache, die Quelle der Krankheit sondiert und gestopft wird, darnach sind noch Symptomata genug, die können noch ein halb Jahr währen. Der Mensch ist doch kuriert, er wird doch gesund. Hingegen kann ich den ersten Tag die Symptomata vertreiben, und er stirbt.

So hängts nun zusammen, ihr Brüder, mit eurer Dienerschaft. Wenn ihr von Seelen gebraucht werdet, so werden sie, und das von rechts wegen, wenn ihr treu und weislich handelt, wenn ihr planmäßig handelt, eben allemal in dem Teil kuriert, wo ihnen Hilfe nötig ist. Das verstehen freilich die Menschen, die das Herzwerk nicht kennen, gar nicht, die können sich nicht drein finden. Die denken, wenn man

Heiden bekehrt, so muß man sie alle lutherisch machen, man muß sie gleich heut überzeugen in Sankt Thomas, in Calecut [=Kalkutta, Königreich in Ostindien] und an der Kap, daß Doktor Luther ein heiliger Mann gewesen und daß er ein Werkzeug Gottes war und das Papsttum zerstört hat und mit Erasmus nicht gut gestanden hat. Und die Leute wissen nicht, daß ein Papst in der Welt ist, sie wissen nicht, daß ein Luther hat kommen müssen. Sie haben ihr Lebtag nichts von einer evangelischen oder katholischen Kirche gehört. Sie haben ihr Lebtag nicht gewußt, daß es Menschen in der Welt gibt, die nur einen solchen Einfall haben, was man ihnen nachher weitläufig erzählen muß. Und wenn man hingegen ihr Herz direkt zum Lamm weist, zu seinem Blut, zu dem Schöpfer, der auch ihr Heiland ist, so können sie darnach in vierzehn Tagen oder drei Wochen einen Lutheraner sprechen oder einen Reformierten oder einen Katholiken, und ohne daß sie zu sagen wissen, von was für einer Religion sie sind, so reden sie so gut evangelisch mit ihnen, als wenn sie die Augsburgische Konfession auswendig könnten.

Das heißt nun heutzutage Indifferentisterei, und zu der müssen wir uns bekennen, meine Geschwister! Denn wenn wir *den* Plan verlieren, so hört unsre ganze Dienerschaft auf. Aber seht, meine Herzen, aus eben der Ursache, daß wir keinen Wilden zum Lutheraner machen, müssen wir auch keinen Lutheraner zum mährischen Bruder machen. Das heißt auch wieder nichts. Denn unsre Dienerschaft geht allzeit aufs Pünktchen; unsre Kur auf den Focum morbi; unser Rat allzeit auf das, worauf es ankommt, selig zu sein oder nicht selig zu sein. Es ist freilich unstreitig, daß ein Lutheraner eher ein mährischer Bruder werden kann als ein Wilder ein Lutheraner. Aber es muß doch vom Heiland kommen und nicht von uns. Und das tut der Heiland nicht. Der Heiland gibt sich die Mühe nicht, daß er eines Menschen seinen Kopf mährisch schneidet, wenn er sich zu einer Agende von interim [= dazumal] her gewöhnt hat, sondern der Heiland läßt das in seinem naturellsten Gange, in seiner simpelsten Situation, und es freut ihn in seinem Herzen, wenn er nur viel treue, mit seinem Blut besprengte Lutheraner hat. Hingegen hält er auch freilich keinen zurück, dessen sein Kopf, Verstand und Ideen sich nicht anders machen können, denens so ist, daß sie die Sache anders nicht begreifen und ihre Seligkeit nicht anders finden: aber eine Seligkeit, ein Vergnügen, ein Glück für ihr Herz und Seele, einen Vorteil in der Sache des Heilands durchzubrechen. Nicht eine Seligkeit und Vergnügung der Sinnen, denn die kann man allemal dem Nutzen sakrifizieren [= opfern].

Das ists alles miteinander, meine Geschwister, was ich zu sagen hatte. Es ist nichts anderes als eine Suite von Gedanken, die bei Gelegenheit der heutigen Losung entstanden sind.

Ich sehe freilich eine tiefe Weisheit des Heilands in der Erhaltung der Brüderkirche. Ich gläube, er wird sie durchführen, er wird sie als sein Volk, als sein Haus durchführen, durch die Welt und alle ihre Feinde. Aber ich wünsche von Herzen, daß er uns zugleich bewahren möge in Zeit und Ewigkeit vor alle dem, was die Sache nicht ist, was in die Ressorts seiner heiligen Absichten nicht hinein gehört und in seiner Weisheit nicht beschlossen ist, was der Rat der Wächter nicht aufgezeichnet hat, sondern nur so luxuriante Gedanken sein können, von jungen unerfahrnen Geschwistern, von muntern Helden, von Leuten, die ihr eigenes zu lieb haben. Davor bewahre uns der Heiland in Gnaden und lasse einen jeden unter uns wissen was er soll. Und wer nicht wohl sonst etwas kann fassen ohne Kopfzerbrechen, als daß er des Lammes ist mit Leib und Seele, erworben durch sein teures Blut, und daß das des himmlischen Vaters, des Vaters Jesu Christi sein Rat ist, da er uns ihm geschenkt hat; der fasse auch nichts anders und bekümmere sich um nichts anders und gebe sich nicht erst die Mühe, Kirchendisziplinsachen nachzudenken.

Eine Beschreibung der brüderischen Tropen

Abgedruckt nach: Summarischer Unterricht in Anno 1753 für Reisende Brüder, London 1755, S. 15f. Vgl. dazu Hahn/ Reichel, Zinzendorf und die Herrnhuter Brüder, S. 412-417.

53 Was heißt Tropus?

Es heißt ein Methodus beim Vortrage der Wahrheit, der dieser und jener Division [= Abteilung] in der Brüderkirche eigen ist.

54. Wie sind die Tropi entstanden?
Sie waren schon vor etlichen hundert Jahren gewesen. Warum sie aber reassumiert [= wieder aufgenommen] worden, das hat drei Ursachen:
1) Man wollte nicht klüger sein als die Alten.
2) Man fand die vorigen Subjekta [= Personen] zu diesem Objekt noch, wollte keinen Mischmasch in den Gemeinen haben, aus welchem etwa ein Indifferentismus oder Krypto-Sectariismus [= heimliche Sektiererei] hätte entstehen können, und hielt also
3) die diversos modos concipiendi [= verschiedenen Lehrweisen] möglichst auseinander, damit sie bei unvermerktem Anwachs ohne allzu großes Aufsehen einander aus dem Wege kommen könnten und ohne daß der Stärkere den Schwächern aufreibe.

55. Wozu dienen sie mehr?
Sie halten die Tür in die andern evangelischen Religionen [= Konfessionen] sowohl denjenigen, die sie verlassen, als ihren Kindern offen, so daß ein Bruder wieder ganz lutherisch oder reformiert werden kann, wenn ers vorher gewesen, ohne daß es viel Aufsehen macht. Sie verhüten den Schein der Apostasie [= Abfall], der ein odium sectae prioris auf dem Rücken trägt, vorwärts und rückwärts.

56. Wie vertragen sie sich?
Weil sie dem misui in vetitum [= Streben nach dem Verbotenen] und der cupidini negati [= Begierde nach dem, was versagt ist] weislich vorbeugen, so binden sie um so viel fester zusammen, als jedermann weiß, daß er damit nicht gefangen noch dazu gezwungen ist.

57. Wer obtiniert [= bestimmt]?
Der Tropus, der eben den Geist hat, der hat auch gewiß die meiste Autorität zu der Zeit. Der Status des reformierten Tropi ist zu dieser Zeit am solidesten etabliert. Der lutherische hat vom Anfang die florissantesten Gemeinorte [= blühendsten Gemeinden] und der mährische dermalen den meisten apostolischen Segen. In Synodo dirigieren sie alle drei mit gleichem Gewicht.

Ökumenisches Bekenntnis

Am 10. Dezember 1741 traf Zinzendorf in Pennsylvanien/ Amerika ein, um in der neuen Welt für sein ökumenisches Ideal christlicher Gemeinschaft zu werben und die Mission unter den Indianern zu befördern. Zu diesem Zweck regte er ökumenische Konferenzen an. Schon am 11.-12. Januar 1742 konnte ein erstes Treffen von lutherischen, reformierten, Neutäufern, Schwenckfeldern, Inspirierten, Mitgliedern der Ephrata-Kommunität, Herrnhutern u.a. zustande kommen. Nach insgesamt 7 Konferenzen mußte diese erste ökumenische Begegnung von Kirchen in Amerika allerdings aufgegeben werden, da sich einzelne Gruppen zurückzogen. Aus dem Protokoll der ersten Versammlung wird hier nur das ökumenische Bekenntnis, auf das die Anwesenden verpflichtet wurden, abgedruckt.

Nachgedruckt aus: Authentische Relation von dem Anlaß, Fortgang und Schlusse der am 1. und 2. Januarii Anno 1741/2 in Germantown gehaltenen Versammlung einiger Arbeiter derer meisten Christlichen Religionen und vieler für sich selbst Gott dienenden Christen-Menschen in Pennsylvania, Philadelphia 1742, S. 11-14; Nachdruck Hildesheim 1998 mit einer Einführung von Peter Vogt (N. L. v. Zinzendorf, Materialien und Dokumente, Reihe 2, Band 30)

* * *

Die 7. Frage: Was sind aber die Hauptpunkte, darinnen wir alle einstimmig sein müssen, um diesem Brüderrat beiwohnen zu können?

Einstimmige Antwort:
Also hat Gott die Welt geliebt, daß er seinen einiggebornen Sohn hergab, auf daß alle, die an ihn glauben, nicht verloren werden, sondern das ewige Leben haben. Denn Gott hat seinen Sohn nicht gesandt in die Welt, daß er die Welt richte, sondern daß die Welt durch ihn selig werde. Wer an den glaubt, der wird nicht gerichtet, wer aber

nicht glaubt, der ist schon gerichtet, denn er glaubt nicht an den Namen des einiggebornen Sohnes Gottes (Joh 3, 16-18).

Wir glauben und bekennen einhellig, daß uns niemand anders vom ewigen Tod hat können erlösen als unser Herr und Gott, Jesus Christus allein, mit seinem Blut. Wir gläuben, daß er für die Welt sterben mußte, nicht daß ihn jemand im Himmel oder auf Erden dazu hätte zwingen können, sondern weil kein anderer Rat im Himmel noch auf Erden für uns war, so hat ihn sein eigen Erbarmen über unser Elend dazu gebracht. Sein Vater, der seinen einiggeborenen Sohn auch darum besonders liebt, daß er sein Leben für die Welt lassen wollte, ehe noch eine Welt war, hat ihn dazu hergegeben aus seinem Schoß. Er hat ihn der ganzen Welt zu Hilfe hergegeben, und Jesus heißt darum nicht nur der Gläubigen Heiland und die Versöhnung für ihre Sünde, sondern auch für der ganzen Welt Sünde und aller Menschen Heiland.

Die ganze Welt lag im Argen. Da war keiner, der Gutes täte, auch nicht einer. In Adam ist alles gestorben, in Christo kann und muß alles lebendig gemacht werden, was ein geistlich Leben kriegt; und wer die Stimme des Sohnes Gottes hört, der lebt.

Dazu hat ein jeder Mensch durch den Tod Jesu Recht, denn er hat mit einem Opfer auf ewig vollendet alle, die geheiligt werden. Ein jeder bleibt tot in Sünden, den nicht Christus lebendig macht. Es muß ein jedes von neuem gezeugt werden, wann aber in dieser Zeit eigentlich und wie, das weiß der Herr. Wir haben uns darum so viel weniger zu bekümmern, weil unser Amt nicht ist, Seelen lebendig zu machen, sondern daß wir denen durch Christus auferweckten Seelen Worte des Lebens sagen.

Solange einer nicht lebendig gemacht ist, so ist er unter dem Gericht der Verdammnis zum ewigen Tode, es ist ihm aber nicht klar, doch ist sein Gewissen nicht ruhig. Sobald er erweckt ist, erkennt und bekennt er sich für verdammt. Sobald er aber an den glaubt, der die Gottlosen gerecht macht, und glaubt, daß der auch für seine Sünde gestorben ist, welches kein Mensch anders glauben kann als durch den Heiligen Geist, sobald wird der Mensch zu Gnaden angenommen, von der Sünde absolviert, von ihrem Gesetz geschieden, und hat das

Privilegium oder Recht, nicht mehr zu sündigen, sondern heilig zu werden.

Die Sünde legt man ab, sobald man Gnade kriegt. Das Herz entsagt ihr auf ewig, ist und bleibt ihr unveränderlich gram und mit dem Heiland eins gegen sie. Der nimmt uns in Schutz gegen den Teufel, die Welt und die Sünde. So fahren wir in der Heiligung fort alle Tage, und der Heilige Geist macht uns immer ganzer, völliger, geübter, fester, erfahrener, untadeliger und schöner bis in die Ewigkeit. Und das alles um unsers lieben Heilands willen und ihm zu Liebe (weil er unser Fleisch und Blut ist, denn niemals hat jemals sein eigen Fleisch gehaßt, sondern er nährts und pflegt seiner, Eph. 5, 29). Wir tragen unsern Schatz bis ins Grab in einem irdenen Gefäß, darinnen ihn niemand ganz und unbeschädigt bewahren kann als der Herr allein. Solange wir aber arm und demütig bleiben, so sind wir gewiß bis an seinen Tag, daß ers treulich tut.

Was die Ausübung oder den Beweis des Glaubens in der Kraft betrifft, so ist das unser aller Regel: Daß ein begnadigter Sünder alles, was er tut mit Worten oder mit Werken in dem Namen des Herrn Jesu tut. Und damit ihm Satanas seine Sinnen nicht verrücken kann, so muß er sich sein Herz und seine Sinnen bewahren lassen durch den Frieden des Herrn unsers Gottes. Wollen wir aber mit allen Handlungen dem Vater durch Jesum danken, so muß ein jeglicher nicht nur alle Fleischeswerke, sondern auch alles das lassen, was bei ihm, wenn ers täte, nicht aus dem Glauben ginge. Das ist unser aller gründlicher Sinn in Lehr und Wandel.

Endlich und zum letzten haben, zur Beförderung der gründlichen Gespräche und Unterhandlungen sein unsern künftigen gemeinschaftlichen Zusammenkünften, wir allerseits einmütiglich beschlossen, über solchen Sprüchen, die weder prophetisch noch mystisch noch verblümt klingen und nicht nur an sich plan und deutlich für jedermann sind, sondern auch in den Grundtexten, in allen Editionen und in allen gewöhnlichen und nicht offenbar törichten Übersetzungen einerlei Verstand darlegen, einigen Disputat nicht mehr zu gestatten, sondern mit einem solchen Schwert des Geistes die gegenseitige Lehre sogleich niederzulegen und uns zu bescheiden, daß, wenn einer auch noch nicht fertig wäre, seine Meinung in dem Fall abzulegen, er doch in einer ehrbaren Christenversammlung keine Ehre mehr zu reden habe, sobald er ein offenbares und klares Wort der heiligen Schrift gegen sich hat.

Und mit diesem Verlaß endigte sich diese zweitägige Konferenz herzlich, friedlich und ordentlich. Und bei allen zahlreich Anwesenden war nur ein Sinn über dem allen.

Christliches
Gesang-Buch
der
Evangelischen
Brüder-Gemeinen
von 1735
zum drittenmal aufgelegt und durchaus revidirt.

Zu finden in obbesagten Gemeinen.
1741.

Titelkupfer des Herrnhuter Gesangbuchs von 1735, 3. Aufl. 1741

Gedanken für gelehrte und doch gutwillige Schüler der Wahrheit

Während seiner Tätigkeit in Dresden gab Zinzendorf 1725/26 das Journal „Der Dresdner Sokrates" anonym heraus, das Aufsätze religions- und gesellschaftskritischer Art enthielt. Sein Ziel war, die aufgeklärte Bildungsgesellschaft Dresdens im „Nachdenken stutzig zu machen" und die fadenscheinigen Argumente eines Namenchristentums gegen die Religion zu hinterfragen. Im Nachgang erschienen erst 1731 die folgenden Thesen, die der nachträglichen Gesamtausgabe unter dem Titel „Teutscher Sokrates" beigefügt wurden. Die Sätze beschreiben Zinzendorfs Menschenbild und seine Verbindung mit der Zeit der Empfindsamkeit. Eine Gliederung lässt sich kaum erkennen. Nach den einleitenden Sätzen über den Vorrang der Empfindungen vor den Vernunftsschlüssen in Sachen Religion (1-12) reflektiert er über die unterschiedlichen Arten menschlicher Gemüter (13-23), über die Natur des Menschen (24-28) sowie die Erziehung der Gemüter (29-39) zu verlässlichen Empfindungen der Wahrheit (40-44). Die Bedeutung der Thesen liegt nach Wilhelm Bettermann darin, dass sie das Gefühl als „Erkenntnisprinzip" einführen[63].

Abgedruckt nach: Der Teutsche Socrates. Das ist Auffrichtige Anzeige verschiedener nicht so wohl Unbekannter als vielmehr in Abfall gerathener Haupt-Wahrheiten, Leipzig und Görlitz o.J., ND Leipzig 1902, S. 289-296.

* * *

1. Die Religion kann ohne Vernunftschlüsse gefaßt werden, sonst könnte niemand eine Religion haben, als der einen aufgeklärten Kopf hätte, und die wären die besten Gottesgelehrten, die am meisten Vernunft hätten. Jenes aber ist nicht glaublich, und auch dieses streitet mit der Erfahrung.

63 Wilhelm Bettermann, Theologie und Sprache, Gotha 1935, S. 12.

2. Die Religion muß eine Sache sein, die sich ohne alle Begriffe durch bloße Empfindung erlangen läßt. Sonst könnte kein tauber, noch weniger aber ein blind geborener, und am allerwenigsten ein wahnsinniger Mensch oder ein Kind die zur Seligkeit notwendige Religion haben. Der erste könnte die Wahrheit nicht hören, der andere mangelt der Sinnlichkeit, die sein Gemüt erweckte und Gedanken erregte, die dritte Art ermangelt der Richtigkeit, der Begriffe zu fassen, zu sammeln und zu probieren.

3. An der Wahrheit in den Begriffen ist weniger gelegen als an der Wahrheit in der Empfindung. Irrtümer in der Lehre sind nicht so schlimm als in der Art. Ein Unwissender ist so übel nicht dran als ein Klotz.

4. Die begriffene Meinung verändert sich mit dem Alter, Auferziehung und andern Umständen. Die empfundenen Meinungen sind diesen Veränderungen nicht so sehr unterworfen, sie befestigen sich wohl eher mit Zeit und Umständen.

5. Wenn sich die Gottheit einem Menschen nicht zu erkennen gäbe, so könnte sie von einem Menschen nicht begehren, daß er sie erkennt.

6. Die Offenbarung ist in der menschlichen Empfindung unumgänglich vonnöten, daß sie aber in faßliche Begriffe gebracht werde, ist nicht so sehr nötig als nützlich.

7. Alle Menschen können zu der nötigen Wahrheit kommen, wenn sie nur wollen.

8. Die Wahrheit einer Sache kann bei einem Menschen nicht ankommen, wenn ihm daran gelegen ist, daß die Sache nicht wahr sei. Es gibt nur zwei Arten, einen Menschen alsdenn zu überzeugen: 1) die Augenscheinlichkeit, 2) die geistliche Gewalt.

9. Solange eine Religion mit unsichtbaren Dingen zu tun hat und alle auch geistliche Gewaltsamkeit wider ihre Natur ist, solange wird sie von niemandem für wahr gehalten, dem daran gelegen ist, daß sie nicht wahr sei.

10. Die Vernunft weicht der Empfindung.

11. Die Religion kann nicht vernünftig gefaßt werden, solange ihr die Empfindung widersteht.

12. Die Empfindung einer Sache kann von keinem Vernunftschluß über Haufen gewonnen werden.
13. Es gibt dreierlei Arten menschlicher Gemüter: sie sind 1) heftig, 2) mäßig, 3) hinfällig.
14. Die heftigen Gemüter sind dreierlei Art. Einige wollen nur viel haben, andere wollen auch genießen, etliche wollen alles selber sein.
15. Die mäßigen Gemüter sind auch dreierlei: Einige möchten haben, andere auch genießen, und andere alles selber sein, sie möchtens gerne und nehmen die Gelegenheit mit, lassen es aber an sich kommen.
16. Die Hinfälligen oder trägen Seelen haben auch gerne, genießens noch lieber und schlagen kein Ansehen aus, wenn sie sich keine Mühe geben dürfen, nach etwas zu greifen, sich eine Freude zu machen oder sich in Ansehen zu setzen.
17. Die erste Art fürchtet sich entweder, keine Religion zu haben, und sucht sich von den Pflichten der Ihrigen mit Skrupeln zu befreien, oder sie macht sich lauter neue Obliegenheiten, um die eigentlichen zu versäumen, oder sie wirft sie nach Gelegenheit übern Haufen und verteidigt entweder eine bequemere oder verwirft alle.
18. Die andere Art sucht sich entweder mit der Religion über Bausch und Bogen zu vergleichen, oder sie begegnet ihr mit vieler Höflichkeit ohne Wahrheit oder sie entschlägt sich der Sorgen über der Ausübung durch Behauptung ihrer Lehrsätze.
19. Die letztere Art läßt sich gleich viel sein, ob eine Religion ist, und wenn deren eine wäre, hofft sie entweder das Beste oder läßts auf das Schlimmere ankommen.
20. Die Natur eines jeden Gemüts bringt entweder einen Begriff oder eine Empfindung der Religion mit sich, solange aber das Gemüt mit dem Körper wirkt, solange kann es geschehen, daß die Leidenschaften, welche diesem ankleben, alle Überlegungen, die von jenem herrühren würden, nicht aufkommen lassen.

Theosophia fratrum in nuce

Im Jahre 1741 fuhr Zinzendorf mit einem großen Aufgebot nach Genf, um mit den Theologen der Genfer Akademie ein Gespräch über seine Theologie zu führen und in dieser von der Aufklärung weitgehend beherrschten Stadt ein Zeugnis für Christus abzulegen. Am 9. März traf er ein; am 16. Mai, als er die Stadt nach verschiedenen Gesprächen wieder verließ, verfasste er die folgenden Thesen gleichsam als einen Aufriss seiner Theologie, die er dem Rektor der Akademie Professor Jacob Vernet[64] *vorlegte. Diese Thesen, die hier aus dem Lateinischen übersetzt werden, bieten einen für Zinzendorf sonst ungewöhnlichen Aufriss seines theologischen Denkens und zeigen, wie er das Gespräch mit einer aufgeklärten Theologie führte. Zinzendorf setzt beim Neuen Testament, d.h. bei Christus als dem uns zugewandten Gott, dem Schöpfer, Mittler und Erlöser ein und endet in § 26 mit der Beschreibung des Glaubens in 10 Merkmalen. Gegen die aufgeklärte Theologie des angesehenen Professors Vernet und seiner Kollegen stellt er seine Thesen von Christus als dem Schöpfer und Jehova des Alten Testaments, gegen die Vernunft setzt er die Offenbarung, gegen die Spekulation die Schrift. Und er begründet damit, warum die Gemeine zu Christus betet, denn nur durch Christus, geleitet von der mütterlichen Liebe des heiligen Geistes, hat sie Zugang zum Vater. Die Thesen sind zugleich der Versuch, seine Theologie einer reformierten Tradition gegenüber verständlich zu machen.*

Abgedruckt nach: UA Herrnhut R 20.D.8,4

* * *

1. Unsere Theologie ist aus dem Neuen Testament, nicht dem Alten genommen.

---

64 Über Jacob Vernet (1698-1789) und seine Theologie s. Paul Wernle, Der schweizerische Protestantismus im 18. Jahrhundert, Bd 1, Tübingen 1923, S. 496-498 und 635-637.

2. Die Erklärung des Alten Testaments machen wir nicht zu unserer Sache, sondern zu der der Apostel.
3. Der Logos wurde Fleisch, er wird Christus Jesus genannt. Er ist das Prinzip und Ziel des Neuen Testaments.
4. Christus ist aus Gott, und Gott ist das Haupt Christi.
5. Christus, insofern er als Diener Gottes der Herr des Universums ist, ist das Haupt der Kirche, und die Kirche besteht allein in Christus.
6. Niemand erkennt Gott, weder in seinem Wesen noch nur in seiner rein wesentlichen Erscheinungsweise, mit einem Wort: die Theoteta, die Gottheit als Vater, Logos und Geist.
7. Die Gottheit erklären wollen ist Sache des Fanatikers, nicht des Philosophen.
8. Die offenbare Gottheit ist der Vater aller Kreaturen, die prima causa.
9. Der Christus Gottes war der Mittler zwischen den Geschöpfen und dem Schöpfer, bevor die Fundamente des Universums gelegt sind.
10. Durch den Christus Gottes, insofern er der Mittler ist, sind alle Werke Gottes gemacht: Universum, Engel, Menschen.
11. Christus ist eine menschliche Natur in Gott gegeben worden.
12. Christus ist der Gott der Bibel, mit Namen Jehova genannt, der einzige Inhalt des Gesetzes und des Evangeliums.
13. Der Jehova des alten Testaments ist aus heiligem Hauch (spiramen) durch die Kraft (virtus) des Höchsten Mensch geworden in der Jungfrau Maria.
14. Diesen Menschen nennt der Apostel Gott, im Fleisch geoffenbart; der Prophet den Herrn des Universums, El Schaddai, Vater aller Zeiten, Friedefürst; sein Volk nennt ihn Gott bei uns und Jehova, unsere Gerechtigkeit.
15. Jehova, der Mensch geworden ist, ist der Lehrer seines Volkes, Erlöser und Mittler gewesen.
16. Er hat gelehrt, dass er einen Vater habe, welcher darum als Sohn Mensch geworden, um die Menschen zu seinen Söhnen anzunehmen; dass aus dem Vater der Geist hervorgegangen sei, welcher uns in mütterlicher Liebe umfassen und mit seiner Hand gleichsam durch die Welt führen werde. Dass er nicht als Bruder sondern für die Brüder in

der Gestalt des Erstgeborenen mit uns handeln werde, dass er, nachdem er das irdische Leben ertragen, in dem er nichts Menschliches verschmähte, außer dass er keine Sünde kannte, als Haupt der Menschen hervorgehen werde, als die einzige und ewige Heilsursache.
17. Er hat uns erlöst aus unserem Elend, aus dem Gefängnis des Satans, aus dem Schicksal der Welt und aus dem Zorngericht durch den Tod, den er für uns auf das bitterste und bis zum Grabe erfahren hat.
18. Er verbürgt uns die ständige Vermittlung zur Rechten des Vaters.
19. Darum wird von seinen Leuten bewusst jedes Wort an ihn gerichtet.
20. Jesus Christus hat gelehrt, auch den Vater selbst anzubeten, so wie er zu ihm betete. Wir lehren, zu dem Sohn zu beten und beten ihn an. Der Mensch Jesus hat den Menschen den Namen des Vaters offenbart (so Paulus in 1. Kor 1, vergleiche auch das letzte Wort des sterbenden Jesus und des Stephanus).
21. Gott ist im Geist und in der Wahrheit zu verehren; Christus ist mit Herz und Mund zu verkünden, und zwar als Gekreuzigter.
22. Den ewigen Gott, den Urheber aller Dinge zu erkennen, ist vernünftig. Gott im Fleisch geoffenbart kennt nur der Glaube.
23. Gott als den einzigen, ewigen, einfachsten, als Sein alles Seins zu kennen unterscheidet den Weisen vom Volk der Araber, den Juden vom Barbaren, Mohamed von Brama, den Teufel vom Götzendiener.
24. An Gott im Fleisch geoffenbart zu glauben, ist dem natürlichen Menschen unmöglich.
25. Der Glaube wird dem Menschen nicht angeboren wie die Vernunft, der Glaube wird [von Gott] entzündet.
26. Die Hauptstücke, die dem Glauben zum Heil notwendig sind, lauten:
1. sich aus dem geistlichen Tod erheben, durch die Stimme Christi allein angeregt,
2. die Erbsünde gleichsam als äußerst beschwerliche Last empfinden, auch den Zorn Gottes, die Gefängnisse des Satans,
3. die Erlösung, die durch das Verdienst des Todes Jesu erworben ist, wissen, ersehnen, annehmen,

4. Christum anbeten als die Quelle des Heils, als unsern Gott und Herrn, als das Lamm, als Opfer für die Welt; und durch Jesus den Vater Jesu Christi im heiligen Geist.
5. Die unmittelbare Anbetung Christi ist eine Folge der Wirkung des neuen Herzens und trifft das Gefühl; die Anbetung der Gottheit ist allein ein Werk des heiligen Geistes und meidet die Empfindungen. In dieser Verknüpfung ist der Vater Jesu Christi das allerlieblichste Objekt innerer Anbetung.
6. Jesus Christus über alles lieben, nicht aus irgendeiner knechtischen Hoffnung, sondern als den, der König und Erlöser und Bräutigam der Seelen ist.
7. Was entweder durch das Wort geschieht oder durch das Werk, im Namen Jesu tun, als Tat der Dankbarkeit gegenüber dem Vater.
8. Wenn ich auch alles getan hätte, zu glauben, nichts besonderes von mir aus getan zu haben.
9. In nichts sich selbst vertrauen, sondern allein dem Verdienst Christi; die Heilsbeständigkeit seinem heiligen Wandel, seiner Treue zutrauen.
10. Den Worten der heiligen Schrift glauben, nichts auf unsere Spekulation geben.

Habe ich in Genf geschrieben an dem Tage, an dem ich die Stadt verließ, und dem Rektor Jacob Vernet dargeboten (exhibui).

16. Mai 1741

Ludwig Zinzendorf

Zinzendorfs Programm in seinen Schriften

Im Jahre 1742 veröffentlichte der Hallenser Theologieprofessor Siegmund Jakob Baumgarten (1706-1757) ein Bedenken gegen die Herrnhuter Brüdergemeine, in dem er die rechtmäßige Zugehörigkeit der Gemeine zur lutherischen Kirche bestritt[65]*. Dieser Einwand traf Zinzendorf, der sich stets als Glied der lutherischen Kirche bekannte, schwer. Er ließ daher eine Gegenschrift unter dem Titel: „Siegfrieds Bescheidene Beleuchtung" des Baumgartenschen Bedenkens veröffentlichen, in dem der Hauptteil von ihm selbst stammt. Hier findet sich auch eine Auflistung seiner theologischen Absichten, die Samuel Eberhard an den Anfang seiner Untersuchung über Zinzendorfs Kreuzestheologie*[66] *stellte. Die Sätze vermögen in der Tat wichtige Ziele kurz zu benennen: die zentrale Stellung der Kreuzestheologie als Kern einer christlich-ökumenischen Theologie, die Verankerung eines trinitarischen Gottesbezuges in den Herzen der Gläubigen, die Polemik gegen alle fromme Selbstgerechtigkeit, Werkheiligkeit und aufgeklärte Tugendlehre, das Festhalten an dem lutherischen Simul iustus et peccator, die konservative Grundeinstellung gegenüber staatlicher Ordnung, die Ablehnung von Askese und Mystik, die Beobachtung religiöser Toleranz.*

Abgedruckt nach: Siegfrieds Bescheidene Beleuchtung des vom Herrn D. Baumgarten, Prof. theol Ord. zu Halle, im zweyten Stück des 1. Teils seiner sogenannten Theologischen Bedencken gefälleten... Urtheils über die Evangelisch-Märische Kirche A.C. (Altona) 1744, S. 88f. Nachdruck Hildesheim 1982 mit einer Einführung von Erich Beyreuther (N.L. v. Zinzendorf, Materialien und Dokumente, Reihe 2, Band 16, Antizinzendorfiana 3)

So trage ich kein Bedencken, mit dem hellen Haufen aller redlichen Lutherischen Theologen, die der Personalhaß, Feindschaft und Privat-

---

65 Theologische Bedenken, Halle 1742, S. 125-178.

66 Samuel Eberhard, Zinzendorfs Kreuzestheologie, München 1937.

interesse nicht anders reden macht, zu denken und zu sagen, daß, quidquid verba sonent [was die Worte deutlich ausdrücken], der Herr Graf von Zinzendorf in seinem ganzen Wesen, Predigten, Anstalten und persönlichen Betragen nichts als einen im allertiefsten Grunde an dem Evangelium festhangenden und der Absicht der Reformatoren in Lehre und Wandel ganz ergebenen Theologen der Augsburgischen Konfession darstelle, und bei einem jeden Examen allemal so viel mehr gewinnen muß, als das Examen alles schärfer, genauer und im tieferen Grunde nimmt, wovon die Rede ist. Ja ich wollte, um die wichtige *Frage: was in seinen Schriften verborgen liege?* (welche Expresssion sonst durch ihren Mißbrauch sehr verächtlich geworden) ohne eine besondere Anmerkung nicht zu übergehen, von des Herrn Grafen von Zinzendorf Schriften und Reden ohne Übereilung behaupten, daß darinnen unter einem oft apparent-irrigen oder doch paradox-klingenden Ausdruck ... allemal teure und so wohl mit dem Herzen als mit dem evangelischen Grunde harmonische Wahrheiten *verborgen* liegen. Denn weil einem das Gewissen und die gesunde Vernunft zugleich lehrt, daß alles zusammen genommen, sein Plan in Lehr und Anstalten bei Christen, Juden und Heiden,

1. auf die Inthronisierung des Lammes Gottes, als eigentlichen Schöpfers, Erhalters, Erlösers und Heiligmachers, der ganzen Welt, und die Katholizität seiner Leidenslehre, als einer recht in theoria et praxi Universaltheologie;

2. auf ein recht gründliches und unumstößliches Etablissement des Geheimnisses der Heiligen Dreieinigkeit in den Herzen der Gläubigen, die den Sohn Gottes, in dem alle Gottesfülle leibhaftig wohnt, zuerst und bis zu ihrer Seligkeit allein, kennen gelernt;

3. auf ein vertrauliches und dankbares *Hinzunahen zu Gott dem Vater* im Namen und auf Kommission seines Sohnes, sooft der heilige Geist dazu antreibt, zu begehren und zu erhalten, was man will;

4. auf ein schülermäßiges, ja kindliches *Betragen gegen des Heiligen Geistes Mutter- und Vormundsamt* in einen pünktlichen Gehorsam in Ansehung alles dessen, was Gott der Heilige Geist aus dem geschriebenen Wort Gottes bei uns pro und contra erinnert;

5. auf den völligen Ruin *aller eigenen Gerechtigkeit*;

6. auf Etablierung einer *sündhaften Heiligkeit* und geheiligten Sünderart;

7. auf Abschneidung aller Novitäten und Fürwitzes in praxi:

8. auf den Respekt, Beibehaltung, Heiligung und Nutzanwendung aller alten Verfassungen;

9. auf Verringerung der *leiblichen Übungen;*

10. auf sorgfältige *Vermeidung aller Ärgernisse* und die Exstirpation [= Ausrottung] ihrer eigentlichen Grundwurzeln und Stocks;

11. auf ein ungezwungenes, unaffektiertes, munteres, redliches, dienstfertiges, Feinde-liebendes, fröhliches und demütiges *Betragen der Gläubigen im Umgange* mit andern Menschen, kurz: auf das Gebot der Liebe aus reinem Herzen, von gutem Gewissen und von ungefärbtem Glauben

gerichtet ist: so kann man sich einesteils gleich aus Matthäus 5 vorstellen, wo er 1) seine Gegner und Hasser in einer solchen Menge und Bitterkeit herbekommen; 2) warum sie so gar gottlos, unvernünftig, so ohne alle Wahrscheinlichkeit von ihm reden und schreiben müssen; andernteils warum seine Anstalten unter Gottes Gnade sich allenthalben durchbringen und aus allerlei Druck immer eluctieren [= hervorleuchten].

Über die Bedeutung der Bibel für die Gemeinde

Zinzendorf hat kein Buch so hoch geschätzt und so häufig gelesen wie die heilige Schrift. Ihre Sprachbilder faszinierten ihn. Aber anders als die lutherische Kirche seiner Zeit vertrat er nicht die Auffassung ihrer buchstäblichen Inspiration. Die einfache, schlichte, anstößige Sprachgestalt der Schrift galt ihm gerade als Beweis, dass keine noch so kluge Vernunft sie ausgedacht hat, dass vielmehr Gott selbst in ihr spricht. In der Menschlichkeit des Bibelwortes erkennt er den Charakter und die Signatur des Kreuzreiches Jesu. Zinzendorf liest die Schrift ganz von Christus her und auf ihn hin. Christus ist ihre Mitte. Von ihm her lösen sich ihre Widersprüchlichkeiten. Sie finden in ihm ihre Harmonie.

Die hier ausgewählte Rede stammt aus einer Ansprache über die Wundenlitanei (Herrnhuter Gesangbuch Nr. 1949), die im Jahre 1744 in Peilau entstand. Zinzendorfs Absicht in der Entfaltung einer Bitte dieser Litanei zielt auf die praktische Umsetzung des Bibelwortes und seine Realisierung in den Herzen der Christen. Dies findet seinen Ausdruck in der eindrücklichen Formulierung, dass die Gemeine zur „lebendigen Bibel" werden soll. Es liegt ihm also gar nicht an einer bestimmten Auslegung der Schrift. Er zielt nicht auf neue hermeneutische Regeln oder eine bestimmte Form der Textpredigt. Zinzendorf geht es um die gelebte Bibel. Zu deutlich sieht er die Gefahr, dass der Protestantismus durch ein äußeres Festhalten des Bibelwortes, durch das tote Nachplappern den Inhalt und Geist der Schrift verliert. Ihm lag an der Verwurzelung des ganzen Menschen, nicht nur seines Kopfes in der Schrift, an der „Bibelfestigkeit". Die Wahrheit des Schriftwortes soll empfunden, geschaut, gelebt werden. In den täglichen Losungen glaubte er ein Mittel gefunden zu haben, wie sich eine Gemeinde die Schrift durch tägliche Erfahrung und Zusprechen ihrer Verheißungen zurückerobert.

Abgedruckt nach: Vier und Dreyßig Homiliae über die Wunden-Litaney der Brüder (1747), 15. Homilie v. 18. Juni 1747, S. 140-151.

Text: Dein richtiger Bibelgrund mach uns alle bibelfest.

Es ist einer von den größten Beweisen des menschlichen Elends, daß man gemeiniglich mit dem Bösen das darunter verborgene Gute zugleich wegwirft. Das kommt vom natürlichen menschlichen Hochmut her, der, wenn er was tadelt oder an einer Sache zu erinnern findet, sich nicht Zeit nimmt zu untersuchen, ob *alles* falsch oder *etwas* daran wahr ist. Und wenn auch alles falsch ist, was doch den Leuten die Gelegenheit zum Irrtum gegeben hat, zumal da vielfältigmal der Irrtum bei einem Gesuch der Wahrheit entstanden, durch die wunderliche Art, die Menschen zu behandeln und zu traktieren; ob es wohl auch wahr, daß es ihnen selten so ganz darum zu tun ist, daß sie des heiligen Geistes seines Beistandes möchten versichert sein in ihrem Suchen. So ist es in den vielen und mancherlei Kontroversen, die bei Gelegenheit der Heiligen Schrift entstanden. Unser Charakter ist vom Anfang an gewesen, daß wir nichts Neues gesucht haben, weder in der Praxis noch in der Lehre. Wir haben aber auch nichts verketzert, sondern wir haben die vielen und mancherlei Irrungen, die in der Kirche entstanden sind, soviel davon an uns gekommen ist, soviel wir davon haben erwägen müssen, ein bißchen genauer untersucht, ob die Leute nicht manchmal einen Grund für sich gehabt und ob nicht, wenn man das rechte Pünktchen träfe, den Leuten die Gelegenheit zum Irrtum wegfallen würde und ihr Irrtum zugleich mit. Davon haben wir eine selige Praxis gehabt die etlichen zwanzig Jahre her und haben viel hundert und tausend Seelen von ihrem Irrtum befreit gesehen, bloß darum, weil sie in dem täglichen Umgang mit uns und in dem Vortrage der Lehre die Anstöße nicht mehr gefunden haben, die ihnen ehemals Gelegenheit zum Irrtum gegeben haben und nicht essentiell waren.

So hats eine gewisse Generalunrichtigkeit in Ansehung der Heiligen Schrift, weil ein Teil Menschen, die besser und vernünftiger sein wollen als andere, einen Haufen an der Schrift ihren Ausdrücken, Geschichten, Chronologie, an gewissen einander widersprechenden Umständen und Sätzen zu tadeln gefunden hat. Andere sind dazu gekommen und haben gegläubt, wenn sie die Sachen nicht als Wahrheiten behaupteten und beweisen könnten, daß schwarz weiß und nein ja sei, so werde die ganze Autorität des Heiligen Geistes fallen, und haben sich in ganzen Folianten über die Loca vexata (wie man sie nennt) hergemacht und sie ihrer Meinung nach gerettet, dadurch sie aber vollends allen vernünftigen Menschen verdächtig geworden sind. Darüber sind endlich die Leute, die sich für die Kirche gehalten haben, ungeduldig geworden. Und weil sie gesehen haben, daß die Heilige Schrift so gewaltig und zugleich so unzulänglich defendiert [= verteidigt] wird, und sie sich keinen Rat gewußt haben, sie besser zu defendieren, und weil sie zum Teil bei lockeren Gemütern den Mißbrauch der Heiligen Schrift z. E. der Bücher Mosis, des Hohenlieds, einiger Geschichten Davids und der Patriarchen zu einem heimlichen Gespött der Leute, die die Sachen ohne Geist traktiert, mit ihren Augen gesehen haben, so haben sie endlich verboten, das Buch in aller Menschen Hände zu geben, und ein Heiligtum daraus gemacht und habens verschlossen. Da hat man ihnen Schuld gegeben, als wenn sie die Leute die Wahrheit nicht wollen erkennen lassen. Das ist aber, glaub ich, nicht ihr Zweck gewesen, sondern sie habens bonnement [= aus guter Absicht] darum getan, weil sie sich keinen Rat gewußt haben wider den vielen Mißbrauch der allzu lockeren oder allzu tiefsinnigen Leser und haben es also lieber zu einem abgesonderten Heiligtum machen und den Leuten höher hängen wollen, daß sie es nicht so mit Füßen treten könnten. Das ist ihr wahrer Grund gewesen.

Dem entgegen hat man in unserer protestantischen Kirche, sonderlich in einer gewissen Abteilung davon, die heilige Schrift so gemein zu machen gesucht und von Zeit zu Zeit Nachricht gegeben, wieviel tausend Mal man sie in der Menschen Hände geliefert, und hat den Leuten eine Pflicht daraus gemacht, sie zu lesen, und hat den Häusern eine Pflicht daraus gemacht, sie nicht nur einmal zu haben, sondern auch wohl in viele Hände zu bringen in einem Hause.

Endlich ist in den neuen Zeiten eine Art entstanden, die Bibel zu lesen, da man geglaubt hat, wenn man nicht alle Tage so und so viele Kapitel darin läse, so wäre man kein Christ. Ich kann nicht leugnen, daß ich sowohl die Ursache, warum den Leuten die Bibel aus den Händen genommen worden, nicht für die Ursache halte, die man den

Leuten schuld gibt, als auch in die Art und Weise, die Bibel zu traktieren und sie zu lesen, niemals nach meinem Herzen habe konsentieren können. Die Ursache ist die: Die Heilige Schrift ist in meinen und meiner Brüder Augen wahrhaftig Gottes Wort.

Was der Heiland einmal geantwortet hat von den Wachteln, die die Leute wieder vom Himmel vermuteten bei Gelegenheit des Fleisches, das vom Himmel kommen sollte: „Ich bringe euch kein Fleisch, ich werde euch nicht mit Fleisch traktieren, ihr müßts beim Brote lassen. Wenn ich was sage, so müßt ihrs woanders suchen, ihr müßt es im Geist und in der Kraft suchen. Ich invitiere euch zu einem andern Fleisch, als eure Väter in der Wüste gegessen haben, ich invitiere euch zu einem andern Brot, als eure Väter gegessen haben. So ist es mit der Heiligen Schrift.

Wir werden zum Spiritu, zum Geist der Heiligen Schrift invitiert. Und wer den Geist nicht hat, von dem sagt der Apostel: Es ist unmöglich, daß er erkennen kann, denn es muß geistlich gerichtet sein. Der Geistliche aber richtet alles, und ihm kann niemand was anhaben, ihm kann man nichts abdisputieren.

Ich will mich jetzt bei dem Umstande nicht aufhalten, den ich mehrmals von der Heiligen Schrift angeführt, daß das einzige Argumentum ad Hominem [= Beweis für den Menschen], das einzige frappante und rhetorische, damit man so für die Schrift was beweisen kann, daß niemand eine Antwort darauf weiß, dieses ist, daß die Schrift so viele Fehler hat als kaum ein Buch, das heutigen Tages herauskommt, welches mir wenigstens ein unumstößlicher Beweis für ihre Göttlichkeit ist. Warum? Es ist dem Herrn so viel daran gelegen gewesen, daß nicht eine Silbe in der göttlichen Lehre der Heiligen Schrift geändert werde und daß die Menschen, die Verstand haben, nur drüber kommen und finden sollen, daß von der Bibelweisheit und Theosophie nicht ein Buchstabe verändert, nicht ein O für ein U gesetzt worden. Daß er absolut keine Kritik zugelassen hat, daß, da ein jeder Autor, wenn er die andere Edition von seinem Buch herausgibt, wissentlich nichts drinnen stehen läßt, das man seiner Meinung nach tadeln könnte. So hat hingegen der Heilige Geist seinen Schreibern nicht erlaubt, daß sie in dem Kontext und Zusammenhang ihrer Worte, nachdem sie einmal da gestanden haben, das Geringste änderten. Er hat in anderthalb tausend Jahren zur Zeit der allerschärfsten Kritik, der allertiefsten Blindheit und Finsternis, da die Gelehrten mit allen Büchern machen konnten, was sie wollten, nicht zugelassen, daß sie an der Bibel hätten bessern dürfen. Er hats die paar Mal, da sich die Leute unterstanden haben, zu probieren, ob sie was bessern könnten, mißlingen und auf eine Prostitution [= Entehrung] hinaus laufen lassen und hat eine Generalrevolte gegen die paar Verbesserungen und Veränderungen entstehen lassen, daß es nicht hat können zustande kommen.

Da liegt was anderes darin, das ist nicht bloß menschlich. Ein Mensch hat sich viel zu lieb und hat zuviel Estime für seine Produktionen. Wenn einmal ein mathematischer oder astronomischer Irrtum drinnen stünde, der sich in zwanzig, dreißig Jahren bei gescheuten Leuten als ein Irrtum legitimierte, so würde er ihn herauslassen oder wenigstens mit einer Note einhelfen. Dazu hat sich das menschliche Geschlecht viel zu lieb. Aber so lieb hat sich der Heilige Geist nicht. Der läßt die Leute reden, so gut sie können, er macht ihnen nicht mehr Verstand und Gedächtnis, als sie haben. Er ändert nichts in ihren natürlichen Qualitäten, sondern wie der Mensch gebaut ist in seinem Körper und Gemüt, so bleibt er, wenn er sich bekehrt, wenn er ein Knecht Gottes im höchsten Grade wird. Es kann ein anderer Knecht Gottes in gleichem Grade der Seligkeit und der Estime im Herzen Gottes sein, da der eine einen schlechten und der andere einen großen Verstand hat. Wenn die zwei Leute schreiben, so schreibt der eine mit einem großen, der andere mit einem schlechten Verstand. Wenn sie argumentieren, so argumentiert der eine nach der Schule, wo er herkommt, und der andre nach der seinigen. Da kehrt sich der heilige Geist nicht dran, da macht er gar keine Veränderung, keine Überstülpung der Natur und der Konjunkturen, sondern läßt das seinen Gang gehen.

Aber die Wahrheiten, die Harmonie der Ideen, sonderlich der Grundideen der göttlichen Grundlagen von Anbeginn, die müssen bei aller Varietät des Stils, bei allem Unterschied der Argumente nach ihrer Schwäche oder Stärke, bei allen Differenzen im Raisonnement immer eben dieselben sein, so daß ein Knecht des Herrn, der sich auf die Bibel beruft, muß sagen können: „Von diesem Jesu zeugen alle Propheten, daß in seinem Namen alle, die an ihn gläuben, Vergebung der Sünden empfangen sollen" [Apg 10, 43]. Aber eben das ist der klare Beweis, daß der Spiritus Scripturae sacrae, der Geist der Heiligen Schrift, dieselbe einige Sache ist, darauf wir reflektieren müssen.

Wenn wir in unserer Wundenlitanei, da wir uns des Heilands sein teures Exempel vorstellen, auf den Artikel der Schrift kommen, so sagen wir: „Dein richtiger Bibelgrund mache uns alle bibelfest".

Also was wollen wir werden, meine Geschwister? Bibelfest. Das heißt, mit dem Geist der Heiligen Schrift so bekannt, daß wir an einer jedweden Rede den Augenblick hören, ob sie mit der Heiligen Schrift übereinkommt, ob sie in dem Geist der Schrift ist, daß wir, sobald wir was lesen, gleich sehen, obs dem Geiste der Schrift gemäß ist oder nicht. Bibelfest heißt nicht, hunderte Dicta probantia [= Belegstellen] auswendig können, hundert Beweise anführen können, davon einem fünfzig gleich weggeschmissen werden wegen ihrer Unzulänglichkeit, wegen Mangel der Konnexion oder wegen einer ganz andern Konnexion; davon noch fünfundzwanzig abgehen, weil sie nicht recht übersetzt sind. Das ist eine mißliche Sache. Wer sich in dieselbe leidige Methode einläßt, der ist ein verlorener Mensch. Wenns dem um Grund und um Realität zu tun ist, so weiß er oft nicht, wo er ist.

Die Apostel haben dieselbe Sache so gering geschätzt, daß sie sich nicht einmal die Mühe gegeben haben, aus dem Grundtext zu allegieren [= eine Bibelstelle zitieren], sondern sie haben aus der lieben Vulgata der damaligen Zeit (das war die Septuaginta) allegiert. Hats gut da gestanden, so haben sie es auch so angeführt. Sie haben aber das Buch treulich allegiert, das sie und das Volk in Händen hatten. Sie habens nicht auf solche Weitläufigkeiten hinaus gespielt, daß die Seelen, wenn sie einen Spruch gehört hatten, sich von dem nächsten Mann auf der Straße, der ihnen sagte, das heißt im Grundtext anders, irre machen lassen müßten. Darüber setzten sie sich weg und nahmens, wie es war, forderten aber von den Leuten ein treues Herz, daß sie das, was sie läsen, was sie vor Augen sähen, gläuben und in Kraft verwandeln sollten. Und weil sie wußten, daß die Weisheit Gottes dafür gesorgt hat, daß keine gemeine Übersetzung in Haupt- und Grundsachen, die zur Seligkeit gehören, irret, sondern nur in lauter Sachen, die allenfalls sein können, wie sie sind oder auch anders, darauf nicht viel ankommt, da es allemal angenehm ist, wenn man den rechten wahren Sinn des Autors weiß, da aber die Seligkeit des Menschen nicht periklitiert [= Gefahr läuft], wenn er ihn auch nicht recht weiß, so hat sich der Heilige Geist in den Aposteln um die Sache nicht bekümmert. So haben sie nicht erst den hebräischen Kodex mit vieler Mühe hervorgesucht, sondern sie haben die Übersetzung genommen, wie sie war, und haben allegiert, wie sie es fanden.

So sind alle die seligen und realen Predigten, die manchmal in der griechischen und lateinischen Kirche gehalten worden, zu der Zeit, da das Evangelium noch nicht so ausgebrochen war, da es aber doch immer Zeugen der Wahrheit gab, freilich so gegangen nach dem Exemplar, das man zu derselben Zeit von der Bibel oder von dem Neuen Testament gehabt hat. So hat jetzt eine jede christliche Division, sie mag Luthers, Piscators[67], die englische, holländische oder sonst eine Übersetzung haben, allemal Sicherheit für ihr Herz, nämlich sie hat alle die göttlichen, alle die Herzwahrheiten. Denn es waltet eben die Weisheit über den Übersetzungen, die über der Sache selbst und über dem Grunde gewaltet hat. So wie kein Zweifel daran ist, daß im Grundtext Fehler sind, so ist um soviel weniger Zweifel daran, daß auch in den Übersetzungen viel Fehler sind und bleiben werden bis ans Ende der Welt.

Aber ein Kind Gottes ist darum doch bibelfest, es kriegt darum doch nicht einen Irrtum ins Gemüt. Es verliert darum doch nicht eine Wahrheit in ihrer Kraft, sondern, wenn die Grundwahrheit zum Fundament liegt, so hat sie schon die Art, daß sie alle anderen Wahrheiten nach sich zieht und daß mans in seinem Herzen gleich weiß, wie der Heiland sagt: „Er wird inne werden, obs von Gott ist" [Joh 7, 17]. „Wer in der Ordnung steht, wer meines Vaters Sinn hat, wers gerne macht, wie es mein Vater gerne sieht, der wird inne werden, ob die

---

67 Johannes Piscator (1546-1625), reformierter Theologe, der in Herborn lehrte, Bibelkommentare und eine Bibelübersetzung 1602-1604 herausgab.

Lehre von Gott ist". Man setzt sich wider den Irrtum und kann ihn nicht annehmen. Er ist einem nicht gemütlich, er harmoniert mit dem übrigen Zusammenhang der Lehre nicht. Er ist dem Glauben nicht ähnlich. Das ist die beste Legitimation der Wahrheit. Das ist ihr Prüfstein. Das ist die Sicherheit der Seele, daß sie fühlt und erkennt, was Glaubensähnlichkeit ist oder nicht. Und daher ist das, was man in den lutherischen Kirchen alle Sonntage pflegt zu schreien: „Die ganze Christenheit auf Erden hält in einem Sinn gar eben" [= EG 183, 3], gleichwohl eine Wahrheit. Laßt sie nur durch seine Wunden heil worden sein, laßt sie nur Vergebung der Sünde und die ewige Seligkeit davon gebracht haben, so sind sie gewiß eins in der Lehre.

In der Lehre, die zur Bibelfestigkeit, die zum rechten Bibelgrund gehört, sind sie so weit als ehemals der Heiland, weiter brauchen sie nicht zu sein. Was sie lesen, ist ihnen nützlich, was sie hören, ist ihnen erbaulich. Es schockieret sie nichts, sie finden nirgends Anstoß. Sie passieren durch alle Schriftorte und Kapitel, durch alles, was vorkommt, was sie lesen, allezeit mit Segen gerade durch. Ihr Herz fühlt oder fühlt nicht, ihr Herz gläubt, was zu gläuben ist, ihr Herz steht an, wo eine Sache ihre Richtigkeit nicht hat oder woran ihnen nicht viel gelegen ist. Dadurch werden wir bibelfest, dadurch kommen wir in die Umstände, daß wir zu einer lebendigen Bibel werden, wie es vom Heiland heißt: „Dein Gesetz habe ich in meinem Herzen" [Ps 40, 9]. So kriegt man die Heilige Schrift ins Herz hinein, nicht eine aus der Luft hergeholte, nicht eine chimärische Heilige Schrift, nicht eine Bibel aus Phantasien und Spekulationen zusammen gesetzt, sondern die geschriebene Bibel, das geschriebene und in der Christenheit rezipierte Wort. Dasselbe kriegt man ins Herz, mit demselben wird man vereinigt, mit demselben Geist wird man eins, wenn man, wie der Prophet sagt, alle die Wahrheiten der Schrift gegessen und in Saft und Kraft verwandelt hat, wenn man in dem Spiritu scripturae hat denken, beten, leben und wandeln lernen; und das gibt der Heiland aus Gnaden. Um seines heiligen Exempels willen haben wir Macht, es zu begehren und darnach zu verlangen. Um seines Verdienstes willen haben wir Macht, es zu kriegen und zu nehmen, und das tägliche Exempel, daß eine Gemeinde des Heilands bibelfest ist, daß sie ein inniges zärtliches Verlangen nach der Wahrheit hat und daß es ihr um die Wahrheit zu tun ist, daß sie ein seliges Werkzeug ist, den Irrtum aufs freundlichste und sanftmütigste, aber doch kräftig aus den Herzen der Menschen herauszuholen und dafür die Wahrheit zu insinuieren [= einzuflüstern], das macht uns unser heutiges Gebet: „Dein richtiger Bibelgrund mach uns alle bibelfest" sehr gegenwärtig.

Es ist also das eine unumgängliche Notwendigkeit, es gehört zur Gemeine. Wenn der Faden der Schrift verloren ist und wenn die Lehrer und Zuhörer nicht bibelfest sind, so extravagiert man. Man macht zu wenig oder zu viel, es fehlt oder es ist ein unnützer Überfluß da. Es ist aber, wie gesagt, eine geistliche Sache und muß auch geistlich erfahren werden. Das ist das wenigste, was ich davon habe sagen können. „Christus ist der Lehre ihr Punkt und Summ im alten und neuen" [HG 1670,9]. Es kann uns nichts heiligen und gedeihen machen als er allein.

Ich glaube an Gott

Nach der Begegnung Zinzendorfs mit Friedrich Wilhelm I. von Preußen, dem Soldatenkönig, im Oktober 1736 fand er in Berlin eine offene Tür. Er nutzte einen Besuch bei seiner Mutter zu Evangelisationsansprachen auf dem Dachboden eines gemieteten Hauses zu Beginn des Jahres 1738. Die Kanzeln der Stadtkirchen blieben allerdings ihm verschlossen. Seine Ansprachen aber zogen Hunderte von Menschen an. Er redete einmal in der Woche jeweils zu den Männern über Luthers Erklärung des zweiten Glaubensartikels und zu den Frauen über das Vaterunser. Die Nachschrift seiner Reden durch Johannes Langguth, die geschickt die Gedanken des Grafen in gedrängten, verständlich formulierten Aussagen zusammenfasste, waren so gekonnt, dass die 'Berliner Reden' Zinzendorfs meist aufgelegte Publikation wurde. Sie erschienen auch in französischer und englischer Übersetzung.

Hier wird die erste Rede an die Männer am 23. Februar 1738 über den Anfang von Luthers Erklärung des zweiten Artikels, nämlich die Worte: „Ich glaube" wiedergegeben. Glaube bedeutet für Zinzendorf die Eröffnung der Lebensgemeinschaft mit Christus. Dabei fallen zwei Akzente auf. Dem frommen, selbstgewissen Christen wird aller Boden entzogen. Glaube ist freie Gnade Gottes und Geschenk für den Gottlosen. Zugleich aber betont er ebenso leidenschaftlich die siegreiche Kraft des Glaubens über die Sünde. Der Beschenkte muß nicht mehr sündigen, Christus hat für ihn den Sieg gewonnen und darum erweist sich der Glaube kräftig in einem neuen Leben.

Abgedruckt aus: Inhalt dererjenigen Reden, Welche zu Berlin vom 1ten Januario 1738 bis 27.ten Aprilis in denen Abend-Stunden sonderlich für die Manns-Personen gehalten worden, Berlin (1738), S. 2-15.

Ich glaube.

„Du glaubst, daß ein einiger Gott sei? Du tust wohl daran, die Teufel glaubens auch und erzittern" (Jak 2,19). Ein klarer Beweis, daß es nicht genug sei zum selig werden, daß man einen einigen Gott glaubt.

„Also hat Gott die Welt geliebt, daß er seinen eingebornen Sohn gab, auf daß alle, die an *den* glauben, nicht verloren werden, sondern das ewige Leben haben" (Joh 3, 16).

Und das Evangelium ist zu dem Ende, daß ihr gläubt, *„Jesus sei Christus*, der Sohn Gottes, und daß ihr durch *den* Glauben das Leben habet in *seinem* Namen" (Joh 20,31).

Darinnen ist unser Glaube von dem Glauben der Teufel unterschieden. *Wir glauben an seinen Namen, der heißt Jesus; denn er wird sein Volk selig machen.* „Er wird sein Volk erretten von ihren Sünden" (Matth 1,21).

Man muß den Namen recht kennen lernen. „Das ist das ewige Leben, daß sie dich, daß du allein wahrer Gott bist, und den du gesandt hast, Jesum Christum, erkennen" (Joh 17,3). Der Herr sah voraus, daß die Menschen dafür halten würden, es sei zur Seligkeit genug, an Gott glauben. Darum tut er hinzu: „Glaubt an mich" (Joh 14, 1).

Einen Gott glauben oder nicht, steht nicht bei uns. Wir glauben von Natur. Zwar gibt es wohl etliche Menschen, die im Herzen wünschen, „daß kein Gott sei" (Ps 14, 1), damit sie desto freier sündigen können. Sie glauben aber doch, sie mögen wollen oder nicht. Ihre spitzigsten Vernunftshöhen können die Idee von Gott nicht aus dem Gemüte bringen noch die Erkenntnis des großen Oberwesens verhindern und dämpfen. Es ist der Grund gar zu tief in die Natur und das Gemüt gelegt. Daß man weiß, daß ein Gott sei, ist ihnen offenbaret, denn Gott hat es ihnen offenbart.

Weil nun der Seelenfeind den Menschen nicht wehren kann, daß sie glauben (er glaubt auch selbst), so beredet er sie, daß das der seligmachende Glaube sei, den er hat. Man läßt es gelten, daß ein einiger Gott sei, und man hat Ehrfurcht vor seinem Namen, weil er strafen kann, züchtigen, heimsuchen, verdammen. Daher sündigt man nicht so frei, und das gibt ehrliche, rechtschaffene Leute.

Aber von Christo wissen und glauben wenige Menschen etwas. Man darf hiebei nicht erst über die Christenheit hinaus gehen. Was die Nationen glauben, die des Mahomets Lehre folgen, was die Juden glauben: einen einigen Gott entweder mit Ausschließung Jesu oder doch mit Ausschließung seiner rechten Gestalt, das glauben auch die, die den glorwürdigsten Namen Jesu nennen bei allerlei Umständen, die sich nach ihm heißen lassen: *die Christen.*

Jesus, der große Jesus, den alle Engel Gottes anbeten, vor dem sich alle Knie auf Erden beugen und alle Throne ihre Kronen in den Staub legen sollen, wird zwar wohl in dem Munde geführt, wenn es in einem Lande oder Stadt Brauch ist, daß man von ihm redet; denn auch diese Sache hat ihre Mode.

Sonst aber ist es gewiß etwas Rares, daß ein Mensch, den sein Verstand, Ansehen, Habe oder Geschicklichkeit auch nur einigermaßen über den Pöbel hinausgesetzt, des Heilandes viel erwähnen sollte. Es meinen die meisten, daß nichts weiter zu einem ehrlichen und rechtschaffenen Mann erfordert werde, als eine Ehrerbietigkeit vor Gott zu haben, dem Schöpfer der ganzen Welt.

Wo es aber in einem Land oder Stadt so weit gekommen ist, daß sich diejenigen Menschen, von denen die andern abhangen und auf die es ankommt, des Heilandes schämen und seines Zeugnisses, da kann man darauf rechnen, daß es nach dem Abdruck des Propheten Daniel dahin kommt, daß *Christus nicht mehr ist.*

Denn es ist schon ein Unglück in der Christenheit eingerissen, daß man nur mit Gott zu tun hat und wenig von Christo handelt, als wenn er nicht auf der Welt gewesen wäre noch in der Bibel auf allen Blättern stünde, oder als wenn er nicht viel zu bedeuten hätte und man ohne ihn glauben, leben und selig werden könnte. Daher kommt es, daß man die Reden vom Heiland für trivial, das ist: auf die niedrigen Schulen gehörig, Weisen aber und großen Leuten für unanständig hält. Manche, die sich mit dem Heiland zu tun machen, denken und reden ganz kaltsinnig von ihm.

Andere, die unter den Christen für die frömmsten und besten gehalten werden, glauben, man müsse bei der Erkenntnis Gottes mehr Ernst gebrauchen, als gewöhnlich ist. Man müsse Gott, weil er uns könne vors Gericht ziehen, fürchten, verehren und nicht mit Sünden beleidigen, sondern vielmehr wegen der unzähligen Wohltaten lieben und ihm dienen.

Wenn andere frei in Tag hinein sündigen, so lassen sie das Böse aus Furcht und Respekt. Aber Christus mit seinem Namen und Verdienst ist nicht bekannt, und ich glaube, wenn eins nicht manchmal erschräcke oder Schmerzen empfände, es sollte manches Jahr zubringen, ehe ihm der Name Jesus entführe.

Es ist not, daß wir diese Sache recht zu Herzen nehmen und ins Gemüht fassen, und uns recht bekümmern um Christum, wer er sei nach seiner Person, Ämtern und Ständen, und nicht nur selbst davon Kraft erfahren, sondern ihn vor jedermann bekennen und keine Gelegenheit versäumen, seinen Namen auch anderen bekannt zu machen. Und das ist auch aller Zeugen Jesu, die ihn einmal erkannt und erfahren haben, ihre Hauptsache, daß sie den so unbekannten Heiland der ganzen Welt, sonderlich aber der sogenannten Christenheit immer vor die Augen malen.

Denn wenn sie gleich immer spricht: Man muß ihn kennen, man muß ihn im Herzen haben, man muß sich ihn nicht nehmen lassen, so kann man doch sicher darauf fußen: „Die Welt kennt ihn nicht" (Joh 14).

Man hat nicht zu sorgen, wie man die Sünde lasse und fromm werde, sondern nur, wie man Jesum als seinen Heiland erkennen lerne. So wird das andere von selbst folgen, nachdem uns der Sohn einmal frei gemacht hat, denn der kann allein von Sünden befreien. Er kann allein raten, wo kein menschlicher Rat hinlangt.

Wir können nicht leugnen, daß wir Sünde an uns haben (1. Joh 1, 8) und bis ins Grab an uns behalten. Deswegen ist der Leib tot um der Sünde willen (Röm 8) und gehört zur Verwesung. In der Natur und Masse des Menschen steckt schon die sündliche Materie und Gift, der es am gesündesten ist, wenn sie ins Grab und zur Gehrung kommt, damit der Heiland was Bessers daraus machen kann.

Aber ob wir gleich den Leib dieses Todes an uns tragen, so ist doch die Sünde bei Kindern Gottes als ein verbanntes, gekreuzigtes und verurteiltes Ding, als ein Missetäter und Gefangener anzusehen, der nicht wiederkommen darf. Der alte Mensch hat sein Urteil durch Christum bekommen, daß er an seinem Kreuze sterben und zernichtigt werden soll (Röm 6).

Dazu ist erschienen der Sohn Gottes, daß er die Werke des Teufels zerstöre (1. Joh 3), das Systema der Sünde dissolviere [= auflöse], auseinanderreiße, daß es nicht zur Lust, Tat und Tod bei den Gläubigen kommen kann, sondern das sündliche Verderben unter dem Fuß bleibe, seine Gewalt, Macht und Herrschaft verliere, untertan sei, sich nicht regen dürfe oder immer einen Tod zu gewarten habe.

Es darf ein Gläubiger der Sünde nicht einmal Gehör geben, vielweniger sich in einen Kampf mit ihr einlassen, sondern seit dem die solenne Ehescheidung der Seele von ihrem alten Manne durch den Leichnam Christi geschehen, daß er sie fahren lassen muß, so wird nun dem rechten Mann gedient und ihm Frucht gebracht ins ewige Leben. Man will und mag nicht mehr sündigen.

Diese Freiheit wird uns als eine Seligkeit angerechnet. Sie ist aber bei niemandem vor der Gnade zu suchen, vielweniger über die Gnade zu setzen, sondern die Gnade muß zuerst da sein, und die Vergebung der Sünden muß man als ein Gottloser gekriegt haben. Hernach folgt das Privilegium, daß man nicht mehr sündigen muß, und darf heilig sein.

Die Vergebung erlangt man durchs Glauben an den Namen *des eingeborenen Sohnes Gottes*, ohne welchen ist keine Gnade, kein Leben, keine Vergebung. Unser Glaube muß feste stehen auf des Heilands Verdienst, der darum für uns gestorben ist, daß er *uns erlöste* von aller Ungerechtigkeit und reinigte ihm selbst ein Volk zum Eigentum, das fleißig wäre zu guten Werken [Tit 2, 14].

Es ist bei allem Vortrag und Gehör nötig, daß gleichsam diese vier Fragen im Gemüt liegen.

1) *Was ist der Sinn des Wortes*? Wie ists gemeint? Wie ist das zu verstehen? Darum muß man den Sinn der Sachen einfältig ohne Um-

schweif sagen, daß ein jeder gleich fassen und merken könne, worauf es ankomme.

2) *Hat das Wort Grund*? Kommt es mit der Schrift überein? Denn außer der Heiligen Schrift muß man weder reden noch denken in geistlichen Sachen. Weiß man nun, daß die Wahrheit gegründet ist, so ist die dritte Frage:

3) *Bin ich auch so*? Habe ich das erfahren? Und endlich:

4) *Wie komme ich dazu*?

Das muß man auch bei der Lehre von Christo beobachten. Sie muß verstanden, geprüft, gesucht und gefunden werden.

Was heißt also glauben, daß Jesus der Christ sei? *Göttlich erkennen und für wahr halten, daß einmal vor siebzehnhundert Jahren ein besonderer Mensch auf der Welt gewesen, der Jesus geheißen, und daß derselbe so wahr Gott gewesen, als er der Sohn eines Menschen war, daß er in Gegenwart vieler tausend Leute, Juden und Heiden, welche es angesehen, für uns Menschen gestorben sei, und zwar am Kreuz, daß er es getan habe teils deswegen, damit er unsre Sünden büßen und Gott versöhnen möchte, teils auch, damit er der Sünde Macht und Systema am Kreuz aufhübe und ihr Regiment zernichte auf Erden, daß sie nicht mehr herrschte, sondern untertan würde.*

Der kürzeste Weg zum Glauben ist, Christum aufnehmen (Joh 1, 2). „Wieviel ihn aufnahmen, denen gab er Macht, Gottes Kinder zu werden, die an seinen Namen glauben". Es nahmen ihn zu seiner Zeit viele von seinem Volke nicht auf. Er galt bei seinem niedrigen armen Wesen wenig: „Wir haben ihn nichts geachtet" (Jes 53). Aber doch war sein Wort und Evangelium kräftig bei vielen, so daß er einmal über fünfhundert Brüder beisammen hatte, die ihn anbeteten.

Wir sehen den Heiland nicht leiblich, welches auch nichts hilft, wie an den Leuten seiner Zeit zu merken, können ihn also auch nicht leiblicher Weise aufnehmen, wie die Gläubigen zur Zeit seiner leiblichen und sichtbaren Gegenwart auf der Welt, aber das Wort von Christus ist uns nah und macht das Geheimnis des Kreuzes so klar, als wenn der Herr noch vor unsern Augen hinge. Dies Wort und Zeugnis von ihm müssen wir glauben und es mit eben der Einfalt und Redlichkeit erwägen und bewahren wie die alten Gläubigen, sonderlich aber sobald wir gewahr werden, daß es im Geist geredet wird und die Kraft Gottes ans Herz kommt, uns wie ein Feuer ergreift und anzünden will.

Wirkte der Herr nicht auf diese wahrhaftige Art an den Seelen, so könnte und würde er niemand des Unglaubens halber strafen. Aber es liegen uns noch eben die Worte und Sachen vom Heiland, und zwar in eben dem Geist vor den Augen, dadurch zu der Apostel Zeiten so viel tausend bekehrt wurden. Glauben wir ihm einfältig, so werden wir die Kraft der Wahrheit erfahren, daß Jesus unsern Seelen auf eine besondere Art nahe, daß er unser aller Erlöser und Mann ist.

Demselben Wort glauben ist eine Pflicht, und das einzige Gesetz, daran die Seligkeit hängt. Wir müssen glauben an seinen Hauptnamen *Jesus*, ein Erretter, Seligmacher, Heilbringer, denn Er muß sein „Volk erretten von ihren Sünden" (Matth 2).

Wir müssen glauben:

1) daß er ein Heiland der Sünder sei, der für aller Welt Sünde gestorben.

2) daß er als ein Missetäter in der Gestalt des sündlichen Fleisches am Kreuz zwischen zwei Mördern gehangen hat und also verachtet, verschmäht, verwundet und zerrissen gewesen aus Liebe zu den Seelen.

3) daß er uns erkauft, versöhnt und errettet, und so sehr geliebt, daß er sein Leben für uns gelassen hat, daß er also, weil er unsere Seelen [für] so wichtig gehalten und so teuer gekauft, das erste Recht zu uns hat und alle unsere Ehrerbietung allein haben soll.

An diesen gloriösen Erlösernamen müssen wir glauben. Der Vernunft ist dieses eine zu wichtige, ernsthafte und schwere Sache, und sie möchte den Glauben, dazu alle Kinder gewiesen werden, ihrem Gefühl und Befinden nach wohl gewiß nennen: *Last des Herrn*, von welcher Benennung der alten Weissagungen so vieles in der Schrift vorkommt.

Darum wollen so viele nicht daran, und wenn sie es versucht, so bleiben sie gleich wieder zurück, weil sie nicht glauben können und mögen. Das ist die einzige Ursache, warum so viele Seelen verloren gehen, nicht weil sie gesündigt haben, sondern wegen des Unglaubens. Denn ohne Glauben ists unmöglich, Gott gefallen.

Es ist wahr; das Sündigen muß aufhören. Denn wer die Sünde noch herrschen läßt oder herrschen lassen muß, der hat noch keinen Glauben an Christum. *Der Glaube läßt uns nicht sündigen* (Röm 6). Es führt des Geistes Freudigkeit der Sünden Macht gebunden.

Aber es ist auch das wahr, daß das Sündigen die neutestamentliche Ursache der Verwerfung nicht ist. Man kann zur Ruhe nicht eingehen um des Unglaubens willen. Daher ist der Glaube eine besondere Gnadenwohltat und Gabe Gottes, daß, wer solchen in Einfalt hat, Gott nicht genug dafür danken und anbeten kann. Ein Punkt, der vielen so schwer ist, daß sie lieber alles tun und leiden wollen; eine Ursache so vieler Religionsübungen, welche viel tausendmal schwerer sind als Glauben, aber alle dazu ersonnen sind, daß sie die Stelle des Glaubens vertreten.

Es ist also die Glaubenskunst „ein schmaler Weg und enge Pforte", die so wenige finden (Matth. 7), da es doch in der Tat auf nichts ankommt, als daß wir uns sollen helfen lassen. Denn das ganze Bitten an Christus statt geht allein dahin, „daß wir uns sollen versöhnen lassen" (2. Kor 5). Darnach will die freie Gnade alles tun, geben und machen. (Ein Geheimnis den meisten verborgen!) Sie fassen es nicht, entweder weil sie zu leichtsinnig oder zu melancholisch dazu sind und sichs gerne sauer werden lassen wollen.

Gott will allen Sündern um Christi willen Gnade schenken und wirft bei der Gnade natürliche Sünde und Naturfrömmigkeit in eine Masse. Die Gottlosen und Sünder haben das erste, meiste und nähere Recht und kommen eher und leichter zur Gnade. Wenn ein Bösewicht bekehrt wird, das ist ein einfaches Wunder. Wenn aber ein Frommer selig wird, ists ein doppeltes Wunder und außerordentliches Glück.

Christus ist auch für die Gottlosen gestorben und nicht für die Gerechten. Von Natur sind wir zwar alle gleiche Sünder und gleich gottlos vor Gott. Aber es wird dieser Zustand durch Vernunft und Erziehung so versteckt und verborgen, daß sich die Leute oft selbst nicht mehr kennen.

Einer verurteilt den andern von ganzem Herzen als einen Sünder und verdammt sich unwissend selber. „Du bist der Mann des Todes", sagte Nathan zu David, der einen andern zu verurteilen dachte [2. Sam 12, 7].

Mancher, der keine Gelegenheit oder Reizung zur Sünde gehabt und daher nicht so wahrnehmen können, ob er im Herzen so oder so oder so aussieht, sollte er Zeit, Gelegenheit, Unterricht und Vermögen dazu haben, vielleicht machte ers gröber als alle andere. Denn im Herzen stecken sie wahrhaftig alle miteinander, nur versteckter, verborgener, betrüglicher und gefährlicher. Ja es äußert sich bei solchen Leuten größere Feindschaft gegen den Heiland, größerer Unglaube, größeres Ergrimmen über die Strafe der Gnade.

Es ist überhaupt eine schlechte Methode, die Menschen aus den Handlungen allein beurteilen. Aber die ist noch schlechter, aus Unterlassung dieser oder jener Handlung den Schluß machen, es sei nichts von dem bösen Sinne vorhanden. Der Herr sieht das Herz an, seine Augen schauen nach dem Glauben. Die Taten gehören ins weltliche Gericht und müssen da verurteilt und bestraft werden, welches auch nicht mehr als billig ist. Aber im göttlichen Gerichte geht es tiefer aufs Herz und auf den Grund bei bösen und guten Sachen.

Darum müssen wir alle als Sünder zu Jesus kommen, und uns dem Herzen und Sinnen nach angeben als Gottlose, Hurer, Trunkenbolde, freche, wilde oder falsche Leute und so die Gnade und seine mit Blut erworbene Gerechtigkeit suchen des, der die Gottlosen gerecht macht.

Der Unschuldigste, der Frömmste, der von der Mutter her vielleicht noch unbescholten wäre, so daß man wegen der guten Erziehung ihn als einen Engel müßte halten, von denen man nie was Böses gehöret noch gesehen, der ist mit Menschen aus der liederlichsten Sorte in gleicher Taxe und Verdammnis.

Keiner ist wegen seines bißchen Guten besser und keiner wegen seines vielen Bösen schlimmer. Alle brauchen eine Gnade, ein Erbarmen und eines Heilandes Blut. Vor Gott gilt nichts, weder unser Laufen noch Rennen, Buße oder Besserung, sondern sein Erbarmen, Christi Buße, Genugtuung und Versöhnopfer am Kreuz. Diese teure Wahrheit kann man zur Sicherheit und Leichtsinn mißbrauchen. Das ist wahr, aber es ist und bleibt doch die lautere Wahrheit.

Sie macht auch Einigkeit in der Religion und ist bis dahin die eigentliche, einzige Kontroverse von Realität. Das macht auch die Hauptführung der Seelen so kurz und leichte. Ein jeder hält sich für einen Sünder in seiner Art und beugt sich vor seiner Gnade, so ihm widerfahren, die bei allen groß und verdient ist. Es sind so gar unterschiedliche Arten der Menschen, und der Satan hat sie durch so viele Gestalten und Formen des Bösen gefesselt, mit mancherlei Schein des Guten betrogen, daß man sie gewiß nicht auseinander wickeln könnte, wenn nicht auch eine allgemeine Krankheit wäre, auf die eine Arznei paßte.

So kann man den Seelen sagen, daß alle Menschen Gnade brauchen, sowohl ruchlose als ehrbare, daß sie alle Christi Blut brauchen, welches allein den zukünftigen Zorn tilgen, den Satan und die Hölle verwerfen, das Herz reinigen, den Schaden kurieren, die Liebe zur Sünde aus der Wurzel reißen und alles gut machen kann.

Dieses alles gilt vor Gott. Wir sind Sünder bei den besten Werken und Sachen so wohl als bei den größten Sünden. Und es hilft ohne Christo kein guter Vorsatz, weder von Sünden zu lassen noch fromm zu sein und Gutes zu tun.

Drum muß man sich nur um den Glauben an Christum recht bekümmern, alles aber so geschwind fahren lassen und vergessen als ein Kind. Und Jesus muß unser Glaube werden, unsere Liebe und Hoffnung, das einzige Objekt und Zweck unseres Lebens. Alle Gedanken, Reden und Begierden müssen seiner voll werden; so sind sie recht und gelten vor Gott um seinethalben.

Alsdann dürfen wir bei dem Glauben nicht Zittern wie die Teufel, sondern können herzlich und zuversichtlich sein wie die Kinder.

Das Leiden Christi als das brüderische Leitmotiv

Das Thema der Kreuzestheologie oder des Leidens und Sterbens Christi bildet die entscheidende objektive Grundlage von Zinzendorfs Theologie. Sein Leben ist ein stetes Ringen um ein tieferes Verständnis des Opfertodes Jesu von Jugend an. Nach der Auseinandersetzung mit Dippel fand er zur endgültigen Heilsgewissheit. Die abgedruckte Rede zeigt, dass es Zinzendorf um nichts weniger als das Zentrum aller Theologie geht. Wo man Jesu Leiden nur zu einem Lehrpunkt unter anderem wie in der lutherischen Orthodoxie und in einzelnen Randbewegungen, zum 11. oder 12. Lehrartikel macht, wo das Kreuz des Christen gleichberechtigt mitbehandelt wird, da sieht er den Grund zur Trennung, die Scheidelinie zwischen wahrer und falscher Theologie gekommen.

Was er poetisch in den vierziger Jahren in ein ausgesprochen barockes, expressives Sprachgewand und in regelrecht ekstatische Reimereien kleidete, konnte er auch sehr sachlich und klar entfalten, wie in dieser Rede am 2. Mai 1745, also mitten in der Sichtungszeit. Wenn Zinzendorf in dieser Rede einen Wandel in der evangelischen Theologie seit 1740 feststellt, so denkt er offensichtlich an den Vormarsch der Aufklärung und den Einzug des Rationalismus und der Tugendlehre in die Theologie. Die Rede zeigt sehr deutlich die Verankerung von Zinzendorfs Kreuzestheologie im Luthertum, speziell im lutherischen Kirchenlied.

Mit Christi Versöhnungstod geht es Zinzendorf auch um die Überwindung der Gesetzlichkeit des christlichen Lebens. Was Sünde ist, erkennt der Christ aus dem Leiden Jesu, nicht aus dem Gesetz. Wenn die Rede am Chorfest der ledigen Brüder, dem 2. Mai 1745, gehalten wurde, so will er damit gerade auch die junge Mannschaft, die auf die Missionsfelder zog, auf diese Zentralerkenntnis einschwören.

Abgedruckt in: Zwey und Dreyßig einzele Homiliae Oder Gemein-Reden in den Jahren 1744, 1745, 1746, Ohne Ort und Jahr (1747), Nr. 11.

Die heutige Losung heißt:
Das Geheimnis des Herrn ist offenbart uns und unsern Kindern (5. Mose 29, 29)
Erhalt es uns als unsern eignen Segen um deiner heiligen fünf Wunden wegen [HG Nr. 1827, 28].

Ich glaube nicht, daß man von Christi Leiden und Sterben an bis 1740 jemals in der Christenheit die Lehre, daß der Heiland für uns gestorben ist, für ein Geheimnis gehalten hat.

Aber seitdem man unter andern Einwendungen wider uns das zur Haupteinwendung macht, daß wir nichts wissen als nur von Blut und Wunden, seitdem man das für eine miserable Theologie hält, wenn man sonst nichts weiß als das; seitdem sieht man, daß die Leute nunmehr siebzehnhundert und zehn Jahre geredet und gesungen, was sie nicht verstanden haben.

Sie haben ein altes lateinisches Sprichwort: Si Christum discis, satis est, si caetera nescis. Wenn du den Heiland kennst, so ist es genug, wenn du auch sonst nichts weißt.

Das soll aber alles nicht ernst gewesen sein. Das sollen nur Arten zu reden und Manieren sich zu erklären gewesen sein. Denn nun es zum Klappen, nun es zum Treffen kommt, so bleiben wir allein lutherisch, und alle die andern Leute werden Ketzer. Nun sind wir, die wir aus dieser Kirche sind (denn es ist bekannt, daß ein großer Teil unserer Brüder aus andern Religionen ist), beinahe die einzigen in derselben Religion, die von dem alten Grunde noch sind, die noch so reden, wie es in den alten Glaubensbüchern steht.

Der Unterschied ist nur der: Wir habens uns ins Gemüt gesetzt, daß das unsrer alten Väter ihr Ernst wirklich gewesen ist, was sie da geschrieben haben. Heutzutage aber supponiert [= vermutet] man, daß das nur Redensarten seien. Das hätten sie wohl gesagt, aber man müsse es nicht so verstehen. Und das hat man uns dadurch bewiesen, daß sie seitdem alles andere gelernt und gelehrt haben und haben *das* vergessen.

Wir haben nicht gewußt, daß wir dadurch in eine Kontroverse kommen würden. Wenn man in G* oder in H**[68] oder in einem andern auswärtigen Reich ist und bringt die Lehre, so weiß man, daß man mit Leuten in eine Kontroverse kommen wird, darum weil in verschiedenen Religionen, in den Kirchen der Orten schon über fünfzig bis sechzig Jahre her daran gearbeitet wird, daß das Kreuz Christi zunichte werden, daß es den Leuten untern Händen wegkommen soll, darum weil man schon seit dreißig Jahren daselbst fast keine orthodoxe Postille mehr sieht und in einer gewissen Nationalkirche wenig Predigten hört, darinnen des Heilands gedacht würde.

Wenn man mit den Schwenckfeldern[69] oder mit den Mystikern oder mit Helmontianern[70] zu tun gehabt hat, so hat man sichs nicht anders vermutet, als daß man über der Lehre mit ihnen einen Streit kriegen wird, denn man hat gewußt, daß sie die Sache mystisch erklären und daß sie das wahre Leiden und Sterben des Heilands nicht recht glauben, daß sie es zum wenigsten nicht für eine Hauptsache halten, daß sie es zum 11., 12. Stück des Christentums machen und neben dem Gebet, neben dem Frommsein, neben dem Kreuz eines Christenmenschen und andern guten Sachen, dann und wann auch des Leidens Jesu so mit erwähnen.

Aber wir Lutheraner haben geglaubt, wir sind sicher, wir sind bedeckt. Wir haben uns an die alten Lieder gehalten; wir haben von Kindesbeinen an so singen gehört. Wir haben gedacht: „Laß mir nie kommen aus dem Sinn, wieviel es dich gekostet, daß ich erlöset bin" [EG 82, 5]. Das heißt soviel: Man soll immer dran denken, man wills nie vergessen, man will es in alles hineinmengen. Wir haben gesungen: „Nun ich kann nicht viel geben in diesem armen Leben, eins aber will ich tun, es soll dein Tod und Leiden bis Leib und Seele scheiden, mir stets in meinem Herzen ruhn" [EG 84, 8].

---

68 Vermutlich Großbritannien und Holland.

69 Die Anhänger von Kaspar von Schwenckfeld (1489-1561), 1518-1523 Hofrat bei Friedrich II. von Liegnitz, Anhänger Luthers, der sich von ihm aber wegen dessen spiritualistischem Abendmahlsverständnis trennt.

70 Johann Baptist von Helmont (1577-1644), Arzt, Naturwissenschaftler, Philosoph und Mystiker, wirkte seit 1605 in Vilvorden bei Brüssel.

Ich will mir die Moral daraus machen, es soll meine Moral sein. „Ich will daraus studieren", nicht etwa allein, wie ich soll selig werden; nein, „wie ich mein Herz soll zieren mit stillem sanften Mut" [EG 84, 10]. „Ich wills vor Augen setzen, mich stets daran ergötzen, ich sei auch, wo ich sei; es soll mir sein ein Spiegel der Unschuld und ein Siegel der Lieb und unverfälschten Treu" [EG 84, 9].

Es soll mein Gesetz sein, sagen die Alten. „Wie heftig unsre Sünden den frommen Gott entzünden, wie Rach und Eifer gehn, wie grausam seine Ruten, wie zornig seine Fluten", will ich nicht etwa aus dem Gesetze sehn, aus der Hauptsumma der zehn Gebote: „Gott dräuet zu strafen alle, die diese Gebote übertreten!" Ich wills aus *„diesem Leiden"* [HG 104, 12; EG 84] sehn. Das haben wir einfältig geglaubt.

Und wie man die mährischen Brüder hat bereden wollen, daß sie sollen lutherisch werden oder die lutherische Lehre für die beste halten, so hat man ihnen das Ding so vorgebetet und vorgesagt: „Denkt nur, was das für vortreffliche Wahrheiten sind". Ich muß bekennen, ich bin selber betreten und weiß nicht, was ich den Brüdern mehr antworten soll.

Bis 1740 habe ichs geglaubt, wir lehren in meiner Religion. So ich aber von allen Ecken her höre, seitdem ich aus Canada wiederkomme, und sehe in allen Kontroversschriften gegen uns, daß das anders ist und anders sein soll. Entweder haben die Leute jetzt eine *ganz andere* Religion, und die Religion muß sich seit kurzem anders philosophiert haben, oder wir müssen zu unserer Zeit nicht recht informiert worden sein, oder die Leute müßten in den Haufen hinein gesagt, geredet und geschrieben haben, und es muß ihnen nicht ernst gewesen sein.

Ich denke aber, wir wollens so fort machen, wie ichs vor einem Jahr mit etlichen Theologen gemacht habe. Ich habe sie nämlich gefragt, ob das die rechte Lehre sei? Und wenn das bei ihnen nicht ist, wenn sie eine andere Lehre haben, so bekennen wir uns *doch* dazu. So ist das doch unsere Lehre, so sind wir von ihnen los. So mögen sie uns für eine andere Religion halten, wir wollen sie auch wieder dafür halten. Denn um der äußerlichen Verfassung willen, um gewisser Ordnung willen, um etlicher bösen oder guten Pfarrer mehr oder weniger willen wollen wir uns von keiner Religion trennen, aber *darüber* mit der ganzen Welt.

Über seinem Wort vom Kreuz zerfallen mit aller Lehre, das muß sein. Und da heißts: „Hier stehe ich, ich kann nicht anders, Gott helfe mir. Amen!"

Ist euch das unbekannt, ihr Theologen? Wißt ihr nicht, daß das von alters her der Lehre Summa ist? Habt ihr das nicht verstanden, was in den Glaubensbüchern steht? Oder habt ihrs nicht geglaubt und nicht gedacht, daß es ernst gewesen ist? Wir glaubens; das ist unsre Lehre. Ists euch ein Geheimnis? Gut, das Geheimnis ist offenbart uns und unsern Kindern. „Erhalts uns, Lamm, als unsern eigenen Segen um deiner heiligen fünf Wunden wegen".

Wenns die andern Leute nicht haben wollen, wenn sies verketzern, verspotten, verachten, wenn sie es bei uns als ein Kennzeichen einer falschen Kirche angeben: „Erhalt es uns als unsern eignen Segen um deiner heiligen fünf Wunden wegen".

Nehmt euch eure ganze Theologie und laßt uns nichts als das. Wir wollen schon zurecht kommen. Wenn wir *das* Kleinod verlören oder aus einer Ursache, wie die Namen hätte, es uns aus den Händen reißen ließen und den Leuten zu gefallen auch nur anders redeten, wenn wir unsere Kreuzlehre nur ein bißchen einkleideten, damit sie den Leuten nicht so anstößig sein sollte, und redeten ein bißchen von Tugenden, von andern schönen Sachen außer der Kreuzlehre und studierten nicht *da* und schöpften nicht alles *da* und holten nicht daher, was wir brauchten, Weisheit und Kraft und alles, so wären wir des Geheimnisses nicht wert und wären um unsre ganze Gnade.

Ach ja, lieben Geschwister! Das ist das Geheimnis der Religion. Das ist das große Geheimnis der geoffenbarten Religion. Es stehet 1. Timotheus 3, 16: „Gott ist geoffenbart im Fleisch". „In unser armes Fleisch und Blut verkleidte sich das ew'ge Gut" [EG 23, 2].

Gott ist durch den Heiligen Geist am Stamm des Kreuzes von aller unsrer Sünde gerecht gesprochen worden, und wir mit ihm. Ich sag euch: „Gottes Zittern macht meine Seel erschüttern" [HG 1836, 9]; die Herrlichkeiten glaub ich leicht. Sein Schweiß im Bußkampf dünst uns über Leib und Seel! Seine Kronen und Schätze mögen kommen, wenn sie wollen.

Er ist den Boten erschienen mit seinen Wunden. „Jüngerfinger konnten mähren in den Schwären" [HG 1924, 6] seiner heiligen Leibeshöhle. Sie konnten drin herumfahren, bis sie genug hatten. Johannes sagt in seiner ersten Epistel: „Wir habens Wort des Lebens mit Händen begriffen" [1. Joh 1,1]; wir habens betastet. Bald haben wir eine Hand genommen, bald einen Fuß besehen, bald in die Seite neingegriffen; wir habens uns recht besehen.

Darauf sind sie hingegangen und habens den Völkern verkündigt, was sie gesehen und gehört hatten, das Leben, das ihnen erschienen war, Gott, mit dem sie umgegangen sind.

„Gott ermahnt durch uns", sagen sie. Wir haben mit Gott geredet. Er hats uns selbst gesagt, der, von dem es heißt: „Du hast im Anfang die Erde gegründet, und die Himmel sind deiner Hände Werk" [Ps 102, 26]. Der hat mit uns geredet, der hat uns das gesagt, was wir euch sagen. Wir haben Freude und Leid mit ihm genossen, wir könnens euch nicht aussagen. Wir haben seinen Vater zum Gott; wir sind mit ihm in eine Familie aufgenommen, wir sind seine Leute. Er gehört zu uns, und wir wollen euch gerne auch so selig machen. Darum sagen wirs euch. Da habens nun gleich Leute geglaubt. Es habens natürliche Leute geglaubt, es habens alle Jünger, es habens die fünfhundert Brüder geglaubt, die um ihn herumgestanden. Und dann ist er aufgefahren in die Herrlichkeit.

Die blasse, die totenfarbene Hand hat vor seinem Gang ins Licht die Jünger gesegnet, an deren Seite beim Gericht die Sünderschaft stehen wird. Das ist nun unser Geheimnis; darüber halten wir. Wenn wir so hinaufsehen, „so warten wir von dannen des Heilands Jesu Christi des Herrn, der unsern nichtigen Leib verklären wird" [Phil 3, 21], der unsre arme Hütte, die jetzt in der Schwachheit herumgehen muß, ähnlich machen wird seinem Leibe, seinem verklärten Leibe, aber einem verklärten Leibe, daran die Wunden noch sind.

Gesungen: „Sein' Augen, seinen Mund, den Leib für uns verwundt, da wir so fest drauf trauen, das werden wir beschauen und innig herzlich grüßen die Mal an Händ und Füßen" [HG 967, 5 von Paul Gerhardt].

Titelkupfer von Zinzendorfs Katechismus
„Gewisser Grund Christlicher Lehre" (1725)

Christus als Schöpfer und Jehova des Alten Testaments

Nach der Erkenntnis der Versöhnungstat Christi im Zusammenhang der lutherischen Wende Mitte der dreißiger Jahre kam Zinzendorf zu einer neuen Sicht der umfassenden Bedeutung Christi als Mittler. Er identifizierte nämlich Jehova im Alten Testament mit Christus. Da ihm seit seinen Jünglingsjahren klar geworden war, dass der Mensch keinen Zugang zu Gottes Sein hat, dass sich Gott vielmehr in Jesus Christus dem Menschen offenbaren will, war es ihm ausgemacht, dass Christus auch als der Schöpfer der Welt anzusehen ist. Er fand diese Erkenntnis bereits bei Luther in der Liedzeile: „Er ist ein Kindlein worden klein, der alle Ding erhält allein" (Gelobet seit du Jesu Christ EG 23,3) und noch deutlicher bei Nikolaus Hermann: „Er nimmt an eines Knechts Gestalt, der Schöpfer aller Ding" (Lobt Gott, ihr Christen allegleich EG 27, 3). Was ihm im lutherischen Kirchenlied seit Kindheit an vertraut war, wurde ihm nun neu bewusst als eine wichtige theologische Wahrheit gegen eine philosophisch aufklärerische Theologie (vgl. Text Nr. 23). Diese Erkenntnis lässt sich bereits in den Berliner Reden von 1738 finden, ganz deutlich und prägnant in den „Sieben letzten Reden" von 1741. Die ausgewählte Rede vom 9. Juli 1741 auf dem Herrnhaag ist weitgehend eine Aufzählung von Schriftworten unter diesem Aspekt, wobei ihm aus dem Neuen Testament besonders Hebr 1,3; Kol 1,17; Apg 17, 27f wichtig sind. Daneben stützt er sich auch auf das lutherische Kirchenlied. Die Rede bildet eine großartige Apologie seiner Christologie und seiner Sicht der Gottheit Jesu gegenüber dem, der Christus zu einem bloß tugendhaften vorbildlichen Menschen oder Symbol der Liebe verkleinern will.

Abgedruckt nach: Des Herrn Grafen Ludwig von Zinzendorff Sieben letzte Reden, Büdingen 1742, S. 32-41 (Nachdruck Hildesheim 1963)

* * *

Alle Dinge sind durch dasselbe gemacht, und ohne dasselbe ist nichts gemacht, was gemacht ist. (Joh. 1,3)

Es ist ein sehr wichtiger Umstand, der im 2. Kapitel des ersten Buchs Mose steht. Es hatte bisher nur geheißen, *Gott* schuf, *Gott* sprach, *Gott* sah, *Gott* segnete.

Im anderen [= zweiten] Kapitel wird's auseinander gelegt: Und nachdem angezeigt ist, wie Elohim, die ganze heilige Dreieinigkeit, geruht haben von dem Geschäfte der Schöpfung, so heißts Vers 4: „Also ist Himmel und Erde geworden zu der Zeit, da Gott der Herr Erde und Himmel machte", nämlich der Jehova in der Gottheit. Und dann heißt's immer: Gott der Herr, also: Gott der Herr machte den Menschen, Gott der Herr pflanzte den Garten, Gott der Herr ließ aufwachsen aus der Erde allerlei, Gott der Herr nahm den Menschen und setzte ihn in [den] Garten, Gott der Herr gebot dem Menschen, Gott der Herr sprach: „Es ist nicht gut, daß der Mensch allein sei" [1. Mose 2 18]. Gott der Herr ließ einen tiefen Schlaf fallen auf den Menschen, Gott der Herr baute ein Weib, Gott der Herr rief Adam, Gott der Herr machte Adam und seinem Weibe Röcke, Gott der Herr ließ ihn aus dem Garten.

Hernach im vierten und folgenden Kapiteln heißt's immer nur: der *Herr*, der Herr sprach.

Wenn's einmal festgesetzt ist, daß das der Herr in der Gottheit ist, so ist's kein Engel, kein Erzengel, sondern der in der Höhe droben bei Gott, der Herr ist.

Zu Hennochs Zeiten fing man an zu reden von dem Namen Jehova (1. Mose 4, 26) und den Leuten deutlich zu machen, wer das ist, der sie gemacht hat.

Das ist hernach so durch's ganze Alte Testament durchgegangen, und man hat fast nicht dran gedacht an die Idee des ersten Kapitels im ersten Buch Mose von dem Dreieinigen Gott.

Von der ganzen Gottheit, Vater, Sohn und heiligem Geist, wird nicht viel geschrieben. In [den] Sprüchen Salomos 30, 4 sagt Agur als im Vorbeigehen: „Kennst du Gott, die göttliche Familie? Wie heißt sein Name und wie heißt sein Sohn?" Er gibt aber keine Antwort darauf.

So ging's fort, bis der Sohn kam, da der Sohn kam aus des Vaters Schoß. Der sagte den Menschen zuerst: „Ich habe einen Vater, der ist auch euer Gott". Er sagt uns auch vom heiligen Geist vor und macht alle Propheten deutlich, die vom heiligen Geist handeln.

Unser Herr aber, *Er*, wie ihn das Hohelied nennt, der ist der vorausgesetzte Grund des ganzen Alten Testaments. Er wird immer darunter verstanden. *Von diesem Jesu zeugen alle, alle Propheten* [Apg 10, 43], daß, wer an ihn glaubt, Vergebung der Sünden empfängt. Wem geholfen wird, der kriegt's in seinem Namen. Ihr suchet in der Schrift, sie handelt von mir.

Alle Propheten zeugen zwar nicht mit den deutlichen Worten von Jesu, aber doch vom Erretten, vom Erlösen, und dabei von dem Heiland, von dem Erretter. Denn das geht ihn an, das ist alles um seinetwillen geschrieben.

Obadja, der trockenste Prophet, der von der Zerstörung der Kinder Esau schreibt, auch der hat das Erlösen nicht vergessen. Er sagt in seinem Kapitel oder in seinem Buche Vers 17 auch von denen aus Edom, die ganz zu Grunde gehen sollten nach dem göttlichen Gerichte. Es sollten doch noch welche davon zu dem Berge Zion kommen (Hebr 12) und sollten daselbst errettet werden. Sie sind auch mit unter der Errettung begriffen. Kein Volk, keine Nation, kein Mensch, er mag so verbannt und verflucht sein als er wolle, ist an und für sich selbst davon ausgeschlossen.

Nun kommt eine Hauptsache von unserem Herrn. Die unbekehrten natürlichen Leute gehören eigentlich unter den Sohn.

Die drei, der Vater, der Sohn und der heilige Geist, sind sonst nicht so geteilt, daß jeder was Apartes alleine täte, sondern was einer tut, da ist der andere dabei. *Der Vater läßt den Sohn nicht allein, denn er tut allezeit, was er gerne sieht.* In dem Sinn sagt Jesus vom Vater, daß er seine Sonne aufgehen läßt, obs gleich eine konstante Schriftwahrheit ist, daß der Sohn alle Dinge im Gang erhält (Hebr 1). In dem Sinne wird die ganze Gottheit (kollektive) Vater genannt, weil sie mit uns so väterlich handelt, im Gegensatz [zu] der Menschheit Jesu Christi, wie Paulus sagt: „Wir haben nur einen Gott zum Vater, von welchem alle Dinge sind und wir in ihm" [1 Kor 8, 6]. Und Jesus spricht: „Einer ist euer Vater, Gott" [Matth 23, 9]. Bald aber wird der Name dem Vater Jesu Christi besonders gegeben. Er wäre der rechte Vater über alles, was Kinder heißt [Eph 3, 15]; bald dem Sohne, der ewiger Vater heißt (Jes 9), bald dem heiligen Geist, der in der Epistel an die Hebräer 12, 10 der geistliche Vater heißt.

Wollen wir aber gleichwohl recht akkurat reden nach der Schrift Sprache, so hat sich der Vater mit seiner Spezial-Vorsorge, mit seinem Regiment und mit seinem leiblichen Aufsehen bloß seines Sohnes Gliedern geschenkt. Hingegen alle natürlichen unbekehrten Menschen gehören unter das Regiment des Sohnes; durch ihn weben, leben und sind sie.

Er ist über Tote und Lebendige Herr [Röm 14, 9]. Da er im Anfange den Menschen machte, so hat er gemacht, daß von einem Blut aller Menschen Geschlechter auf dem ganzen Erdboden wohnen, und hat Ziel gesetzt, zuvor versehen, wie lange und weit sie wohnen sollen. Und den Herrn sollten sie suchen, ob sie ihn doch fühlen und finden möchten. Sie sollten zurück gehen ins erste Buch Mose. Er sei der *Herr*, der auch jetzt nicht ferne sei von einem jeglichen; der *Herr*, durch den wir leben und weben [Apg 17, 26-28].

Darum ists kein Wunder, daß David den Königen den Rat gibt: Küsset den Sohn [Ps 2, 12]. Es ist kein Wunder, daß ihn Jesaja das Kind nennt, das die ganze Regimentslast auf seinen Schultern hält [Jes 9, 5]. Die Epistel an die Hebräer [1, 3] sagt: „Er trägt alle Dinge". Er unterstützt alles. Er ist vor allen, und es bestehet alles in ihm (Kol 1, 17). Darum ist der Jünger Plan, auf ihn kommt alles an.

Alle die Kreaturen, alle die Menschen, die ihn nicht wissen, die nur seinen Nahmen wissen, aber nicht seine Art und Natur, die stehen alle immediate unter ihm. Er hat ein genaues Auge auf sie, er hat Augen wie Feuerflammen, die wie ein Blitz die ganze Welt auf einmal durchleuchten. Er steht mit seinem Gesicht über alle Lande, er blickt auf alles.

Am Tage des Gerichts wird er alles besser wissen, als es kann gesagt werden, alles was im Finstern verborgen ist, den Rat der Herzen. Es ist alles klar und entdeckt vor seinen Augen.

Das habe ich darum wollen sagen, daß, die noch nicht des Lammes Geschwister sind und eben darum nicht unter des Vaters Spezialsorge gehören, daß sie daran gedenken; wenn sie Atem holen, wenn sie wachen, wenn sie schlafen, wenn sie gesund sind, daß sie das von dem Jehova, von der Ursache aller Dinge, von dem Christ[us] sind, der für sie gestorben ist. Der bewahrt ihren Atem, der erfüllet sie mit Speise und Freuden.

Das wird der unbekannte Gott sein, den sie nicht kennen, bis ihnen die Sünde vergeben wird, bis sie Macht kriegen, Kinder Gottes zu werden und an seinen Namen zu glauben. Bis dahin sind sie außer Christo, das ist ohne Gott (Eph 2, 12).

In dem Zustande sollen sie denken: Bisher ist der Heiland nur mein Versorger, mein Herr, mein König und mein Schöpfer; einmal werde ich auch sein Bruder werden. Wenn ich werde Vergebung der Sünde haben, wenn ich werde um ihn geweint und er meine Tränen abgewischt und ich Friede gefunden habe, so wird er mein Bruder, mein Leben, mein Herz sein, mein alles, er wird mir wie meine Seele sein. Hernach wird der Vater für mich sorgen.

Dem Lamme wird nicht soviel daran gelegen sein, ob ich eher oder später sterbe, ob ich Schmach oder Unglück habe. Ihm ist's nur um mich zu tun, und ich bin ihm überall gewiß genug.

Aber der Vater wird sorgen, von dem alle Haare meines Hauptes gezählt sind, daß ich nicht eine Stunde eher aus der Zeit komme, als es für meine und meines Herrn Sache gut ist. Ich bin dem Vater genau rekommandiert. Der Sohn hat meine leibliche Pflege an seinen Vater übergeben, denn er bekümmert sich nur um mein Herz. Und vor zarter Liebe zu meiner Seele nimmt er nicht Zeit, zeitliche Sachen mit mir zu tun. Der Vater aber wird wissen, was ich bedarf. Ich werde mich beim Vater nur auf meinen Herrn berufen. Sein Geist wird in mir Abba rufen, weil ich dem Sohn gehöre und [von] seinem Fleisch und Bein bin.

Das heißt: im Namen Jesu beten, sich aufs Lamm berufen, beim Vater von seinem Sohn reden. Die Leute, die keinen Vater und keinen Gott haben, weil sie keinen Heiland haben, die sagen immer: „Gott, der liebe Gott". Sie reden vom Heiland, der aller Welt Gott ist, aber sie wissen nicht, was sie reden.

„Der Schöpfer aller Dinge, die väterliche Kraft, regiert von End zu Ende, kräftig aus eigener Macht" [EG 67, 4]. Und der ist's auch, der für die Sünder gestorben ist, Jesus Christus, „welcher, ob er wohl in göttlicher Gestalt war, es nicht für einen Raub hielt, Gott gleich sein, sondern [ent]äußerte sich selbst und nahm Knechtsgestalt an, ward gleich wie ein anderer Mensch und an Gebärden als ein Mensch erfunden. Er erniedrigte sich selbst und ward gehorsam bis zum Tode, ja zum Tode am Kreuz" usw. [Phil 2, 5-8]. Von dem reden die Leute, wenn sie von Gott reden, ohne ihr Wissen und Willen.

Er helfe einem jedweden Herzen, daß er ihm aus einem unbekannten Gott endlich ein bekannter Heiland werde und daß durch den Heiland hernach eine Herrlichkeit nach der anderen aufgedeckt werde. Denn wir haben darnach einen Vater, der alle unsere Haare zählt, und einen heiligen Geist, der uns alle unsere Seufzer macht.

Das wirke er in allen, die es nicht haben, und erhalte alle, die es haben, in solcher Seligkeit.

Über die Bekehrung

Die Frage nach seiner eigenen Bekehrung stellte sich für Zinzendorf seit seinem Besuch des Pädagogiums in Halle. Da er keinen Bußkampf und Durchbruch im Sinne Halles aufweisen konnte, trafen ihn gelegentlich Anfragen von Franckes Schülern wie z.B. von Pfarrer Mischke 1729. Seiner Antwort, dass der Bußkampf durch Christi Kampf in Gethsemane für den Menschen, der ihn annimmt, erfochten sei, wurde er seit 1730 immer gewisser. Gegen diese herrnhutische „Minutenbekehrung" gab es von Seiten des Pietismus starke Bedenken und Vorwürfe. Zinzendorf blieb bei seiner Sicht des großen, kostenlosen Gnadenangebotes durch Christi Versöhnung.

Der vorliegende Text stellt eine Ansprache an das Chor der ledigen Brüder vom 1. November 1744 dar. Zinzendorf macht deutlich, dass seine Sicht keineswegs dem Missverständnis der billigen Gnade Vorschub leistet, sondern den Anfang einer kontinuierlichen Lebensgemeinschaft mit Christus bildet und die lebenslange Bewährung des Christussinns bedeutet. Dabei nimmt er ernst, dass die Bekehrung dem Christen eine neue Natur, eine neue Art und Lebensweise, den Christussinn, schenkt.

Abgedruckt nach: UA Herrnhut R 20. Hs 33 (Rede an die ledigen Brüder vom 1.11.1744)

* * *

Liebe Geschwister, Ihr wißt, daß es zweierlei Methoden gibt, mit Seelen umzugehen: die eine, da man einem die Bekehrung sehr schwer macht, und wenn die Bekehrung einmal zustande ist, die Leute sehr locker läßt hingehen. Die andere, wenn man die Seele sehr leicht macht und wenn die Bekehrung erst zustande ist, erstaunliche Proben fest und gewiß setzt, die sie mit der Bekehrung zugleich müssen gekriegt haben und also ein solches enges Gleis, ein solcher enger Weg, daß man sich nicht genug darüber verwundern kann, daß man denkt, es ist nicht möglich, das kann kein Mensch prästieren [= leisten].

Von dieser letzten Art sind wir. Wir haben das Prinzip, es ist keine enge Pforte mehr, sondern nur ein enger Weg, und also gibts auch kein Ringen mehr durch die enge Pforte. Denn die enge Pforte ist nur gewesen, bis der Herr Jesus gestorben und seine Seite geöffnet ist. Das hat die enge Pforte zu Ende gemacht. Seit der Zeit hat Jerusalem keine Tore mehr, und die Stadt des Herrn hat keinen Eingang mehr als Jesum selber, und alle Menschen, die hineinkommen, die brauchen weder Ringen noch Laufen, wie der Apostel Paulus sagt. Denn der hat des Heilands seinen Worten direkt kontradiziert [= widersprochen]. Der Heiland sagt: „Ringet darnach" [Luk 13,24], und Paulus sagt: „Es liegt nicht an jemands Laufen und Rennen" [Röm 9, 16]. Das tuts jetzt nicht mehr.

Das war also der Unterschied der gesetzlichen Bekehrung. Da mußte es mit Mühen, Kämpfen und Ringen geschehen, und die Leute waren ihrer Sache doch nicht gewiß, denn es mußten doch ihre eigenen Sachen immer mit dabei sein, weil sie die volle Kraft, die volle Hand, die sich aus den Wunden Jesu darbot, nicht hatten.

Also von der Stunde an, daß der Herr Jesus wahrhaftig gestorben ist und das Heil erworben [hat], seitdem hat man kein Exempel einer Bekehrung in der Bibel, die länger gedauert als eine Minute, sondern den Augenblick, daß das Herz da gewesen, so ist auch die Bekehrung, Leben und Seligkeit da gewesen.

Aber der schmale Weg ist, wenn man nun eingegangen ist, für nichts, um nichts, ohne Mühe, ohne alles, bloß durchs Verdienst Christi. Und glaubt, daß der Ewigkeit ihr unnachläßliches Geleit, da nichts Verdammliches kommt vorbei (drum wars vor diesem ein enges Pförtchen), für jede Seele bezahlt sei und daß nun jedermann hineingehen kann, wer will.

Danach ist auf dem schmalen Weg der Gang bis in die Seligkeit hinein. Denn den schmalen Weg hat der Apostel zugegeben. Er sagt: Wir tragen einen Schatz in irdenen, zerbrechlichen Gefäßen [2. Kor 4,7]. Es gehört große Attention dazu. Wenn wir nun schon einmal dem Heiland nachfolgen und seinem Gang so nachgehen, so müssen wir seinen Pfad halten, den Weg, den er gegangen ist, so simpel und so einfältig bewahren und gar nicht ausschweifen, weder zur Rechten noch zur Linken.

Wen wir nun nicht so enge gehen sehen, wen wir nicht die Füße so enge setzen sehen, so vorsichtig, sondern sehen ihn so herumsteigen und herumlaufen, von dem glauben wir, er ist nicht bekehrt, er ist nicht zur rechten Pforte eingegangen. Er ist nicht zum Leben eingegangen, sondern es ist noch was Unbeständiges und Faselhaftes da. Es ist eine Anmahnung zur Bekehrung, eine Gelegenheit gewesen, aber nicht die Bekehrung selbst. Denn die gibt einem auf einmal gewisse Tritte. „Tut gewisse Tritte" sagt der Apostel, träumt nicht, geht nicht wie die lahmen Leute, sondern tut gewisse Tritte [Hebr 12, 13].

Und in dem Letzten können wir nicht nachgeben. Wer noch die geringste Unlauterkeit im Herzen hat, wer noch mit seinen Augen oder mit seinen Füßen irgendwohin zielt, als gerade dem Heiland nach, nicht schnurgerade in seinem Sinn und Absichten („Wir haben Christus Sinn" [1. Kor 2, 16]), wo das nicht ist, da sind die Menschen nicht bekehrt, der hat ihn nie gesehen noch erkannt.

Deswegen schmeißt man die Leute nicht flugs in die Hölle hinein. Aber man sagt nur, es kann nicht sein, es ist nicht möglich, ihr habt ihn nicht gesehen, er hat euch nicht gesegnet. Ihr seid noch nicht von ihm gesegnet, geheiligt und geküßt worden, er hat euch noch nicht umfangen, er hat euch noch nicht auf seinem Arm gehabt, denn sonst wärt ihr anders. Der letzte Schluß ist unfehlbar: es kann nicht anders sein.

Man sagt nicht: So *muß* ein Kind Gottes sein, man macht keine Regel oder Gesetz, sondern man sagt: so *ist* ein Kind Gottes, und was also nicht so ist, das ist keins. Das ist eben nicht anders als: ein Mensch hat eine Stirn und zwei Augen und einen Mund, und das steht alles gerade vor sich und steht in die Höhe. Das heißt nicht: Wenn du willst ein Mensch sein, so *mußt* du so aussehen. Das wäre absurd: Wenn du willst ein Mensch sein, so *mußt* du nicht wie ein Hund aussehen. Das versteht sich von selbst. Das ist ja kein Gesetz, das ist die Natur. Wenn du aussiehst wie ein Hund, so bist du kein Mensch. Wenn du nicht in den Wegen des Lammes wandelst, wenn du nicht

Christi Sinn hast, wenn du einen falschen Sinn hast, so wandelst du nicht in den Wegen des Heilands, so bist du kein Kind Gottes, kein Bruder. Das ist nichts Gesetzliches, das ist lauter Natur. Das ist ein solider, vernünftiger Schluß aus der Natur der Sache gemacht.

Und darum, liebe Geschwister, ist es nötig, daß wir uns mit der Bekehrung nicht so lange aufhalten, wie man gewöhnlich pflegt, und uns nicht so gute Zeit dabei nehmen, sondern fallen lieber dem Heiland in die Hand und lassen uns segnen und absolvieren, aber danach auch seinen Sinn zugleich mit schenken, daß wir nicht erst hintennach dürfen sehen, daß es nichts gewesen ist.

John Wesleys Gespräch mit Zinzendorf

John Wesley (1703–1791), der Begründer des Methodismus, lernte eine Gruppe brüderischer Christen 1735 auf einer Schiffsfahrt nach Amerika zu der Siedlung Georgia kennen, wo er als anglikanischer Pfarrer arbeiten wollte. Er blieb mit ihnen auch nach seiner Rückkehr nach England in Kontakt, und die intensiven Gespräche mit Peter Böhler waren ihm eine Hilfe für seine Bekehrung am 24. Mai 1738. Noch in demselben Jahr reiste er über Holland nach Deutschland, wo er auch die Brüdergemeinden in Marienborn und Herrnhut besuchte. In London schloss er sich der Fetter Lane Society an, in der Herrnhuter mit englischen Erweckten in christlicher Gemeinschaft lebten. Dennoch trennte er sich am 20. Juli 1740 von dieser Society, weil sie in der Nachfolge einseitig an der lutherischen Rechtfertigungslehre festhalte und darüber die Heiligung vernachlässige.

Das hier abgedruckte Gespräch Zinzendorfs mit Wesley fand am 3. September 1741 vor Zinzendorfs Reise nach Pennsylvanien statt. Es wurde von Wesley nachträglich lateinisch aufgezeichnet und von Zinzendorf in die Büdingischen Sammlungen übernommen. Es verdeutlicht sehr scharf den Gegensatz zwischen Zinzendorfs lutherischer Sicht, der am bleibenden Sündersein des Christen um der Reinheit der Gnade willen festhält, und dem psychologisch-modern denkenden Wesley, dem am Fortschritt im Glauben liegt. Die Anliegen der Heiligungsbewegung nimmt Wesley in diesem Gespräch bereits vorweg. Das Wachsen in der Liebe und der Heiligung erscheint ihm als ein wesentlicher Schritt zur christlichen Vollkommenheit. Die Erfahrung des Pfingstgeistes wertet er als neue Stufe der Heiligung. Demgegenüber sieht Zinzendorf in dem Geschenk der rechtfertigenden Gnade die vollkommene Erneuerung des Menschen, die immer an die Gemeinschaft mit Christus gebunden bleibt. In sich selbst gesehen bleibt der Christ der arme Sünder, der aus der Gnade lebt.

Abgedruckt aus: Mitteilungen der Studiengemeinschaft für Geschichte des Methodismus, Jg. 1 (1962), Heft 1/2, S. 26-28.

Zinzendorf: Warum hast du deine Religion [= Überzeugung] gewechselt?
Wesley: Ich bin mir nicht bewußt, meine Religion gewechselt zu haben? Wie kommst du darauf? Wer hat dir dies berichtet?
Z: Du selbst. Ich sehe das aus deinen Briefen an uns. Darin bekennst du dich zu einer neuen Religion, nachdem du die, welche du bei uns gelernt hast, aufgegeben hast.
W: Wieso? Ich verstehe das nicht.
Z: Doch, du sagst darin, wahre Christen seien keine armen Sünder. Das ist völlig falsch. Die besten Menschen sind bis zum Tode ganz elende Sünder. Wenn sie etwas anderes sagen, sind sie durch und durch Betrüger oder teuflisch Verführte. Unsere Brüder, die Besseres lehren, hast du bekämpft; und dann, als sie Frieden wollten, hast du ihn verweigert.
W: Ich versehe immer noch nicht, was du willst.
Z: Als du aus Georgia an mich schriebst, habe ich dich gar sehr ins Herz geschlossen. Damals erkannte ich dich als einen Menschen mit einfältigem Herzen. Du schriebst wieder, ich merkte, daß du wohl einfältigen Herzens warst, aber voll verwirrter Ideen. Du kamst zu uns. Deine Gedanken waren noch verwirrter und konfuser geworden. Dann fuhrst du nach England zurück. Einige Zeit später hörte ich, daß unsere Brüder mit dir stritten. Ich schickte Spangenberg, um zwischen euch Frieden zu stiften. Er schrieb mir, die Brüder hätten dir Unrecht getan. Ich schrieb zurück, sie sollten damit aufhören und dich um Verzeihung bitten. Spannenberg antwortete, sie hätten um Verzeihung gebeten, aber du wolltest keinen Frieden, um über sie triumphieren zu können. Jetzt, da ich ankomme, höre ich dasselbe.
W: Die Sache hat sich in ihrem Hauptpunkt keineswegs verändert. Deine Brüder - das ist wahr - haben mich recht schlecht behandelt. Später baten sie um Verzeihung. Ich antwortete, es sei ganz überflüssig; ich sei über sie niemals erzürnt gewesen, aber sie sollten darauf achten, erstens nichts falsches zu lehren und zweitens nicht schlecht zu leben. Dies ist und war die einzige strittige Frage zwischen uns.
Z: Das mußt du deutlicher sagen.

W: Ich bin in Sorge, daß sie Falsches lehren einmal über das Ziel unseres Glaubens in diesem Leben, also über die christliche Vollkommenheit, sodann über das, was unsere Kirche die Gnadenmittel nennt.
Z: Ich erkenne keine innewohnende Vollkommenheit in diesem Leben an. Das ist der Irrtum aller Irrtümer. Ihn bekämpfe ich in der ganzen Welt mit Feuer und Schwert, ihn verfolge und vernichte ich. Allein Christus ist unsere Vollkommenheit. Wer eine innewohnende Vollkommenheit lehrt, der leugnet Christus.
W: Ich aber glaube, daß Christi Geist im rechten Christen die Vollkommenheit schafft.
Z: Keineswegs. Unsere ganze Vollkommenheit liegt in Christus. Alle christliche Vollkommenheit besteht im Vertrauen auf Christi Blut. Die ganze christliche Vollkommenheit ist imputiert [zugerechnet] und inhaeriert [einwohnend]. Wir sind vollkommen in Christo, in uns selbst niemals.
W: Wir streiten - glaube ich - um Worte. Ist nicht jeder, der wirklich glaubt, ein Heiliger?
Z: Aber ein Heiliger in Christ, nicht in sich.
W: Aber lebt er nicht heilig?
Z: Gewiß, er lebt heilig in allem.
W: Und hat er nicht ein heiliges Herz?
Z: Ganz gewiß.
W: Folglich ist er doch heilig in sich?
Z: Nein, nein. Allein in Christo, nicht heilig in sich. Er hat durchaus keine Heiligkeit in sich.
W: Trägt er nicht in seinem Herzen die Liebe zu Gott und zum Nächsten, ja sogar das ganze Ebenbild Gottes?
Z: Ja, aber das ist die gesetzliche Heiligkeit, nicht die evangelische. Die evangelische Heiligkeit ist der Glaube.
W: Wir streiten ganz und gar um Worte. Du gibst zu, daß das ganze Herz des Glaubenden und sein ganzes Leben heilig ist: er liebt Gott von ganzem Herzen und dient ihm mit allen Kräften. Mehr verlange ich auch nicht. Nichts anderes verstehe ich unter „christlicher Vollkommenheit oder Heiligkeit".

Z: Aber das ist nicht seine eigene Heiligkeit. Er ist nicht heiliger, wenn er mehr liebt, und nicht weniger heilig, wenn er weniger liebt.
W: Was? Nimmt denn der Glaubende, der in der Liebe wächst, nicht gleichfalls auch in der Heiligkeit zu?
Z: Niemals. Vielmehr in dem Augenblick, in dem er gerechtfertigt ist, wird er auch völlig bis ins Innerste geheiligt. Folglich ist er bis zu seinem Tode weder mehr noch weniger heilig.
W: Also ist der Vater in Christo nicht heiliger als ein neugeborenes Kind?
Z: Nein. Die ganze Heiligung und Rechtfertigung sind in demselben Augenblick da; und keine wird mehr oder weniger.
W: Wächst nicht der wahre Gläubige in der Liebe Gottes von Tag zu Tag? Ist er denn schon vollkommen in der Liebe, sobald er gerechtfertigt ist?
Z: So ist es. Niemals wächst er in der Liebe zu Gott. So ganz liebt er in dem Augenblick, wie er ganz geheiligt wird.
W: Was will aber der Apostel Paulus mit dem Spruch: „Wir werden erneuert von Tag zu Tag?"
Z: Ich will es dir sagen. Wenn Blei in Gold verwandelt wird, so ist es Gold am ersten und zweiten und dritten Tag. So wird es erneuert von Tag zu Tag. Aber niemals ist es goldener als am ersten Tag.
W: Ich meinte, wir sollten in der Gnade wachsen.
Z: Sicherlich. Aber nicht in der Heiligkeit. Sobald nämlich jemand gerechtfertigt ist, wohnen Vater, Sohn und Heiliger Geist in seinem Herzen. Und sein Herz ist in jenem Moment so ganz rein, wie es jemals sein wird. Ein Kind in Christo ist genau so rein im Herzen wie ein Vater in Christo. Da gibt es keinen Unterschied.
W: Waren die Apostel nicht vor Christi Tod gerechtfertigt?
Z: Sie waren es.
W: Waren sie nicht heiliger nach Pfingsten als vor Christi Tod?
Z: Keineswegs.
W: Wurden sie nicht an jenem Tag voll des Heiligen Geistes?
Z: Ja, aber dieses Geschenk des Geistes bezog sich nicht auf ihre eigene Heiligkeit. Es war ganz eine Gabe der Wunder.

W: Vielleicht verstehe ich dich nicht. Wenn wir uns selbst verleugnen, sterben wir dann nicht mehr und mehr der Welt und leben Gott?
Z: Wir weisen alle Selbstverleugnung zurück, wir treten sie mit Füßen. Als Glaubende tun wir alles, was wir wollen, und nichts darüber hinaus. Wir verlachen alle Abtötung. Der vollkommenen Liebe geht keine Reinigung voraus.
W: Was du gesagt hast, will ich mit Gottes Hilfe genau erwägen.

Über die Heiligung und die Gaben des Heiligen Geistes

Es wird leicht übersehen, dass Zinzendorf, der von Jugend auf in den Heiland verliebt war, seit etwa 1738 die Realität des heiligen Geistes neu entdeckte. Und zwar erkennt er die mütterliche Pflege des Geistes als Entlastung und Befreiung von allem eigenen Wollen und Machen. Er spricht vom „Mutteramt" des Geistes: „Ach Mutter, küsse mich und nimm mich an zum Kinde. Versöhner meiner Sünde! Da hast du mich, mein ander Ich!" (HG). So dichtet er auf der Überfahrt nach Amerika 1741. Einen Anhalt für diese Vorstellung findet er bei Jesaja 66, 13 und in den Worten vom Tröster und Parakleten bei Johannes (14, 16+26; 15, 26; 16,7). Der heilige Geist als der eigentliche Missionar, der die Herzen der Menschen zubereitet, entlastet die brüderischen Missionare von allem Erfolgsdruck.

Die folgende Rede nimmt einen anderen Aspekt auf. In manchen frommen Kreisen wie den Inspirationsgemeinden galten die Charismata, die Geistesgaben der Prophetie, des Heilens, der überzeugenden Rede usw. als Kennzeichen der echten Frömmigkeit. Zinzendorf wehrt sich leidenschaftlich gegen eine Überbewertung dieser Geistesgaben. Sie sind „Handwerkzeug", „Atem des Geistes", aber der Geber ist mehr als seine Gaben. Jeder Christ, der getauft ist und eine persönliche Beziehung zu Christus hat, hat Teil am Geist, dessen größtes Geschenk der Glaube ist (siehe Luthers Erklärung des 3. Artikels). Das Thema der Rede zum ersten Pfingsttag 1746 heißt darum auch: „Von dem großen Privilegio und denen daraus fließenden Seligkeiten, die ein jedes Kind Gottes mit allen Kindern Gottes gemein hat".

Abgedruckt nach: Die an den Synodum der Brüder in Zeyst vom 11.5. bis den 21.6. 1746 gehaltene Reden, (1746), 36. Rede, S. 290-302, vom 29. Mai 1746.

* * *

Meine Geschwister! Es ist mir lieb, daß ich eine Gelegenheit durch die heutige Losung bekomme, eine Materie zu reden und zu erläutern,

die die ganze Gemeine wissen, und wenn sie sie weiß, sich oft wieder ins Gemüt bringen muß.
Die heutige Losung heißt:
Ihr sollt heilig vor mir sein (2. Mose 22, 31).
Da habt ihr euer Privilegium. Wer in Jesu Wunden das Heil gefunden, der wird so heilig als Jesu Wunden an Leib und Geist [HG 1845, 13].

Ihr wißt, meine Geschwister, daß das heutige Fest in der Christenheit gewöhnlichermaßen das Fest des heiligen Geistes heißt. Ihr wißt, daß dem heiligen Geist bei der Austeilung, die die Menschen für gut befunden, wenn sie den Personen der heiligen Dreieinigkeit individualiter was zu tun geben wollen, das Heiligen zugeteilt ist.

Nun ist aus der heiligen Schrift sehr gut bekannt, wer der heilige Geist ist, wir wissen auch sein Amt. Wir wissen wohl, daß der Heiland, unser Schöpfer, unser Mann, unser Erlöser und unser Heiligmacher ist, weil Er uns erschaffen hat, denn vom Sohne heißt es: „Du, o Gott, hast vom Anfang die Erde gegründet, und die Himmel sind deiner Hände Werk". Vom Sohne heißt es: „Der dich gemacht hat, ist dein Mann". „Christus hat uns erlöst von dem Fluch des Gesetzes, da er ward ein Fluch für uns". Vom Sohne heißt es: „Er heiligte sich selbst für uns, auf daß auch wir geheiligt würden in der Wahrheit". „Heiligt dem Herrn der Heerscharen, den Gott, den alle Engel Gottes anbeten, den laßt eure Furcht und Schrecken sein". Quasi diceret [= Als wenn er sagte]: „Wie heftig unsere Sünden, den heil'gen Gott entzünden, wie Rach und Eifer gehn, wie grausam seine Ruten, wie zornig seine Fluten, müßt ihr aus seinem Leiden sehn". „So wird er", sagt der Apostel (der Prophet hatte es auch schon gesagt), „so wird Er eure Heiligung sein".

Es ist uns aber doch auch sehr lieb und angenehm, daß uns sein heiliger Geist, daß uns unsere teure Kirchenmutter, nachdem sich unser Mann für uns geheiligt hat, in ihrer Aufsicht hat, daß sie uns ausschmückt, daß sie an uns macht, um uns nach Seele und Leib heilig zu erhalten, um uns zur Freude unseres Mannes zu bewahren. Wir wollen ihr das Amt nicht disputieren, wir kennen es gar zu gut. Aber wir müssen etwas Großes und Wichtiges dabei lernen, daß wir uns bei allen solchen Exempeln, als wie das heutige ist, in der Epistel dieses Festes: „Sie wurden alle des heiligen Geistes voll", wie es ein andermal von der Elisabeth heißt: „Elisabeth wurde des heiligen Geistes voll", ja nicht vorstellen, als ob das der heilige Geist selbst wäre, und zwar in einer Modifikation, wie Ihn andere Geschwister nicht hätten noch haben können. Das ist einer der größten Mißgriffe der ganzen christlichen Religion. Die Gaben des heiligen Geistes sind edle Gaben, aber sie sind allezeit weniger als der gewöhnliche Zusammenhang, den ein jedes Kind Gottes ohnedem mit ihm hat. Wenn sie alle aufs höchste gradiert werden die χαρίσματα [Charismata], auch der Apostel ihre, so sind sie allemal weniger als die ordinäre Gemeinschaft des heiligen Geistes.

Wer also das, was am Pfingstfest geschah, da der heilige Geist oder die Kraft des heiligen Geistes, denn so hat es der Heiland genannt, δύναμις, die Vollmacht des heiligen Geistes, da die Flämmlein aus der Fackel vor dem Thron Gottes unter die heiligen Zeugen fuhren, wer denselben Aktum für wichtiger hält, als was ein jedwedes Kind Gottes beim heiligen Geist immer zu Hause hat ins heiligen Geistes Schoß, in seiner Mutter Schoß immer genießt, der irrt sich.

Ihr sollt heilige Leute vor mir sein. Die gestrige Losung hieß: „Ihr seid das auserwählte Geschlecht, das königliche Priestertum" [1. Petr 2,9]. Das betrifft alle Kinder Gottes, alle Geschwister ohne Unterschied. Ihr Amt mag sein, ein Königreich zu des Heilands Füßen zu legen, Wunder zu tun, dergleichen nicht geschehen sind in allen Landen und unter allen Völkern, oder ihr Amt mag sein, die Wände zu waschen, das Haus schön zu machen, so haben sie einerlei Recht zum geistlichen Priestertum, sie sind mit einerlei Gnade angetan. Die Seelen haben einander nichts Essentielles [= Wesentliches] vorzuwerfen in Ansehung des heiligen Geistes, in Ansehung des Rechts an dem heiligen Geiste, des Sitzes in der Mutter Schoß, der Pflege der Gemein-Mutter, denn da sind sie einander alle gleich. Ein einiger Gedanke von Vorzügen, von einer wesentlicheren Gerechtigkeit und Heiligkeit, die ein Kind Gottes vor dem andern hätte, wäre ein Luzifersgedanke. Und wenn ein solcher Mensch denn so dächte, er habe mehr heiligen Geist als ein anderer Bruder oder Schwester, er habe mehr Recht zum heiligen Geist als ein anders, so müßte man, wenn man es liebreich entscheiden wollte, von ihm sagen, er sei aus geistlicher Freude ein Narr geworden.

Was ist denn nun zum Exempel das, daß der heilige Geist den Leuten gegeben worden? Daß die Leute ein besonderes Maß des heiligen Geistes, daß sie die und die Gaben der Sprachen, gesund zu machen, Sprachen auszulegen etc. mitgeteilt bekommen? Das ist nichts anderes, als was man Handwerkszeug im gemeinen Leben nennt. Da findet sich wohl viel tausend solch Handwerkszeug, solch künstliches, solch kostbares, das dieser zu der und ein anderer zu jener Hantierung braucht. Manchmal hat einer, dessen Gewerbe von der höchsten Importanz [= Wichtigkeit] ist, zu seinem Handwerkszeug an einer Feder, Tintenfaß und etlichen Blättern Papier genug und kann damit die halbe Welt regieren, und der geringste Mensch, der eine weitläufige Hantierung hat, muß oft, wenn er sich in dieselbige einrichten soll, erst viele hundert, ja tausend dran wenden. Kurz: Weder die Menge noch Kostbarkeit der Instrumente, die einer kriegt, seinen Zweck zu erhalten, beweist etwas für die Wichtigkeit seines Berufs. Wenn einer zu einer pointilleusen oder schweren Verrichtung, zu einer Sache, darinnen er die halbe Welt gegen sich hat, berufen ist, so werden ihm so viele tüchtige Waffen gegeben aus der göttlichen Rüstung, so viel Gaben, Gnaden und Kräfte, als er nötig hat, Gottes Zweck auszuführen. Und wenn er seine Expedition getan hat, so ist er wieder ein ordentlicher Bruder wie ein anderer. Ein Diktator, der vor einer kurzen Zeit alle römischen Legionen kommandiert hatte, konnte dann wieder zu Hause sitzen und halb vergessen sein. Und das ist auch an und für sich nicht Unrecht, das ist keine Undankbarkeit gegen einen solchen Menschen, sondern das bringt so die Natur der Sache mit sich. Da geschieht Leuten ohne Nägelkerben, Menschen, die nicht für uns sterben, in der Tat kein Unrecht nicht. Ich diene, ist die Devise zu dem pompösen Wappen der englischen Thronerben, wie sie ihnen der weltberühmte Black Prince[71] löblich hinterlassen hat.

---

71 Edward of Woodstock, ein Heerführer im 100jährigen Krieg (1330-1376), Prinz of Wales und d'Aquitaine. Sein Motto: „Homout; ich dene“ [Mut, ich diene].

Alle die Liebe, die Ehrerbietung, die Herzlichkeit, die man einem solchen Menschen aus dem Innersten des Herzens erzeigt, die muß man einem jeden Bruder oder Schwester erzeigen, einem wie dem andern.

Und wenn ein Vorgesetzter nur so viel von einer Seele gewiß weiß, sie ist des Heilandes, so kostet es ihm gar nichts, daß er eben den Respekt vor ihr hat in seinem Herzen, den die Seele vor ihm hat, mit allem seinem Amt und Gaben. Er weiß, es ist mein Bruder, es ist meine Schwester, wir haben einen Vater, eine Mutter, einen Mann, eine Hoffnung, eine Gnade. Wir sind von einerlei miserabler und geringer Natur, wir haben einerlei Grundverderben, einerlei Urgicht. Alles, was an uns ist, ist Gnade, und ist einerlei Gnade. Darum muß sich kein Geschwister sein Tage einfallen lassen, ich werde wohl kein Ältester, ich werde mein Tage kein Vorsteher, ich werde mein Tage kein Diakonus, ich werde mein Tage kein Lehrer, ich kriege wohl niemals ein Amt in der Gemeine, ich werde vielleicht nicht einmal zum Gehilfen angenommen: was ist denn nun dran gelegen? Wenn du das alles nicht wirst, folgt daraus, daß du nicht so ganz werden, so heilig, nicht ein so durchchristet und dem Heiland erfreuliches Herz werden wirst, als ein anderes? Behüte Gott! Das wäre ein erstaunlicher Mißverstand, denn einem jedweden von uns, dem kleinen wie dem großen, ist verheißen, daß er noch soll werden Jesu ganze Freud, der kleinste unter uns soll ein anderer David sein, das kriegt ein jeder versprochen bei seiner Aufnahme, das wird ihm mit dem Friedenskuß auf seinen Mund gesiegelt, das wird einem zugleich mit der Rekommendation zuteil, wenn man ihm singt: „Nimm dieses Küchlein ein!" usw. [EG 477, 8] oder: „Die Seele Christi heilge dich usw" [HG 90,1]. Oder: „Das Lamm fuhr auf zu seinem Gott, zu unserm und zu deinem". Da wird ihm zugleich das Privilegium mit eingestanden, daß er so heilig werden soll als Jesu Wunden an Leib und Geist. Was hernach seine äußere Destination sein soll, was er für ein Amt haben soll, ob er das oder jenes oder gar keines haben soll, ob er leuchten, dienen, laufen oder zu Hause bleiben soll, das ist gar die Sache nicht. In der Gemeine was gelernt haben, macht einen nicht besser, sondern nur pflichtiger zu diesem oder jenem, damit ein anderer Bruder verschont bleibt. In der Gemeine reich sein, das macht einen nicht besser, sondern das macht einen nur zu einem Amtmann, zu einem Verwalter, zu einem Diener, der man sonst nicht hätte nötig gehabt zu sein. In der Gemeine vornehm, angesehen, groß heißen nach der Estimation der Menschen, und wenn es cum effectu [= Nachdruck] so heißt (denn wenn es nur in Prädikaten besteht, so wird es ohnedem unter die Chimären gerechnet), das macht einen nicht besser, sondern legt einem nur eine Pflicht auf, zu schützen und zu schlagen, gibt etwa Autorität zu Schluß und Sperr, dem Volk des Heilands durchzuhelfen in allerhand verdrießlichen, gefährlichen und epinösen Umständen, dazu die anderen zu kommode, zu ruhig und zu selig sind, daß sie sich ihre Köpfe daran zerbrechen sollten, das sind der Leute, die Fürsten und Herren heißen, und sind Kinder Gottes dabei, ihre Belastungen damit sie sich einverstehen müssen: „Herr zu heißen hoc respectu, daß man Herr ist cum effectu", ist wohl keine Eitelkeit, aber auch nicht Kinderfreud.

Sobald man von den Gaben ab auf die Person des heiligen Geistes sähe, und wollte denken, der heilige Geist wäre dem einen näher als einem andern seligen Bruder, das wäre ganz ungegründet. Und wenn der Apostel das selber dächte, wenn das dem Apostel nur einfiele, so ließe ihn der Heiland vielleicht aus Gnaden von einem Teufel herum karwatschen; und wenn er sich darüber beschwerte, so würde er ihm sagen: Ich bin dir in Gnaden gewogen, laß dir an meiner Gnade genügen, laß dir das genug sein, du bist noch nicht aus meiner Gnade gefallen. Ja, aber das ist doch entsetzlich, was mir da geschieht! Du hast nichts zu begehren als Gnade, du hast kein Recht, als daß ich dich lieb habe und dir gnädig bin. Das hat aber auch der geringste Knecht, die geringste Magd im Hause so gut zu prätendieren als du. Wenn in der ganzen Altväter-Geschichte die einzige Historie von dem alten Heiligen stünde, der zu ein paar jungen Bürgersleuten in der nächsten Stadt gewiesen worden, daß er bei ihnen lernen sollte, mit Jesu vereinigt und Gott gefällig sein, so wäre es der Mühe wert, daß man was von den Altvätern aufgezeichnet hätte.

Das ist die große Realität unserer Gnadensozietät, unseres Blutbundes, darauf wir stehen zu dieser Stund, sind durch Jesum zu Ihm versöhnte Sünder, der Vater des Lamms, ist der einige Vater, wir andere Kinder, Brüder des Lamms, Schwestern des Lamms.

Wer wollte das nicht akzeptieren mit beiden Händen? Wer wollte das Privilegium nicht annehmen. Jesu Wunden sind ja ein klarer Beweis, daß unser Lamm ein Mensch gewesen ist, daß er ein zerbrechliches Hüttchen gehabt hat wie wir, ein Hüttchen, das man verwunden, das man zerreißen, zerpeitschen können, da man wie mit der Pflugschar darauf ackern können, wie es in den Psalmen und Propheten beschrieben ist, und doch heilig und doch unbefleckt, und doch eine Freude seines Vaters, seiner leiblichen Mutter, ihr Herz und ihre Erquickung bei aller ihrer Müh.

Nun sind wir wohl von Natur die Leute wie Er nicht. Wir sind freilich arme Kreatürchen, wir sind arme Kinder. Wir sehen eine Urgicht, ein Verderben in uns, das in uns da liegt, das wir mit ins Grab nehmen: ein sündiges Hüttlein voll Liebe und Schmerz, voll Liebe zum Freunde, der es treulicher meinte, als man es von den irdischen Männern nie hört. „Voll Schmerzen und Scham, dieweil er uns nahm, ein elendes Blut, ein Wesen verarmet an Ehre und Gut". Und doch wohl zufrieden mit uns ist und mag uns nicht besser haben als wir sind! Wenn wir nur sein Verdienst annehmen, so sind wir seine ganzen Leute und erben alle Seligkeit. Wenn wir uns nur besinnen, daß er sich selbst für uns alle geheiligt hat, daß er sich selbst geopfert hat, für unsre Sünden auf dem Holze, so sind wir der Ungerechtigkeit abgestorben, so leben wir aller Seligkeit als durch seine Wunden kurierte Leute.

Wer nun Gaben des heiligen Geistes braucht, wer Kräfte braucht, auf wen sich so die Flämmlein setzen sollen, wer mit einer solchen funkelnden Stirn vor die Menschen treten soll, daß sich der Satan davor entsetze, erzittere und sehr erbebe, daß sich die Feinde davor erschüttern, einen Heldenmut durchzugehen durch alle Schwierigkeiten, seine Stirn darzubieten als einen Kieselstein, die Pforten der Feinde aufzurennen oder in seinem geraden Gange, wenn es nötig ist, ein Stück von der Mauer mit wegzunehmen - und es müssen Gaben des heiligen Geistes sein, die man wahrhaftig nötig hat, ohne die man nicht fortkommen kann, wie es bei der Ausbreitung des Evangeliums anfänglich ist, sie sind einem unentbehrlich - , so kann man sie noch alle Stunden haben, obgleich nicht mit dem großen Aufsehen wie damals. Denn das Essentiale [= Wesen] der Gaben des heiligen Geistes, das fühlbare Wehen des heiligen Geistes wird einem eben auch gegeben, aber am liebsten, wenn man in seiner Stube ist, wenn man in seinem Kämmerchen alleine ist. Denn da der Heiland seine Apostel beisammen hatte auf ihrem Söller, da blies er sie an und sagte: „Nehmet hin den Heiligen Geist". Da hatten sie also den Heiligen Geist schon empfangen und nicht erst am Pfingsttage zu kriegen. Aber am Pfingsttage wurde es ihnen und mit ihnen einer ganzen Schar solennisiert. Der Geist des Herrn, der Weisheit und des Verstandes, des Rats und der Stärke, der Geist der Erkenntnis und der Furcht des Herrn publizierte seine Ankunft vor aller Welt, nachdem er mit den Aposteln schon verschiedene Tage gewesen war, aber verborgen mit Christo in Gott.

Das tut, sagt Paulus, derselbige einige Geist und teilt einem jeglichen mit, so viel er will. Da zählt er nun die Gaben nacheinander her: Einer hat den Geist der Weissagung, ein anderer den Geist der Erkenntnis, einer hat den Geist dazu, der andere dazu.

Ist das nun die Kirchenmutter selber? Ist das der heilige Geist selber? Ist das Gott selber? Nein, sondern das sind seine heilige Atemzüge, seine Anwehungen, Flämmlein, die aus den Fackeln herausfahren zu der Brüder und Schwestern ihrem Amte und Dienste. Die nimmt man mit dem demütigsten Dank an, so oft man sie nötig hat, und mit gläubigem Vertrauen, es werde einem nichts fehlen. Adsit spiritus voluntarius! Wenn der da ist, so ists genug, das andre gibt sich alles von selbst. Dieser Geist, den sich David ausgebeten hat zur Gnade, der selige Geist, der heilige Geist, der göttliche Geist, der Verstand, der Rat, die Stärke, die Erkenntnis, das ist noch immer nicht Gott heiliger Geist. Der ist allezeit Geber und nicht Gabe. Denn, wie gesagt, er ist das allgemeine Mutterherz über uns alle, daran wir alle gleiches Recht haben, dazu sich unser Herz versehen kann. Wir haben ihn alle gleich, er kann uns nicht fehlen, wir haben ihn gewiß. Was ich bin, mein Bruder, das bist du auch worden, wir sind an demselbigen Erbe Konsorten.

Laßt uns also unsere Seligkeit hochschätzen, innig hochschätzen, und uns vor dem Heiland tief beugen, daß er uns zu einer solchen effektiven Gemeinschaft berufen hat, zu einer solchen wesentlichen Gnade, ohne die wir nichts wären, ohne die unsre ganze Gemeinschaft nichts hieße. Denn wenn wir das nicht hätten, so wären wir wie die übrigen Menschen in der Welt, da auch arm und reich, hohe und niedrige untereinander haushalten. Und da würden wir lauter Neid, Verdruß, und heimlichen Chagrin untereinander haben wie sie, darum daß wir das oder jenes nicht hätten. Aber wir haben nichts aneinander zu beneiden, wir haben nicht nötig, eifersüchtig zu sein, denn was einer hat, das hat der andere auch. Und alle Dinge, darinnen ein Unterschied ist, dazu haben wir auch verschiedene Bedürfnisse, die geben uns nichts und nehmen uns nichts. Sie geben und nehmen unserm Kommittenten, unserm Herrn. Wenn wir in die Welt gehen müssen und haben keine Kräfte, keine Autorität, keine besondere Gaben dazu, so kommen wir nicht durch und seine Sache bleibt stecken.

Also muß er uns alles das geben, denn sonst wäre es sein Verlust, es blieben ihm seine Geschäfte liegen. Und er weiß es auch wohl, was seine Kinder brauchen und was er ihnen geben muß. Da läßt er nicht die geringste Gnade nicht die geringste Seligkeit zurück. Was unser eigen Vergnügen ist, was uns in Zeit und Ewigkeit selig machen kann, das haben wir so alle Stunden. Das ist allgemein, das ist ein allgemeiner offener Schatz. Der Mutter die Hand zu küssen, sich an der Mutter zu ergötzen, sich hinter sie zu verkriechen, sich ihrem Herzen anzubefehlen, Tag und Nacht unter ihrer Bewahrung und Hand zu sein, dazu haben wir alle zusammen den freien Zugang, einer wie der andere in einer Gnade.

Vom Grundplan unserer Heidenmissionen

Am 21. August 1732 zogen die ersten Missionare Leonhard Dober und David Nitschmann nach hallischem Vorbild zur Mission auf die westindische Insel St. Thomas aus, am 19. Januar 1733 Christian David, Matthäus und Christian Stach nach Grönland. Eine lang gehegte Hoffnung des Grafen ging in Erfüllung. Der Wille, Heiden zu Christus zu führen, war schon in dem Schüler des Pädagogiums durch die Berichte der Hallenser Missionare geweckt worden, aber die Art ihrer Ausführung als Sendung der Gemeine und ihre theologische Begründung in der Christologie entwickelte sich erst im Laufe des Lebens mit der vertieften Einsicht in Jesu Versöhnungstod für die Welt. - In der folgenden Rede auf der Zeister Synode am Himmelfahrtstag 1746 entfaltet Zinzendorf seine „Erstlingsidee". Es sei nicht die Aufgabe der Brüder, ganze Nationen und Länder zu bekehren, sondern sie sollen sich nach dem Vorbild und der Verkündigung Jesu zunächst bei vorbereitender Arbeit begnügen. Nicht Kirchen gründen, nicht nach methodistischem Muster große Erweckungsversammlungen halten, sondern die kleine Herde sammeln, so wie Jesus seine Jünger um sich scharte. Zinzendorf achtet in seinen Missionsversuchen bewusst auf die heilgeschichtliche Stunde, die Signatur des Kreuzreichs Jesu und will den Plänen Christi mit dieser Welt nicht vorgreifen.

Abgedruckt nach: Die an den Synodum der Brüder in Zeyst vom 11.5. bis den 21.6. 1746 gehaltene Reden, (1746), 24. Rede, S. 186-192 vom 19. Mai 1746. Wieder abgedruckt bei N. L. von Zinzendorf: Texte zur Mission, hg. von Helmut Bintz, Hamburg 1979, S. 97-100.

* * *

Meine Geschwister! Heute ist der Tag der Missionen. Es ist schon gestern etwas davon geredet worden. Es gehört eine eigene Idee zu der Materie. Denn weil es eine weitläufige, beschwerliche, kostbare und mit vielen Leibes- und Gemütsbedrängnissen naturellement vermengte Sache ist, sich unter die Heiden schicken zu lassen, so ist auch wiederum der pruritus [= Juckreiz] und die vorgefaßte Meinung naturell, daß man gerne viel ausrichten und gerne große Plans [= Pläne] ausführen will, wenn's schon so weit mit einem kommt.

Nun wollte ich wohl nicht gerne, daß unsere Geschwister auf die Spur derer Pfarrer kommen möchten, die das ewige Evangelium gläuben; und in Hoffnung darauf in ihrem Amte träge werden, daß sie etwa aus der Idee handeln sollten, es komme nicht auf viele Menschen, auf viele Seelen an, und also eine solche wichtige Sache, als die Heidenbekehrung ist, nachlässig trieben, wenn sie an Ort und Stelle wären. Denn, meine Geschwister, wenn ich sage, daß wir aus einer ganzen Nation kaum zehn, zwölf Familien zum Heiland zu bringen haben, daß unsere Bestimmung, unser Grundplan nicht weiter geht als auf primitias, auf die Erstlinge, so heißt das nicht, daß sich nicht mehr Leute da bekehren werden, sondern wir sollen nur etwas phlegmatisch dazu sein, wir sollen's mit ansehen, daß sich die Zahl um uns herum von hundert auf zwanzig und von zwanzig auf zehn reduziert, und die anderen in dem Teil, darinnen sie stehen, mit demselben Zug, den sie empfangen haben, dem Heiland und seiner weiteren Disposition überlassen. Wir sollen uns nicht mit Kirchenmachen übereilen unter den Heiden, mit Gemeinenstiften, sondern wir sollen in der Heidensache des Heilands Methode observieren, der hatte fünfhundert Brüder, die auf einmal zusammenkommen konnten, wenigstens ist er ihnen zugleich erschienen; und was hat er nicht in allen den Städten und Dörfern gehabt, wo die Apostel hingekommen; man hat ihn aber selten weiter gesehen als unter seinen siebzig Jüngern, und vor ordinair [für gewöhnlich] hatte er nicht mehr als zwölf um sich gehabt und die etlichen wenigen Schwestern. Sollt's noch was solider geben, so war er selbvierte; das war's alles. Und es hat ihm doch weder an Geschicklichkeit zu bekehren und zu bewahren gefehlt, noch an Kraft, noch an Lust, noch an einem auditorio; denn das hat sich immer in die Tausende erstreckt, er hat ja nur auf einmal fünftausend gespeist, ohne Weiber und Kinder, die zu ihm in seine Betstunden gekommen waren.

Also alles, was unsere Brüder können ohne Unordnung hervorbringen, auch das Größte, was sie prästieren [= leisten] können, das hat sich bei ihm alles gemacht. Denn wenn schon zehntausend und zwanzigtausend zusammen laufen, wie bei den letzten englischen und amerikanischen Erweckungen, das ist ein Mob, das ist mehr ein ehrbares Spiel als ein Hören; denn von den Zwanzigtausend hören doch kaum der dritte Teil, die anderen sind für die Langeweile da, nihil agendo [= für das Nichtstun].

Kurz, der Heiland ist ein größerer Prediger gewesen als alle unsere heutigen, wenn wir den größten Methodisten nehmen, wenn wir uns auch den größten Grenzprediger für Polen, Ungarn und ehemals Schlesien vorstellen, der Heiland hat doch a proportion des Landes [= im Verhältnis zu dem Land], worinnen er gepredigt, noch mehr Zuhörer gehabt und lauter freiwillige Leute; denn in einer Grenzkirche sind parochiani die Menge, und die meisten hören nicht zu, sie gehen nur so hin, weil sie sollen. Hingegen hat der Heiland lauter freiwillige Zuhörer gehabt und also hat's ihm in seine Lehramtszeit an einem großen ansehnlichen Haufen nicht gefehlt, daraus er so eine ecclesiam [= Kirche] hätte machen können, als die Apostel gleich nach seinem Tode getan haben. Es hat ihm aber nicht beliebt: Denn er hat gewußt, daß die Zeit der Juden noch nicht da ist, er hat gewust, daß das Jüdische Volk (wenige Erstlinge ausgenommen) noch erst völlig verfallen wird. Darum hat er nicht leeres Stroh dreschen und vergebliche Arbeit machen wollen.

Und so wissen auch wir, daß die vermutliche Zeit der Heiden, der ganzen Nationen, noch nicht ist, wenn wir auch nicht auf's bevorstehende Reich des Heilandes sehen wollen. Vielleicht, wenn alle die Lande, darinnen die Christen jetzt wohnen, ganz wieder zu Heidentum worden sind, alsdenn wird die Stunde von Afrika, Asien und Amerika kommen, in die Nationen hinein, in die unzählbaren Nationen, da man davor erschrickt, wenn man manchmal dran denkt, und da sich kein Mensch ein Konzept davon macht, wer nicht dagewesen ist, ob ihrer auch gleich soviel tausend und abertausend von den Christen massakriert worden.

Meine Geschwister, der terminus a quo [= Anfangstermin], die Zeit, da wir auf große, auf National-, auf Weltteilbekehrungen zum geschlachteten Lämmlein zu rechnen haben, ist, wenn der Teufel nicht mehr wird die Heiden verführen dürfen, so Leute, die wir jetzt Heiden nennen, die man zu den Zeiten des Apostels Johannis, wie er an dieselben Zeitläufe kam, Heiden nannte. Erstlich, wer uns hören will, der höre uns, wer uns nachgehen will, der tue es, wem wir dienen können, da tun wir's gerne. Zum anderen, „wiewohl Jesus nicht selber taufte, sondern seine Jünger". Das ist eine große Maxime, mit der Taufe so rar zu sein als möglich, noch mehr mit den übrigen Sakramenten, am allermeisten mit den charismatibus [= Gnadengaben] der Theokratie, wo Jesus ist und bleibt der Herr, und macht es täglich herrlicher. Es müssen immer auch unter den Heiden, wo uns der Heiland legitimiert, solche ἐκλόγαι [= Auserwählte] sein, denen man das nicht disputieren kann, daß sie Erstlinge aus den Heiden fürs Lämmlein sind. Aber es muß doch dabei bleiben, eine kleine Zahl. Er berief die Zwölfe, er enthielt sich da und da mit seinen Jüngern, d. i. zwölf Leute ohne die Schwestern, wo nicht gar selbvierte wie auf Tabor, am Ölberge und endlich am Kreuze selbdritte.

Wenn das zum Grundplane der Missionen gemacht wird; so werden unsere armen Geschwister nicht halbsoviel Herzkrampf kriegen und nicht halbsoviel Kopfbrechen über ihre selige, aber mühsame und harte Arbeit, die ihnen der Heiland seit vierzehn Jahren in der Heidensache anvertraut hat, und wir werden Ursach haben, ihm zu danken und zu sagen: „Wer bin ich, und wer ist mein Haus, daß Du mich bisher gebracht hast, daß Du mir soviel erlaubt hast, daß Du mir den Plan gegeben hast, wo waren alle diese?"

Ich kann mich nicht genug verwundern, daß man bis auf den heutigen Tag nicht mehr reflektiert hat auf des Heilands seine eigene Lehrmethode; denn wenn es heißt: Predigt das Evangelium aller Kreatur, allen Nationen, so heißt's wohl unstreitig, keine Nation ausgenommen, kein Volk hat hier das Vorzugsrecht, kein Ort, in welchem sie geboren, nicht ihre Sprache, noch Geschlecht. Da gilt, was Paulus sagt, da ist kein Jude, kein Scyte, kein Grieche, sondern alles und in allen Christus, das Sühnopfer der Welt, nicht allein für unsere, sondern der ganzen Welt Sünde. Daß es aber nicht heißt: Ihr sollt alle Menschen auf dem ganzen Erdboden bekehren können, es wird geschehen, es wird gehen, das hat die Erfahrung mehr als zu sehr gelehrt in allen seculis [Jahrhunderten]. Denn die Leute, die das tausendjährige Reich in gewisse Zeiten setzen, zum Exempel vom dritten, vierten sekulo an, die müssen sich selbst mit schlechten Gründen auszahlen wollen und sich auch Leute suchen, die das mit glauben können und wollen; weil es wohl keinem vernünftigen Menschen faßlich, daß der Heiland sollte zu der Zeit souveräner regiert haben und daß dem Satan sollten zu der Zeit die Hände gebunden gewesen sein, da die Feinde der Gottheit Christi regiert haben und da die, die seine Freunde haben sein wollen, so schlechte Leute gewesen sind, daß man sich ihrer schämen muß gegen die Feinde.

Mit einem Wort, es hat kein groß Ansehen, solange das Neue Testament steht, zu großen Weitläufigkeiten im Reich Christi, sondern es bleibt allezeit eine Kleine Herde. Und wenn wir unsere Arbeiter bedenken, und wie sie sich von Jahr zu Jahr vermehren, so stehen wir selbst verwundert: Es ist wohl viel Volk, aber wie groß ist der Erdboden? Der Anfang ist auch kaum gemacht, die ganze Welt ist noch voll Nacht: Aber bis daß die blutige Sonne aufgeht über den ganzen Horizont, so sehen nicht viele die blutige See. Es wird wohl noch viel weitergehen, es werden sich viele Tore noch auftun, viel Spezialerleuchtungen, der hier und da disponierten Gegenden und Hütten Gottes bei den Menschen, es kann am Ende dahin kommen, daß gar keine Tür zu ist. Wir werden aber doch keinen Tag haben über dem Horizont, bis daß es Tag wird.

Das ist so der Plan, aus welchem für dasmal die Missionssache gehen wird, und den ich bei Gelegenheit des heutigen Tages präludieren [= einleiten, eröffnen] wollte.

Über die Arbeit an den Losungen

In einer Abendandacht am 3. Mai 1728 gab Zinzendorf der Gemeine eine Liedzeile als Losung mit auf den Weg, und verfolgte damit sowohl eine seelsorgerliche Absicht, das Austragen von Losungen durch die Mitarbeiter, als auch eine theologische Absicht, das Heimischwerden der Gemeinde in Schrift und Gesangbuch. Seit 1731 wurden die Losungen dann gedruckt, um auch Abwesende daran teilhaben zu lassen. Zinzendorf hat sich nur selten grundsätzlich über die Losung geäußert. In der hier abgedruckten Vorrede zu den Losunge von 1755 gibt er selbst einen Rückblick. Dabei wehrt er das Missverständnis ab, als lese man in Herrnhut nicht die ganze Bibel. Ziel der Auflistung ist es zu verdeutlichen, in welchem Umfang die Bibel inzwischen durch die Losungen in die Herzen der Gemeindemitglieder eingegangen und damit zur „lebendigen Bibel" geworden ist.

Dabei muss man beachten, dass Zinzendorf die Losungen nur zum Teil ausloste. Zu den Losungsbüchern im weiteren Sinn zählen die Sammlungen von Bibelworten aus einzelnen biblischen Büchern (so 1737 aus dem Propheten Jesaja) sowie zu einem Thema, die später als „Texte" bezeichnet wurden. Solche Themen sind etwa: die Namen oder die Worte Jesu, Worte über den Heiligen Geist, die Sittenlehre der Bibel, die Gemeine als Braut. Das Losungsbuch von 1755, dem die Vorrede entnommen ist, hat den Titel: „Die Worte des Buchs für die Gemeine Zweyter Theil. Daß nichts umkomme (Joh 6,12)". Der Titel macht das Ziel deutlich: Nach Möglichkeit soll kein Wort der heiligen Schrift an den Herzen verloren gehen. Ferner legt Zinzendorf wert auf die Kenntnis der Lieder und notiert die Nummern im Herrnhuter Gesangbuch, damit der Zusammenhang des Liedes nachgelesen werden kann.

Abgedruckt aus: Samlung der Loosungs- und Text-Büchlein der Brüder-Gemeine, Band 3, Barby 1762, S. 453-457.

* * *

Liebe Brüder!
Ich arbeite nun etliche dreißig Jahre in der Kirche Christi gegen zwei vordem unerkannte Sünden: Die eine was das Totpredigen der Seelen mit der lieben Bibel, die andere das Geplärr der Lippen.

So eifrige Anstalten die Römische Kirche aus ohne Zweifel guter Meinung gegen das erste gemacht, so ernste Vorstellungen die Mystiker aus vermutlich ebenso aufrichtiger Intention gegen das andere getan, so weiß man doch, mit was Gefahr für ordinair einem Übel gesteuert werde, sobald man mit einem unpräparierten Haufen zu tun und das, was man das Publikum nennt, zum Objekt hat.

Gleichwie ich über alle und jede Anstalten zur Besserung, wenn sie auch noch so schlecht reussieren, mit Respekt denke, so habe ichs hier auch getan und, aller Mißapplikation ungeachtet, das Gute der Absicht deutlich vermerkt, auch von dem ersten in der Theokratie selbst Spuren gefunden, von dem andern aber das klare Wort unsers lieben Herrn (Mt 6,7).

Endlich hab ichs in Jesu Namen gewagt in unserer kleinen inkonsiderablen Familie: periculum feci [= ich habe das Wagnis in Angriff genommen]. Und Gott Lob! es ist viel dabei gewonnen. Und das bißchen guter Name, das dabei verloren scheint (denn wir werden für Leute beschrieben, die Gottes Wort nicht lieb haben und nichts auf Gebet halten), das ist wohl zu ertragen. Wenn wir nur unterdessen zu einer lebendigen Bibel werden und beten ohne Unterlaß. So ist das Gericht eines menschlichen Tages überhaupt nicht das erste noch größte. Denn Gott sind wir offenbar. Und vielleicht werden wirs seiner Zeit auch in der Gegner Gewissen werden.

Was nun die unvermerkte Insinuation des Spiritus et Literae der ganzen heiligen Schrift in die Herzen meiner Geschwister betrifft, so habe ich zu dem Ende von 1729 an bis 1755, d. i. in den Jahren 1731, 1734, 1737, 1739, 1743, 1747, 1749, 1750, 1752, 1753 und 1754 der Schrifttexte etwas über viertausend und mit denen, welche in den Jahren 1742, 1745 und 1751 eingeschaltet worden, nun etliche hundert geliefert, die nennt man Losungen der Brüder, d.i. kräftige Ermunterungen aus der Thora, den Propheten und den Psalmen für Gottes Volk auf Erden, sonderlich seine Zeugen und Boten, um mit

Geduld und Trost der Schrift durch die Welt zu gehen und den Lauf mit Freuden zu vollenden. Die Losungen von 1729 und 1730, der halbe Teil von 1731 und 1732, die Texte der Jahre 1733 und 1744 enthielten Kollekten, mit der heiligen Schrift bestärkt, die direkt aufs Herz gingen und das personelle Geschäft des Heiligen Geistes an einem jeglichen Individuum beäugten und uns zugleich mit wenigstens tausend schönen und edlen Sprüchen bekannt machten. Anno 1736 legte ich meinen lieben Geschwistern lauter Worte des Heilands vor, deren mit den Augmentationen in den Jahren 1744, 1745, 1753 und 1754 wohl fünfhundert wurden. Anno 1740 beschrieb ich *das Lamm Gottes, der da ist Gott über alles, gelobt in Ewigkeit.* Dieses Büchlein wurde Anno 1744 kontinuiert und erweitert. Und damit es desto unverdächtiger würde, so bestärkte ichs in den Jahren 1750 und 1752 mit über vierhundert eigenen Assertis unsers sonst so herzlich demütigen Kirchenhaupts. Das brachte wieder über sechshundert neue Gottes Worte in unser Handbibelchen. Die Liturgia Patris et Spiritus Sancti und des Menschen Jesu Christi werden in den künftigen drei Jahren weit über tausend liefern. Die Beschreibungen der Kirche und die Ethica Fratrum müssen sehr kurz gefaßt werden, wenn ich sie in zwei Jahren absolvieren will. Woraus dann ein jeder von selbst sieht, daß ehe ich mit diesen Losungen und Texten zu Ende bin, die Zahl der Schriftworte, die unserer Gemeine binnen dreißig Jahren gleichsam succum et sanguinem geben sollen und können, wenigstens siebentausend sein werden.

Ich finde aber dadurch mein Leibbuch so wenig erschöpft, daß ich mich resolvieren muß, das Rückständige, das nach meinem gegenwärtigen Augenmaß und Komputation noch bei dreitausend Sprüche ausmachen wird, in eine Jahrwoche zu distribuieren, von welcher ich diesmal, nämlich aufs nächste Jahr den ersten Tag liefere, und zwar Genesis [= 1. Buch Mose].

Diese 365 Texte werden feilich am bequemsten in Tage repartiert [= eingeteilt], und es wird möglichst, obgleich unaffektiert, dahin gesehen werden, daß die Materien dieser Texte sich zu den übrigen schicken, ob man sie gleich weder als eigentliche Losungen noch als eine Suite von Texten angeben noch unter einige andere bisher be-

kannte Rubrik bringen kann. Es ist eben der übrige Buchstabe und Geist der Schrift in kleinen appetitlichen Stückchen zur Nahrung meines Volks aufgetragen.
Unser lieber Herr lasse euchs mit Gesundheit genießen! (3.Joh 2)

Von unserer durchgängigen Gewohnheit, gleichsam für ein jedes Sprüchelchen mit einer Antiphone, mit einem Lied, zu danken, welches, wie oben erwähnt, ad modum der Kirchenkollekten und Responsorien geschieht, bin ich nicht gemeint abzugehen. Nur muß ich eins dabei erinnern: die Lieder, die durch den Gebrauch im Herzen der Geschwister ihre Signatur erlangt, sind mir viel wichtiger und respektabler, als was man erst von neuem machen würde. Ich habe also seither sorgfältig darauf gesehen, daß man den Ort allegiere, wo sie wirklich stehen, damit meine Brüder gewiß sein können, es sind Worte, die der Geist der Gemeine autorisiert hat. ...

Es muß uns freilich nicht an lieblichen Liedern fehlen, zu den zehntausend Stimmen aus Gottes Tempel ein ebenso vielfaches Echo aus unsren Reigen zu geben.

Nun, meine Geschwister, gebraucht euch dann dieses sowohl als alles Vorigen und Künftigen mit Liebe im Glauben, bedachtsam, treu und eingezogen, kindlich gebogen.

Ich bin, solange ich soll und kann, euer wohlmeinender, obgleich gewiß nicht unverbesserlicher

Lektor und Kantor

Theologisches Bedenken über den Gebrauch des Loses

Zu den Besonderheiten Zinzendorfs und seiner Mitarbeiter gehört die häufige Verwendung des Loses immer dann, wenn man sich des Willens Gottes nicht gewiss war. Dabei gab es drei Lose: ja, nein und leer. Im letzteren Fall blieb die Frage unentschieden und konnte später wiederholt werden. Beispiele für den Losgebrauch sind z.B. die Wahl der Oberältesten oder die Wahl Christi zum Generalältesten (s. Text 10). Von diesem „Amtslos", wofür man in der Nachwahl des Apostels Matthias ein biblisches Vorbild hatte, unterschied man das „Privatlos", das Zinzendorf gern verwandte[72]. So sehr sich auch das Los nach 1730 in der Gemeine durchsetzte und anerkannt wurde, es blieben Fragen offen. Vor allem war zu klären, in welchen Fällen gelost werden darf.

Das folgende Bedenken wurde von August Gottlieb Spangenberg, dem wohl bedeutendsten Mitarbeiter Zinzendorfs, entworfen. Es stellt die entscheidende Frage nach der göttlichen Autorität des Loses und dem schuldigen Gehorsam des Menschen. Spangenberg ist sich des Missbrauchs nur allzu bewusst. Für ihn ist das kindliche Vertrauen zu Gott und seiner Führung die wesentliche Voraussetzung. Aufschlußreich sind die Randbemerkungen Zinzendorfs zu diesem Bedenken. Er nennt das Los gerne „ein Spiel der Weisheit" (Sprüche 8, 31) und deutet damit gegenüber Spangenberg eine gewisse theologische Zurückhaltung an. Auch gesteht er zu, dass das Los nur ein Hilfsmittel ist, das eigentlich der Leitung des heiligen Geistes (Salbung) nachsteht. Aber er glaubt darauf nicht verzichten zu können. Das Bedenken ist nicht datiert. Zinzendorfs Hinweis auf eine 10jährige Erfahrung deutet auf eine Entstehung Mitte der dreißiger Jahre, da der Losgebrauch bei Zinzendorf seit 1724 belegt ist.

Abgedruckt nach: UA Herrnhut R 20 D 7,77.

---

72 Vgl. dazu E. Beyreuther, Lostheorie und Lospraxis, in: Studien zur Theologie Zinzendorfs, S. 109-139, hier S. 120f.

Frage: Kann man Sortes [= Lose] noch heutiges Tages brauchen und, wenn man sie recht braucht, ihre Determination [= Entscheidung] als eine *göttliche Antwort* ansehen, der man so viel Respekt schuldig ist als den klaren Worten der Bibel?

Antwort: Ja. Doch es müssen folgende Umstände supponiert [= vorausgesetzt] werden, wenn man die Antwort soll gelten lassen:

1) Es muß ein Mensch im Glauben stehen und auch das Los im Glauben brauchen, sonst ists eine Versuchung Gottes.

2) Er muß in aequilibrio [= unvoreingenommen, im Gleichmut] bleiben und nicht schon auf eine Sache hängen, sonst antwortet Gott wie dem Bileam: „Gehe mit ihnen!" und wie den Israeliten: „Ziehet hinauf!"

3) Es ist ein herzliches Gebet und kindliches Zutrauen nötig, daß Gott alles lenken könne und wolle nach seinem Wohlgefallen.

4) Der tiefste Respekt, untertänigste Veneration und völliger Gehorsam muß dabei ebenso sein, als wenn wir einen göttlichen Befehl erhalten.

5) Es muß quaestio sorti digna [eine Frage, die des Losens würdig ist] sein. Denn wer will erst durchs Los sehen, ob er einem Kranken dienen soll? Oder wer will erst per Sortes erfahren, ob das Ganze größer sei als eines seiner Teile? Alle diese Umstände fanden sich bei dem Los der Jünger Christi (Apg. 1). Und wenn man sich darauf berufen will, so muß man ihnen darin folgen.

His suppositis [= dies vorausgesetzt] behaupte ich, daß man noch heutiges Tages das Los brauchen könne mit folgenden Gründen:

1) Es ist gar nichts im Los, das Deo indignum [= Gott unwürdig] wäre. Man preiset vielmehr Gottes Güte durch sein kindliches Vertrauen und ehret ihn im Lose als einen Gott, der alles weiß auf das Zukünftige; der alles regiert, auch das Geringste; der Gebet erhört, auch wenn man selbst nicht weiß, wohin man sich wenden soll; und der für die Seinigen recht väterlich sorgt usw.

2) Das Exempel derjenigen, die im Alten und Neuen Testament das Los als eine gottgefällige Sache gebraucht und dabei nicht zuschanden worden, beweist, daß im Los nichts sein könne, warum es an sich zu verwerfen wäre.

3) Die ausdrücklichen Worte der Schrift, das Los fällt in den Schoß, zeigen es genugsam und leiden keine Exzeption. Was man objiziert [= einwendet], hebt die Sache nicht auf, sondern zeigt nur so viel an, daß man es selten recht gebraucht. Denn wenn man sagt: Es ist eine Versuchung Gottes, so kann es sein. Aber nicht alsdenn, wenn obige Supposita da sind. Wenn man sagt: Es trifft nicht zu, so kann es in einem Casu speciali sein, und ist es ohne Zweifel daher gekommen, daß man nicht die gehörige .ἀκρίβειαν [= Sorgfalt] dabei gebraucht. Daraus aber kann man nicht schließen, daß es überhaupt nicht zutrifft. Wenn man sagt: Wir haben keinen Befehl dazu, so ists auch wahr, wenn ichs von einem expressen [= ausdrücklichen] Befehl verstehe.

Es ist uns aber doch indirekt durch das Exempel der Alten als ein Mittel, des Herrn Willen zu erkennen, angegeben worden. Es folgt also daraus nur so viel: Der Mensch muß nicht eben die Sortes brauchen, weil sie nicht ausdrücklich befohlen worden. Daß man aber die Sortes nicht brauchen dürfe, das folgt gar nicht daher etc. Sapienti sat, immo nimirum [Dem Weisen ist es genug, ja wahrhaftig!]

Spangenberg

Dazu bemerkt Zinzendorf am Rand:
[Zu Frage 1 (göttliche Antwort):] Als eine göttliche Antwort sehe ichs so positive nicht an, sondern als eine göttliche gnädige Fügung, als ein Spiel der Weisheit mit ihren Kindern, als ein Engelgeschäfte, wiewohl alle die determinationes [= Entscheidungen], die zugleich den modum, wie es damit zugeht, auswickeln, sind mir ungewiß. Schriftgrund ist da - Exempel auch. Die Erfahrung hats 10 Jahre bestätigt. Die gute Liebe weiß, daß mans redlich meint und gern ganz kindlich ihren Willen täte; so wird sie uns nicht betrügen. Das ist mein Fundament. Ich glaube, daß Leute, die hoch kommen sind, durch viele Erfahrungen vielleicht eine solche akkurate Salbungs-Empfindlichkeit haben, daß sie des Loses nicht brauchen. Ich aber bin soweit noch nicht.

[Zu den „Gründen", Punkt 1, welche Fragen des Loses würdig seien:] Es fließt aus obigem, daß ich alle Kleinigkeiten, denn es hat doch eine jede ihren Einfluß ins Ganze, sortibus digna achte.
Ob man Kranken dienen soll, ist keine Quästion [= Frage]; ob *ich aber* diesen und jenen Kranken außer dem äußersten Notfall dienen soll, ist eine Quästion, die vielleicht vors Los sein könnte. Ich habe den Casum in terminis beim Herrn von Kyaw[73] gesehen. Der begehrte mich zu sprechen. Ich loste, ob ich hingehen sollte, und es traf: Nein. Gleich darauf hörte ich, daß er den Morgen gestorben war.

[Zu den „Gründen", Punkt 3:] Die Wendung Spangenbergs, „das Los fällt in den Schoß", verbessert Zinzendorf in: „das Los wird geworfen in den Schoß, aber es fällt, wie der Herr will".

---

73 Möglicherweise Christoph Heinrich Kyaw aus Strahwalde, geb. am 4. Mai 1676.

Von der Repräsentation Jesu und der Gemeine als dem eigentlichen Zweck der Ehe der Kinder Gottes

Es gehört zu den Besonderheiten Zinzendorfs, dass er die Ehe nicht wie manche Vertreter des Pietismus etwa Tersteegen oder Hochmann von Hochenau ablehnt, sondern vielmehr bewusst aufwertet. Freilich stand für ihn seit seiner eigenen Ehe mit Erdmuthe fest, dass sich Aufgabe und Sinn der Ehe von Christus her ergeben, also religiös begründet sein müsse. Eine Kernstelle seiner Frömmigkeit ist dabei Jesaja 54, 5. Christus gilt ihm als Schöpfer und Ehemann der menschlichen Seele bzw. des Menschen. Daraus schließt er: Wenn Christus Bräutigam und Ehemann ist, dann müssen alle Seelen weiblich sein. Die Beziehung von Männern und Frauen zu Christus sind also unterschiedlich. Der irdische Mann vertritt als „Vizechrist" den Bräutigam Christus bei seiner Frau. Seine Aufgabe liegt darin, seiner Frau ein Vorbild Christi zu werden und ihr zu dienen. Die Frau entspricht dagegen der Braut, der Gemeine, die sich an Jesus und ihren „Vizechristen" anlehnt und aus dem „Genuß" und der freudigen Dankbarkeit über sein Verdienst lebt.

Die Ehe ist also ein Sinnbild der Gemeinde und ihrer Hingabe an den Bräutigam Christus. Sie verliert ihren Sinn, wenn sie zum Spiel und zur bloßen Freundschaft verkommt. Sie erschöpft sich auch nicht in der Geburt von Kindern. Zinzendorf ringt darum, dass die Ehe und Familie eine Stätte des Gehorsams und Umgangs mit Christus werde. Die Vorstellung der Repräsentation Jesu durch den Ehemann und der Darstellung der Gemeine durch die Frau wollen die Ehe nicht religiös überfrachten, aber verhindern, dass sie zu einem weltlichen Geschäft des Menschen außerhalb des Kreuzreichs Jesu gerate.

Abgedruckt nach: Der Öffentlichen Gemein-Reden im Jahr 1747 Erster Theil, 1748, Nr. 7, S. 122-137, gehalten an das Ehechor in Herrnhaag, den 6. Februar 1747.

* * *

Der dich gemacht hat, ist dein Mann (Jes 54,5.)

Wenn nicht eine scheinbare Vollkommenheit in manchen Sachen wäre, so würden sich die Menschen eher nach dem rechten Pünktchen umsehen. Die scheinbare Völligkeit einiger Dinge aber macht, daß die Menschen zu der Zeit, da sie sich recht gründlich erkundigen könnten, manches für bekannt annehmen und zufrieden sind. Wenn es danach an diesem und jenem Orte fehlt und die gescheiten Leute kommen dann endlich hinter die Mängel und Fehler, so werfen sie die Sache so lange hin und her, als sie denken, daß sie helfen können. Und wenn sie weiter keinen Rat mehr wissen, so schmeißen sie die Sache ganz weg.

So gehts in der ganzen Religion mit allen den Lehren und Materien, die die Menschen weder halb noch ganz verstehen, damit sie sich eine Zeitlang begnügen und von seculis zu seculis [= von Jahrhundert zu Jahrhundert] daran flicken, bis endlich Leute drüber kommen, die alles wegwerfen und in die Atheisterei drüber hineingehen. So gehts insonderheit mit der Lehre vom *Ehestand.*

Daß die Menschen, die dem Fleisch und der Natur dienen, in den Ländern, wo man kann handeln wie man will, über den Ehestand keinen großen Skrupel haben, das ist kein Wunder. Daß in andern Ländern, wo der Ehestand eingeschränkt und in Ordnung gehalten wird, die spekulativen Leute, die über alle Sachen denken, sich über den Ehestand auch nicht sehr aufhalten, das kommt eigentlich davon her, weil im Ehestand eine Realität liegt für die Grosseurs, für die fleischlichen Leute, dasjenige grobe Gefühl, das sie darinnen suchen und finden; für die subtilen Leute, die Schöpfersidee, die in allem Ehestand liegt, auch bei den natürlichen Leuten, da sie gewürdigt werden durch diesen Stand und durch diese äußerliche Einrichtung, ihre Menschlichkeit über die ordinäre Länge des menschlichen Lebens hinaus fortzuführen, und da sie sehen, daß der Stand ein Mittel ist, daß aus der Menschlichkeit, die sonst wie ein anderes Würmchen vergehen würde, eine äonenmäßige Ökonomie wird, wie es Apostelgeschichte 17, 26 heißt: „daß von einem Blute aller Menschen Geschlechte auf dem ganzen Erdboden wohnen".

Das ist nun was Respektables. Wer dieselbigen Sachen in die Ideen führt, in die Spekulation, dem tut das ein Genügen und der denkt: Warum soll der Ehestand nicht was Wichtiges sein, es werden ja die Kinder darinn gezeugt. Und in demselbigen Kinderzeugen liegt die Befestigung des Ehestandes und des Kredits, den die zwei Leute füreinander haben. Damit sich aber die Unvollkommenheit der menschlichen Behelfe deutlich an den Tag lege, so findet man viel hundert und tausend Ehen, da keine Kinder drinnen gezeugt werden. Wenn da die heidnischen Leute drüber kommen, die von Gott nichts wissen, die nach ihrer Natur und blinden Einsicht handeln, so scheiden sie die zwei Leute ohne Bedenken voneinander. Daß das auch sogar die Christen für konvenabel [= annehmbar] halten, das sieht man daraus, weil manchmal bei Päpsten Prozesse von zwanzig Jahren sind geführt worden, ob eine Person Kinder gezeugt habe oder habe zeugen können. Und wenn sie das nicht erweisen könnte, so war die Scheidung fertig.

Der Heiland aber hat so nicht geredet, er hat die Ehe darauf nicht gesetzt. Damit kommen Leute, die spekulativisch und tiefsinnig sind, und können doch die tiefen Ressorts dieses Werks nicht finden, darauf, daß sie die Ehe verwerfen. Woraus notwendigerweise einer gewissen Art Ketzer in diesen letzten Tagen ihre Idee entstanden ist, die bei etlichen frommen Leuten eine lange Zeit gedauert hat. Das kommt aber alles daher, weil die Leute den Plan nicht ganz haben, weil sie sich, solange sie können, mit allerhand Imaginationen und Erfindungen helfen, und der Sache ihre Vollkommenheit geben wollen und dieselbe Vollkommenheit in Sachen setzen, worin sie nicht zu suchen ist. Denn es ist unstreitig ein Segen, daß aus der Ehe Kinder gezeugt werden, es gehört für ordinär mit dazu. Es ist eine Gnade, die der Heiland ins ganze auf die Ehe gelegt hat. Aber es ist kein solch essentielles Stück der Ehe, daß Eheleute Kinder haben müssen, wenn ihre Ehe richtig sein sollte. Denn wie viele biblische von Gott geheiligte und gesegnete Ehen haben wir ohne Kinder? Zum Exempel Abraham war hundert Jahr alt und seine Frau neunzig, und es fiel ihnen niemals ein, daß ihre Ehe unrichtig wäre, weil sie keine Kinder hätten. Das ist also die Sache wieder nicht. Daher kann nun niemand zurecht kommen mit der ganzen Wahrheit, und also auch mit der Ehewahrheit, als die Kinder Gottes.

Die Leute, die alles aus dem Herzen ihres Mannes herausholen, die können auch in der Ehematerie klug werden und wissen, was der infallible [= unfehlbare] Zweck dieses großen und wichtigen Geschäftes ist, wozu es ist, was das Hauptstück der Ehe ist, woraufs hauptsächlich ankommt. Da man alle die andern Sachen anzusehen hat als Gnade, dafür man ihm dankt. Aber da muß man bei nichts stehenbleiben als bei dem einen, ohne welches die Sache nichts ist. Das ist aber der Punkt: „Der dich gemacht hat, ist dein Mann". Wer wird daran zweifeln, daß es viel seliger für uns wäre, viel kommoder, viel annehmlicher, wenn diese ganze Weltökonomie, die ganze Zwischenökonomie, darinnen wir jetzt leben, niemals gewesen wäre; sondern die Seelen wären von dem ersten Moment ihrer Schöpfung an in ihres Schöpfers Arm geblieben. Sie hätten nichts anders gewußt, als daß sie dessen, der sie gemacht hat, sein Kind und Jungfrau wären?

Es ist aber nicht so, sondern wir sehen jetzt offenbar am Tage, daß das menschliche Geschlecht in zwei Teile geteilt ist, ins männliche und weibliche: daß das männliche Geschlecht das weibliche in seine Pflege nimmt, sein Mann heißt, und das weibliche Geschlecht den Namen von dem männlichen annimmt und sich in sie hineinleiben, hineinfügen läßt, wie es der Heiland ausdrückt in Matth. 19,6. Nun wissen wir und sehen wie es ist, nicht wie es sein könnte und sollte. Was sagt denn unser Schöpfer dazu? Er sagt: „Du bist mein Weib, du Menschenseele, die ganze Menschenseele ist mein Weib. Aber du hast die Ehe gebrochen, du bist von mir weggelaufen: komm wieder! Denn der dich gemacht hat, ist dein Mann, du hast keinen andern Mann, du kriegst keinen andern in Ewigkeit als mich. Es gehört dir kein anderer und du gehörst keinem anderen als deinem Schöpfer. Ich will dir alles vergeben, ich will dich mit meinem Blute waschen von deiner Ehebrecherei. Ich will dich wieder annehmen; du sollst aber an einem andern lernen, deinem Mann treu sein. Ich will dich erst in eine Schule führen, da sollst du lernen."

Daraus folgt, daß also ein jeder Mann, der des Heilands seine Person repräsentieren soll in der Welt, erst selber des Heilands, seines Mannes Seele wieder geworden sein muß. Er muß erst selber vom Heiland sein erkannt und angenommen worden. Er muß von seiner eigenen Ehebrecherei losgesprochen und absolviert sein, und also an seinem Herzen vollkommen erfahren haben, was das heißt: „Der dich gemacht hat, ist dein Mann". Seine Seele muß beim Heiland gewesen sein, im Herzen des Heilands gewohnt haben, und er muß so an ihn angebunden sein, daß seine ewige Gnadenwahl und sein ins Bette des Lammes Gehören ihm eine ausgemachte Sache ist.

Danach kriegt er ein Amt. Dazu hat der Heiland seinen Verstand schon im Mutterleibe so gestellt, daß wenn die Begnadigung, die Absolution geschehen ist, so kriegt er danach einen Verstand, sich gegen ein anderes Geschöpf seines gleichen heilandsmäßig zu beweisen.

Daher von Rechts wegen eine Schwester muß denken wie die Gemeinde, und ein Mann muß denken wie der Heiland. Es muß ihnen so sein, der Heiland muß den zwei Herzen geben, dem einen den ganzen Plan einer Seele, dem andern den ganzen Plan des Mannes der Seelen. Das eine muß sich von ganzem Herzen warten lassen; das andere muß von ganzem Herzen pflegen und warten. Und das ist beiden eine Gnade.

Das ist endlich noch so ziemlich natürlich, daß man sich gerne pflegen und warten läßt. Das kann eine jedwede Seele des Heilandes, das haben wir auch, insofern wir solche Seelen sind, insofern wissen wir gut, das das heißt: „Breit aus die Flügel beide, o Jesu meine Freude, und nimm dein Küchlein ein" [EG 477, 8]. Aber das andere sich von ganzem Herzen hinzugeben zum Dienst einer Kreatur, die einem im Anfang fremd ist, die man vorher nicht gekannt hat, die oft in einer Entfernung von einem auf die Welt gekommen ist, außer aller Konnexion mit einem, die von einem andern Geschlecht ist, sich derselben anzunehmen, sich zum Opfer hinzugeben, daß, wenns nötig wäre, man für sie sterben und sein Leben lassen könnte, wenns zu einer Zeit und Stunde wäre, da ihr damit gedient wäre, in der Hütte zu bleiben und da eins von beiden müßte aus der Hütte gehen. Denselben Sinn muß der Heiland in einem jeden Mann wirken, sonst haben sie den Namen eines Mannes nicht mit Recht: „Ein jeglicher sei gesinnt, wie Jesus Christus auch war" [Phil 2, 5].

In der Welt ist es sehr umgekehrt. Denn man hat die Frauen da obligiert [= verpflichtet] zu solchen Diensten, zu solchen Regards, Beschäftigungen und Plagen mit ihren Männern, daß sie an manchen Orten fast an nichts denken können, als wie sie dem Manne gefallen und ihn bedienen mögen. Und das heißt man eine gute Frau. Aber das ist nicht der Stil des Heiligen Geistes, sondern da sinds die Männer, die den Schwestern zu Liturgen gegeben sind. Die sind der Schwestern ihre Engel, dienstbare Geister, ausgesandt zum Dienst um der Schwestern willen, die einmal in des Heilands Arme kommen sollen.

Und das ist eines jeden Mannes Pflicht, seine Frau mag den Heiland kennen oder nicht, sie mag auf ihn neidisch oder gut sein. Da hingegen man von natürlichen Weibern keineswegs fordern kann, daß sie den Gemeinplan haben und wissen sollen, wie eine Gemeine Jesu gesinnt ist, daß, wenn ihnen ihre Männer was von ihrem rechten und ewigen Manne erzählen, ihre Augen naß werden und sich ihr Leib und Seele freuen soll. Und man ist ihnen deswegen doch eben dasselbe, eben die völlige Hingabe, eben die Liturgie schuldig, die man einer Schwester schuldig ist, ja man hat mehr Gelegenheit, den Sinn Jesu Christi zu beweisen. Aber es ist nicht so kommode, nicht so selig, nicht so lieblich, als wenn man eines Sinnes ist, wenn man eben denselben teuren Glauben miteinander überkommen hat, eben dasselbe Gefühl vom Manne der Seelen hat, welches noch dazu bei den Schwestern empfindlicher zu sein pflegt.

Denn wir müssen in Wahrheit dem Heiland so nahe sein, eins so gut als das andere. Die Männer müssen von dem Nahesein des Heilands einen rechten Eindruck haben, wenn sie sich wollen bei den Schwestern beweisen. Aber das ist eine unstreitige Sache, daß eine Magd Christi in ihrem Schwesternstande viel mehr genießt, viel mehr Vorgeschmack vom Lamme hat als der Mann. Das bringt die Natur der Sache mit sich. Wir sind jetzt ausgewechselt, wir sind aus unserm Geschlecht herausgesetzt in ein anderes Geschlecht. Es ist eine Metamorphose mit uns vorgegangen, wir sind gleichsam in einem geborgten Zustande. Und daher, weil wir gewiß wissen, daß unser Stand so nicht fortwährt, so müssen uns vom lieben Heiland ein bißchen die Augen gehalten werden, daß wir nicht eine unzeitige Lust und Appetit kriegen nach der Schwestern Seligkeit und darüber unsere Amtspflicht vergessen. Denn es ist ein großer Unterschied: genießen oder geben, haben oder erarbeiten, besitzen oder gewinnen. Und man ist gar zu sehr geneigt, daß man sich das Angenehmste und Lieblichste erwählt. Daher, wenn uns der liebe Heiland nach unserm Herzen und nach allem unserm Wunsch eine Empfindung, eine Kirchenempfindung gegeben hätte wie den Schwestern, so würden wir extravagieren in ihr Feld. So würden wir unser Amt, das so ein bißchen beschwerlich ist, das eine Liturgie ist (dazu Er uns von oben alles geben muß, sonst kämen wir nicht fort), liegen lassen oder doch negligieren. Wir würden unserer Schwestern ihre Gespielen werden, unsere Seelen würden sich mit ihren Seelen in eine Konnexion der Freundschaft, der Zärtlichkeit, eines Genusses, einerlei Art Gottesdienstes einlassen. Es würde das herauskommen, was ein jungfräulicher Ehestand hat sollen bedeuten bei denen, die manchmal darauf gefallen sind. Und das ist nicht der Plan. Denn es ist uns Männern nicht erlaubt, daß wir dürfen Bilder der Gemeine sein in Ansehung unserer Schwestern sondern wir müssen Priester, Liturgen sein. Wir müssen dem Altar dienen, wir müssen den Gottesdienst bei ihnen besorgen.

Da gehts nun, wie es allemal geht, es läßt sich immer besser genießen als dafür sorgen. Ein Arbeiter hat sein Lebtag dieselbe Empfindlichkeit der Seligkeit nicht, die andere haben. Die Arbeiter in der Gemeinde sind allemal diejenigen, die am wenigsten genießen. Von allen Lehrstunden, von Singstunden, von den geistlichen Vergnügungen, von einem Liebesmahl, ja gewissermaßen von den Umständen des Abendmahls selbst, so viel man auf die äußerliche Empfindlichkeit rechnet, haben allemal die mehr, die nehmen, als die geben. Es ist mit dem Geben, mit dem Bedienen, so manche Schwierigkeit verknüpft, davon die Gemeingeschwister nicht einmal was gewahr werden. Aber die damit zu tun haben, werden doch manchmal ziemlich geübt, und es wird ihnen von der Süßigkeit, von dem Geschmack was abgebrochen, den die andern in seiner Purität, in seiner unverfälschten Gnade genießen, denen nichts verbittert, nichts versauert wird. Und das läßt man sich gerne gefallen, man nimmt das für sich, was verbittert und versauert werden kann, alle Beschwerlichkeiten, die einen treffen, wenn einer ein Diener eines Volks Gottes ist; wenn nur das Volk selig, wenn nur das Häuflein vergnügt wird. „O wie manche schwere Plage wird vom Satan rum geführt" (wie es in einem alten Liede heißt) die doch oft ihr Lebtage die Gemeinde nicht erfährt. Gottes Engel, die sichtbaren und die unsichtbaren, die Er sendet, „pflegens Böse, das der Feind anzurichten war gemeint, in die Ferne wegzuwenden". Und da ist nicht nötig, daß man erst viel Erzählung davon macht und der Geschwister ihre Imagination damit anfüllt, die voll [des] Heilands, voll [des] Seelenbräutigams sein soll, und da alles andere nicht der Mühe wert ist, ihm Platz zu machen.

So gehts in der Ehe auch, so soll es von Rechts wegen in den kleinen Kirchlein gehen. Die Schwestern sollen alle Tage ihrem Seelenmann näher kommen, immer seliger, immer süßer empfinden, durch den Dienst ihrer treuen Vizemänner und Vizechristen. Es sollen ihnen alle Schwierigkeiten applaniert [= geebnet] werden, sie sollen in der geistlichen Sache, in der Seelensache nichts in ihrem Wege finden, sondern wenn sie treu, wenn sie ganz sind, wenn sie ihrem Mann wahrhaftig ergeben sind; so sollen sie ihren geraden Gang hinter uns drein gehen, *Jungfrauen* sein, *die dem Lamme nachfolgen, wo es hingeht,* und um die Schwierigkeiten sollen sich die Männer bekümmern.

Wenn dieselben Schwestern innerliche oder äußerliche Nebenverrichtungen, Nebenämter haben, über dieses oder jenes gesetzt sind, da sie auch müssen Treue dran beweisen, so müssen sie ihren Teil der Seligkeit an dasselbe Amt wagen in Ansehung anderer, aber nicht in Ansehung ihrer Männer. Ihre Männer bleiben allezeit ihre Engel, ihre Diener, Gehilfen ihrer Freude, Haushalter ihrer Seligkeit, die alles, was sie nur fähig sind zu empfangen, ihnen zu behüten, auszuteilen haben, im Namen ihres Mannes.

Das ist nun gesagt vom Zweck der Ehe. Die ganze Ehe ist seit des Heilands deklarierter Ehe mit unsern Seelen eigentlich um der Schwestern willen, um derselben Kreatur willen, die in der Heiligen Schrift

Weib genannt wird. Das männliche Teil ist das dienstbare Teil. Aber freilich, weil es im Namen Jesu Christi dient, weil es Liturgus ist und die Person des Schöpfers zugleich vorstellt, so kann man leicht denken, daß der Diener Ehre hat. Denn der hat seine Ehre vom Herrn; und was man in der Heiligen Schrift von dem Respekt der Weiber gegen ihre Männer findet, das bezieht sich alles darauf, in wessen Namen sie gehen und stehen, in wessen Namen sie segnen, in wessen Namen sie sich vereinigen, in wessen Namen sie Kinder zeugen, in wessen Namen sie alle ihre übrigen Ehepflichten verrichten. Ja das macht freilich bei den Schwestern einen solchen Eindruck und Respekt, den man ihnen nicht disputieren kann und auch nicht erst abfordern darf.

Wenn wir treu sind in unserm Beruf, so ist unser Gnadenlohn, daß wir von unserm Amte befreit werden, daß wir ausgespannt werden aus dem Dienst, und werden, was die andern Seelen sind, was unsere Schwestern sind, und werden in die Arme des Mannes immediate aufgenommen, den wir bis daher vorgestellt haben.

Daß wir einen Gnadenlohn davon für uns haben, das ist gewiß, wenn wir treu sind: aber es liegt auch ein Gnadenlohn in der Ehe selber. Denn wenn ich noch so sehr arbeite und mich bemühe, wenn ich gleichwohl dem Lamme diene und in seiner (obgleich Kreuzes-) Gestalt einhergehe und bin den Seelen das, was Er mir und allen andern Seelen ist, so geht das doch auch nicht ohne eine Art von einer Seligkeit ab. In demselben Dienst, in derselben Observanz steckt auch ein Segen, es liegt eine Annehmlichkeit, ein Gefühl der Gnade darinnen, wenn ich sagen kann: „Ich bin *Jesus*, und nicht nur ich, wenn mir sein kann, als wäre ich *Jesus der Ehemann*, nicht nur ich. Da geht freilich eine wahre geistliche Empfindung im Herzen vor. Denn der Heiland macht nichts für die Langeweile. Er läßt einen nicht in den Tag hinein einen Namen haben. Er läßt einen nicht nur so was in den Kopf kriegen oder einen Rock anziehen, den man danach wieder ausziehen müßte, sondern er macht einen so, er fleischt sich einem ein. Er steckt sich wie zwischen Tür und Angel. Er läßt sich selber anziehen, wie Paulus sagt: „Ziehet an den Herrn Jesum Christum." Und ein Mann ist danach nicht ein solcher Repräsentant von des

Heilands Person wie ein Komödiant, der dem Heiland die Minen und Worte ablernte und brauchte sie hernach bei seiner Frau ohne Effekt; sondern er ists wie ein Unterkönig, er ist ein wirklich Ebenbild des Heilandes. Und wie der Heiland der Charakter seines himmlischen Vaters ist, so ist ein rechter Mann ein Charakter Jesu Christi. Es spiegelt sich in ihm des Herrn Klarheit mit aufgedecktem Angesicht, daß eine Schwester, die es versteht, denken kann: „So war mein Lamm", daß sie, wenn sie ihren Mann ansieht, sich den Heiland dabei einfallen lassen kann. Und wenn sie ihres Mannes genießt, sich den Heiland dabei vorstellen kann. Und wenn sie ihr Mann umarmt und wenn sie ihr Mann segnet, mit Recht denkt, daß sie der Heiland segnet.

Das ist eigentlich der Zweck des Ehestandes. Und wenn derselbige Zweck nicht beobachtet wird, so sind alle die andern Nebensachen und alle die andern Dinge, die sonst noch so selig und gut sind, nichts und beweisen keinen Ehestand. Denn es werden Kinder genug außer der Ehe gezeugt, und also beweist das Kinderzeugen an sich keinen Ehestand. Daß man einander im Hause helfen kann und einander treu wirtschaftet, beweist auch keinen Ehestand. Es kanns manchmal eine Tochter ihrer Mutter oder ein Sohn seinem Vater ebensogut und noch besser machen.

Es muß also ein unleugbares Kennzeichen, ein Kriterium des Ehestandes sein, das durch keinen andern Umstand kann bedeutet und nachgemacht werden, darinnen die Leute sich nicht irren können. Und das ist die Repräsentation *Jesu* und *der Gemeinde* (Eph. 5, 23-24).

Die Ursache, warum man sich der neuen Eheleute annimmt, warum in dem Stück eine Gemeinordnung ist, und insofern was dran ist, daß wir Kirchenordnung und -zucht haben, die außerdem ziemlich eine Chimäre ist (aber in der Ehe ist was Wahres drinnen, da ist eine Zucht, eine Paideia, eine Anleitung), die Ursache, sage ich, ist, weil wir wissen, daß die Ehe eine Sache von der äußersten Wichtigkeit ist, daß sie einer der großen Zwecke der Schöpfung ist, daß der, der im Anfang den Menschen gemacht hat, machte, daß ein Mann und Frau sein sollten. So wie wir machen, daß Mann und Frau zusammenkommen, daß sein unsichtbarer Leib durch solche sichtbare Glieder vorgestellt und seine eigene heilige Person durch gewisse arme Sünder vorgestellt werde, deren ihre Seele er in eine männliche Hütte einquartiert hat. Denn darauf kommts an, daß der Heiland die Seele vor dem Eingang in [den] Mutterleib disponiert, welche in eine männliche und welche in eine weibliche Hütte einquartiert werden soll. Sie sind an sich einerlei Isaggeloi [= den Engeln gleich], sagt der Heiland (Luc. 20, 36). Wenn er aber eine Seele in eine männliche und eine andere in eine weibliche Hütte einquartiert hat, so gibt er danach denselben Seelen gerade die ihrer Hütte gemäßen Qualitäten. Ihr wißt, daß der Leib und das Gemüt in einer genauen Konnexion stehen. Und also denkt eine Seele in einem männlichen Leibe anders als die in einer weiblichen Hütte. Und wenn das Gegenteil geschieht, wenn eine Seele in einer männlichen Hütte weiblich, und eine Seele in einer weiblichen Hütte männlich denkt, so können sie gute Leute und in andern Stücken brauchbar genug sein, aber gute Eheleute sind sie nicht.

Die Materie ist nun freilich von einer erstaunlich großen Etendue [= Ausdehnung, Weite]; sonderlich kann in den ersten Zeiten viel dabei versehen werden. Und also ists der Mühe wert, daß man sich in einer Gemeine Gottes dieser Sache von ganzem Herzen und mit Ernst annimmt und allen denen, denen es darum zu tun ist, darinnen von Gott gelehrt zu werden, treue Gehilfenschaft leistet. Das beste aber muß die Mutter selber tun, und der Mann und sein Vater [= die Trinität], die müssen den Eheleuten selber die Gedanken inspirieren und ihnen die Gaben schenken, die sie zu dieser wichtigen Sache nötig haben.

Vom Heimgehen

Für Zinzendorf ist der Tod mit der Bibel ein Schlaf, ein Heimgehen zu Christus. Er weigert sich, die übliche Sprache des Todes mitzusprechen. Der Friedhof ist ihm der Gottesacker, in dem das Weizenkorn zu neuem Leben entsteht. Der folgende Text, eine Kurzansprache an die ledigen Brüder, greift bewusst die „Absurdität" der Alltagssprache an, die die Auferstehungshoffnung der Christen nicht zur Kenntnis nimmt und damit Jesu Verkündigung des ewigen Lebens außer Kraft setzt. Zinzendorf stellt der natürlichen Sicht des dem Tode entgegengehenden Menschen die biblische Sicht entgegen: Der Glaube des neuen Menschen ist der Beginn des Lebens, der von der Taufe an „auf das Leben los" arbeitet. Der Schluss der Rede zeigt freilich, dass das Leiden und Sterben Christi den neuen Menschen nicht aus der Realität dieser Welt entlässt. Das Ziel, Jesus ähnlich zu werden, besagt eben auch das tägliche Sterben des alten Menschen, das in dieser Zeit als Aufgabe, als „Ermahnung und Gedächtnisrat" begriffen und geübt sein will. Die abgedruckte Ansprache ist eine Chorrede an die ledigen Brüder und wurde am 1. Januar 1751 gehalten.

Abgedruckt nach: UA Herrnhut R 24 Hs 35.

* * *

Die Revolution der Jahre, die sich immer aufeinander häufen, macht, daß man 50, 60 usw. zählt, und dann hörts auf. Das ist der Unterschied zwischen unserer jetzigen Situation und der Situation unseres Freundes. Seine Jahre hören nicht auf, unsere gehen aber dahin und werden verwandelt. Und die jetzige Ökonomie wird wie ein alter Teppich zusammen gerollt und auf die Seite gelegt werden. Wir müssen nur den Satz, der kein Wortstreit ist, gründlich fassen, sobald man von einem Bruder sagt: Er ist weg, so hört die alte Rechnung mit ihm auf. Die Sterb-Epoche ist aus, und es geht an sein Tag, der kein Ende nehmen mag.

Eine Gemeine kann die Formel: „Der Mensch ist gestorben", absolut nicht passieren lassen, denn sie involviert eine Absurdität und führt eine Verrückung des ganzen Status und der Ideen ein, die uns der Heiland in der Sache gegeben hat. Paulus sagt: „Ich sterbe täglich" und der Heiland sagt: „Wer an mich gläubt, der soll leben, ob er gleich stirbt". Das heißt: Ob er gleich nichts anders an sich sieht als den Tod, obgleich der Tod in seinen Gliedern liegt und sich solange fort arbeitet, bis endlich die Hütte drüber auseinander geht, so soll er doch gewiß glauben, er wird leben, er geht aufs Leben los.

Wenn ein Kind gezeugt ist, so gehts aufs Sterben los. Es ist aber nicht so geschwind bei seiner leiblichen Geburt in die Welt hineingestorben, so fängt auch der inwendige Mensch schon sachte an, aufs Leben los zu arbeiten. Das währt von einem Dezennium zum andern, zeitigt sich aufs Leben zu, auf die Ablegung des Sterbens, und es wird endlich soweit poussiert, der inwendige Mensch wird so mächtig, daß er sich aus der Hütte herausdrängt und sie verläßt.

Die Umstände des Verlassens der Hütte differieren nicht anders als das geschickte und ungeschickte Herausnehmen eines Zahnes, da manchmal ein Stück vom Kinnbacken mit weggeht und die Schmerzen einige Stunden länger währen, anstatt gleich aufzuhören. Daß aber was Normales wegkommt, ist darum doch nichts als ein fauler Zahn, den wir nicht mehr mögen. ... Alsdenn ist an kein Scheiden mehr zu denken, da bleibts beim Herrn allezeit und der Konnexion mit seinem verklärten Leibe.

Da hat die Predigt vom Tod ein Ende und die Predigt vom Blut wird zum ewigen Psalm. Sie hört auf, eine Paränese, Ermahnung und Gedächtnisrat zu sein und wird zu einem ewigen Halleluja. *Lasset uns an unserm Leibe herumtragen sein Sterben. Der* Text hat ein Ende, aber an dessen statt heißts doch immerfort, bei aller Verklärtheit unserer Hütte: Gloria Pleura. Des seligen Bluts des Herrn wird nie vergessen, das bleibt ein Jubel, der, wenn Millionen der Äonen vorbei sind, noch immer neu, lieblich und der Favorittext bleibt, aber ans Sterben, an den Tod wird nicht mehr gedacht, er wird den Tod verschlingen ewiglich.

Vom letzten Gericht

Im Jahre 1751 hat Zinzendorf die in den vierziger Jahren entstandenen brüderischen Liturgien, die dann in dem „Litaneienbüchlein" von 1755 veröffentlicht wurden, ausgelegt. Sie wurden in Hs 24 sorgfältig abgeschrieben und möglicherweise für eine Veröffentlichung vorbereitet. Doch ist eine Publikation nie zustande gekommen. Als Beispiel wird folgende Rede über das letzte Gericht anhand der Liturgie „Te Jehovah", die 1744 entstanden ist, veröffentlicht. Im Gegensatz zu Bengel war Zinzendorf jede Spekulation über das Ende der Welt oder auch jede Form von Gerichtspredigt fremd und verdächtig. Die Vorstellung von dem Weltenrichter Christus paßte mit seinem Christusbild nur schwer zusammen. Umso interessanter ist zu sehen, wie Zinzendorf an dieser biblischen Wahrheit festhält, sie aber nicht als Aussage über den ewigen Christus, sondern als ökonomische Wahrheit, das heißt als heilsgeschichtliche, den gegenwärtigen Christen betreffend verstehen will. Dahinter steht die Erfahrung, dass eine Erkenntnis von Gottes Tiefe und Wesen dem Menschen unmöglich ist (s. Text 1), dass er immer nur soviel erkennen kann, wie Gott jeweils in einer Zeitepoche für ihn zu erkennen gibt. In der Gegenwart, in der Zeit des neuen Bundes ist Christus das Angesicht und Bild Gottes, an das sich der Christ halten soll. Der eingangs aufgeworfene Gedanke wird am Schluss der Ansprache noch einmal aufgegriffen. Jede Spekulation über die Transzendenz Gottes geht in die Irre. Der Christ kann nur zu den Wunden Jesu, das heißt zu Gottes Menschwerdung und Tod für uns fliehen. Die Wunden Jesu sind der bergende Steinritz und Schutz in Gottes Gericht.

Abgedruckt nach: UA Herrnhut R 20. Hs. 24 (Rede über die Litaneien Nr. 51 vom 31.3.1751).

* * *

„Wenn aber der Umsturz der Welt deinen Zug zum Gericht vermeldt und dein Zeichen in Wolken scheint und die Welt um die Felskluft weint, wenn keine Felskluft mehr wird sein, fliegen wir Tauben zu'n Fenstern nein und sehn uns an der Gottheit satt, die uns hier so geblendet hat, daß wir vor ihrem Blitz im Thron tief hinein in die Wunden flohn." (HG 1897, 14-16).

Meine lieben Brüder und Schwestern! Es ist eine alte Idee, daß die ökonomischen Wahrheiten ein besonderes Leben und Geist haben bei lebendigen Leuten, und was nicht ökonomisch ist, das ehrt und respektiert man, aber man weiß sich nicht viel damit zu machen. Die unökonomischen Wahrheiten haben aber nicht einerlei Objekt. Diejenigen, die das Herz kosten kann, die einen Rapport auf den inwendigen Menschen haben, da ein particulier Gefühl herauskommt, die können uns schon manchmal angenehm und lieblich werden. So wars zur Zeit des Alten Bundes mit der Lehre vom Kreuz und dem Blick, den dieselbige gab, da sie noch ein pures Phaenomenon war, wie ein Sternchen, das einmal erscheint und im Augenblick wieder weg ist, wie ein Meteor, da wir singen: Hätten wir zu der Zeit gelebt, wir hätten geschwärmt und uns voraus gewärmt beim künftgen Licht.

Es gibt aber auch gewisse ökonomische Wahrheiten, die gewiß wahr sind, aber eigentlich keine Konnexion mit dem inwendigen Menschen haben. Die sind einem ein versiegelter Brief, und es ist ein Zeichen eines Toten, wenigstens sehr trockenen systematischen Gemüts, daß sich in solchen Materien weitläufig machen und sehr exspatiieren [= austreten] kann.

Eine solche Materie ist die vom künftigen Gericht. Der Umsturz der Welt wird diese wichtige Handlung anmelden. Petrus sagt: „Die Himmel werden zergehen mit großem Krachen, die Elemente werden vor Hitze zerschmelzen, und die Erde und die Werke, die darinnen sind, werden verbrennen. So nun das alles soll zergehen, wie sollt ihr denn geschickt sein mit heiligem Wandel und gottseligen Wesen, daß ihr wartet und doch auch ein bißchen eilet zu der Zukunft des Tages des Herrn, in welchem die Himmel vom Feuer zergehen", usw. [2. Petr 3, 10f]. Da setzt er die Schmelze der ganzen Welt der Zukunft des Heilands vor. Das tut der Heiland auch, wie er von der Sache redet.

Das, denk ich, ist ein ziemliches Toczin [= Sturmläuten]. Dazu wird mit einer großen Glocke geläutet. Das wird niemand verschlafen, die Posaune Gottes wird so laut gehen, daß die Toten in den Gräbern es hören und hervorgehen werden. Dabei ist also für eine Gemeine des Heilands nichts zu versäumen. Wenn sie nicht etwa in ihrer Mitternacht au depourvu [= unversehens überfallen] gefunden wird und die Fatalität hat, des Heilands stille Zukunft, den stillen Wächter zu verschlafen. Den Wächter mit der Posaune wird man nicht verschlafen. Der wird uns wohl rufen, wenns Zeit ist.

Ich kann also nicht anders glauben, als daß das keine Materie für uns ist, außer i.a. verbürgten. Es ist keine unangenehmere Spekulation als die, wenn der Heiland einmal wird müssen den Richterstab brauchen. Das ist, deucht mich, unter allen Charakteren, die der Heiland trägt, der, an dem uns so am wenigsten liegt und vermutlich ihm auch. Aus eigener Bewegung seines Herzens wird er sich dazu wohl nicht schicken, das wird wohl vi officii, amtshalber geschehen.

Petrus sagt: „Der Herr hat Geduld mit uns" [2.Petr 3,9]. Er kann gut auf die Zeit warten. Ihm wird die Zeit nicht lang. Die lieben Alten, die gern gesehen hätten, daß die böse Welt zu ihren Zeiten (wenn sie nur die jetzige gekannt hätten!) abgestraft werden müsse, haben gesungen: „O Jesu Christ, du machst es lang mit deinem jüngsten Tage, komm doch, komm doch, du Richter groß, und mach uns in Genaden los von allem Übel, Amen." Das brauchen wir nicht, wir können vom Übel eher los werden. Das Gebet des Herrn, das er seine Jünger zu beten gelehrt hat, ist nicht bis dahin bestimmt. Führe uns nicht in Versuchung, sondern erlöse uns vom Bösewicht. Das kommt täglich vor. Er hat uns erlöst, sagt der Apostel, und wird uns fort erlösen.

Es wird aber doch einmal geschehen. Die Welt ist wirklich böse. Und wenn man unter ihr wohnen und sie mehr kennen sollte, als wir sie kennen, sonderlich wenn man sie auf der Ecke ansieht, da sie die Kinder Gottes nicht will lassen selig sein, so kann man sich doch einen Begriff machen von einem Gericht über die Welt, von dem allgemeinen oder den partikulieren [= besonderen] Gerichten. Und ich muß sagen, das allgemeine Gericht hat noch mehr proportionierliche Gerechtigkeit, die offenbar da liegt, denn da wirds einem jeden gehen, wie ers verdient hat. Hingegen in den Partikuliergerichten hier und da wird manchmal einer in Gesellschaft mitgenommen (?), von dem man eben nicht weiß, daß er getan, was die andern getan haben. Das embarrassiert [= verwirrt] ein gutes Gemüt, das zur Spekulation geneigt ist und doch nicht tief sieht. David sagt, es ist ein schlüpfriger Pfad, auf dem man nicht sehr kommen muß. Wenn ich die Wege der Menschen ansehe und die Leute betrachte, wies ihnen geht, so bin ich allemal content [= zufrieden] damit. Aber an dem großen Gerichtstag wird man nichts zu erinnern haben, da wird man sich die Spekulation ersparen können, da wird einem jeden vergolten werden, wie er verdient hat bei Leibes Leben, es sei gut oder böse.

Also das Wenn, wenn das einmal wird vollendet sein, wenn die Welt übern Haufen geworfen und das System der Natur, so zu reden, wieder in den Tiegel geschmissen sein wird, bis was Neues fabriziert wird, bis eine andere Figur zum Vorschein kommt, dann wird er kommen, dann wird sein Zeichen erscheinen. Das wird man aber sehen können als seine ganze Person, seine Wunden werden so funkeln, seine heilige Seite, die Mutterstadt, zu der wir unsere besondere Andacht haben, wird sich mit einer solchen göttlichen Majestät wie die Sonne zeigen, die den ganzen Erdboden erleuchtet, daß man zu der Stunde seine Person vor Glanz und Majestät kaum wird erkennen können und es die am besten haben, die dahinter stehen, die es nicht so blenden wird, die den Herrn sehen.

Die Welt wird um die Felskluft weinen und wird zu der Zeit eingestehen, wie gut es wäre, wenn man das nicht vor Possen, Sottisen [= Dummheiten] und Schwärmereien gehalten, sondern sich bei Zeiten in den Steinritz retiriert hätte. Und weil *der* Steinritz fehlt, so werden sie die wirklichen Felsen beklagen und wünschen, daß sie über sie zusammenfielen und sie unter ihren Ruinen begrüben. Es wird aber keine Felskluft mehr sein. Was aber des Heilandes Tauben in der Zeit gewesen und sind noch nicht mit in der Gesellschaft, sondern es ist jetzt erst an ihnen, verwandelt zu werden und dieses abzulegen, die werden zu der Zeit in die Fenster hineinfliegen, wo wir übrigen schon lange drin wohnen und uns heraus und hinein bewegt haben nach der Bestimmung, die wir von Zeit zu Zeit gehabt haben. Und es wird sie auch nicht blenden, sie werden in den Sonnenschein hineinblicken, ohne perplex davon zu sein.

Da wird man auch ein bissel mehr von der Gottheit und Majestät Gottes ertragen können, zu der wir jetzt keine Inklination haben und einfältig denken: Mag Er doch mit seiner Gottheit bleiben, wo seine Gottheit Brauch. Denn so sehr wir sie auch der Welt einreden und den Gott über alles hochgelobt in Ewigkeit predigen, so wenig ist uns eigentlich mit der Qualität gedient. Die wollen wir glauben, aber das Herz ist froh, wenns seinen allmächtigen Menschen bekennen kann, wenn alles das, was majestätisch, selig, herrlich, heilig und liebenswürdig an Ihm ist, in seiner Menschheit suchen darf, denn mein Immanuel kann auch vor Mensch bestehn nach Geist und Leib und Seel. Das Wesen Gottes blendet uns. Wir wissen wohl von einem Vater, Mutter und Mann, sonderlich von einem Menschen Jesu Christi, der das alles ist: aber wir wissen, daß das alles ökonomisch fürs Herz ist und in die Tiefe der Gottheit denken wir nicht. Dazu sind wir zu blöde. Das hat keine Annehmlichkeit für uns. Das dient uns manchmal zur Calcination [= Ausglühen, Zersetzung] und Zerpulverung, Stäubchen zu werden, dem Vater im Staub, uns in unserm Nichts zu konsiderieren. Ich bin sein Stäublein, sein Pünktlein, sein Nichts. Aber weiter gehts nicht. Und wenn uns ein Gedanke von den transzendentalen Materien durch den Kopf will, so fliegen wir gleich in die Wunden so tief hinein, als wir können, und entfliegen allen den Ideen und aller Exaltation der Ideen, der großen Gedanken, wies heißt: Du begehrst große Dinge, begehre sie nicht. Trachtet nicht nach hohen Dingen, sagt der Apostel. Die akkomodierten, niedrigen, mit euch proportionierten Sachen müssen was reizendes für euch haben. Μή μετεορίζετε, seid keine Sterngucker. Laßt den Himmel Himmel sein, bleibt in mir und ich in euch.

Sonderbare Gespräche

August Gottlieb Spangenberg berichtet, dass Zinzendorf auf der Reise durch Schweden im Mai 1735, wo er auf dem Rückweg nach Herrnhut in Ystädt eine Woche auf günstigen Wind warten musste, den Anfang zu der Schrift „Sonderbare Gespräche zwischen einem Reisenden und allerhand andern Personen von Allerlei in der Religion vorkommenden Wahrheiten" gemacht habe. Er hat die Aufzeichnungen in den folgenden Jahren bei Gelegenheit fortgesetzt. 1739 erschien die Schrift im Druck.

Die hier niedergeschriebenen Gespräche spiegeln die Situation der reisenden Brüder und ihre Evangelisationsbemühungen durch Anknüpfung an die im Volk diskutierten Themen sehr lebendig wieder. Zinzendorf tritt unter der Rolle des Passagiers deutlich mit seinen Ansichten hervor, die er verständlicher und volkstümlicher als in seinen anderen Schriften vorträgt. Der Reiz der Schrift liegt in der Vielfalt der angesprochenen Gegenstände. Sie ist zugleich eine Anleitung für die Brüder, wie sie durch das Gespräch erbaulich wirken können.

Auf dreierlei möchte ich hinweisen: 1. Die Gespräche zeigen eine gewisse Distanzierung vom Pietismus und eine bewusste Hochschätzung Luthers, dessen Kleiner Katechismus und Vorrede zum Römerbrief mehrfach und ausführlich zitiert werden.
2. Die Gespräche werben für Toleranz zu den anderen Konfessionen und religiösen Gruppen und vor allem gegenüber dem Judentum. Das Gespräch mit dem Juden Nathan möchte beispielhaft vorführen, wie der Dialog mit einem Juden geführt werden könnte.
3. Die Gespräche haben gelegentlich autobiographische Züge, etwa wenn Zinzendorf seine Empfindungen beim ersten Abendmahlsgang festhält oder wenn er eine ausführliche Beschreibung und Kritik des religiösen Freigeistes Johann Konrad Dippel gibt. Kaum sonst hat Zinzendorf seine Ansichten über die Kindererziehung ausführlicher geäußert als hier.

Die vorliegende Auswahl enthält nur die ersten und die letzten Gespräche. Die darin behandelten Themen wurden in den Zwischenüberschriften genannt.

Abgedruckt nach der 2. Auflage von: Sonderbare Gespräche, Altona 1739. Nachdruck bei Beyreuther/ Meyer, Nikolaus Ludwig von Zinzendorf. Hauptschriften, Band 1. Vgl. zur Entstehung A.G. Spangenberg, Leben Zinzendorfs, S. 906 und 1224f.

* * *

Erstes Gespräch [über des Menschen Herz, die Schrift und die rechte Vollkommenheit]

Wirt: Wie so stille, mein Herr?
Pasagier: Daß ich nichts Rechtes zu reden weiß.
W.: Was gibts Neues?
P.: Ich kann nicht viel sagen: ich habe die Zeitungen neulich nicht gelesen. Und wenn ich nichts von ungefähr höre, so weiß ich selten was. Die Zeitungen haben wenig Erfreuliches; denn die guten Sachen währen selten lange, und die bösen divertieren mich nicht, wenn sie auch meine Feinde beträfen.
W.: Der Herr hat gewiß auch Feinde?
P.: Keine anderen, als die der Heiland hat. Man sagt, es wäre eine Art Christen in den mittleren Zeiten gewesen, die hätten so gern von Erdbeben, Krieg und Pest gehört, weil sie den Heiden so gram gewesen. Es gibt ihrer noch heute von der Art, aber meine Sache ist das nicht.
W.: Der Herr redet wie ein Pietist. Es ist wohl gut, wer NB. [= wohl gemerkt] nur ein rechter Pietist wäre.
P.: Guter Freund! Das bin ich nicht. Ein Pietist soll, wie man spricht, entweder neue Meinungen haben oder doch lieben, und übrigens den Kopf hängen. Ich bin aber weder ein Liebhaber neuer Meinungen noch ein Kopfhänger, wie er sieht.
W.: Das ist schon wahr, aber der Herr redet so geistlich.

P.: Das kann ich nicht leugnen, daß ich lieber von geistlichen als leiblichen Dingen rede.
W.: Man muß doch das Leibliche auch dabei tun.
P.: Ja Hände und Füße mögen arbeiten, soviel sie können und soviel Verstand dazu angewandt werden, als sehr nötig ist; aber das Herz muß wegbleiben.
W.: Was ist denn das Herz? Wenn der Leib arbeitet und der Verstand auch, so muß wohl das Herz auch dabei sein.
P.: David spricht: Wenn mir Leib und Seele verschmachtet, so bist du doch, Gott, allezeit meines Herzens Trost und mein Teil.
W.: Ich möchte das deutlicher ausgelegt haben.
P.: Im Ernst?
W.: Wieso? Warum fragen Sie?
P.: Darum frag ich, mein lieber Mann, weil es nicht gut ist, mit Leuten reden, die keine Ohren zu einer Sache haben. Gott spricht selber vielmal in der Bibel: hat jemand Ohren zu hören, der höre. Solche Leute hören entweder nicht, weil sie nicht wollen oder weil sie nicht können.
W.: Was sind das für Leute, die nicht wollen?
P.: Fast alle Menschen, die man so sieht. Wie ists? Herr Wirt, hört er gerne was von dem wahren Guten?
W.: Warum nicht? Der Herr aber sagte noch was.
P.: Ich sagte: es gäbe auch Leute, die nicht hören könnten. Das sind solche, die zwar leiblich anhören, was geredet wird, ihr ganzes Herz und Gemüt aber ist nicht dazu gestimmt: sie haben keinen geistlichen Verstand. Und darum hören sie, ohne zu wissen: was.
W.. Ei nun! So sage er mir, was ich erst gern wissen wollte.
P.: Die Rede war vom Herzen. Ich sagte, das Herz müßte weg sein von den irdischen Dingen, und das ist wahr. Nun fragte er, was das Herz wäre? Das Herz ist ein schwer Ding zu nennen und zu ergründen; es hat auch manchmal in der Schrift nichts anders zu bedeuten als die Seele. Da heißts: Es ist das Herz ein trotzig und verzagt Ding; aber zuweilen wirds von der Seele unterschieden, und da bedeutet es den Geist, davon Judas sagt: „Die natürlichen Leute haben keinen Geist". Davon David sagt: „Dein Knecht hat sein Herz gefunden".

Davon der Heiland sagt: „Du sollst Gott deinen Herrn lieben von ganzem Herzen, von ganzer Seele und von allen deinen Leibeskräften oder leiblichem Vermögen". Davon Paulus sagt: „Daß euer Geist ganz samt der Seele und Leibe behalten werde unsträflich".

W.: Ei! Davon hört man ja nicht reden.

P.: Mein lieber Mann! Reden wird er wohl davon hören, wenn eine Leichenpredigt ist; denn das ist ein gewöhnlicher Text: „Herr, wenn ich nur dich habe, so frage ich nichts nach Himmel und Erde, wenn mir gleich Leib und Seele verschmachtet, so bist du doch Gott allzeit meines Herzens Trost und mein Teil." (Ps 73, 25f)

W.: Ja, soweit wohl; aber ich habe doch die Erklärung nie gehört.

P.: Das ist artig, soll ichs ihm noch mehr auseinander legen?

W.: Ich höre recht gerne zu.

P.: Sehe er nur! Als der liebe Gott mit unsern ersten Eltern redete und verbot ihnen vom Baum der Erkenntnis Gutes und Böses zu essen, so sagte er: „Welches Tages du davon ißt, wirst du des Todes sterben". Nun hat der Mensch gegessen: ist er denselben Tag gestorben? Oder hat er noch etliche hundert Jahr gelebt? Er muß den Tag gestorben sein, oder Gott hat sein Wort nicht gehalten.

W.: Es steht, er hätte noch etliche hundert Jahr gelebt. Ich bin nicht gelehrt, ich kann mich nicht da hinaus finden.

P.: Zur Bibel brauchts keine Gelehrsamkeit, sondern wieder so viel Bibel, bis eins durchs andere erklärt wird, und dazu gehört nur Gebet und Fleiß. Sehe er doch ins 1. Buch Mose im 6. [Kapitel]. Da heißts: Die Menschen wollen sich meinen Geist nicht mehr strafen lassen; denn sie sind Fleisch. Nehme er dazu, was Judas sagt: die fleischlichen Menschen hätten keinen Geist [Jud 19]. Und was der liebe Heiland spricht: „Es sei denn, daß jemand von neuen gezeugt werde, so kann er nicht ins Himmelreich kommen" [Joh 3,3]. So sieht er, daß dem Adam der Geist entwichen ist, wie sonst die Seele vom Leibe scheidet, und daß derselbe überall muß wieder gezeugt werden, wenn man das geistliche Reich haben will, davon der natürliche Mensch weder Sinn noch Verstand, vielweniger Lust dazu hat, so daß ich immer zu sagen pflege: Mit seinem Himmel kann Gott den natürlichen Leuten ohnedem nicht helfen, ist ihnen auch damit nicht gedient,

weil es darinnen nicht wie in der Welt zugeht. Und daher ists wohl keine Unbilligkeit, sondern es ist die Natur der Sache, daß die ungeistlichen Menschen nicht selig werden.
W.: Das läßt sich, bei meiner Seele! hören.
P.: Mein lieber Herr Wirt. Ist er ein Christ?
W.: Warum zweifelt mein Herr?
P.: Weil der Heiland ausdrücklich verboten hat, daß man im Diskurs bei nichts schwören soll, und er tuts doch.
W.: Ja, da hätte man viel zu tun, wenn man alles tun wollte, was in der Bibel steht.
P.: Und wers nicht alles tut, was er tun soll, und wer nicht alles bleiben läßt, was er lassen soll, mit dessen seinem Christentum ists noch schlecht bestellt. So jemand das ganze Gesetz hält und sündiget an einem, der ists ganz schuldig.
W.: Es ist schade, daß mein alter Schwiegervater nicht mehr lebt. Das war ein Geistlicher. Der liebe Herr sagte immer - Gott habe ihn selig! - , wenn die Leute so redeten, das wäre zu gesetzlich.
P.. Ja, wenn man nicht mehr Kraft dazu hätte als unter dem Gesetz, so wäre es wahr. Man hat aber Kraft genug, wenn man nur Willen genug hat. Darum spricht Johannes: „Seine Gebote sind nicht schwer" [1. Joh 5,3], ob sie gleich viel tiefer gehen und also auch viel schwerer scheinen als die äußerliche Beobachtung unter dem Gesetz. Dieselben konnten die Väter nicht ertragen. Ein wahrer Christ aber vermag alles durch den, der ihn mächtig macht, Christum.
W.: Da kommt der Herr doch mit der Vollkommenheit.
P.: Nein! Von der Vollkommenheit wollen wir noch nicht reden, die steht Phil 3 [,12-15] und Hebr. 6 [,1]. Da muß viel voran, bis man dazu kommt. Die ganze Heiligung gehört da noch nicht hin, das ist der Väter ihre Sache, die in Christo Männer sind und den kennen, der von Anfang ist. Das heilige Leben aber kann man nur im gewissen Verstande vollkommen nennen, nämlich insoweit es dem Sinne Gottes recht gemäß handelt und ihn völlig trifft. So hieß David auch vollkommen und ein Mann nach Gottes Herzen, weil er den Zweck, warum ihn Gott zum König gemacht, treulich beobachtete. Und so ists zu verstehen, wenn es heißt: „Seid vollkommen", Matth 5 [, 48].

Desgleichen: „Wer in keinem Worte fehlt, der ist ein vollkommener Mann", im Jakobusbrief [3, 2]. Desgleichen: „Soviel unsrer vollkommen sind", Philipp 3 [, 15]. Über diese Vollkommenheit streiten die Gelehrten viel; es ist aber nicht die rechte. Die rechte Vollkommenheit ist: „erkennen Jesum und die Kraft seiner Auferstehung und die Gemeinschaft seiner Leiden" [Phil 3,10]. Sie wird auch genannt: das ewige Leben. „Das ist aber das ewige Leben, daß man Gott, daß er allein wahrer Gott, und Jesum, den er gesandt hat, für den Messias erkenne" [17, 3]. Paulus spricht zum Timotheus: „Er solls ergreifen" [1. Tim 6,12], und freut sich sehr darauf: „Ich werde ihn erkennen, gleichwie ich erkannt bin" [1. Kor 13,12]. Das war genug auf einmal. Was sagt er, mein lieber Herr Wirt?

W.: Ich möchte ihm einen ganzen Tag zuhören. Aber der Herr ist gereist, und morgen ist noch kein Wind zum Überkommen, denn der West-Süd-Westwind hat hier die Art, daß er immer etliche Tage anhält. Wir wollen weiter davon sprechen.

P.: Er machts doch nicht wie Felix: „Wenn ich gelegene Zeit habe, will ich dich wieder rufen" [Apg24,25].

W.: Nein, mein Herr! Sie werdens sehen.

Drittes Gespräch [über die Kostbarkeit der Zeit, Abendmahl, Beichte und Streiterdienst]

Wirtin: Ja, lieber Herr! Esse er was, darnach rede er weiter.

P.: Ich will wohl ein wenig essen, aber es wird bald getan sein, denn es hungert mich eben noch nicht.

W.: Man ißt nicht allezeit für den Hunger.

P.: Ich mag nicht gern essen, wenn ichs nicht nötig habe. Denn man ißt, daß man lebt, und lebt nicht ums Essen halben. Kinder Gottes essen und trinken und schlafen, soviel sie brauchen, und was sie an der Zeit erübrigen können, tun sie gerne.

Wirtin: Unser einer hat endlich so übrige Zeit nicht; aber sonst sprechen die Leute immer, die Zeit würde ihnen zu lang.

P.: Ja, liebe Frau Wirtin! Das ist nicht anders. Wer die Wichtigkeit und Kostbarkeit der Zeit nicht versteht, dem wird sie freilich zu lang.

Wer aber weiß, wie kurz die Zeit und wieviel ein Mensch an sich und an andern zu tun hat, dem wird sie gewiß allenthalben zu kurz. Wenn ich schon um 5 aufstünde, so würde ich doch auf den Abend um 12 fragen müssen, wo die Zeit so geschwind hin wäre.

W.: Das ist viel. Mein Mann hat aufs Rathaus gemußt, und ich habe auf den Mittag einzukaufen. Ich will meine Tochter da lassen. Ihr werdet doch nichts Böses miteinander machen.

P.: Liebe Frau Wirtin! Das kann sie nicht überall so gewiß wissen. Sie mag ihre Tochter immer in acht nehmen. Geh sie in Gottes Namen.

P.: Wie alt ist die Jungfer?

Wirts Tochter: Ich bin 14 Jahre alt und bin gestern mit meinem Bruder zu Gottes Tisch gewesen.

P.: Wieso?

W. T.: Wir haben hier die Art, daß, wenn die Mädchen 14 Jahre alt sind und die Jungen 15, so gehen sie zum Abendmahl, und hernach dürfen sie nicht mehr in die Schule gehen.

P.: Ist das alles?

W. T.: Nun! Es ist wohl noch was mehreres. Ich kann so viel nicht sagen. Man verstehts doch so nicht recht, und der Herr möchte mich auslachen.

P.: Nein! Das tue ich nicht. Sage sie nur einmal: „Wie ists Ihr zumute gewesen, da Sie zum Abendmahl gehen sollte?"

W.T.: Ich habe mich sehr gefürchtet und auch gefreut.

P.: Worüber hat sie sich gefreut?

W.T.: Daß ich groß werde und daß ich nicht mehr unter den Kindern sein muß. Und daß mich die Magd nicht mehr so schneppisch traktieren darf. Und daß es meine Eltern gerne sehen, daß sie mich nun so weit haben, daß ich auch ein rechter Christenmensch bin wie andere.

P.: Warum hat sie sich gefürchtet?

W. T.: Erstlich, daß ich die Beichte nicht recht können möchte, und darnach, daß ich beim Altar nicht recht machen möchte. Und es ist auch sonst so, als wenn einem ein Schauer überliefe, wenn man zu Gottes Tisch geht. Die Magd sagte, es wäre ihr ebenso gewesen, und meine Mutter sprichts auch.

P.: Das erste und andre ist natürlich, und das begegnet einem auch sonst wohl. Das letztere aber ist nicht obenhin anzusehen. Es ist oft Gnade. Und wenn mans recht verstünde, so wäre es schon was Gutes.

W. T.: Was ists denn?

P.: Gebe sie mir doch ein Gesangbuch her, wenn sie es finden kann.

W. T.: Da ists. Was soll ich für ein Lied aufsuchen?

P.: Das Lied: Schmücke dich, o liebe Seele!

W. T.: Ei! Das ist noch gezeichnet. Wir habens gestern gesungen.

P.: Sieht sie wohl, da steht: „Beides lachen und auch zittern, lässet sich in mir jetzt wittern; das Geheimnis dieser Speise und die unerforschte Weise, machet, daß ich früh vermerke, Herr, die Größe deiner Werke" [EG 218,3]. Und in dem Liede: „Jesus Christus unser Heiland, der von uns den Zorn Gottes wandt", das weiß Sie auch?

W. T.: Freilich! Das habe ich müssen lernen, wie ich bin in die Vorbereitung gegangen.

P.: Da heißts: „Solche große Gnad und Barmherzigkeit sucht ein Herz in großer Arbeit" [HG 86,6]. Denn es ist nichts Geringes mit Gott so nah verwandt zu sein, wie es in einem andern Liede heißt: „O man enthält sich alles Dinges und dringet in die Gnade ein, wenn man erst recht das Gut verstanden, gebunden sein mit Liebesbanden, gefangen sein fürs Liebesreich" [HG 345,3].

W. T.: Ja, Herr! Wer ihn nur verstünde. Er redet schöne Sachen!

P.: Ich will ihr sagen, wie ichs machte, wie ich zum ersten Mal zum Abendmahl ging. Da dachte ich auf den Zweck des Abendmahls. Der Herr Jesus hatte es mit seinen Jüngern gehalten als sein letztes, und hatte dadurch mit ihnen Abschied gemacht, und sie auf ihren künftigen Lauf stärken wollen, wie es dort vom Elia heißt: Er ging in Kraft der Speise einen fernen Weg [1. Kön 19,8]. Da setzte er ihnen seinen Leib und Blut ein, daß, wenn sie ihn nicht mehr sehen könnten, so sollten die Glieder seiner heiligen Gemeine zusammen kommen, sollten sich gleichsam an seine Brust setzen wie ein Kind an die Mutter und sollten nach seinem Fleisch und Blut als ihrer Nahrung hungrig und durstig sein. Da wollte er gegenwärtig sein und sie mit seinem Fleisch und Blut speisen und tränken, daß sie sollten wackere Augen kriegen wie Jonathan, da er den Honig gekostet hatte, und sollten getrost tun können, was ihnen vorkäme. Wie sie in dem Passionsliede singt: „Ich werde dir zu Ehren alles wagen" [EG 81,9].

W. T.: Ei! Das weiß ich auch. Ich habs da mit einem Ohr gezeichnet. Ich las es gestern, wie ich um den Altar ging.

P.: Nun, das ist ganz gut. Aber was sagt sie zu meiner Rede.

W. T.: Lieber Herr! Ich verstehe nicht alles, aber es gefällt mir herzlich wohl und kanns nicht sagen, wie mir dabei ist.

P.: Das ist so schlimm nicht. Die Schrift nennt das ein Gefühl. Das ist oft so gut, als wenn man die Worte verstünde. Es ist auch eine Wirkung des Heiligen Geistes, der uns mit unaussprechlichen Worten vertritt und tröstet. Soll ich weiter fortfahren?

W. T.: Ich will gewiß gerne hören.

P.: Da dachte ich nun hernach, was ich denn mit dem Abendmahl machen wollte, sann mein ganzes voriges Leben nach und fand, daß ich noch kein Streiter Christi wäre.

W.T.: Was ist denn ein Streiter Christi?

P.: Das sollen wir alle sein, wenn wir zum Abendmahl gehen wollen. Es ist ein Mensch, der einen gnädigen Gott hat, und darnach alle seine geistlichen Feinde wie Brot frißt. Von den geistlichen Feinden will ich hernach sagen. Ich will jetzt weiter fortfahren, wie ichs machte. Ich bat den lieben Heiland sehr herzlich, weil ein geistlicher Streiter alle Sünde töten und sein Fleisch kreuzigen und den Teufel bestreiten und überwinden müßte, er sollte mir doch gnädig vergeben, daß ich ihn bisher so oft beleidigt hätte mit so vielen Sünden, damit ich allemal dem Teufel eine Lust gemacht. Ich wollte nun von Herzen allen Sünden entsagen und wollte sein Kind werden. Und wenn ich zum Abendmahl ginge, wollte ichs ihm versprechen, daß ich mein Lebtage sein sein wollte wie eine Braut und wollte nichts tun, als was er gern sähe. Und er sollte mir dazu seinen heiligen Leib und Blut geben, daß, wenn ich künftig von dergleichen Dingen angefochten würde, ich als sein Streiter über alles Herr werden könnte. Hernach freute ich mich auch sonst aufs Abendmahl.

W. T.: Warum denn?

P.: Ich dachte: man kriegte so was von der göttlichen Natur. Man kriegte das rechte Brot und den rechten Trank vom Himmel. Man würde viel geistlicher. Man fühlte den Heiland so recht in seinem Herzen und würde in eine ganz andere Gestalt gebracht, als man von Natur hätte. Man würde ganz himmlisch davon und empfände etwas, das man sonst nie erfahren hätte.

W. T.: Was tat der Herr weiter?

P.: Ich konnte nicht viel tun. Ich brachte meine Zeit mit Weinen und Bitten zu, bis ich zur Beichte ging.

W. T.: Wie war ihm denn da zumute?

P.: Ich war ganz voll von der Sache. Ich konnte die Beichte von ganzem Herzen sagen. Denn ich schämte mich vor dem Heiland (so zu reden) wie ein Hund, daß ich so spät anfing, ihn recht zu lieben. Und wie ich sagte: „Ich armer elender sündiger Mensch", so war es mein ganzer Ernst, denn ich sah mich gegen den reinen, heiligen und unbefleckten Heiland an. „Ich bekannte ihm alle meine Sünden und Missetat", denn ich hatte mich genau untersucht, und soviel an mir war, in allen Kleinigkeiten zugehört, wie es um mich von innen und außen stand. Ich wußte, daß „ich damit seine Strafe zeitlich und ewig verdient hatte, es war mir aber auch sehr herzlich leid und reute mich sehr", daß ich einem so guten Herrn jemals untreu geworden war. Seine „grundlose Barmherzigkeit kannte ich, das heilige und unschuldige bittere Leiden und Sterben seines Sohnes" setzte mich beinahe außer mir selbst, daß ich sagen mußte: Es erstaunen meine Sinne in mir, die Gedanken rinnen, ihrer ist ein großer Haufe. Darum glaube ich auch von ganzem Herzen, er sei mir gnädig und barmherzig. Und ich hatte nicht allein den Vorsatz, mein Leben zu bessern, sondern ich freute mich wie ein Kind darauf, wenn ich so glücklich sein könnte. Daraus sieht sie, daß ich meine Beichte nicht nach der Larve, sondern von Herzen abgelegt. Und wenn ich sie nicht auswendig gekonnt hätte, so würde ich den Inhalt davon doch zusammen gebracht haben.

W. T.: So weit denkt unser eins nicht nach.

P.: Das ist nichts desto besser. Eine Seele ist, was die andre ist. Sie haben einerlei Blut gekostet, sie haben einen Heiland, sie haben einerlei Geist zu empfangen und sollen nach einer Regel einhergehen. Aber ich will weiter fortfahren. Da ich in dieser Fassung zur Beichte gewesen und die Absolution einfältig angenommen hatte, so freute ich mich auf das Abendmahl wie ein Kind. Von Skrupeln wußte ich nichts, wie ich denke, daß sie damit auch nicht geplagt ist. Und da ich hinzu ging, da erfuhr ich in der Tat, was ich gedacht hatte, ja ich fühlte, daß mein Gebeine mich durch Gott mit Gott vereinte. Und ohngeachtet, daß es schon 20 Jahre [her] ist, so ist mirs noch so neu, als wenns heute geschähe. Und ich habe es noch nicht verloren, was ich damals gefunden habe.

W. T.: Wenn ich wieder gehe, so will ich mirs merken. Diesmal muß ich gestehen, ich habe mirs nicht so bedacht.

P.: Es ist noch Zeit, hole Sie es nach, was Sie versäumt hat. Bitte Sie den Heiland recht herzlich, er soll Ihr das ganze Herz aufdecken, damit Sie sich und ihn kennen lerne. Es wird Sie nicht reuen. Da kommt der Herr Wirt. Wir wollen aber fortfahren.

Das zwölfte Gespräch [über das Judentum]

Bruder des Wirts: Der Jude, der verwünschte Schelm, hatte doch recht. Ich habe bei unserm Krämer noch 2 Groschen mehr für die Elle gegeben. Und er hat mich, meiner Seele, betrogen, daß ichs nur wegwerfen möchte.

Wirt: Hier ist ein Herr, der wird dirs geben mit deinem Schwören.

B. d. W.: Der Herr verzeihe mir. Ich habe wohl nicht die Ehre, ihn zu kennen, aber er sieht mir gar christlich aus. Nichts für ungut!

Passagier: Mein Freund, ich habe nichts mit euch auszumachen. Der Herr Wirt beliebt nur so zu reden.

W.: Bruder, ich dächte doch, du gingst zum Juden und sähest, daß du es mit ihm machst. Herr N. [der christliche Krämer] muß sein Gut wieder nehmen.

B. d. W.: Das wird er nicht tun. Ich will aber sehen, daß ich den Mauschel damit beluxen kann.

P.: So werden sie einander nichts vorzuwerfen haben.

B. d. W.: Wie kann man sich anders helfen?

W.: Mein Bruder ist ein wilder Mensch, mein Herr. Ich bin auch nicht weit her, aber mein Bruder hat sich allemal so was voraus genommen. Warum haben sie ihn nicht bestraft?

P.: Lieber Herr Wirt, wenn man mit Nutzen bestrafen will, so müssen die Gemüter darauf präpariert sein. Sonst ists schade um die Worte. Sein Bruder ist noch zu roh zu christlichen Bestrafungen. Aber ich hätte sonst was bei seiner Rede zu erinnern gehabt, wenn es die Umstände gelitten hätten.

W.: Will mirs mein hochgeehrter Herr sagen, es wird bei mir nicht umsonst sein.

P.: Wenns erlaubt ist, sehr gerne. Und ich wünschte, daß ich es zu rechter Zeit an dem rechten Ort ihrer vielen zugleich sagen könnte, denn es deucht mich eine wichtige Materie zu sein. Sein Bruder nannte den Juden einen Mauschel und einen Schelm. Das ist nicht einerlei. Er nannte ihn verflucht. Daran ist so etwas, ja, obs gleich im Diskurs nur ein unnützes und sündliches Wort ist. Aber das ist gewiß eine harte Sache, mit dem Juden so umzugehen. Es ist nicht allein hart, sondern es ist sehr absurd. Und ich kann mich nicht genug wundern, wo Christen hindenken müssen, daß sie sich solche Unformen angewöhnen.

W.: Was ist denn ein Mauschel?

P.: Mauschel heißt ein gebietender Herr, und es hat den Sinn, daß sich die Juden von den andern Nationen unterscheiden, die sie für Sklaven halten, wie die Deutschen die Wenden.

W.: Nun das schickt sich freilich nicht zusammen. Man redet manchmal und weiß nicht was! Aber daß die Juden Schelme sind, dachte ich, wäre wahr.

P.: Lieber Herr Wirt, wie nennt man denn unsere Glaubensgenossen, die an den Galgen hängen und auf den Rädern liegen?

W.: Ja! Das sind doch nicht alle und Gottlob! die wenigsten Leute unter uns. Aber bei den Juden ist das Betrügen das gemeine Handwerk.

P.: Das sagt man auch wohl von ganzen christlichen Nationen, vielleicht ohne genugsamen Grund. Aber, mein Herr, was nennt er Betrügen?

W.: Wenn ich zum Exempel etwas Böses für gut ausgebe, etwas Geflicktes für ganz und führe meinen Nächsten damit an.

P.: So? Und was wollte der Herr Bruder bei den Juden? Ich hörte, deucht mich, er wollte sehen, daß er die etlichen Ellen Leinwand, damit er betrogen war, bei ihm anbringen könnte, daß es der Jude nicht merken sollte.
W.: Da denkt man: Es ist doch ein Jude. Er betrügt einen vielmal. Man kann ihn auch schon in die Schule führen. Er hat die Augen, daß er sichs ansehen kann.
P.: Das ist nun wohl eine schlechte Entschuldigung. Aber sie kommt hier sehr wohl zupasse. Denn mich deucht, der Jude denkt auch, das ist ein Christ. Der gönnt mir auch nicht viel Gutes.
W.: Es ist so, wie der Herr sagt.
P.: Nun will ich auch ein Wort sagen, warum ich mit einem Juden, der teurer gibt, mehr Geduld habe als mit einem Christen.
W.: Das möchte ich doch hören.
P.: Wir Christen haben etwa fünfhunderterlei ehrliche Hantierungen. Ein Jude hat an den meisten Orten nichts als seinen Handel. Er muß oft ein bis zwei Taler für den Tag geben, wenn er in der Stadt sein will. Er muß doppelte Akzise usw. geben. Er muß sich mit dem Handkauf abgeben, da so viele hundert Kaufleute ins ganze handeln. Ich kann sagen, daß ich mich nicht sonderlich wundere, wenn mir der Jude etwas teurer bietet. Aber wenn ers wohlfeiler gibt als mein Kaufmann, das wundert mich, und ich sehe ihn drum an, ob ers auch rechtmäßig hat.
W.: Die Juden wissen allenthalben Bescheid und kommen nicht leicht zu kurz.
P.: Es gibt gleichwohl blutarme Juden. Aber genug von dieser Materie. Wir wollen ein bißchen über den Fluch reden, der auf den Juden liegt.
W.: Es ist doch ein verhärtetes Volk.
P.: Von der Verhärtung ist nicht viel zu sagen. Wenn die ein Zeichen des Fluches über eine ganze Nation ist, so siehts schlecht um uns aus. Denn wie viele haben wir auch aufzuweisen, deren Herzen so weich und zerschmolzen sind, daß der Heiland durchkommen kann. Die meisten sind tot und zu allem Guten unlustig. Übrigens ist das nicht zu widersprechen, daß das Judenvolk eine besondere Zeit der Sich-

tung über sich hat. Ihnen und uns möchte bange darüber werden, denn sie haben nun so viele 100, ja 1000 Jahre drunter gestanden, und man sieht noch kein Ende. Das gehört aber in die Tiefen des göttlichen Gerichts, und wir haben nicht Ursache, darein zu sprechen. Hingegen haben wir deren sehr viele [Ursache], eine ungemeine Hochachtung für die Juden zu hegen und ihnen solche zu bezeugen, damit sie sehen, daß wir ihre Religion verstehen und ein Herz zu uns fassen, von der unsrigen manchmal auch etwas anzunehmen.
W.: Der Herr ist wohl so gütig und sagt mir die Ursachen.
P.: Ich will ihm etliche auf dem Finger herzählen:
1. [Es] ist ein einiger Jude, um deswillen (schreibt D. Luther an den Juden Iesel) soll man alle Juden lieb haben.
2. Wir haben den größten Teil der heiligen Schrift durch die Juden.
3. Sie sind alle leibhaftige Kinder des gesegneten Sems, des Erstgeborenen in der neuen Welt. Ja, was noch mehr, von unserem geistlichen Vater Abraham sind sie der Same, und wir sind nur eingepfropft.
4. Ist es uns ausdrücklich verboten, wider sie zu rühmen, denn 1) tragen sie uns und wir sie nicht, 2) kann sie Gott wieder einpfropfen und uns abhauen.
5. Sind sie nicht weiter von der Seligkeit als wir. Denn sobald sie sich von ganzem Herzen zu Gott wenden, so redet ihnen Jesus zum Herzen, und sobald sie das merken, so kriegen sie ihn so lieb als irgend ein Christenmensch auf der Welt. Und man darf ihnen hernach nur Worte sagen, so glauben sie. Das sehen wir an der Jüdin Maria Magdalena, an dem Juden Kleophas, da ihm das Herz brannte, an Thomas dem Juden, da ihm der Herr Jesus seine Nägelmale zeigte, an dem Juden im Mohrenland, da er das Lamm auf der Schlachtbank zu kennen kriegte, und ich sehe es alle Tage an einer Jüdin, die der Herr Jesus ergriffen hat und die ihn so innig liebt, daß ich mich davor schämen muß.
6. Unsere Juden haben mehrerenteils ein Gefühl, das den meisten unter uns fehlt, eine Ehrerbietung vor Gott, einen Respekt vor dem Gesetz und vor alle dem, was sie meinen, daß es ihnen befohlen oder verboten sei. Man hat sich gewiß zu bewahren, daß sie mit ihrem Gehorsam und Furcht uns nicht einen Ekel erwecken vor den unge-

horsamen und verwegenen Menschen, die den Namen Christi nennen und nichts nach ihm fragen, die das Evangelium haben und zum Mutwillen brauchen.
W.: Ich möchte doch den Herrn mit einem Juden reden hören.
P.: Warum nicht, wenns die Gelegenheit gibt?
...

Das dreizehnte Gespräch [mit dem Juden Nathan]

...
W.: Herr Nathan, da ist ein wackerer Herr, den ich da im Hause habe, ein trefflicher Judenfreund. Er glaubt nicht, daß die Juden Schelme sind. Er sagt wunder Gutes von den Juden.
Nathan: Ich danke dem Herrn. Die Juden sind, weiß Gott, nicht zu verachten, was nur ein rechter Jude ist. Es gibt überall Böses und Gutes untereinander. Ich will nicht für alle Juden stehen, aber sie sollen wahrhaftig nicht... . In der Thora stehts anders.
P.: Mein lieber Nathan, die Thora ist ja herrlich. Und wenn man das Evangelium versteht, da läßt sie sich noch einmal so gut halten.
N.: Ich verstehe den Herrn wohl. Er meint sein Neues Testament. Wir Juden haben nur eine hebräische Bibel. Wir wissen von keinem andern.
P.: Ich weiß nicht, obs die Zeit und des Herrn Gelegenheit sein möchte, darüber weitläufiger zu werden, sonst wollte ich auch wohl was antworten.
N.: Ich mag gern disputieren. Weiß der Herr was von der Kabbala?
P.: Nein!
N.: Von Seder olam?
P.: Nein!
N.: Hat der Herr den Talmud gelesen?
P.: Welchen meint Herr Nathan, den Amsterdamer oder Leipziger?
N.: O, der Leipziger, der ist verfälscht. Ich meine unsern Amsterdamer und den polnischen Talmud, der zu Rakau gedruckt ist. Der ist richtig.

P.: Es ist eben soviel Unterschied nicht drunter. Auf die paar Lästerungen wirds nicht ankommen, die in dem Leipziger weggelassen sind. Und die Lästerungen auf Christum sind allerdings ungeschickt und albern. Was ein rechtschaffener Jude ist, soll sich nicht damit einlassen.
N.: Ich halte nichts davon und habe keine Ursache, auf Christum zu fluchen. Aber ich kann ihn nur für das nicht halten, wofür ihn der Herr ausgibt.
P.: Ich sehe ihn für einen ehrlichen Mann an. Darf ich aufrichtig und der Sache gemäß reden, so will ich etwas sagen.
N.: Ich habe Erlaubnis von der Religion zu sprechen. Ich kann ihm Bescheid geben.
P.: Ich bin kein Disputierer. Und auf gelehrte Sachen mich mit ihm einzulassen, ist mein Werk nicht, auch keine Sache für die umstehenden Hausgenossen. Ich glaubs auch kaum für seine zwei Kameraden, die er bei sich hat. Wir wollen ganz einfältig reden.
N.: Meinethalben.
P.: Was hat der Herr wider den Sohn Gottes einzuwenden?
N.: Wo stehts geschrieben, daß Gott einen Sohn hat? Denn mit eurem Naschku Bar müßt ihr mir nicht kommen. Das haben unsere Rabbinen lange erwiesen, daß das nicht „küsset den Sohn" heißt, sondern „bewappnet euch mit Weisheit" [Ps. 2,12]. Mit Naschku wäre noch auszukommen, aber wie kommt Bar in den hebräischen Text? Das ist ein chaldäisches Wort. Der Sohn heißt Ben.
P.: Im Vorbeigehen zu fragen: Was heißt Bar Ischrael?
N.: Ein Sohn Israel.
P.: Nun! Ich habe im übrigen den Spruch noch nicht angeführt. In den Sprüchen Salomonis im 30. [Kapitel 30,4] heißts: „Wer fähret hinauf gen Himmel und herab? Wer fasset den Wind in seine Hände? Wer bindet die Wasser in ein Kleid? Wer hat alle Ende der Welt gestellet? Wie heißt er und wie heißt sein Sohn? Weißt du das?" Da stehts, daß Gott einen Sohn hat, und das wäre die Antwort auf die Frage.
N.: Nun, weiß denn ers, wie er heißt?
P.: Ohne Zweifel: Gott. Wie der Vater: mein Name ist in ihm. Und es scheint mit dem zweiten Psalm überein zu kommen: „Küsset den

Sohn, daß er nicht zürne". Nun will ich nur zwei Worte vom Naschku Bar sagen:

1. Die Weisheit heißt nicht Bar. Das wäre ein zerstümmeltes hebräisches Wort, das in der Bibel nicht Brauch. Aber ein gutes chaldäisches wird er oft finden, und würde übel zurecht kommen, wenn er sie alle wegtun wollte oder ihnen hebräische Bedeutungen wider die Grammatik geben wie hier.

2. Wenn man den ganzen Psalm liest, so sieht man wohl, daß der Zusammenhang: „Der Sohn Gottes ist euer König; ihr Könige der Erden, unterwerft euch, sonst wirds euch übel gehen", viel natürlicher ist, als wenn man in den Tag hinein mit den Königen redet und ihnen allerhand Lektionen liest und Drohungen sagt. Und ist doch niemand im Psalm erwähnt, der was an sie zu prätendieren [= fordern] hat.

N.: Wenn der Messias kommt, so wird er sein Volk erlösen und alle seine Feinde überwinden. Christus aber ist ans Kreuz gehangen und getötet worden, und wir sind noch wie wir waren.

P.: Ich will das Letzte zuerst beantworten. Ihr bleibt allezeit, wie ihr wart, solange ihr von Gott wegbleibt. Wenn ihr euch aber vor ihm demütigt, so ginge es bald anders. Der Messias kann nicht anders kommen, als es von ihm geschrieben steht. Er wird Völker zur Beute kriegen [Jes 53,12] und dabei steht, wie das alles zugehen wird: seine Seele wird arbeiten und seine Lust sehen und die Fülle haben. Und durch seine Erkenntnis wird er mein Knecht, der Gerechte, viele gerecht machen, denn er trägt ihre Sünden. Er wird gestraft und gemartert werden. Er wird für Israel verwundet und geschlagen werden. Er wird aber aus der Angst und Gericht genommen werden. Wer will seines Lebens Länge ausmessen? Wenn er sein Leben zum Schuldopfer gegeben hat, so wird er Samen haben und in die Länge leben. Und des Herrn Vornehmen wird durch seine Hand fortgehen. Wenn man nun in unser Neues Testament sieht, so steht in demselben die ganze Historie, die im Propheten Jesaja zuvor gesagt ist, und unser Evangelium ist nichts anderes als eine Bestätigung des Propheten. Euer Talmud aber und andere Glossen predigen einen Messias, den kein Prophet so beschrieben hat. Warum sollte ichs nicht lieber mit den Nachrichten halten, die mit euren eigenen Propheten so pünktlich

zusammentreffen, als mit Histörchen, die noch geschehen sollen und davon ich keine Spur in der Bibel finde?
N.: Euer Messias hat die Thora aufgehoben. Ihr haltet das Gesetz nicht. Und dort sagt Moses: Wenn ein Prophet oder Träumer unter euch wird aufstehen und gibt dir ein Zeichen oder Wunder und das Zeichen oder Wunder kommt, davon er dir gesagt hat und spricht: Laß uns andern Göttern folgen, die ihr nicht kennt, und ihnen dienen, so solltst du nicht gehorchen den Worten solches Propheten oder Träumers, denn der Herr euer Gott versucht euch, daß er erfahre, ob ihr ihn von ganzem Herzen und von ganzer Seele liebhabt. Denn ihr sollt dem Herrn eurem Gott folgen und ihn fürchten und seine Gebote halten und seiner Stimme gehorchen und ihm dienen und ihm anhangen [5. Mose 13, 2-5].
P.: Fürs erste, mein Nathan, sind wir zweierlei Leute, ihr und wir. Von euch, unsern geistlichen Vätern, spricht der Herr im Jesaja: „Ich machte einen Bund mit ihnen, welchen Bund sie nicht gehalten haben, daß ich sie zwingen mußte" [Jer 31,32]. Von uns, euren Nachkommen dem Geiste nach: „Ich will mit dem Hause Israel und mit dem Hause Jakob einen Bund machen, nicht wie der Bund gewesen ist, den ich mit ihren Vätern machte" [Jer 31,31f]. Jesus, ein rechtschaffener Jude bis in den Tod hat euer Gesetz nie gebrochen und sich positiv erklärt. Darüber haben seine Boten ernstlich gehalten. Und Paulus hat sich nach so vielen Jahren noch im Tempel bescheren [= beschneiden] lassen. Als aber der Herr die neue Ökonomie der Heiden herzu rief, von der es heißt: „Freuet euch, ihr Heiden, mit seinem Volk", denen der Herr Jesus bei seiner Himmelfahrt die Tür aufmachte, da er zu seinen Jüngern sagte: „Gehet hin in alle Welt und lehret alle Völker und taufet sie im Namen des Vaters und des Sohnes und des Heiligen Geistes" [Matth 28, 19]. Welches David so ausspricht: „Lobet den Herrn alle Heiden und preiset ihn alle Völker" [Ps 117,1]. So beschlossen die Väter zu Jerusalem, daß man auf dieser Jünger Hälse kein neues Joch legen sollte, sondern das sollte der Bund sein, daß das Wesentliche des Gesetzes in ihr Herz und in ihren Sinn käme. Und das wäre davon genug. Ich stoße mich nicht an euch, daß ihr ein Gesetz haltet, denn ihr seid dabei herkommen, ich aber bin von der

neuen Gemeine, von der es heißt: Sie soll nicht erst das Gesetz wieder anfangen, das der Herr mit dem Opfer seines Leibes auf ewig erfüllt und beschlossen hat. Im übrigen halte ich nicht nötig, dawider zu disputieren, weil ich z. E. gute Seelen unter uns kenne, die aus Liebe zu euch sich aller der Speisen enthalten, die euch verboten sind.

N.: Aber ihr macht den Messias zum Gott. Und es heißt: „Höre, Israel, der Herr dein Gott ist *ein* Herr" [5. Mose 6,4].

P.: Es heißt ja: Höre, Israel, der Herr unser Gott, der Herr ist einer. Etwa nach unserer Art zu reden: der Herr, der Immanuel und der Herr oder der Geist. Oder der Vater, das Wort und der Heilige Geist ist der einzige Gott und Regent der ganzen Welt. Aber, lieber Herr Nathan, wie war Adam vor dem Fall geschaffen?

N.: Nach Gottes Bild. Lasset uns Menschen machen, ein Bild, das uns gleich sei.

P.: Ists nicht wahr, daß Adam am Geiste gestorben ist?

N.: Ja!

P.: Damit war er gewesen als Gottes einer und ward Gott nun ungleich. Denn er und seine Nachkommen müssen erst einen neuen Geist in sich kriegen. Danach werden sie wieder ganze Menschen. Was ist nun ein Mensch wie Gott? Ein Mensch, der Geist und Leib und Seele hat? Ist er nicht drei Menschen?

N.: Was sagt der Herr?

P.: Es muß ja drei Menschen sein: Leib ist eins; Seele ist zwei; Geist ist drei.

N.: Nein! Nein! Er ist denn doch nur ein Mensch.

P.: Nun also sieht er wohl, Nathan, daß es ganz natürlich zugeht, wenn Vater, Sohn und Geist, wenn der Herr, der Immanuel und der Herr der Geist nicht drei Götter sind, sondern ein einziger Herr, ein einziger Gott, und daß es so wenig eine Abgötterei ist zu sagen Elohim im Plural als Jehova im Singular.

N.: Ich habe noch nie keinen so reden hören. Der Herr ist ein wackerer Herr, das muß ich ihm gestehen, aber in meiner Religion halten wir das anders.

P.: Das glaube ich wohl, Blindheit ist Israel eines Teils wiederfahren. Ich habe ein herzliches Mitleiden mit allen Juden. Mein lieber teurer

Heiland werde ihnen offenbar. Und wenn sie einmal recht in dem Elend lägen, vielleicht käme der selige Tag, davon Malachias geweissagt hat, daß "die Herzen der Väter, das seid ihr Juden, zu den Kindern, das sind wir, die in euer Erbe getreten und euch euer Gut wegnehmen, bekehrt werden" [Mal. 3, 24]. Ich wollte, daß es heute geschähe.
N.: Gott helfe uns allen. Glückseligen Abend, mein Herr. Ei nun kann Herr Meinhart was bei meiner bösen Schuld tun, so werde ich dankbar sein.

Das vierzehnte Gespräch [über die Konfessionen, Neutäufer und die Kindertaufe]

Wirths Mutter: Die verstockten Juden! Wie der Herr die Sache so schön ausgeführt hat! Und was hats geholfen? Sein Geld lag ihm mehr am Herzen als der christliche Glaube.
P.: Was wirds helfen? Frau Mutter, wenn der Herr Pfarrer morgen das schöne Evangelium verlesen wird vom großen Abendmahl, wird keiner mehr zu seinem Acker und zu seiner Hantierung gehen? Wird sich keiner mehr ans Weib hängen und darüber das Abendmahl der Hochzeit des Lamms versäumen?
Wirths Mutter: Ach, leider Gottes, nur allzu viel.
P.: So wollen wir mit dem Nathan heute noch Geduld haben. Ein christlicher Pfarrer ist ihm Geld schuldig, hat ihm einen Wechsel ausgestellt und verläßt sich jetzt darauf, daß er nicht nach dem Wechselrecht belangt werden kann. Das ist ein kleines Gegengift wider meine Argumente. Wer weiß, was er von mir denkt, der gute Mann, wenn er mir gleich nicht viel zu antworten weiß? Er denkt vielleicht, ich will mir in meinen Büchern schon eine Antwort finden. Und wer weiß, wir sagen immer zum Vater: „Ja", und gehen nicht, ob der nicht noch eine Weile „Nein" sagt, danach reut es ihn und geht.
Wirth: Herr, es ist einmal eine besondere Sache mit den Religionen. Wieviel sind ihrer wohl nur in der Christenheit?

P.: Ich will ihm doch etliche hersagen. Die Haupteinteilung wird in die griechische und lateinische gemacht. Die lateinische teilt sich wieder ein in die katholische, lutherische und reformierte. Die Katholiken und Griechen sind nicht so unterschieden, daß sie der Herr Wirt recht auseinander legen könnte. Das Vornehmste ist: Die Griechen erkennen den Papst nicht [an], sondern einen Patriarchen. Es meinen einige, der Unterschied bestünde nur im Namen.

W.: Was verdammt denn eigentlich die katholische?

P.: Es ist ein Unterschied zwischen geplagt und zwischen verdammt sein. Ein Katholischer hat wohl viel Plage. Diese zwei Punkte aber machen seinen Glauben allein verdammlich:

1. wenn er einen Menschen neben Gott setzt und bei ihm wie bei Gott Trost, Hilfe und Rat sucht. Das ist eine Schmach, die dem Gekreuzigten, unserm einigen Herrn, widerfährt;

2. wenn er in der Tat glaubt, wenn er viel Gutes tut, so muß er selig werden. Die Art und Weise, wie Gott seine Kinder in dieser Religion durchbringt, ist die, daß er ihnen zwar eine herzliche Liebe und Ehrfurcht gegen die Heiligen gönnt, ihr ganzes Herz aber allein auf Jesum richtet, daß sie das Gebet ihm heiligen auf die Art, wie [sie] die Fürbitte der Lebenden ansehen, obgleich solider und zuverlässiger, im übrigen aber aus purer Gnade ohne alles eigene Verdienst als arme Sünder selig werden wollen und alles, was sie Gutes tun, nicht für lohnwürdig, sondern das schon für ein unaussprechliches Glück ansehen, daß ihnen Jesus durch sein Blut Freiheit zuwege gebracht, Gutes zu tun.

W.: Ist sonst nichts Irriges bei der katholischen Religion?

P.: Wenn auch noch vieles wäre, so ist dies genug, einen Katholiken vor dem Untergang seiner Seele zu bewahren und zur Seligkeit zu erhalten.

W.: Die Kalvinisten haben ja auch eine gräuliche Lehre?

P.: In unsern Büchern wird sie zum Teil arg genug vorgestellt. Soviel ist davon wahr, daß, wer unter den Reformierten den Satz deutlich und rund ausspricht: „Gott will nicht, daß allen Menschen geholfen werde", der ist ein unbekehrter Mensch. Und ein unbekehrter Mensch kann nicht selig werden. Wer aber seine Gnadenwahl in den blutigen

Wunden Jesu sucht und gefunden hat, der hält sich an die klaren Worte: „Gott will, daß allen Menschen geholfen werde und jederman zur Erkenntnis der Wahrheit komme". Gott will nicht, daß jemand verloren werde, sondern daß sich jederman bekehre. Also hat Gott die Welt geliebt, daß er seinen eingeborenen Sohn gab, auf daß alle, die an ihn glauben, nicht verloren werden, sondern das ewige Leben haben. Er gebeut allen Menschen an allen Enden anders zu werden: „Gehet hin und predigt das Evangelium aller Kreatur". Er gibt einfältiglich jederman und rückts niemand auf. Und was dunkle Redensarten sind, die auf ein eigentliche Auswahl gezogen werden könnten, erklärt er entweder auf eine andere heilige Art, z.E. von dem gewissen Erbe, das der Vater dem Sohn geschenkt hat (Joh 17) oder er sagt, daß ers nicht versteht, und bleibt bei dem lebendigen Vertrauen zu der ewigen Liebe, daß sie allen gnädig ist und sich aller ihrer Werke erbarmt, daß zwar das Heil Israel allein bei Gott steht, daß sich aber Israel ins Unglück allemal selber bringt. Und damit ist sie vor dem Irrtum befreit, der ihr allerdings tödlich werden könnte, wenn sie ihn in das Herz einließe.

W.: Was sind denn unsere Bartmänner für Leute?

P.: Gemeiniglich Neutäufer. Das Bärtchen ist keine große Sache, denn in der Schweiz, im Schwarzwald, in Litauen, Lief- und Estland ist es etwas rares, jemand zu sehen, der keinen Bart hat. Es kommt also eigentlich auf die Lehre von der Kindertaufe an. Sie lassen sich nicht eher taufen, bis sie Grund in der Lehre gefaßt, taufen aber heutzutage nicht leichter wieder, es wäre denn, daß es jemand verlangt. Sie waren anfänglich in großer Verfolgung, hernach eine Zeitlang sehr verachtet. Und an einigen Orten ist noch jetzt ein Wiedertäufer und der Staupbesen gar nicht inkompatibel. Es sind aber Lande, da sie so den Meister spielen, daß ein protestantischer Prediger mit einem Taufgesinnten (wie sie heißen) in vertrautester Gemeinschaft leben kann ohne Anstoß, daß die protestantischen Eltern ihre Kinder darum von der Konfirmation zurückhalten, daß sie erst sehen wollen, ob sie einen Täufer der Protestanten zum Mann kriegen. Ihre Eitelkeit ist aufs höchste gestiegen, und sie sind von den Lüsten so geblendet, daß sie mit Andersgesinnten mehr um die Parade zertieren [= streiten, wetteifern] als um die Lehre.

So sieht es auch mit den heutigen Quäkern aus. Und sie sind so tief in die Welt geraten, daß man nicht nötig hat, sie besonders gefährlich vorzustellen, sondern sie ganz füglich unter die Rubrik mit setzen kann: *Die ganze Welt liegt im Argen.* Wie man denn erstlich vor einigen Tagen einen Quäker in England der falschen Münze halber gehangen hat. Ich will mich nicht sowohl damit aufhalten, was sie lehren, als was wir für Grund haben, unsere Kinder zu taufen.

W.: Ei, sagen Sie mirs doch kurz.

P.: Aus der Kirchenhistorie ist bekannt, daß die älteste Kirche Kinder getauft hat, aus der Schrift, daß ganze Häuser getauft worden, da es sehr unnatürlich herauskommt, bei allen vorauszusetzen, daß nirgends keine Kinder gewesen. Und Origenes sagt ausdrücklich, daß die Kirche die Kindertaufe von den Aposteln her habe. Im übrigen macht der Heiland so viel Werks von den Kindern, daß man eher Bedenken haben kann, eine Bundesgnade, die erst gibt, ehe sie fordert, desgleichen die Sakramente sind, einem leichtsinnigen und vielleicht schon in die Welt vergafften Erwachsenen mitzuteilen als einem unschuldigen Kinde, dem das ganze Reich Gottes ohnedem gehört. Wenn Abraham seine Knechte beschnitt, so lehrte er sie auch von der Beschneidung. Wenn er aber seinen kleinen Sohn beschnitt, so ersparte er die Lehre, bis er groß ward. Es ist bei mir nicht das mindeste Bedenken der Kinder halben, aber ich habe nur desto größere Bedenken der Eltern wegen.

W.: Wieso?

P.: Kinder sind kleine Majestäten. Die Taufe ist ihre Salbung, und sie sollten von Stund an nicht anders traktiert werden als ein geborener König in der Versorgung ihres Gemüts, in der Zucht und Anweisung und allenthalben. Denn sie sind mit des Vaters, des Sohnes und des Heiligen Geistes Namen begossen wie ihr Haupt mit Wasser. Sie sind mit Christi Tod eingesalbt wie mit Wasser. Und das Blut des Lammes Gottes ist wirklich der Geist aller Taufwasser und das eigentliche Ganze, wovon das Wasser etwa nur das Vehiculum [= Fahrzeug, Verbindungssmittel] ist, dadurch es figiert [= befestigt] und auf uns

appliziert wird. Ein solches gesalbtes, betautes, balsamiertes, durchgeistertes Geschöpf sollte man hübsch wie [ein] rohes Ei traktieren und wie einen Schatz, den man in einem zerbrechlichen Gefäß über einen Steg tragen soll, mit Furcht und Zittern halten. Ich will ein paar Worte vorlesen, die ich dieser Tage von einem redlichen Freunde geschrieben bekommen, wenn sie sich die Mühe geben mögen, darauf zu hören. -
Des Wirts Mutter: Ach Gott, ja!

Kurzer Aufsatz: Von christlicher Erziehung der Kinder.

P.: Daß man mit Kindern nicht tändeln oder eine Affenliebe zu ihnen hegen oder sich nicht auf eine natürliche Weise an sie hängen solle, wodurch sie verderbt werden, versteht sich bei einem Streiter und Streiterin Jesu Christi von selbst. Und daß man mit ihnen nicht kindisch oder närrisch, obwohl kindlich; nicht anhänglich an sie, doch liebreich und herzlich; nicht zerstreut, doch aufgeklärt; nicht leichtsinnig, doch freundlich und munter, alles aus rechtem Sinn, mit einem von der Liebe Jesu angezündeten Herzen umzugehen habe. Einem Kinde leichtsinniges Lachen oder Ausschweifung zu verursachen, ist eine schwere Versündigung, wodurch dem Respekt, den man vor den Kindern darum tragen soll, weil nach Christi Wort ihre Engel allezeit das Angesicht ihres Vaters im Himmel sehen, zu nahe getreten wird. Alles Bezeugen gegen sie muß mit Grund geschehen, so daß man sich Rede und Antwort zu geben getraut, warum man es so und nicht anders mache. Deswegen ist nötig, daß man fleißig zu seinem Heiland in die Schule gehe. So wie man Sorge trägt, Leichtsinn zu verhüten, ebenso sorgt man auch, Eigenwillen bei ihnen zu verhüten. Man gibt ihnen zu rechter Zeit Essen, Trinken, legt sie schlafen usw. und gewöhnt sie niemals daran, daß sie Dinge haben müssen, die sie nur sehen und haben wollen. Den ersten Eigenwillen straft man gleich an ihnen, wie es angehen kann. Die Zucht aber muß von uns mit aufgeklärt-gefaßtem und durch Gebet wohl zubereitetem Gemüt geschehen. Unser Lieben und Hassen der Kinder hat eben die Ursachen: Mit Jesu liebt man, was er liebt, mit Jesu haßt man, was er haßt, es betreffe, wen es nur wolle. In der Fassung nimmt man die Kinder an, wenn sie auf die Welt kommen, ja schon vorher werden sie dem Herrn gewidmet. Darum bewahrt man sich nur darinnen und läßt die Fleischesanhänglichkeiten und natürliche Liebe der Liebe Christi in allen Platz. Darum aus dem Grund liebt man sie, aus wahrhaftiger Liebe straft man sie, alles dem Herrn und sich nichts. Das ganze Betragen gegen sie ist ernsthaft wie gegen Bruder und Schwester.

Man hat darauf genau Achtung zu geben, daß kein Kind seinen Eigenwillen niemals durchsetzt, hat aber auch wohl zuzusehen, daß man keines unschuldig züchtigt. Doch ists besser, wenn es nur nicht in Übereilung, sondern im Herrn geschieht, als wenn was übersehen wird. Die Zucht muß nicht oft, zumal wenn das Kind einmal in Ordnung gebracht ist, geschehen, aber empfindlich, und das wird von weisen Eltern nach dem Alter eingerichtet. Sobald sie verständig werden, stellt man ihnen ihr Verbrechen gesetzt oder ordentlich vor, überzeugt sie gründlich von der Ursache der Züchtigung. Man sagt aber nicht, der Heiland wills haben usw., damit sie nicht eine Widrigkeit gegen ihn kriegen. Sondern man stellt ihnen vor, es geschehe darum, daß es der Schuld los und des künftigen Eigenwillens Herr wäre. Man vermeidet sorgfältig, daß sie nicht auf die Gedanken kommen, als schlüge man sie aus Verdruß.

In allen Dingen muß man ernsthaft und richtig bei ihnen sein, daß sie nichts Leichtsinniges oder anderes Anstößiges an uns gewahr werden, da sie nachgehends einmal denken und sagen können, so war, so machte es mein Vater oder Mutter usw., da man sich nicht nur vor ihnen zu schämen, sondern auch sich vor Gott darüber anzuklagen hätte. Auch muß man ihnen keine Unwahrheit vorbringen, z.E. das beißt oder tut dies oder jenes usw., so es nicht wahr ist, oder daß man ihnen Schläge verspricht, die hernach nicht erfolgen. Sie müssen gewohnt sein, von ihren Eltern lauter Wahrheiten zu hören, nie keinen Scherz. Es ist auch bei den Kindern sorgfältig zu vermeiden, daß man ihnen nicht Verheißungen tut, wenn sie was Gutes tun sollen, sondern sie müssen lernen aus Gehorsam alles tun. Und was ihnen gegeben wird, das müssen sie für eine große unverdiente Liebe erkennen, sonst werden sie lohnsüchtig.

Alle ihre Sachen müssen um des Heilands und der Eltern willen getan und gelassen werden. Etwas Gutes an ihnen zu loben, ist ohne dem wider die Weisheit. Über äußerlichen Schaden, den sie machen, wenn er auch noch so groß wäre, sofern er aus Unverstand unüberlegt und nicht wider das Verbot verursacht worden, müssen sie nicht gestraft werden. Keine Verstellung aber des Gesichts, die entweder aus Leichtsinn oder Verdruß gemacht wird, darf man ihnen ungestraft hingehen lassen. Wenn man sie anredet, so muß nicht geschrien oder sie hart angefahren werden. Keine finsteren oder zornigen Gesichter müssen auf sie gemacht werden. Es muß sie niemand in ihrer Gegenwart verteidigen oder loben.

Zum Christentum müssen sie nicht mit Zwang, sondern mit Liebe gezogen werden. Unser Wandel, die Liebe zum Heiland, die Treue in großen und kleinen Dingen, die Beschreibung vom Heiland, wie er gegen uns gesinnt ist, was er für uns getan hat, was er uns gerne geben will, die müssen sie reizen. Sie müssen von keiner Schönheit, Reichtum, Ehre und Ruhe hören als nur, die man vor und bei dem Heiland hat. Es hat auch seinen Nutzen, wenn sie öfters wegen ihres Zustandes besprochen werden. Item: Wenn ihrem Gemüt eine Ermunterung durch einige Verse aus Liedern, die von uns innig, im Herrn gefaßt, ehrerbietig mit ihnen gesungen worden, gemacht wird. Es wird ihnen bei dem, daß sie zu aller Reinigkeit angewiesen worden, das niedrige Wesen und die Nichtigkeit alles Prachts und Stolzes wohl eingeprägt. Man verwahrt sie vor Verschwendung und Faulheit und hält sie zur Arbeit fleißig an, preist ihnen aber dabei die Freigebigkeit und Dienstfertigkeit gegen andere treulich an. Die Wichtigkeit der Nachfolge Jesu, die Schönheit seiner Schmach, seine Demut, seine Armut, die Leichtigkeit seines Kreuzes (wobei aber sorgfältig vermieden wird, daß sie Leibeskrankheiten und solche Zufälle, die allen Menschen zu wiederfahren pflegen, keineswegs unter dem Namen des Kreuzes verstehen lernen), wird aufs nachdrücklichste, lieblichste und kindlichste mit Worten und Beweis beigebracht.

Der Umgang natürlicher Leute und ihrer Kinder wird ihnen schlechterdings untersagt und verwehrt. Item: Der Umgang zweierlei Geschlechts. Ob man schon aus vielen Dingen, davon sie sonst auf eine verkehrte Art nach Satans und seiner Werkzeuge Absicht was erfahren könnten, kein Geheimnis oder etwas Schämenswürdiges macht, sondern nach Gelegenheit unschuldig, respektierlich und heilig, wie die Schrift auch redet, so sucht man ihnen doch alle Gelegenheit zum Vorwitz zu benehmen und alle zu ihrem gegenwärtigen Zustand nicht nötige Wissenschaften ganz zu verhalten und nur zum Zweck gehöriger Sachen nach Erforderung eines jeden Tages, Alters und Berufes zu führen. Den Respekt gegen jedermann, zuförderst gegen die Eltern, sucht man auch als eine Hauptsache bei ihnen je und je zu behaupten. Ihre Motion wird unschuldig und nach Proportion ihres Alters und Kräfte eingerichtet. Man macht sich auch kein Bedenken, so sie nicht auf eine andre Art die ihnen höchstnötige Bewegung haben können, ihnen das Springen zu befehlen. Aber es muß ohne Leichtsinn geschehen. Sie würdens ohnedem nicht lassen, darum ists gut, ihnen solches zu gebieten, damit sie es nicht heimlich als eine Sünde aus Betrug der Sünde wider der Eltern Gebot tun. Springen an sich ist auch nicht Sünde. Man läßt sie niemals alleine, erzählt ihnen oft was Gutes und was Nützliches, nimmt sie aus besonderer Gnade (denn so müssen sie es ansehen lernen) zu guten Gelegenheiten mit. Ob man ihnen schon, wenn sie nunmehr heranwachsen, die wahre und reine Lehre von der Rechtfertigung und Heiligung in dem apostolischen Sinn gründlich beizubringen sucht (nämlich wie wir als verfluchte Sünder ohne unser Verdienst aus pur lauterer Gnade selig werden; wie unsere Frömmigkeit, und noch weniger die selbstgewachsenen Tugenden nicht das mindeste hierzu beitragen können; unser Ernst aber und Heiligung so treulich beobachtet und getrieben werden müßte, als wenn man die Seligkeit damit erst verdienen wollte, weil er uns erst geliebt hat), so sucht man sie doch vorsichtiglich, vor Schwatzhaftigkeit von guten Dingen, vor Worten ohne Kraft, vor Wissen ohne Wesen usw. zu bewahren. Das Gebet mit ihnen, da man über alle ihre Umstände mit Gott wie ein Freund mit dem andern redet, ist immer beizubehalten.

W.: Ei! Das sind wunderbare Dinge, es möchte einem ganz angst werden. Ach Gott! ach Gott! Nun ists aber wohl Zeit zur Ruhe zu

gehen. Ich will mir morgen ausbitten, noch ein paar Worte von den Religionen mit Ihnen zu sprechen.
P.: Gute Nacht allerseits!

Das fünfzehnte Gespräch [über Pietismus, Separatismus, Dippelianer und die Vielzahl der Konfessionen]

Wirt: Guten Morgen! guten Morgen mein Herr! Ich habs kaum erwarten können, bis ich Sie wieder spräche. Wir haben hier etliche Leute, die nennt man „Petisten", darnach heißt man welche „Separatisten".
P.: Nicht auch Gichtelianer?
W.: Ja! ja! Unser Dr. Mandanus ist einer, wie sie sprechen. Auch „Dippe" oder „Dippenianer" hats hier. Man hört wohl noch andre mehr nennen auf der Kanzel, die fallen einem nicht so recht bei. Aber ich wollte nur unterdessen von diesem mir Nachricht ausbitten, was ist denn das ein „Petist"?
P.: Es gibt dreierlei Manieren, diesen Namen zu gebrauchen: aus Spott, aus Ernst und aus Unverstand. Die erste Art ist die gewöhnlichste, da der ganze Schwarm liederlicher Vögel, die nicht wert sind, daß sie in der christlichen Religion geduldet werden, sich hinter einen Sektennamen stecken, ihre Ruchlosigkeit zu beschönigen, ihren bösen Wandel mit dem Mantel der Reingläubigkeit zu bedecken und der andern heiliges und lauteres Wesen durch die verhaßten Beschuldigung besonderer Meinungen verächtlich zu machen. Solche Leute sind keiner Erklärung und Zurechtweisung wert; denn sie wissen selber am besten, wie sie zu den Religionseifer kommen und was hinter dieser Gleisnerei für eine verdammte Absicht geführt wird, nämlich: es einmal umzudrehen, und die selige Lehre, die ihnen so lange ins Gesicht geblitzt, sie beschämt und geängstigt hat, für ein falsches Licht zu erklären und ihren Lichthaß für eine Liebe zur Wahrheit gelten zu machen. Da heißt es recht: „Ach Gott! der teure Name dein muß ihrer Schalkheit Deckel sein."

Die zweite, das ist die ernstliche Bedeutung. Das Wort Pietist ist vor 50 Jahren auf eine wunderliche Art entstanden. Es starb ein frommer Student in Leipzig. Dem machte der Professor der Poesie ein Carmen und wollte so alles zusammen nehmen, was einen guten Christen ausmachen könnte. Ob die Bequemlichkeit, einen Reim auf Christ zu machen, nicht auch etwas dazu beigetragen hat, will ich nicht leugnen. Mit einem Worte: Er schloß eine Strophe mit diesen Worten: „Er war ein Pietist". Weil sich nun alle oder doch die meisten von lutherischen Christen entgegengesetzte Sektennamen gemeiniglich auf ein „ist" enden, als Donatist, Papist, Calvinist, Böhmist, Quietist, so adoptierten die rigiden lutherischen Theologen diesen Namen und wollten damit anzeigen:

1) einen Menschen, der die Werkheiligkeit wieder aufrichten, die Bekehrung vom Willen anfangen und aus der Vergebung der Sünden nicht den Anfang des geistlichen Lebens, sondern gleichsam einen Lohn machen wolle.

2) einen unordentlichen Menschen im Wandel, der sonderlich in Ansehung der Religions- und Kirchenumstände etwas Apartes machen und allerhand Irrungen und bedenkliche Sachen unter gutem Schein einführen wolle, der alle Religionen zusammen menge und sich insbesondere zu keiner halte.

3) einen Menschen, der allerhand lehre, das weder pelagianisch noch semipelagianisch, nicht recht nestorianisch, chiliastisch usw. ist. Darunter man aber doch merken könnte, daß etwas von allen wieder aufgewärmt würde, und dergleichen wollte man mit einem Generalnamen Pietist andeuten. Andre sagen auf deutsch: Frömmling. Das soll soviel heißen: Der Mensch hat sozinianische, synkretistische, semipelagianische, chiliastische, fanatische Grillen im Kopfe. Sie sind nur nicht recht auseinander gelegt, daß man ihnen den eigentlichen Namen geben kann. Mit einem Wort, er ist ein Irrgeist, der einen Schein des gottseligen Wesens hat, aber seine Kraft verleugnet.

Die dritte Benennung ist aus Unverstand gekommen, da man diejenigen Theologen, welche leugnen, 1) daß die unbekehrten Lehrer erleuchtet sind, 2) daß es Mitteldinge gebe, das ist, Sachen, die weder gut noch böse wären, z. E. Tanzen, Spielen, und auch mit keinem Namen der alten Ketzer zu belegen gewußt und sich daher des Modewortes bedient, dadurch aber endlich so weit verfallen, sie mit allen

Fanatiquen in eine Klasse zu setzen. So gewiß es nun ist, daß es unordentliche, irrige und fantastische Leute auch unter gutem Schein gibt, welche teils aus List, teils aus Dummheit und Unwissenheit dahin geraten, so gewiß ist es auch, daß der Teufel mit dem Pietistenwort sein Spiel hat und nichts anderes darunter sucht, als daß die Lutheraner sich einen bloßen Wahn und Hirnglauben angewöhnen, das tätige Christentum aber und ein wahres Gefühl vom Heiland in der Seele für fanatische und pietistische Träume halten sollen. Und das ist der bisherige sichtbare und gemeine Effekt von dieser ganzen Religionsbewegung, den nunmehr kein ehrlicher Theologe mehr leugnet, wenn er gleich mit allen dergleichen Leuten keine Konnexion hat.
W.: Nun bitte ich mir auch eine Nachricht aus von den Separatisten, die die Taufe und Abendmahl verwerfen.
P.: Das ist wohl überhaupt zu viel von ihnen gesagt, denn man muß die Sache nehmen, wie sie sich am gewöhnlichsten und eigentlichsten präsentiert, und nicht, wie sie von diesen und jenen auf einen Exzeß geführt wird. Es gibt dreierlei Separatisten: in der katholischen Kirche, die aus Demut und Armut des Geistes (vielleicht auch aus heimlichen Skrupeln) sich von den papistischen Zeremonien enthalten und deswegen je zuweilen Dispensation kriegen, zuweilen nehmen. Von der gleichen Art war der jüngst verstorbene Abt Paris in Frankreich, welcher viele Jahre vor seinem Tode sich selbst exkommuniziert hat. In der katholischen Kirche passiert nun der Separatismus von dieser Art für eine besondere Heiligkeit.

Die Separatisten in der reformierten Kirche sind unterschiedlichen Schicksalen unterworfen: In der Schweiz, wo sie von den lutherischen sogenannten Inspirierten rege gemacht worden, werden sie von Stadt und Land verwiesen. Und diese gehören nach ihrer ganzen Art unter die lutherischen Separatisten, ob sie gleich der reformierten Religion zugetan sind. In Friesland aber haben die Patres von der Kirche ein Systema ediert, so ein Prediger Yvon unter dem Namen: „Het heilige vor de heilige" ans Licht gestellt. Diesem Systema zufolge haben sie mit Beibehaltung der ganzen reformierten Lehre eine besondere Kirchenverfassung und Kommunion unter sich angefangen und solche zu

Altona, zu Wiwert, im Haus, im Busch und sonst mit unleugbarem Segen geführt. Die Herrn Reformierten sind zum Teil so vernünftig gewesen, nach genauer Untersuchung auf einer ihrer Universitäten diese Separatisten, oder wie man sie sonst nach einem ihrer Vorsteher nennt: Labadisten für wahre und echte, ja teure Glieder der reformierten Religion zu bekennen und in Gemeinschaft mit gesamter Kirche zu erhalten, die man um dieses besonderen Kultus willen nicht wegwerfen sollte. Hingegen haben die Labadisten auf ihrer Seite sich mit der größten Ehrerbietung und Liebe an die reformierte Religion gehalten, strenge Partikularisten abgegeben und solange eine Gemeine ausgemacht, bis sie nach und nach ausgegangen und ihre einzelnen übrig gebliebenen Glieder sich in die Mystik verloren. In der Tat [haben sie] sich mehr als eine besondere Dorf- oder Stadtgemeine ansehen lassen, denn daß man sie von der reformierten Religion nur so weit hätte abweichen sehen als etwa die Remonstranten, oder gegen die Verfassung derselben so angehen wie die Episkopalen und dergleichen, oder auch wohl die Voetianer und Cocceijaner unter einander, die sich mehr und heftiger widersprechen und verketzern als die Religionen und dies kleine Kirchlein einander reziproke angegriffen.

Ich wollte, daß ich vom lutherischen Separatismus gleiches sagen könnte; aber in unserer Religion hats auf beiden Seiten diese Bewandnis nicht. Denn unsere Separatisten enthalten sich des Abendmahls und äußerlichen Gottesdiensts nicht auf dem Fuß der katholischen Separierten, welche still handeln, sich selbst bewahren und herzlich froh sind, daß man ihnen ihre Freiheit gönnt. Sie machens auch nicht wie die Calvinistisch-Separierten in Holland, die es gewagt, mit Beibehaltung alles untertänigen Respekts vor der Mutter, in der sie gezeugt und von der sie gesäugt worden, nur die Möglichkeit zu zeigen, das heilige Abendmahl vom Mißbrauch zu säubern und nur dem zu geben, dem es der Einsetzung nach gebührt. Sondern sie leben einesteils entweder ganz ohne Gemeinschaft oder doch in einer solchen, da Taufe und Abendmahl und dergleichen göttliche Einsetzung gar unterbleiben. Anderteils sitzen sie nicht stille, sondern attackieren die Religion, ohne ihr etwas Besseres zu zeigen, gießen das Kind mit dem

Bade aus, bleiben auch sehr selten bei der Reinigkeit der Lehre (die sog. Inspirierten ausgenommen, welche dieselbe noch am lautersten bewahrt und auch am meisten über Ordnung und Gemeinschaft halten, ob sie gleich ins ganze ebenso wenig von einer Kirche haben als andre). Sie werfen mit Sekten-, Belials- und andern Titeln um sich und machens, kurz zu sagen, ziemlich unordentlich. Es sind unter ihnen wiederum verschiedene Gattungen, aber das ist zu weitläufig. Wie sie nun ins Holz schreien, so wird wieder heraus geschrien. Und sie werden auf eine ganz verzweifelte Art von etlichen unserer Theologen zurückgetrieben. Man geht mit ihnen so um, daß sie nur mehr erbittert, aber nicht gewonnen werden. Und ich rate deshalb einem jeden ehrlichen Mann, sich in diese kontrovers gestalteten Dinge nicht zu mengen.

W.: Was hält denn der Herr von unserm Herrn Dr. Mandanus?

P.: Ich kann nichts sagen, bis ich ihn selbst gesprochen.

W.: Ich will ihn einmal herbitten auf ein Schälchen Tee.

P.: Meinetwegen! Die Ursache, warum ich nichts sagen kann, ist, weil die Gemüter nicht gleich sind; einer geht weiter, der andre näher ab. Und man kann sich darein so nicht finden, was ihnen eigen oder aus andern Büchern ist. Wenn ein Gichtelianer das Wort Gottes rein und einfältig annimmt in allen seinen Wahrheiten, wie sie da stehen, so ist er nichts anders als ein Separatist, der nicht heiraten will und der im übrigen viel moderater ist, als ein Separatist ordentlicherweise zu sein pflegt.

W.: Aber was ist das für ein Ding, ein Dippelianer?

P.: Ein wunderlich Ding. Der ehemalige Rat Dippel war eigentlich ein Alchemist, Silber hat er wirklich gemacht. Gold mochte er suchen, und wichtige Arzneien sind von ihm erfunden worden. Er war so gelehrt, daß, wenn er nicht in allen Fakultäten wirklich doktoriert hat, wie ich glaube, so konnte ers tun so gut als Conring[74]. Er sah aus wie ein Löwe, und alle Tiere hatten Ehrfurcht vor ihm. Gleichwie er selbst einen tiefen Respekt vor Gott hatte. Er glaubte: daß Jesus Gottes Sohn

74 Hermann Conring (1606-1681), Professor der Naturphilosophie, der Medizin und der Politik. Verfassungshistoriker und Vertreter der Helmstädter Theologie.

sei. Das Kreuz und Tod Jesu aber kam ihm so kauderwelsch vor, daß er nicht wußte, wie er dem lieben Gott aus dem Handel heraus und zu Ehren helfen sollte, daß er seinen Sohn, wie die Rede ging und man aus der heiligen Schrift nicht anders ersehen konnte, *für uns*, daß heißt, darum hatte töten lassen, daß wir nicht durften um unsrer Sünde willen des ewigen Todes sterben. Er war nicht gleich so sorgfältig. Seine ersten Sorgen gingen auf die Reinigung der Philosophie, Medizin und Schultheologie von Grillen und allerhand eingeschlichenen Mißbräuchen. In Jura tat er sich auch hervor. Zu Dänemark machte er sich wie der Don Quichot an eine hohe Person und wollte das gemeine Wesen von ihrer Tyrannei retten, das ist: wider den Strom schwimmen und die Konjunkturen forcieren. Darüber kam er in ein hartes Gefängnis auf Bornholm, welches ihm seriöser, dabei aber noch kühner machte, neue Sachen zu erfinden und sich auch mit der Schrifttheologie zu überwerfen. Das tat er dann zu Stockholm auf eine terrible Weise. Anfangs mochte ers wohl so böse nicht meinen, sondern nur den Atheisten die Idee vom Zorn Gottes aus ihren spöttischen Reflexionen wegnehmen, gewissen Geistlichen aber das Evangelium, welches sie, wie er sagte, als ein Pflaster auf den Bauch zu legen gewohnt waren, wegreißen und sie attenter auf die Heiligung machen wollen. Aber der Disput ging so weit, daß er sich nicht nur wie Flacius Illyricus ungefähr in Terminis, sondern endlich ganz gewiß in der Sache selbst nicht unvorsetzlich verlief. Er leugnete, daß Christus für die Sünden der Menschen habe genug tun müssen, mithin auch nicht genug getan. Und da wurden die klarsten, deutlichsten Sprüche der heiligen Schrift so lange verkürzt, verlängert, auseinander gerissen, mit Zusammenhaltung der verschiedenen Lektionen und mancherlei Auslegungen so genau beschnitten, bis das Lösegeld, das Sühnopfer ausgemerzt und das Wort, welches unleugbar da stand, in einen andern Sinn überbracht war. Ums Jahr 1730 gingen ihm die Augen auf, und er war im Begriff, seinen Verstoß nicht nur zu erkennen, sondern auch selbst zu korrigieren. Allein ein Theologe unsrer Kirche kam ihm in einer heftigen Zuschrift zuvor und machte bei unserm Dippel eine solche neue Wallung im Geblüte, daß er nicht mehr zu bedeuten war und seine ärgerliche Lehre bis auf alle Extremitäten heraustrieb, auch deswegen 1731 in einer Versammlung einfältiger Seelen öffentlich bestraft und hinaus geheißen wurde, wovon ich Herrn Dippels eigenhändige Erzählung gelesen habe. Es war schade um den Mann, und sein jäher Tod ist denen schwer worden, die ihn genau gekannt. Aber seine Lehre, die er selber für unrichtig erkannt, breitet sich aus, und es meint jetzt ein jeder Ungelehriger, wenn er Dippels Prinzipia habe oder vorgebe, so sei er ein großer Gottesgelehrter. Dieser Weise wurde in seiner Weisheit erhascht. Was aber die Sache selbst betrifft, so weiß [ich] nichts, als dieses einzige von der ganzen Sache zu sagen:

Jesus Christus hat als ein armer dürftiger und verachteter Mensch 30 Jahre in der Stille gelebt, ein paar Jahre lang kräftig gelehrt und getan, was er wollte, mit untermischter Not und vieler Mühseligkeit von innen und außen. Zuletzt ist er für meine und der ganzen Welt Sünde (wie die ehemaligen Opfer für die Sünde des Volks) leibhaftig geschlachtet, und dadurch sind wir von der Sünde erlöst und für sein Blut, das er vergossen hat, vom Zorn und Gerechtigkeit über das Böse (die eine von der Gottheit unzertrennliche Tugend ist) von der ewigen Glut und ihrem Gerichte nicht anders losgekauft, als ein Mohrensklave in der Barbarei für bares Geld seinem Besitzer abgekauft werden kann. Weil die Sünde uns zur Strafe anhängt, so ist das eine Frucht unsrer Erlösung, daß wir heilig sein dürfen.

Die Epistel Petri, das 53. Kapitel Jesaja, die Rede Jesu vor seinem Leiden, die Epistel an die Römer und an die Hebräer wäre wohl unnützer und vergeblicher und zum Teil solcher Ausdrücke, die keinen Sinn haben, wenn das nicht ist. Im übrigen ists abermal wahr, daß die Heiligung, um die es diesen Leuten besonders zu tun sein mag, nicht vergessen werden muß. Sie wäre ein Gift und ein Verderben der Seele, wenn man sie ins Gericht Gottes und in die Begnadigung des Sünders mengte. Denn wer auch Henochs Heiligkeit zu einer Ursache der Begnadigung anführt, der bringt sich gewiß darum, und wer gerecht werden will, der muß erst so arm und so sündig sein, daß er sich kein Auskommen sieht als bei der Barmherzigkeit Gottes. Hingegen ist man nicht so halb absolviert, gerecht gemacht und begnadigt, so hat man Mut und Willigkeit, Kraft und Macht, die größten und geringsten

Sünden auf einmal untern Fuß zu bringen, und nicht, wie die Moral lehrt, von Zeit zu Zeit abzulegen, sondern auf einmal und in einer Stunde hinter sich zu werfen, darnach aber in Lauterkeit, Heiligkeit und Wahrheit von Grad zu Grad fortzuwachsen. Denn obgleich eine Seele von Tag zu Tag schöner und herrlicher wird, so ist doch das gewiß, daß der Unflat der Sünde an einem Anfänger von 24 Stunden nicht mehr zu sehen sein muß, als an einem 50jährigen Christen. Und wer noch sündigt, der hat ihn nicht gesehen noch erkannt.

W.: Aber sagen Sie mir doch, mein Herr, warum gibts so viel Religionen?

P.: Das ist eine Sache, dabei der Satan und der Heiland nicht müßig sind. Der Satan kann einigermaßen an die menschlichen Herzen kommen, wenn er macht, daß die Irrtümer, die das Herz treffen, hie und da, als öffentliche Wahrheiten ausgebreitet werden. Darum hat er nicht leicht einen grundstürzenden Irrtum in die Welt gebracht, dem er nicht auch eine Kanzel gebaut. Der Heiland hat mit seinen Herzwahrheiten ein gleiches getan und sie nie ganz unterdrücken lassen; es ist aber auch eine Schwachheit des menschlichen Gemütes, daß man gerne annimmt, was widerstritten wird, daher kommen viel hundert Menschen auf bessere Gedanken, eben darum, weil ihnen ein Irrtum vorgepredigt wird; darunter ist des Herrn Hand. Daneben ist in der christlichen Religion der Gebrauch, daß nicht nur die Glaubensbücher, die ohne Schrift nicht bestehen können, selten so abenteuerliche Sätze haben, als wohl in der Religion gelehrt werden, sondern sich auch die gescheuten Lehrer oft ihrer Irrtümer selbst schämen und entweder darum oder aus List so unter die Schriftworte verstecken und einwickeln, daß redliche Seelen nichts als Wahrheit hören, wo lauter Irrtum gemeint ist. Und die beste Methode, ihnen erbaulich zu sein, ist, daß man nicht anfange, seine Sätze vorzutragen, sondern erst recht aushöre, was der andre sagt, und nicht ohne Not widerspreche. Wenn man aber widersprechen muß, es also mit Grund und Kraft tun und ohne Luftstreiche.

Lieder Zinzendorfs

Die folgende kleine Auswahl aus Zinzendors Liedern entstammt seinem wichtigsten Gesangbuch: „Christliches Gesang-Buch der Evangelischen Brüder-Gemeinen von 1735" (abgekürzt: „HG") und der Sammlung: „Teutsche Gedichte" von 1735 (abgekürzt: TG).

Über den Heiland

Entstanden 1714; abgedruckt in: TG Nr. 1.

Du treuer Heiland! Allerliebstes Leben!
Ich, dein Geschöpf, muß zittern und erbeben
Vor deinen schweren Leibs- und Seelenplagen, die dich geschlagen.

Ich Sünder sollte einst den Frevel büßen,
den wider deinen Wink und das Gewissen
der ersten Eltern Ungehorsam übte und dich betrübte.

Ach! aber hochverdienter Seelenretter!
Es trafen dich die angeflammten Wetter,
die sich von unsren frevelhaften Taten entzündet hatten.

Wir brüsteten die sündenvollen Glieder,
wir türmeten das stolze Pfaugefieder,
wir lebeten in lauter Freuden und ohne Leiden.

Drum mußten deine teuren Glieder zittern,
dein edler Leib vor Angst und Graus erschüttern.
Dies mußtst du bloß allein für unsre Schulden aus Liebe dulden.

Drum habe Dank, du edler Freund der Seele!
Ach nimm uns ein in deine Seitenhöhle,
Draus wollen wir den Bösewicht bekriegen und wollen siegen.

Abendmahlsgedanken

Entstanden am 25. 9. 1718; abgedruckt: TG^2 Nr. 2, s. ZBG 12, S.128ff

So ist es denn geschehen: Ich habe Gott gesehen.
Er hat sich eingefunden und sich mit mir verbunden.

Er hat mich Liebeskranken bei seligen Gedanken
zu seinem Tisch geleitet und teure Kost bereitet.

Wie dank ichs Christi Liebe, die aus dem treusten Triebe
sich, um mich zu erheben, ins Niedrige gegeben.

Wie dank ichs seinem Herzen, das so viel herbe Schmerzen
für mich, der sie verschuldet, aus lauter Lieb erduldet.

Wie dank ichs seinem Leiden, dem Ursprung meiner Freuden.
Wie dank ichs seinem Stöhnen und heiß vergoßnen Tränen.

Wie dank ichs Seinem Dürsten, da ihm, dem Lebensfürsten,
die Zung am Gaumen klebte und mich die Kraft belebte.

Wie dank ichs seinem Sterben, es tötet mein Verderben.
Sein letztes Angstgetöne klingt meinen Ohren schöne.

Die Fahrt ans Grabes Schwelle und zu der Tür der Hölle
bewahrt mich vor den Schlünden, die nimmer zu ergründen.

Du herzvertraute Liebe entzünde meine Triebe,
damit sie ohne Schweigen von deiner Tugend zeugen.

Laß Christi Tod und Sterben, sein ritterlichs Erwerben,
den hart gebundnen Seelen mich öffentlich erzählen.

Und nach dem teuren Mahle gib, daß ich dir bezahle
die seligen Gelübde, darin sich Jesus übte.

Es werd an mir gesehen sein Tod und Auferstehen,
sein Kampf und Überwinden, sein Suchen und sein Finden.

Seelen-Bräutigam

Auf die Markgräfin Sophie Christiane von Brandenburg-Bayreuth-Culmbach 1719 oder 1721, abgedruckt in: HG Nr. 415, 1,2,4,8-11; vgl. ZBG 14 (1920), S. 40-44.

Seelen-Bräutigam, o du Gotteslamm!
Prüfe, Jesu, meine Sinnen, höre, was sie doch beginnen.
Ist ihr Wollen rein, ei, so laß es sein.

Kreuzige mich mir, heilige mich dir.
Reinige die innern Wege. Irr ich auf dem finstern Stege,
scheine du mich an, tritt mit auf den Plan.

Rührt mein eigen Herz Kreuz und schwerer Schmerz,
kümmert mich ein fremdes Leiden, gib Geduld zu allen beiden.
Richte meinen Sinn auf das Ende hin.

Eines Christen Geist braucht, was irdisch heißt,
ohne sich zu überladen. Hievon kennet er den Schaden:
Reichtum, Ehr und Gut nimmt und gibt nicht Mut.

Es vergnügt ihn nur Gottes Gnadenspur.
Ruhe ist ihm nicht beschieden, also müht er sich in Frieden.
Eines Christen Geist fleucht, was eigen heißt.

Jesu, geh voran nach der Lebensbahn,
und ich will mich nicht verweilen ohne Rast dir nachzueilen.
Nimm mich bei der Hand, weg zum Vaterland.

Ordne meinen Gang, Liebster, lebenslang.
Führst du mich durch rauhe Wege, gib mir auch die nötge Pflege.
Tu mir nach dem Lauf eine Türe auf.

Morgenlied

Für die Mutter in Berlin 1721; abgedruckt in: HG 296,1-11, auch: TG[1] Nr.9; TG[2] 10; vgl. ZBG 14 (1920), S. 44-46

Glanz der Ewigkeit, Gott und Herr der Zeit!
Sei von allen Kreaturen für die neu erregten Spuren
deiner Gütigkeit hoch gebenedeit.

Sehen wir denn nicht in dem Morgenlicht
einen Strahl von größern Kräften und durchdringendern Geschäften?
Sehen wir dich nicht, Zions Sonnenlicht?

Ach, du blinkest zwar, aber unser Star,
unsre Blindheit muß mit Schrecken sich vor deinem Blitz verstecken.
Unsrer Augen Star wird dich nicht gewahr.

Eile doch herbei mit der Arzenei.
Räume weg die dicken Felle, mache unsre Augen helle.
Sonst ist unsre Not ärger als der Tod.

Und weil in der Zeit Nacht und Dunkelheit
unser Licht so heftig schwächen und so ofte unterbrechen,
weil die Lebenszeit voller Dunkelheit,

so verkläre bald deine Lichtsgestalt.
Öffne die verschloßnen Siegel, brich den unvollkommnen Spiegel
und verkläre bald unsere Gestalt.

Wenn dirs doch gefällt, daß wir auf der Welt
länger noch mit lahmen Füssen unsre Straße wandeln müssen,
o so zeig uns nur die gerade Spur.

Richte unser Herz zeitlich himmelwärts,
daß die Zeichen dieser Zeiten uns zur letzten Zeit bereiten.
Richte unsern Sinn auf das Ende hin.

Gibt es in der Zeit Scheinvergnüglichkeit,
so verleide uns ein Leben, das kein wahres Wohlsein geben
noch den letzten Tag uns versüßen mag.

Solls uns harte gehn, laß uns feste stehn
und so gar in schweren Tagen niemals über Lasten klagen.
Denn das ist der Weg zu der Sternen Steg.

Kracht der Hütten Tor, zieh den Geist hervor.
Laß ihn zu den frohen Scharen der erlösten Geister fahren,
daß er deinen Tag immer sehen mag.

Herz und Herz vereint

Entstanden 1723 in Dresden; abgedruckt in: HG Nr. 885; vgl. ZBG 12 (1918), S. 117-127, zu Joh. 15, 9-15

Herz und Herz vereint zusammen sucht in Gottes Herzen Ruh.
Keusche Liebesgeistesflammen lodern auf das Lämmlein zu.
Das vor jenes Alten Throne in der Blutrubinen Pracht
und in seiner Unschulds Krone sich den Seinen herrlich macht.

Kommt, ach kommt, ihr Gnadenkinder richtet wieder auf den Bund.
Schwöret unserm Überwinder: Er sei Gott und wir sein Mund.
Er das Haupt, wir seine Glieder, er das Licht und wir der Schein.
Bringt er Kanaan herwieder, ei, so nehmen wir es ein.

Aber faßt auch Schwert und Bogen in vereinte Glaubenshand,
gegen Wind und Meereswogen haltet festen Liebesstand,
bis der Feinde Strick zerrissen, bis ihr Rottgesinde weicht;
bis das Sündenvolk zerschmissen Christo sich zu Füßen neigt.

Aber unter euch, ihr Glieder, haltet es auf diese Maaß,
daß für seinen Freund ein jeder gerne Leib und Leben laß.

So hat uns der Feund geliebet, so zerschmolz er dort im Blut.
Denkt doch, wie es ihn betrübet, wenn ihr euch selbst Eintrag tut.

Einer reize doch den andern, seinem blutbefreundten Lamm
vor das Lager nachzuwandern, das vor uns zur Schlachtbank kam.
Einer soll den andern wecken, alle Kräfte dahinan
nach Vermögen zu erstrecken, bis man ihm gefallen kann.

Nichts als nur des Bräutgams Stimme sei die Regel unsrer Tat,
weil er nicht mit Löwengrimme uns in Staub getreten hat,
sondern mit gehäuften Strömen seines Bluts den Zorn ertränkt.
Ei, wer will sich nicht bequemen, daß er sich ihm wieder schenkt.

Halleluja! welche Höhe, welche Tiefe reicher Gnad,
daß ich dem ins Herze sehe, der das Herz der Liebe hat,
daß der Vater aller Geister, der der Wunder Abgrund ist,
daß du, unsichtbarer Meister, mir so sichtbar nahe bist.

Liebe, hast du es geboten, daß man Liebe üben soll,
o, so mache doch die toten, trägen Geister lebensvoll.
Zünde an die Liebesflamme, daß ein jeder sehen kann,
wir, als die von einem Stamme, stehen auch für einen Mann.

Kron und Lohn beherzter Ringer

Bei der Eheschließung mit Erdmuthe Dorothea von Reuß 1723; abgedruckt in: HG Nr. 860, 1,2,14

Kron und Lohn beherzter Ringer, der Seligkeit Herwiederbringer,
Herr Jesu, Herr der Herrlichkeit!
Hör zu Deines Thrones Stufen, so viel verbundne Herzen rufen:
sie wären gerne benedeit.
Du segnest ja so gern, Gesegneter des Herrn!
Wir begehrens. So komm herein,
wir sind ja dein, und laß uns recht gesegnet sein.

Brunnquell aller Seligkeiten, vollbringe doch uns zu bereiten,
so wie es dir gefällig ist.
Wir als von Natur verdorben, wir sind dem Leben abgestorben,
darinnen du zu finden bist.
So töte doch den Feind, der uns zu stürzen meint,
unser Leben! Ach tue du
nur bald dazu, daß ich in deinem Tode ruh.

Laß uns rittermäßig ringen, durch Tod und Leben zu dir dringen,
als Feldherr tritt ins erste Glied.
Das ist so ein Ritterrennen, da wir noch manchen Helden kennen,
der mit uns auf die Bahne zieht.
Das Kleinod ist es wert, daß man es ganz begehrt,
es ist unser. Wir sprechen schon
im hohen Ton: Was gilts, wir bringen es davon.

O Liebe, die in fremde Not

Entstanden 1725 in der Passionszeit in Dresden; abgedruckt in: HG 103, 1-12,17

O Liebe, die in fremde Not sich selbst hineingestürzt
und die damit dem ewgen Tod den Stachel abgekürzt.

Wir sehen deine Herrlichkeit im Tal der Demut blühn
und uns durch dein empfindlich Leid aus allem Leiden ziehn.

Allein, wie wenig wird man sehn, die zu bereden sein,
daß niemand kann ins Leben gehn, als durch die Kreuzespein.

So gib denn deinem Wort vom Kreuz in denen Seelen Kraft,
daß es dieselben allerseits mit hin zum Kreuze rafft.

Denn das ist einmal ganz gewiß, du bist zu gleicher Zeit
ein Gegengift vors Todesbiß und unsre Heiligkeit.

Drum der du angekommen bist, in Knechtsgestalt zu gehn,
des Weise nie gewesen ist, sich selber zu erhöhn,
komm, winke unsrer stolzen Art ins tiefe Elend ein,
darin sich erstlich offenbart, daß wir Gott etwas sein.

Der du noch in der letzten Nacht, eh dich der Feind gefaßt,
den Deinen von der Liebe Macht so schön gepredigt hast,

erinnre deine kleine Schar, die sich so leichte zweit,
was deine letzte Sorge war: der Glieder Einigkeit.

Du opferst deine Jünger noch dem Vater im Gebet.
O würden unsre Sinnen doch oft im Gebet erhöht.

Der du um unsre Seligkeit mit blutgem Schweiße rangst
und durch der Tränen bangen Streit des Grimmes Macht verdrangst.

Erschüttre doch den trägen Sinn, der nichts von Arbeit weiß,
und reiß ihn aus der Faulheit hin zu deinem Kampf und Schweiß.

Drum leit auf deiner Leidensbahn uns selber bei der Hand,
weil dort nur mitregieren kann, wer hier mit überwand.

Die Kraft des Glaubens

Nach dem Verbot seiner Hausversammlungen in Dresden, Februar 1727; abgedruckt in HG Nr. 513, 1-2, 5-8

Der Glaube bricht durch Stahl und Stein und faßt die Allmacht selber.
Der Glaube wirket mehr allein als alle goldne Kälber.
Wenn einer nichts als Glauben kann, so kann er alles machen.
Der Erden Kräfte sieht er an als ganz geringe Sachen.

Als Jesus noch nicht ausgelegt die Schätze seiner Höhen,
noch eh man den, der alles trägt, auf Erden wandeln sehen,
da taten, die auf seinen Tag sich freuten, solche Wunder.
Was kann man (wers begreifen mag), was wagt man nicht jetzunder.

Gelobet sei die Tapferkeit der Streiter unsers Fürsten,
verlacht sei die Verwegenheit nach ihrem Blut zu dürsten.
Wie gut und sicher dient sichs nicht dem ewigen Monarchen!
Im Feuer ist er Zuversicht, fürs Wasser baut er Archen.

Und wenn denn treue Zeugen sehn, worauf sies Leben wagen,
so wolln sie oft nicht widerstehn und lassen sich erschlagen.
Sie mögen der Erlösung nicht, die sie vom Leiden bringet.
Um jener Auferstehung Licht ist mancher gern erwürget.

Die Zeugen Jesu waren ja vordem auch Glaubenshelden;
die man in Pelzen wandeln sah, verfaulen in den Wälden.
Und des die Welt nicht würdig war, der ist im Elend gangen.
Den Fürsten über Gottes Schar, den haben sie gehangen.

Wir wollen unter Gottes Schutz, den Satan zu vertreiben,
und seinem Hohngeschrei zum Trutz mit unsern Vätern gläuben.
Soll aber unsre Rosenart auch unter Dornen weiden,
(so ward mit Jesu dort gebaart:), so wollen wir auch leiden.

Gottes Führung fordert Stille

Zu seinem Hochzeitstag am 7. 9. 1728; abgedruckt in: HG 846, 1-5

Gottes Führung fordert Stille. Wo der Fuß noch selber rauscht,
wird des ewgen Vaters Wille mit der eignen Wahl vertauscht.

Wer da leben will, der sterbe, wer nicht stirbt, der lebet nicht.
Ehe denn das Fleisch verderbe, scheinet uns kein wahres Licht

Was die andern Menschen wollen, läßt der Vater noch geschehn,
aber wenn die Kinder schmollen, läßt er sie die Rute sehn.

Alle menschlichen Geschäfte gehen überhaupt nicht gut,
wenn man sie durch eigne Kräfte und nicht aus der Gnade tut.

Göttliche und innre Dinge lassen vollends gar nicht zu,
daß man sie mit Sturm erzwinge, sondern weisen uns zur Ruh.

Du blutverwandte Liebe

Auf den Geburtstag der Gräfin Theodore von Reuß-Ebersdorf am 12. Mai 1736; abgedruckt in: HG Nr. 1079

Du blutverwandte Liebe, der ich mich übe,
um die ich mich betrübe und wieder freu,
du machst mir deine Triebe so lieblich neu.
Denn ich bin deine Rebe, die in der Liebe
des Manns so gerne bliebe in Gnad und Treu.

Was soll man bei dir machen, du Kraft der Schwachen,
du Meister aller Sachen, die selig sind.
Du, der den roten Drachen mit Ketten bindt,
du Haupt des Rats der Wachen beim Kirchen-Nachen,
wir wolln dir ruhn und lachen, als wie ein Kind.

Doch wolln wir uns auch wagen in unsern Tagen,
der Ruhe abzusagen, dies Tun vergißt.
Wir wolln nach Arbeit fragen, wo welche ist,
nicht mehr am Amt verzagen, uns fröhlich plagen
und unsre Steine tragen aufs Baugerüst.

Gesegnet sein die Bande vom Dienerstande:
sie sind der Toren Schande, bei uns geehrt.
Das Herz ist von dem Brande durchaus versehrt,
des, der uns blutig fande am Todesrande.
Nur hin damit zum Pfande und angeöhrt.

Wißt all ihr Geisterheere und ihr, ihr Chöre
an dem kristallnen Meere, du sonderlich
des Löwenlammes Ehre, du Zeugenstrich,
daß ich bei seiner Lehre mich gern verzehre
und nichts mehr seh und höre, nichts lediglich.

Gespielen der Gemeine, du sein und meine,
du durch sein Opfer reine Genossenschaft!
Wir haben alle eine geringe Kraft.
Doch bei dem Abendscheine ist nichts so kleine,
ists unser und ists seine, so gehts und haft't.

Die Wanderschaft in dieser Zeit

Auf die Androhung seines ersten Exils im Dezember 1732 und zugleich auf den Bau des ersten Hauses von Herrnhut vor 10 Jahren; abgedruckt in: HG Nr. 1006, 1,2,4

Die Wanderschaft in dieser Zeit hat manche rauhe Wege,
und nur der Glaubenstapferkeit gebahnte Nebenstege.
Doch weckt zuweilen unser Herr - der Herr mit Namen: Liebe -
durch guten Weg dem Wanderer die mattgewordnen Triebe.

Da sieht man denn so manches Werk der Wunderwege Gottes,
die in den Schwachen mächtge Stärk, das Ziel so vieles Spottes,
zum Ziel der Allmacht auf der Welt, zum Lob gesetzt auf Erden.
Aus wenigen macht unser Held oft viele hundert werden.

So komm, du hochgeliebter Fürst der Schwachen und der Kleinen,
nach welchem unsre Seele dürst't, du einigs Gut der Deinen.
Verdopple deine Gnadenkraft auch hier in unsern Hürden,
erleichtre unsrer Ritterschaft die aufgelegten Bürden.

Wir opfern dir mit Mund und Hand Leib, Seel und Geist aufs neue,
versprechen für ein jedes Band unweigerliche Treue.
Du aber halte deinen Eid und laß dein Werk nicht liegen,
und deine wahre Christenheit auch im Erliegen siegen.

Die Herrlichkeit Gottes

Auf den Namenstag Heinrich XXIX. von Reuß-Ebersdorf
am 12.7. 1733; abgedruckt in: HG Nr. 810, 1,2,4

Die Herrlichkeit Gottes ist offenbar worden,
soweit der Kreis der Erden geht.
Die hundert und tausend zerstreueten Horden
der Geisterschaft, die vor ihm steht,
die eilen mit Freuden dem Schalle nach
und bringen den Heiden und mancher Sprach
das Zeugnis der himmlischen Gnadengeschäfte
durch Taten und Wunder und Zeichen und Kräfte.

Was aber ins Innre des Heiligtums blicket,
das Abgesonderte des Herrn,
wird inniglich von der Empfindung erquicket
des warmen Lichts vom Morgenstern.
Es merket das Strecken des Gnadenstrahls,
ein kräftiges Schmecken des Abendmahls.
Und was sich die andern Geschöpfe erinnern,
das haben die seligen Seelen im Innern.

Was gibt man dem teuersten Fürsten der Herzen?
Womit bezeugt man seinen Dank?
Die Schulden der Liebe, die machen uns Schmerzen,
die Dienstbegierde macht uns krank.
Herr Jesu, wir haben nie viel gehabt.
Mit eigenen Gaben wirst du begabt.
Hier hast du uns! Willst du was Bessers, so eile
und mach aus uns reine und treffende Pfeile.

Christi Blut und Gerechtigkeit

Entstanden 1739 im März auf der Rückreise von Westindien nach England über die Liedstrophe Vers 1, die 1638 in Leipzig entstand. Abgedruckt in: HG 1258, 1,2,8,9,14-16, 30-33

Christi Blut und Gerechtigkeit, das ist mein Schmuck und Ehrenkleid,
damit will ich vor Gott bestehn, wenn ich in Himmel werd eingehn.

Denn tret ich gleich mit vors Gericht, es kommt zu keiner Klage nicht.
Das macht, ich bin schon absolviert und meine Schuld ist abgeführt.

Ich glaube, daß sein teures Blut das allerunschätzbarste Gut
und daß es Gottes Schätze füllt und ewig in den Himmel quillt.

Ich glaube, wenn der Sünder Heer noch millionmal größer wär,
der Teufel hätte doch sein Geld. Er hats umsonst, was er behält.

Und wenn ich durch des Herrn Verdienst noch so treu werd in seinem Dienst und gewinn allem Bösen ab und sündge nicht mehr bis ins Grab,

so will ich, wenn ich zu euch komm, nicht denken mehr an gut und fromm, sondern da kommt ein Sünder her, der gern fürs Lösgeld drinnen wär.

Da singt der Vater Abraham und alle Heiligen dem Lamm.
Und sieht man in ihr Buch hinein, so stehts, daß sie auch Sünder sein.

Gelobet seist du Jesu Christ, daß du ein Mensch geboren bist
und hast für mich und alle Welt bezahlt ein ewigs Lösegeld.

Ach hilf uns nun auch predigen und aus der Grub erledigen,
was sich in deine blutge Füll als ein Sünder verkriechen will.

Du König der Ehren, Jesu Christ, Gotts Vaters einger Sohn du bist,
erbarm dich nun der ganzen Welt und segne, was sich zu dir hält!

Aufmunterung zum Dienst

Zu einer Gemeinkonfirmation oder Gemeinkonferenz am 28.4.1740; abgedruckt in: HG 1404.

Du unser innig verbundener Mann,
nimm uns zu deinen Gehilfen an
in dem großen Werke, darauf du bleibest
und das du von Tag zu Tag weitertreibest nach deinem Sinn.

Laß keinen unter uns träge sein!
Muntre auf Herz, Sinn und das Gebein!
Laß uns alle Dinge vonstatten gehen,
die in Kraft deines Befehls geschehen in Kindlichkeit.

Bewahre dein Haus und deine Herd,
die ihrem Hirten so lieb und wert.
Baue sie von außen und auch von innen,
und der Einwohner ihr ganz Beginnen, das geh auf Grund.

Mach jeglichen von uns in schneller Eil
zu einem Gnaden- und graden Pfeil
in dem Zweck zum Ganzen, darauf du zielest,
da du daneben mit Wundern spielest, die niemand weiß.

Erhalte uns allen den ganzen Sinn
auf dich und deine Gemeine hin,
daß wir, die im Hause und in den Felden,
immer bei ihrem Gebieter melden, so solls wohl gehn!

Lied über den Berner Synodus von 1532

Entstanden 1740/1; abgedruckt in: HG Nr. 1670, 1, 4-14;
vgl. die Erstfassung in: Büdingische Sammlungen Band 1, S. 774f.

Lamm, du unschuldiges Gotteslamm,
soll denn der Zeugen ihr alter Stamm
nachgerade eingehn? Wo sind die alten, die überm Lamm
noch steif gehalten? Kyrieleis.

Mein Gott! Was ist das für eine Zeit?
Vater der ewigen Ewigkeit!
Was sind das für Tage, daran die Christen
an ihrem Gott zu Atheisten geworden sind.

Hört ihrs, ihr Wächter auf Zions Tor!
Ruft, daß es gellet vor aller Ohr:
Christus ist die Ursach von allen Dingen,
Christus alleine kann wiederbringen, was sich verlor.

Soll denn das stets unsrer Kreuzgemein
ihre besondere Meinung sein,
daß wir in der Bibel und ihren Gründen
aller Weltweisheit ihr Ende finden? Wir schließen so:

Höhe und Tiefe und Läng und Breit
aller, auch Gottesgelehrsamkeit
ganz beisammen haben, will noch nichts sagen,
da muß man Jesu Lieb erst erfrage. Darnach ists gar.

Fange man denn bei der Liebe an,
die sich für uns in den Bann getan,
und die tief ins Herze! So wird der Hörer
ebenso weise als seine Lehrer, wie David sagt.

Und in der Bibel ist um und um
Christus der Lehre ihr Punkt und Summ,
in der alt und neuen. Geist Jesu, drücke
diese darinnen verfaßten Stücke in aller Herz[75].

Daß unsre ganze Lehr Christus sei,
daß Gott dem Volke in dem gedeih,
daß er Grund und Boden; daß ohne Mittel
Gott unsers Versöhners Titel zu predigen.

Daß ohne Christus kein Gnadenwort,
von seinem Tode gehts an und fort;
daß sogar die Sünde aus ihm zu lernen
und das Gesetz nicht gnug zu entfernen von unsrer Lehr.

Daß das den wahrhaften Unterschied
zwischen den Heiden und uns bedeut:
daß die falschen Lehrer daher entstanden,
daß mans Gesetze mit seinen Banden zurückgeholt.

Daß das der Gnade ihr rechter Gang,
daß man Erkenntis der Sünd empfang
aus dem Tode Jesu: Das seis Geheimnis,
daß man nun ohn alle Zeitversäumnis posaunen soll.

Und wer es singet, der merke drauf
und gedenk an den kostbaren Kauf,
da durch einen Menschen die Seelen alle
wurden erlöset vom Sündenfalle auf einem Brett[76].

---

75 Schweiz, nach der Bibel ist um und um über den Bernerschen Synodum keine Schrift zu finden. Herr Jesu, drücke die von dir drinne verfaßten Stücke in aller Herz!

76 Basel, du Schul der Verständigen, willst du Gott Seelen behändigen, lehr den künftgen Vareln und Werenfelsis mein Deo gloria in excelsis: Lob sei dem Lamm!

Liturgie am Ostermorgen

Am Karsamstag 1732, am 12. April, beschlossen die ledigen Brüder, am Ostermorgen früh vor Aufgang der Sonne auf den Hutberg zu gehen, wo seit 1730 ein Friedhof der Gemeine eingerichtet worden war, um Auferstehungslieder zu singen. Der Gedanke einer Ostermorgenfeier begeisterte so sehr, dass man sie auch in den folgenden Jahren wiederholte, seit 1734 mit der ganzen Gemeine. Von Herrnhut aus gelangte die Feier auch in die anderen Gemeinden: 1741 Herrnhaag, 1743 Gnadenfrei und Gnadenberg, 1746 Niesky, 1749 Zeist, 1750 Fulnek/ England.

Die Ostermorgenliturgie entwickelte sich in drei Schritten: 1. die Form einer freien Singstunde, meist mit Gebet, 2. seit 1746 wurde die Kirchenlitanei in die Feier integriert, mit der namentlichen Nennung der Verstorbenen (seit 1747 in Herrnhaag), 3. 1753 sprach Zinzendorf in London den zweiten und dritten Glaubensartikel als einen Akt des Bekenntnisses. In dieser Form erschien die Osterliturgie 1755 zum ersten Mal, in überarbeiteter Form 1757.

Abgedruckt nach: Das Litaneyen-Büchlein nach der bey den Brüdern dermalen hauptsächlich gewöhnlichen Singe-Weise, 4. Edition, Barby 1757, S. 239-245.

* * *

Liturg: Ich gläube an den einigen Gott, Vater, Sohn und Heiligen Geist.
Chor: Ich preise dich, Vater und Herr Himmels und der Erden, daß du solches den Weisen und Klugen verborgen hast, und hast es den Unmündigen offenbaret. Ja, Vater, denn es ist also wohlgefällig gewesen vor dir.
Liturg: Vater, verkläre deinen Namen!
Gemeinde: Unser Vater in dem Himmel! Dein Name werde geheiligt. Dein Reich komme. Dein Wille geschehe auf Erden wie im Himmel. Unser täglich Brot gib uns heute. Und vergib uns unsere Schulden,

wie wir unsern Schuldigern vergeben. Und führe uns nicht in Versuchung, sondern erlöse uns von dem Bösen. Denn dein ist das Reich und die Kraft und die Herrlichkeit in Ewigkeit. Amen.
Chor: Vater, habe uns lieb, darum daß wir ihn lieben und gläuben, daß er von dir ausgegangen ist.
Liturg: Ich gläube an den Namen des einiggeborenen Sohnes Gottes, durch welchen alle Dinge sind und wir durch ihn. Ich gläube, daß er Fleisch ward und wohnte unter uns und nahm Knechtsgestalt an: durch Überschattung des Heiligen Geistes, empfangen von Maria der Jungfrau; wie die Kinder Fleisch und Blut haben, ist ers gleichermaßen teilhaftig worden, geboren von einem Weibe.

Und an Gebärden wie ein Mensch erfunden, ist versucht worden allenthalben, gleichwie wir, doch ohne Sünde.

Denn er war der Herr, der Engel des Bundes, des wir begehrten. Der Herr und sein Geist hatten ihn gesandt, zu predigen das angenehme Jahr des Herrn.

Er redete, was er wußte, und zeugte, was er gesehen hatte. Die ihn aufnahmen, denen gab er Macht, Gottes Kinder zu werden. Seht, das ist Gottes Lamm, das der Welt Sünde getragen hat, gelitten unter Pontius Pilatus, gekreuzigt, gestorben und begraben, ist im Geiste hingegangen und hat gepredigt den Geistern im Gefängnis, und hat das Gefängnis gefangen geführt.

Am dritten Tage wieder auferstanden von den Toten und mit ihm viele Leiber der Heiligen, die da schliefen; aufgefahren gen Himmel, sitzt aufs Vaters Stuhl; wird wiederkommen, wie man ihn gesehen hat gen Himmel fahren.
Chor: Der Geist und die Braut, die sprechen: Komm!
Liturg: Und wer es hört, der spreche: Komm!
Gemeinde: Amen, ja, Herr Jesu, komm, bleib nicht lange! Wir warten deiner, uns wird fast bange.
Schwestern: Komm!
Brüder: Komm doch!
Alle: Komm!
Liturg: Auch wird er mit einem Feldgeschrei und Stimme des Erz-

engels und mit der Posaune Gottes herniederkommen vom Himmel.
Chor: Gerichte zu hegen, das endige, über Tot' und Lebendige.
Liturg: Das ist mein Herr, der mich verlornen und verdammten Menschen erlöst hat, erworben, gewonnen, von allen Sünden, vom Tode und von der Gewalt des Teufels, nicht mit Gold oder Silber, sondern mit seinem heiligen teuren Blut und mit seinem unschuldigen Leiden und Sterben; auf daß ich sein eigen sei und in seinem Reich unter ihm lebe und ihm diene in ewiger Gerechtigkeit, Unschuld und Seligkeit; gleichwie er ist auferstanden vom Tode, lebt und regiert in Ewigkeit.
Gemeinde: Das ist gewißlich wahr.
Liturg: Ich gläube an den heiligen Geist, der vom Vater ausgeht, und den uns unser Herr Jesus gesandt hat nach seinem Hingang, daß er bei uns bleibe ewiglich; und daß er alles in allen wirke und teile einem jeglichen mit, nachdem er will.

Dem sei Ehre in der Gemeine, die in Christo Jesu ist, der allgemeinen heiligen christlichen Kirche, in Gemeinschaft der Heiligen zu aller Zeit und von Ewigkeit zu Ewigkeit.
Gemeinde: Amen!
Liturg: Ich gläube, daß ich nicht aus eigener Vernunft noch Kraft an Jesum Christum, meinen Herrn, gläuben oder zu ihm kommen kann, sondern daß mich der heilige Geist durchs Evangelium berufe, mit seinen Gaben erleuchte, im rechten Glauben heilige und erhalte; gleichwie er die ganze Christenheit auf Erden beruft, sammelt, erleuchtet, heiligt und bei Jesu Christo erhält im rechten einigen Glauben; in welcher Christenheit er mir und allen Gläubigen täglich alle Sünde reichlich vergibt.
Gemeine: Amen.
Liturg: Ich begehre, aufgelöst und bei Christus zu sein, welches auch viel besser wäre. Ich werde den Tod nicht schmecken ewiglich und entgegen kommen zur Auferstehung der Toten, denn meine Hütte, die ich ablege, das Korn der Verwesung, wird anziehen die Unverweslichkeit. Das Fleisch ruhet in Hoffnung. Und der Vater und sein Sohn, welche lebendig machen, wen sie wolle, und der Geist des, der Jesum aus dem Schlafe erweckt hat, wird auch dich, du sterbendes Gebeine,

lebendig machen um des willen, daß Jesu Geist in dir gewohnt hat.
Gemeine: Amen!
Liturg: Ich gläube, daß unsere Brüder N. N. und unsere Schwesern N.N. zur obern Gemeine gefahren und eingegangen sind in ihres Herrn Freude, der Leib ist hier begrabe,
Gesungen: zum Lamm in seine Erd. Die Zeit wird bald hinschleichen, da ihr ehrwürdgen Leichen mit unserm Toten leben werdt.
Chor: Was [= welches] Recht ihr Leib zur Erde hat, denn sie ist seine Mutterstatt, das hatte ihre Seele wohl natürlicher zu Seitenhohl.
Gemeine: Wir armen Sünder bitten, du wollest uns erhören, lieber Gott!
Liturg: Und uns mit der vollendeten Gemeine, insonderheit auch mit denen, dieses Jahr über heimberufenen Dienern und Dienerinen deiner gesammten Kirche, als N.N. in ewiger Gemeinschaft behalten, und uns dereinst mit ihnen ausruhen lassen an deinen Wunden.
Gemeine: Amen!
Chor: Sein Augen, seinen Mund, den Leib für uns verwundt,
Gemeine: Da wir so fest drauf bauen, das werden wir alles schauen und in der Nähe grüßen die Mal an Händ und Füßen.
Chor: Wir grüßn uns ehrerbietiglich vons Heilands seiner Sie, von der, die annoch bei uns hie,
Liturg: und die zu ihm entwich!
Gemeine: Wenn mein Mund wird erbleichen in seinem Arm und Schoß, und von der Myrrh der Leichen, die aus der Seite floß, das sterbende Gebeine die letzte Salb empfäht: So fahr ich zur Gemeine, der Leib wird ausgesät.
Liturg: Ehre sei der Auferstehung und dem Leben! Das uns leben macht, solange wir sterben, und wenn wir das rechte Leben erlangen, nicht wieder sterben läßt: Ehre sei ihm in der Gemeine, die auf ihn wartet und die um ihn her ist,
Chor: von Ewigkeit zu Ewigkeit. *Gemeine*: Amen.
Gesungen: Drauf schließen sich die Sinnen (*Brüder:*) der Jünger (*Schwestern:*) und Jüngerinnen, (*Chor:*) als ob sie mit sei'm Geren[77] (*Gemeine:*) schon überdecket wären.

---

77 Schutzmantel

Register